まえがき

　本書は，私がこれまで公表してきたイギリス労働法に関する論稿のうち，1979年から2010年までの保守党並びに労働法政府下において展開された労使関係法改革を分析対象とした論稿を中心に，それらの論稿に大幅に加筆・改稿したものである。旧稿の出典を示すと，次の通りである。

　第一章　イギリス労使関係改革立法と労働組合改革　島大法学39巻3号（1995年11月）
　第二章　イギリス一九八四年労働組合法と組合民主主義（一）（二）　島大法学31巻2号（1987年10月），島大法学31巻3号（1988年2月）
　第三章　イギリス一九九三年労働組合改革・雇用権利法（一）（二）（三・完）　島大法学37巻4号（1994年3月），島大法学38巻1号（1994年7月），島大法学38巻2号（1994年8月）
　第四章　イギリスにおける団結権の保障──一九九三年労働組合改革・雇用権利法の一四条を中心として　島大法学38巻4号（1995年2月）
　第五章　イギリスにおけるチェック・オフ制度とその法的規制　島大法学39巻1号（1995年5月）
　第六章　イギリス労働法改革の課題と展望　島大法学42巻4号（1999年2月）
　第七章　イギリス二〇〇四年雇用関係法の制定と労使関係法改革の展望（一）（二）　島大法学49巻2号（2005年8月），島大法学49巻3号（2005年11月）
　第八章　イギリス2008年雇用法の制定と労使関係法改革の展望(1)(2)(3・完)　島大法学53巻3号（2009年12月），島大法学53巻4号（2010年3月），島大法学55巻3号（2011年11月）

　イギリスではサッチャーおよびメージャー首相が率いる保守党政府下（1979年から1997年）において，1984年の炭鉱争議に象徴されるように，政府は，

労働組合運動との全面対決もいとわずに，労働組合に対する規制，とくに法的規制を強化することを敢行した。そのねらいは，労働組合を民主化すること，すなわち，労働組合を戦闘的な組合指導者から組合員大衆に取り戻して，組合運動を穏健化して，政府が推進する規制緩和政策の障害物にならないようにすることにあった。そのために，政府は，1984年法労働組合法を制定して，組合役員選挙の投票方法を原則として郵便投票とするとともに，争議行為前投票制度を新たに導入し，そして組合が政治基金を持つための政治基金決議に定期的再検討を導入した。さらに，1993年労働組合改革・雇用権利法では，組合員が組合から不当な除名処分を受けない権利，チェック・オフの停止をいつでも使用者に申し出る権利が保障されることになった。保守党政府によるこうした労働組合に対する法規制は，組合の団結自治に対する不当な介入であると評価される反面，多くの訴訟が提起された結果，労働法の理論的精緻化が進むという思わぬ副産物を生んだ。

　他方，ニューレイバーを標榜した労働党政府下（1997年から2010年）では，過去の労働党政府の政策とは異なり，前保守党政府の政策を覆すのではなく，基本的には労働組合に対する法規制を維持する一方で，とくにEU法を積極的に導入して，労働組合ではなくむしろ労働者個人の権利保障を手厚くする政策が展開された。具体的には，全国最低賃金制度の導入やEU労働時間指令の国内実施などである。このように，1980年代から2000年代へのイギリスにおける労使関係法改革の展開過程は，かつてのような労働組合を中心とした集団的労使関係法から労働者の対使用者との権利保障に重点を置いた個別的労使関係法への過渡期を示すものとして，分析対象として重要な意義を有するものであると考えられる。

　このような重要な分析対象に対して，本書の分析作業がどこまで肉薄することができたのかは甚だ心もとないといわざるをえない。多方面からのご批判を仰ぎたいと思う。

　いうまでもなく，歴史がその歩みを止めることはない。本書の分析対象の期間以降，2010年から2015年までの保守党・自由民主党連立政府並びに2015年以降の保守党政府下においても労使関係法改革は継続して展開されている。さらに，イギリスのEUからの離脱が，今後の労使関係法改革にどのような影響を及ぼすのかについても不透明さがいっそう増している。これらの展開や動向

について分析する機会をぜひ持ちたいと思うが，それは，将来に譲らざるをえない。

　本書が上梓されるまでには多くの方々から多大なご協力を賜った。籾井常喜先生には，東京都立大学法学部の演習並びに大学院を通して10余年間ご指導をいただいた。就職してからも，仕事を本にまとめるようにと温かいお言葉を常にかけていただいた。それにもかかわらず，本書が上梓されるまでに長い時間がかかってしまったのは，ひとえに私の怠惰のせいにほかならない。籾井先生にお会いして，先生から慈父のような温かい労働法のご指導を受ける機会がなければ，私が労働法の研究を志すことはなかったと思う。籾井先生には，これまでのご指導ご鞭撻に対して改めて御礼を申し上げるとともに，非礼を顧みず本書を捧げさせていただきたいと思う。

　秋田成就先生には，主宰されたイギリス労働法研究会に大学院生のときから参加を認められて以来，ご指導をいただいた。わが国におけるイギリス労働法研究の先達としての秋田先生のご業績から刺激を受けたのみならず，直接ご指導をいただいたことに対して厚く御礼を申し上げる。

　大学，とりわけ，私が所属する地方国立大学をめぐる状況は日増しに厳しさを増しているが，それにもかかわらず，充実した研究環境を与えてくださった島根大学法務研究科並びに法文学部の同僚諸氏にも御礼を申し上げる。また，研究生活の合間に生活の潤いを与えてくれた家族，妻伸子と二人の子どもにも感謝したい。

　最後に，出版事情が厳しい折にもかかわらず，本書の出版を快諾いただいた旬報社社長の木内洋育氏と編集を担当していただいた同社企画編集部の今井智子氏に改めて御礼を申し上げる。

　2017年　盛夏

鈴木　隆

目　次

まえがき　3

序章　分析対象と視角　13

第一章　サッチャリズムと労使関係法改革　17
　はじめに　17
　一　保守党政府の労働組合改革のプログラム　19
　　1　労働組合改革のプログラムの展開　19
　　2　保守党の労働組合改革政策の目的　27
　二　労働組合の組織と運営における変化　31
　　1　組合規約における変化　31
　　2　組合の組織運営の実態における変化　34
　三　労使関係改革立法の影響についての評価　47
　　1　労使関係改革立法の影響　47
　　2　労使関係改革立法の失敗の原因　50
　おわりに　53

第二章　イギリス1984年労働組合法と組合民主主義　55
　はじめに　55
　一　84年法第1章労働組合選挙のための秘密投票　58
　　1　84年法第1章の内容　58
　　2　84年法第1章の効果と問題点　60
　二　84年法第2章争議行為前秘密投票　73
　　1　84年法第2章の内容　73
　　2　84年法第2章の効果と問題点　74
　三　84年法第3章政治基金および目的　82
　　1　84年法第3章の内容　82
　　2　84年法第3章の効果と問題点　88

    3　残された課題　90
  四　84年法施行後の状況　94
    1　84年法第1章について　94
    2　84年法第2章について　98
    3　84年法第3章について　102
  まとめ　105

第三章　イギリス1993年労働組合改革・雇用権利法の成立　109
  はじめに　109
  一　TURERA第一部　111
    1　組合選挙と投票　111
    2　組合の財政問題　115
    3　解雇以外の不利益取扱い　119
    4　組合員資格の選択権　121
    5　チェック・オフ協定の制限　123
    6　不当な統制処分に対する保護　125
    7　争議行為　125
  二　TURERA第2部　133
    1　出産の権利　133
    2　雇用条件の細目　140
    3　賃金明細書　145
    4　安全衛生に関する雇用保護　145
    5　制定法上の権利の主張　147
    6　再雇用命令と補償金　148
    7　労働協約等における性差別の禁止　149
    8　企業譲渡と雇用保護　151
    9　剰員整理に関する協議　154
    10　その他の雇用保護規定の改正　157
  三　TURERA第3部　160
    1　賃金審議会の廃止　160
    2　労働審判所の構成　161

3　雇用契約違反等に対する労働審判所の管轄権の拡張　164
       4　労働審判所に対して申立を行わない旨の合意　165
       5　性的非行に関わる事件における公表の制限　169
       6　嫌がらせ訴訟の制限　172
       7　ACASの職務と活動　174
       8　その他　176

第四章　イギリスにおける団結権の保障　181
　　　　——1993年労働組合改革・雇用権利法の14条を中心として
　はじめに　181
　一　団結権保障の個人主義化　184
　二　TURERAの14条　187
　　1　労働組合から排除または除名されない一般的な権利　187
　　2　権利侵害に対する救済措置　189
　三　団結権の一方的保障　192
　四　法改正による影響の予測とそれに対する対応　194
　　1　使用者に対する影響　194
　　2　労働組合に対する影響　196
　まとめ　200
　〈資料〉TUCブリッドリントン原則　202

第五章　イギリスにおけるチェック・オフ制度とその法的規制　211
　はじめに　211
　一　イギリスにおけるチェック・オフ制度の実態　213
　　1　イギリスにおけるチェック・オフ制度の普及状況　213
　　2　イギリスにおけるチェック・オフの意義　215
　二　賃金の保護とチェック・オフ　217
　　1　1986年賃金法　217
　　2　チェック・オフと労働協約　218
　三　1988年雇用法7条　220
　四　TURERA15条　222

五　法改正に対する対応　225
　　1　労働組合の対応　225
　　2　使用者の対応　227
　まとめ　233

第六章　ニューレイバーとイギリス労働法改革の課題と展望　235
　はじめに　235
　一　労働法改革の基本的方向　236
　二　個人のための新たな権利　239
　　1　政府による提案　239
　　2　検討課題　240
　三　集団的権利　244
　　1　職場における集団的代表　244
　　2　組合承認　245
　　3　その他の提案　250
　四　家族にやさしい政策　255
　　1　長時間労働の規制　255
　　2　親休暇指令の実行　256
　五　改革のスケジュール　259
　六　イギリス労働法改革の今後の課題　260
　　1　個人の権利の保障　260
　　2　集団的権利の保障　265
　　3　家族にやさしい政策　276

第七章　イギリス2004年雇用関係法の制定と労使関係法改革の展望　283
　はじめに　283
　一　1999年雇用関係法の見直し　284
　　1　1999年雇用関係法　284
　　2　政府による1999年雇用関係法の見直し　286
　二　2004年雇用関係法第一部——組合承認　292
　　1　適切な交渉単位　292

2 労働者への組合の早期のアクセス　293
        3 新しい投票規則　294
        4 その他の改正点　295
        5 ACASの新しい権限――投票と組合員資格の識別のためにACASにより要求される情報　308
    三　2004年雇用関係法第2部――争議行為法　310
        1 ERA 99による改正　310
        2 争議行為に関して投票する被用者についての情報　311
        3 争議行為投票の投票権　313
        4 投票権を与えられない組合員の誘致　313
        5 争議行為通知に含まれる被用者についての情報　314
        6 ストライキを行う被用者のための保護　317
    四　2004年雇用関係法第3部――労働組合員の権利　321
        1 独立労働組合の組合員資格等に関する誘致と不利益取扱い　321
        2 労働組合からの排除と除名　329
    五　2004年雇用関係法第3部――労働者と被用者のその他の権利　333
        1 不公正解雇の資格付与期間と上限年齢の不適用　333
        2 国家安全保障――雇用審判所の権限　333
        3 同伴される権利　333
        4 個人に権利を与える規定が制定される方法　335
        5 陪審に関する被用者の保護　335
        6 弾力的労働　336
        7 情報提供と協議　337

第八章　イギリス2008年雇用法の制定と労使関係法改革の展望　341
    はじめに　341
    一　職場における紛争解決　343
        1 2008年雇用法制定の背景　343
        2 法定紛争解決手続の廃止　344
        3 法定行為準則　345
        4 ACAS行為準則　346

5　無審査による審判所手続　352
　　6　審判所手続の提起前の調停　353
　　7　審判所手続の提起後の調停　353
　　8　財政的損害の補償　354
　二　全国最低賃金　356
　　1　遅配賃金の支払い　356
　　2　不足払い通知　357
　　3　執行官の記録の写しを取る権限　360
　　4　犯罪の審理形態と罰則　361
　　5　捜査権限　361
　　6　篤志労働者　362
　　7　NMWAの改正の意義と残された課題　362
　三　職業紹介業と労働者派遣業に対する規制　366
　　1　犯罪の審理形態と罰則　366
　　2　監督権限の強化　367
　　3　残された課題　368
　四　労働組合の自治　373
　　1　ASLEF事件　373
　　2　174条の改正　379
　　3　174条の改正の意義　381
　　4　174条の改正の評価　383
おわりに　387

参考文献　388
索　　引　396

序章　分析対象と視角

　本書の分析対象は，イギリスの保守党サッチャーならびにメージャー政権下（1979年から1997年）と労働党ブレアならびにゴードンブラウン政権下（1997年から2010年）で展開された労使関係法改革の歩みである。サッチャリズムと称される保守党政府下で展開された政策は，規制緩和を基調とする構造改革をめざすものであった[1]。それは，少なくとも戦後のイギリス政治を貫通するものと考えられていた，福祉国家建設を所与のものとした，保守党と労働党によるコンセンサス政治を破棄して市場原理に基づいた改革を推進しようとするものであった[2]。この改革の主要な柱として展開された労使関係法改革では，改革の進行を阻害する抵抗勢力と位置づけられた労働組合に対して法規制を強化することが強行された。政府の考えでは，労働組合の内部では戦闘的な指導者により組合運営が牛耳られていて，一般組合員の多数の意思が組合運営に反映されないでストライキが強行されているというものであった。そこで，労働組合を戦闘的な指導者から一般組合員の手中に取り戻すためには，組合運営に民主主義を確立することが不可欠であるとして，組合役員選挙と争議行為前投票に組合員による直接秘密投票を導入することが法定された。争議行為前投票で組合員の支持を得ていない争議行為を労働組合が公認した場合には，違法な争議行為に組合員を誘致したことを理由に，組合は，争議行為に対する民事免責を失うことになった。使用者は，争議行為前投票の欠陥を理由として，争議行為に対して差止命令を申し立てる機会を獲得した。こうした労働組合内部の意思決定過程に対する法的介入が集団的労使関係のバランスを崩す結果をもたらすことは，イギリス労働法の歴史の中でも初めての経験であった。

　1997年の総選挙による政権交代で誕生した労働党政府は，ニューレイバーを標榜して従来の労働組合に依存した党運営から距離を置いた，「第三の道」を模索する政策を遂行することをめざした[3]。この労働党政府下で展開された労使関係法改革では，労働組合との関係では，前保守党政府の組合規制政策が原則として引き継がれて，1970年代の法状況に戻されることはなかった。労働党政

府下での労使関係法改革の中心的課題は，労働組合の改革ではなく，むしろ対使用者との関係での個々の労働者の権利保護であった。そのために，前保守党政府とは対照的に，労働党政府は，EU 指令を始めとする EU 法の国内実施を積極的に推進して，職場における労働者個人の権利を強化することに努めた。

このように，保守党政府下の労使関係法改革と労働党政府下の労使関係法改革とでは，それの目的ならびに対象の違いにより特徴が異なるということができる。そのことは，当然ながら，その時の政府が置かれた時代状況が異なるためでもある。1979 年当時のイギリスでは，「イギリス病」と称された経済的停滞から脱却して国民経済を立て直すことが喫緊の課題であった[4]。そのためには，戦後の合意政治，福祉国家建設をかなぐり捨ててでも改革を断行することが国民の支持を得たといえる。反面，構造改革の恩恵を受ける層と受けない層との格差が拡大して，国民の間に亀裂が生じてしまったことも事実であった。1997 年に政権に復帰した労働党政府は，国民の間の亀裂を修復するために，単に福祉国家建設に回帰するのではなく，ニューディール政策として「福祉から労働へ」を掲げて，福祉に全面的に依存するのではなく，可能な限り稼働能力を発揮できるようにする労働政策を追求した[5]。

したがって，労使関係法改革は，その時々の政府が追求する政策においてそれが占める位置ならびに比重により，それの中心的課題ならびに主要な対象が異なることになるということができる。保守党政府の主要なターゲットは，労働組合であり，労働党政府の主要なターゲットは，労働者個人の権利であったとまとめることができる。

以下の各章では，それぞれの政府下で展開された労使関係法改革で制定された主要な法律について，その制定の目的，内容および効果を分析することを通してイギリス労使関係法改革の歴史的発展の実相を描写することを試みたいと考える。

---

1) 宇都宮深志編『サッチャー改革の理念と実践』三嶺書房，1990 年，「第 1 章　サッチャリズムと改革」3 頁以下参照。
2) 梅川正美『サッチャーと英国政治 1　新保守主義と戦後体制』成文堂，1997 年，「第二部　戦後体制」165 頁以下参照，二宮元『福祉国家と新自由主義―イギリス現代国家の構造とその再編』旬報社，2014 年，「第一章　福祉国家をめぐる戦後コンセンサス政治の形成」17 頁以下参照，小林丈児『現代イギリス政治研究―福祉国家と新保守主義―』中央大学出版部，1989 年，「第八章　戦後イギリス政治とサッチャーリズム」323 頁以下参照。

3） アンソニー・ギデンズ，佐和隆光訳『第三の道―効率と公正の新たな同盟』日本経済新聞社，1999年，「第二章　五つのジレンマ」114頁以下参照。
4） A・グリン／J・ハリスン，平井規之訳『イギリス病』新評論，1982年，「第四章　労働党一九七四-七九年」139頁以下参照。
5） 樫原朗『イギリス社会保障の史的研究Ⅴ』法律文化社，2005年，「第七章　就労促進政策と社会保障」437頁以下参照。

第一章　サッチャリズムと労使関係法改革

はじめに

　サッチャー首相が率いるイギリスの保守党政府は，労働組合を抑制するという政策目的を実行するために1980年代において労使関係改革立法を展開し，その動きは90年代に入って現在に至るまで継続されている。新自由主義経済思想に基づいて労働市場において規制緩和政策を推進する政府にとって，労使関係を改革することは避けて通れない課題であり，とりわけそのような改革を進めるうえで障害となる労働組合の力を削減することは急務であった。

　労使関係を改革するために政府が行ったことは，立法の制定だけではなかった。伝統的に組合の組織率が高い公共部門にプライバタイゼーションを導入すること，鉄鋼・造船・自動車・石炭・航空機製造のような慢性的衰退産業部門に対する国家補助金を削減すること，そして公共部門において団体交渉による賃金決定を撤廃することなどが行われた。さらに政府は，GCHQ（政府情報本部）において職員が団結することを禁止した。しかし，政府が直接団結を否認することは例外的であり，むしろ政府は，立法による規制や立法に違反することによって提起される訴訟を通して労働組合を改革することを追求した。そこで主要な役割を果たすことを期待されたのは政府自身ではなく，使用者や不満な組合員そして一般の市民であった。

　労働組合を改革するために政府によって動員された手段は立法だけにとどまらなかったが，政府がそのような手段の中において立法を重要なものとして位置づけた意義は決して小さくはないと考えられる。はたして立法によって労働組合を改革することは可能なのであろうか。そのような立法によって労働組合を改革しようとする試みを分析し検討することは，労働組合と法との関係のあり方を考えるうえで好個の素材を提供するものと考えられる。そこで以下においては，イギリスにおける労使関係改革立法が労働組合の組織構造と運営に及ぼした影響を分析することを通して労働組合を改革するという政府の政策目的

を実行するうえで法が果たした役割の意義とその効果を明らかにすることを試みたいと思う。

一　保守党政府の労働組合改革のプログラム

1　労働組合改革のプログラムの展開

　保守党政府の労使関係改革立法の最初であった 1980 年雇用法（Employment Act 1980）は，労働組合内部の意思決定のために用いられる郵便投票の費用を組合が公的基金から償還することを可能にした。しかし，労働組合の自発的改革を促すためのこの試みは，TUC（労働組合会議）によって組織されたボイコットによって組合によってほとんど利用されなかった。こうした組合側の対応に対して，保守党政府は，組合が自発的に自己改革する機会を拒否するならば，法律の制定によって労働組合の改革を推進しなければならないとする姿勢で臨んだ。1983 年の緑書「Democracy in Trade Unions」[1] は，政府の責任について次のように述べた。「法律上の免責および特権から生ずる労働組合の力は，まさしく使用者に対してではなく，組合の個々の組合員に対して行使されることがある。法はこれらの特権を付与したので，労働組合の個々の組合員の権利が適切に保護されているか否か，および組合員の名において権限を行使する者が組合員に対して適切に責任を負っているか否か，を検討する必要がある。政府は，『クローズド・ショップ』の普及の直接的な結果として，組合員となることを強制された市民の利益を保護する特別な義務を負っている。」[2]

　上の緑書には 2 つのテーマが掲げられた。第 1 は，個々の組合員の組合に対する個人としての市民権の行使の保障であり，第 2 は，立法的手段を通して組合運営のための新しい構造とプロセスを組合に国家が押しつけることであった。これらのテーマには，「労働組合が享受している免責および特権，ならびに組合が商品の生産およびサービスの供給を遮断しまたは停止させるために行使できる力」[3] を前提とすることと，「労働組合の選挙の仕組みについて，懸念が広まっていることは明かである。多くの労働組合員および国民の抱いているこの懸念は，部分的には，組合員に代わって，または組合員のために到達したと主張される決定が，実際には関係する者たちの意思に反しているという事実に由来する。再三再四，組合の指導者は一般組合員と接触していないと考えられており，また大多数の組合員の代表であるとも，彼らに対して直接責任を負っ

ているとも思われないことがしばしばある。」[4] という主張によって正当性が付与された。低い投票率，「概して満足するに足る水準には程遠い」組合規約，そして不正行為によって，多くの労働組合の選挙手続が，1980年代の要請に合致しているか否かについて確信が欠如していると指摘された[5]。「外部の者の参加が許され，またストに反対する者が脅迫を受けるかもしれないような，背後で指図された集会で，挙手によって行われるストライキ決定の光景ほど，労働組合に対する国民の信頼を低下させる影響を与えたものはなかった。」[6] こうした労働組合の非民主的運営は，80年雇用法によって促進される組合の自己改革に着手することに対する組合の実質的な拒否によっていっそう深刻になったと認識された。そこで，政府は，組合の改革のプロセスを進展させるために以下の内容の立法措置を提案した。すなわち，労働組合役員選出のための秘密投票，ストライキ前の秘密投票，および組合の政治基金を継続するための定期的な組合員投票と contract-out を contract-in に置き換えるための措置を含む組合の政治活動に対する法的規制の強化が提案された。

　上の緑書で提案された内容を具体化するために制定された1984年労働組合法（Trade Union Act 1984）は，まず組合規約の規定の如何に関わらず，郵便投票，職場投票または両者の併用のいずれかを利用する組合員の直接秘密投票によって組合の主たる執行委員会（principal executive committee，以下，PECという）の議決権を有するすべてのメンバーが少なくとも5年毎に選挙されることを組合に要求した。組合員は，直接的に費用を負担しないで投票する権利を保障され，候補者として不合理に排除されない権利を与えられた。郵便投票の利用を促進するために組合は，組合員の氏名および郵送先住所の記録簿を編纂し保管することを要求された。

　次に同法は，争議行為を開始する前の職場，郵便または両者の併用による組合員の直接秘密投票を導入した。投票用紙には，争議行為が個人の雇用契約の違反を含むことになることを記載することが要求された。その投票において争議行為が組合員の多数の支持を獲得しなかった場合には，当該争議行為は不法行為の免責を喪失し，影響を受ける使用者による訴訟を可能にした。

　さらに同法は，組合の政治基金を継続するための10年毎の職場，郵便または両者の併用による全組合員投票を実施することを組合に要求した。この投票で組合員の多数の支持を獲得しなかった場合には，従前の政治決議は失効して組

合は政治基金を保有することができなくなった。同法が組合に要求するいずれの投票についても，使用者は，使用者の承認を受けた独立労働組合の組合員のために投票する合理的な機会と便宜を提供することを要求された。同法の組合役員選挙と政治基金投票に関する規定の違反に対する救済として組合員は，組合が違法に行動したとする認証官の宣言または組合が同法を遵守することの高等法院の命令を求めて申立てることができた。

　84年法の投票規定によって組合の事務所または組合の会議における役員選挙は排除されたにもかかわらず，投票方法に関する残された選択肢とPECでの議決権を有しない役員が強制投票から除外されたことによって，組合は規約の制定と手続の選択に関して相当な程度の裁量をなお維持していた。そして，年次大会の代議員や地域並びに部会毎の委員会の選挙およびPECの選出母体の性質等も同法の規制の対象から外れていた。

　84年法の施行と前後して，アーサー・スカーギルに率いられたNUM（全国鉱山労働組合）が1年近くにわたり炭鉱ストライキを展開したが，その過程においてNUMが規約に定められた全国ストライキを呼び掛けるための投票を実施しなかったことをめぐって不満な組合員からの訴訟が相次いで提起された[7]。さらに，84年法の施行後の組合役員選挙に関しても不正行為の申立が行われるなどした結果，組合の民主的運営に向けての自己改革について政府は，評価するどころかますます組合に対する不信を強めて84年法を超える組合の内部運営に対する法的規制を強化する方向を目指した。

　1987年に公表された緑書「Trade Unions and Their Members」[8]は，84年法の適用を受けなかった1984年のTGWU（運輸一般労働者組合）の書記長選挙と同法の適用を受けた86年のCPSA（公務員・公共企業体被用者組合）の書記長選挙について言及し，「いずれの事例においても，投票の不正が蔓延しているということは裏付けられなかった」[9]と指摘した。しかし，「職場投票ではより巧妙な形の圧力を受ける余地があるために，そうした圧力を受けた投票が一点の疑惑もありえないものかどうかということが，まさに問題なのである」[10]として，政府は職場投票に対して原則として反対した。これに対して，投票用紙の配布と投票を郵便で行う完全郵便投票は，組合員にいっそう高い程度の個人の自由と選択を認めるものと想定された。そこで，PECの選挙と政治基金の投票について完全郵便投票を利用することを組合に要求することが提案された。

さらに，完全郵便投票を利用したとしても，不正行為が行われる余地が残るので，「選挙結果に最も関係する者がその手続を管理することが適切であるとする信念に依拠することは，もはや不十分である」[11]として，独立した開票立会人による投票の管理の導入が提案された。

84年法はPECの議決権を有するメンバーに組合員の直接秘密投票による選挙を課したが，NUMのように規約を改正して執行委員長と書記長から執行委員会における議決権を剥奪して同法の適用を免れる組合も出てきた。NUMのスカーギル委員長は，そうした選挙で選出されない役員であった。組合の政策決定にPECのメンバーよりも強い影響力をもつ役員が選挙で選出されないことについて緑書は，そのような役員が直接選挙で選出されてはじめて「組合を代弁する（そして，ある場合には組合自身であると公衆に受け取られるかもしれない）役員は，自らが代弁する者たちを十分に代表する者であるということが確固たるものとなりうる」[12]と考えた。そこで，組合の委員長，書記長およびPECのすべてのメンバーに84年法の選挙規定を拡張することが提案された。

84年法では事前の投票による承認を得ないで行われた争議行為は，関係する使用者または使用者の顧客および供給者に不法行為訴訟の途を開いたが，組合が投票を経ないで争議行為を呼び掛けることを制限する権利を組合員には認めなかった。同法の争議行為前投票の規定の下で使用者によってほぼ40件の訴訟が提起され，組合が裁判所による争議行為の差止命令を無視した結果，罰金を科せられたりその財産を差押えられたりしたことを指摘したうえで緑書は，「組合の指導部は，かつてそうしたように，争議行為を命じたり，組合忠誠の伝統やその忠誠を組合員に保持させるために直ちに制裁に付することもありうるといったことに，もはや依拠することはできないのであ」り，「組合員の意思を平易かつ合理的にテストすることに反対する理由はないのであり，組合が組合員自身の最良の利益を無視して組合員に命令することはできないということを，大多数の組合員は受け入れたのである」と述べた[13]。炭鉱ストライキをめぐるNUMの組合員のNUMに対する訴訟の提起も組合員が権利を行使する意思を有している例証とされて，争議行為を承認する前に，争議に参加することになる組合員について秘密投票を実施することを組合員に対する労働組合の義務とすることが提案された。この義務を強行するために，組合員には事前の投票の承認を得ないで行われる争議行為に対する組合の支持を禁止する差止命令を裁

判所に申立てる権利が与えられることが想定された。

　次に緑書は，争議行為の呼び掛けを無視して就労する権利の保護について検討した。緑書は，この権利を「不可欠な自由」と認識したうえで，Barettes and Baird (Wolesale) Ltd v Institute of Professional Civil Servants[14] の高等法院の判決が，個々の被用者も，一定の条件の下では，雇用契約違反から生ずる損失について不法行為における損害賠償責任を負うことがありうると指摘したことを受けて，「組合は，自ら免責を有していても，免責を有していない組合員を争議に駆り立てる，といってもさしつかえなかろう」[15]と述べ，さらに労働者は争議行為を行えば，不公正解雇の申立を行うことができずに解雇されることも実際にはありうるので「組合によって争議行為を行うよう呼び掛けられた組合員は，組合に従うことによってほぼ確実に自己の所得を減少させ，仕事の喪失を招きかねない途をたどるか，それとも労働を継続して組合の統制処分に立ち向かうか，いずれかの困難な選択を迫られる」[16]と述べた。そして，実際に起きた争議行為の呼び掛けを無視した組合員に対する統制処分の事例について，「個人が自らの雇用契約に違反する意思のないことを単に決意したということだけで，そうした取扱いを正当化することは困難である」[17]と判断された。そこで，争議行為を行うことを拒否した組合員が，組合の統制処分を受けない権利を有し，かつ，労働審判所に申し立てる権利を有することが提案された。

　そのほかに緑書では，組合員に対して助言を与えて裁判所に組合に対する訴訟を提起することに援助を与えるための新しい機関として労働組合問題に関するコミッショナー（Commissioner for trade union affairs）の設置が提案され，また承認されたクローズド・ショップの下で組合員でないことを理由として公正に解雇することを認める規定の削除が提案された。

　上の緑書の提案を具体化するために1988年雇用法（Employment Act 1988）が制定された。同法は，PECのすべてのメンバーおよび方針の審議と策定の目的でPECの会議に出席するすべての役員が郵便による組合員の直接秘密投票によって少なくとも5年毎に選挙されることを労働組合に要求した。それに加えて，組合は候補者の選挙演説を公表し，独立した開票立会人による選挙の管理を行うことを要求された。組合員は，適正な投票を行わないで争議行為を支持することを組合に禁止するための措置を裁判所に請求する権利を認められた。争議行為前投票の投票単位は，組合の全組合員，1使用者または関連使用者に雇

用される全組合員および共通の特徴を共有する全組合員に制限された。投票用紙において，組合員はストライキに至らない争議行為に賛成するか，および組合員はストライキに賛成するかの2つの質問を尋ねられることが要求された。適法か否かに関わらず争議行為に参加することを拒否することを理由として組合から統制処分を受けない権利が組合員に与えられた。組合に法定の義務を遵守させるための強行措置を発動することを希望する組合員を援助するための機関として，「労働組合員の権利のためのコミッショナー」（Commissioner for Rights of Trade Union Members）が創設された。クローズド・ショップの下での組合員ではないことを理由とする解雇は，自動的に不公正であるとされた。

88年法がPECの議決権を有するメンバー以外の組合の役員にも84年法の投票規定を拡張した結果，全国役員の地位とその選出方法に関して残されていた組合の裁量は剥奪された。各組合は，それぞれがもつ伝統とそれが置かれた条件とは無関係に法定された組合運営の特定の型を強制されることになった。しかし，それ以外のローカルのレベルでの組合運営に関するような制度に対して法的規制の範囲を拡張することは試みられなかった。争議行為前投票には郵便投票の利用が強制されなかった。もっとも，88年法で与えられた権限に基づいて雇用大臣が1990年に発した争議行為前投票に関する行為準則[18]は，実行可能なところでの郵便投票を規定した。

88年法の制定に続いて保守党政府は，労使関係と労働組合法の追加の改革のために1989年3月に緑書「Removing Barriers to Employment」[19]を公表した。上緑書において政府はまず，入職前加入クローズド・ショップについて検討し，そのような制限的慣行が労働コストを不自然に引き上げて，雇用を破壊し，とくに熟練労働力の供給に破壊的な影響を与えていると断定した。そこで，組合員ではないまたは就職後組合員になることを拒否することを理由に雇用を拒否される個人が労働審判所に申し立てる権利が提案された。次に政府は，労働争議の当事者ではない使用者は争議行為の脅威，すなわち「イギリスへの企業の新規参入を抑制する可能性がある脅威」[20]に曝されるべきではないと考えた結果，労働争議の当事者ではない使用者の労働者を自己の職場での適法なピケッティング以外の争議行為に誘致することを違法とすることを提案した。そして，コミッショナーの援助の範囲を組合規約違反から生ずる訴訟手続を含めるように拡張することが提案された。また，同年10月に公表された緑書「Unofficial

Action and The Law」[21]では，従来組合員による秘密投票の適用を受けなかった非公認争議行為に対して組合自体の責任を課し，組合の役員またはその役員が報告を行う委員会が誘致する争議行為について，組合がその誘致を否認しない限り，組合にその誘致に責任を負わせることを可能にすることが提案された。さらに，非公認争議行為に参加して解雇された被用者が不公正解雇を労働審判所に申し立てることを禁止することとそのような被解雇者を支援するための争議行為から不法行為免責を剥奪することが提案された。

上の両緑書を受けて制定された1990年雇用法（Employment Act 1990）は，組合員ではないまたは就職後組合員になることを拒否することを理由に雇用を拒否される個人に労働審判所に申し立てる権利を認めた。さらに同法は，事前の組合員投票による承認を得ないで行われた争議行為について組合に身代わり的に責任を負わせ，組合が責任を免れるために当該争議行為を否認することを組合に要求した。その他二次的争議行為，非公認争議行為およびコミッショナーに関して両緑書によって提案された事項は，同法によって制定された。

1990年11月にサッチャー首相が退陣したが，後継のメージャー首相の下で政府の労使関係改革立法政策は継続された。1991年に公表された緑書「Industrial Relations in the 1990s」[22]において政府は，1980年代に達成された労使関係改革について次のように総括した。「法は，労使関係における力の濫用に対して，事業，仕事，個人および社会全体を保護するために果たすべき正当かつ必要な役割を有していることが，今や使用者および被用者双方から広く受け入れられるに至っている。世論調査によれば，最近の10年間の労働組合に関する法律によって付与された権利と保護が，イギリス国民の大多数のみならず，ほとんどの組合員からも支持を受けていることが繰り返し明らかにされてきた。労使関係おける法の役割の承認は，1980年代の最も重要な発展の1つなのである。」[23]

しかし，80年代の法律の達成がいかに重要であるとしても，政府は改革のプロセスが完了したとか，達成された進歩が十分であるとか永続的であるとは考えなかった。とくに1992年法の単一欧州市場の完成によってイギリス経済の国際競争力の強化がいっそう必要となることが予測され，「われわれには，1970年代のインフレをもたらしかねない賃金決定，低い生産性，そしてストライキ傾向の高い労使関係にずるずると回帰する危険を冒すような余裕など，率直に言ってないのである」[24]と認識された。そこで，「労使関係に関する法および慣

行が労働市場の変化と調和しないのであれば，経済および雇用の両面における成長に対する制約となり，全体としての社会の繁栄を脅かすものとなる」[25] ことから，「1980年代にイギリスが回復した経済力が1990年代以降にも維持することができるよう，労使関係に関する法および慣行の枠組みの双方の発展を確保すること」[26] が今後の課題とされ，労使関係の改革のプロセスが継続的でなければならない理由はそこに見出された。

　上の緑書では多くのことが提案されたが，とくに争議行為に関しては，組合は投票後，争議行為の呼び掛けを行う意思のあることを7日前に通告すべきこと，ストライキ投票は，ごく少数の被用者が関係する場合を除いて，あらゆる場合に郵便によって実施すべきこと，およびすべてのストライキ投票について独立の検査を行うべきことが提案された。さらに最近の公益事業でのストライキに鑑みて，公益事業を混乱におとしめるために違法に組織された争議行為を禁止する手続を国民が申し立てる新しい権利が提案された。労働組合の選挙については，投票のごまかしに対するいっそう効果的な保護を提供するための措置が提案された。組合員の権利については，TUCのブリッドリントン原則（Bridlington Principles）を骨抜きにするために，複数の労働組合が同種の資格および職業を有する被用者を組織する状況の下で被用者にみずからの選択によって組合に加入する権利を認めることが提案された。さらにチェック・オフについての個々の組合員の同意を定期的に見直す権利が提案された。その他，組合合同に関する投票に独立の検査と郵便投票を要求することと組合財政に関する組合指導者の責任を厳しくすることが提案された。

　上の緑書の提案は，1993年労働組合改革・雇用権利法（Trade Union Reform and Employment Rights Act 1993）において具体化された。組合は原則として，争議行為前投票，政治基金投票および組合合同の投票すべてにおいて郵便投票を利用することを要求されることになった。しかし，財政難を理由に，郵便投票の費用を償還するための公的基金の利用は，1996年3月31日までに段階的に廃止されることになった。使用者はその施設内で組合員投票のために便宜を供与する義務を負わないことになった。認証官（Certification Officer）に組合員からの申立を待たないで組合の財政問題対する調査を開始する権限が与えられた。被用者は自己の選択する組合に加入する権利を認められ，その権利の行使を理由に組合から統制処分を受けない権利を与えられた。チェック・オ

フには組合員による3年毎の授権が要求されることになった。違法な争議行為に対する救済措置を希望する市民を援助するために，違法な争議行為に対する保護のためのコミッショナー（Commissioner for Protection Against Unlawful Industrial Action）が創設された。

2　保守党の労働組合改革政策の目的

　上にみたように保守党政府の労働組合改革政策は，80年代から90年代を通して展開されてきたわけであるが，その政策の目的は次のように整理することができよう。

　政府は，労働組合の運営に対する組合員の参加の程度が低いこととその結果として組合員の多数を代表しない指導者による組合の非民主的運営について重大な関心を寄せてきた。それゆえ，「組合を組合員の手に戻す」という一般的には異論のない政策の目的が掲げられた。しかし，各緑書で提案されてそれぞれの法律において制定されることによって追求されたより具体的な政策目的は多くの問題を含んでいる。

　第1に，政策は組合員資格に対する個人主義的アプローチを採用することを促している。そこでは，組合員は集団の中の一員としてよりはむしろ個人として組合運営に関与することが期待されている。そのことはたとえば，労働組合員の権利のためのコミッショナーからの援助を受ける権利が，集団ではなく個人に与えられていることに明らかに反映されている。個人主義的アプローチの追求によって，クローズド・ショップによる解雇および雇入れの拒否は不公正とされ，組合を選択して加入する個人の権利が保障され，そしてストライキを行う集団的決定に従うことを拒否する個人の権利が保障されている。

　第2に，政策は労働組合の集団的組織を解体することをめざしている。イギリスでは伝統的に個人は組合に加入する権利を享有するが，組合は団結する権利を積極的に保障されなかった。それにもかかわらず，イギリスの組合は強力な職場組織を含む集団的組織として有効に機能するために，組合活動慣行，中間機関の精緻な組織構造，全国役員，地方役員およびショップ・スチュワードの間の有機的結合，並びに内部統制手続を発展させてきた。このような組合による集団的統制は，左翼組合指導者による組合支配を可能にするものと政府の眼には映った。それゆえ，集団的組織を解体することは，個人主義的アプロー

チの採用を促進する手段以上の意味をもつと同時に，組合指導者の戦闘的な影響力を排除することを目的とする。そのために，全国役員を間接選挙で選出する方法は敵視され，それに代えて組合員の直接秘密投票が強制された。

第3に，政策は個人主義を基調とする組合運動の要請にかなうような組合内の意思決定と運営の特定の型を形成することを目的とする。完全郵便投票の利用によって，組合員が自宅において投票することは，組合員がほかからの影響を受けないで独立して組合の意思決定に参加することを保障するものであると想定されている。外部の機関による投票の管理をはじめとする投票に対する詳細な規制は，公職選挙において要求されるものを超えている。投票用紙が正規の組合員の自宅に確実に郵送されることを保障するために，組合員の記録簿の電算化が必然的に要請される[27]。87年の緑書は，「組合員の氏名と住所の適正な記録を維持することの組合に対する要求は，組合と組合員との間のいっそう良好なコミュニケーションを可能にすることになる」[28]との認識を示した。こうした組合本部と個々の組合員との間の直接のコミュニケーションは，中間的代表制度と活動家の役割を明白に減らすことになる。

第4に，政策は労働組合の力，とくにその経済的影響力を減らすことを目的とする。政府が推進する規制緩和政策にとって障害であると考えられる組合の力を排除することが必要とされる。そのことは，89年3月の緑書において次のように表明されていることから明かである。すなわち，「行われてきた改善は，労働市場の効率的な働きに対する障害を排除する政府の政策の価値を証明するが，より多くの弾力化の探求を継続することと依然残る雇用の増大に対する障害を検討することは不可欠である。これを背景として，労使関係のための法的枠組みが1990年代の需要に適合することを我々は保障しなければならない。」[29]そこで，前述したように，雇用の拡大を抑制し，外国資本の国内投資の障害であると考えられるクローズド・ショップと「争議行為の不適切で不必要な形態」を排除することが提案された。入職前加入クローズド・ショップを排除することは，労働組合の影響力から経済を解放するための追加の措置とみなされた。

最後に，政策は労働組合の政治的影響力を制限することを目的とする。より正確にいうとこの目的は，組合運動と労働党との間の距離を拡大することをめざしている。この目的は直接的には，組合の政治基金に関する投票規定において追求されている。しかし，それ以外の法的措置においてもこの目的は追求さ

れることが可能である。たとえば，完全郵便投票の強制を通して組合活動における非専従役員や活動家の役割を減らして組合活動に積極的でない組合員の組合運営への参加を増やすことは，組合における労働党の支持者の影響力を減らさざるを得ないであろう。なぜならば，組合活動に積極的ではないが投票はする組合員が労働党の支持者になる見込みは少ないと考えられるからである[30]。

以上の5つの目的が，労働組合の運営に対する組合員の参加を増やすことによって組合民主主義を増大させるという政府の政策目的の裏に隠された政府のほんとうの狙いであるといえるであろう。それらの目的の中で最も重要かつ明白であるものは，組合員資格に対する個人主義的アプローチと労働組合の力を減らすことである。そのことは，90年代に入っても政府はこれらの2つの目的を追求する姿勢を依然崩しておらず，93年法において組合の力の濫用から組合員を保護する追加の措置と争議行為を規制する追加の措置を導入したことからも明かである[31]。

それでは上にみた政府の政策目的が実際にどの程度まで達成されたのであろうか。言い換えるならば，政府の労使関係改革立法によってイギリスの労働組合は改革されたのであろうか，が次の検討課題である。

---

1) Cmnd.8778. 邦訳，古川陽二「『労働組合における民主主義』〈イギリス・緑書〉」労働法律旬報 1075 号（1983 年）24 頁以下。
2) Ibid., para.3.
3) Ibid., para.13.
4) Ibid., para.7.
5) Ibid., paras.8-12.
6) Ibid., para.56.
7) 古川陽二「イギリス炭鉱ストの一断面」日本労働法学会誌 69 号（1987 年）136 頁以下参照。
8) Cm 95. 邦訳，古川陽二「翻訳と解説：英緑書『労働組合と組合員』」沖縄法学 16 号（1988 年）201 頁以下。
9) Ibid., para.5.13.
10) Ibid., para.5.14.
11) Ibid., para.5.20.
12) Ibid., para.5.29.
13) Ibid., para.2.3.
14) [1987] IRLR 3.
15) Ibid., para.2.11.
16) Ibid.
17) Ibid., para.2.13.
18) Department of Employment, Code of Practice: Trade Union Ballots on Industrial

Action, 1990, s20.
19) Cm 655.
20) Ibid., para.1.9.
21) Cm 821.
22) Cm 1602. 邦訳，古川陽二「英緑書『1990年代の労使関係』」（1），（2・完）沖縄法学22号（1993年）124頁以下，同23号（1994年）81頁以下。
23) Ibid., para.1.19.
24) Ibid., para.2.7.
25) Ibid., para.2.26.
26) Ibid.
27) たとえば，労使関係改革立法の労働組合に対する影響について次のように評価されている。「組合は，電算化された組合員の記録簿を開発し，良好な会計を維持し，いっそう秩序ある選挙を実施し，ショップ・スチュワードに対するいっそう大きな影響力を行使し，そして組合員との良好なコミュニケーションを行う義務を負っている。」W.Brown and S.Wadhwani, The Economic Effects of Industrial Relations Legislation Since 1979, National Institute Economic Review, February 1990, p.62.
28) Cm 95., para.1.4.
29) Cm 655., para.1.7.
30) これについては,以下において指摘されている。 R.Martin, P.Smith, P.Fosh, H.Morris and R.Undy, The Legislative Reform of Union Government 1979-94, (1995) 26IRJ146, p.149.
31) 93年法の関係する部分の内容については，本書第三章111頁以下参照。

二 労働組合の組織と運営における変化

1 組合規約における変化

　まず,立法が労働組合の組織と運営に与えた影響を検討するために,組合規約における変化を見てみよう[1]。1980年のTUC加盟102組合と比較した84年法が制定された後のTUC加盟84組合[2]の規約の分析は,組合の組織と運営における刷新と継続の双方を示した。84年法の適用範囲に限って見ると,組合規約の主要な変更はPECの選挙について行われた。大会またはその他の委員会による選挙を規定する組合の比率は,23％（1980年）から12％（1987年）に低下し,その結果,1987年までに組合の88％は個々の組合員による直接投票を設けた（80年は77％であった）。このカテゴリーのうちで,87年に37％は,組合員投票によってPECを選挙する一般的な要件のみを規定したが（80年の利用できる比較数値はない）,12％は職場投票の利用を規定した（80年は0％）。19％は郵便投票（80年は14％）,8％は半郵便投票[3]（80年は9％）,そして5％は職場郵便併用投票（80年は0％）をそれぞれ規定した。すべての84組合について選挙演説の許可可能性は,24％に増加した（80年は16％）。

　上級全国役員の選出を統括する規定は,PECの選挙規定よりも変更が少なかった。両年において書記長の過半数（1987年は56％,1980年は58％）と組合委員長・議長の地位の圧倒的多数（87年は96％,80年は98％）が選挙で選出された。それでもなお,組合規約に対する幾つかの重要な修正が実行された。書記長を選挙するこれらの組合のうちで,大会による選挙が17％から9％へ低下した一方で,個々の組合員による選挙は,81％から92％に増加した。5年の任期は,14％から30％に増加し,選挙演説の許可可能性は22％から30％に増加した。書記長が個々の組合員によって選挙される場合,投票の利用（方法不特定）は55％（80年）から49％（87年）に低下し,職場投票は0％から12％に増加し,郵便投票は8.5％から12％,職場郵便併用投票は0％から2％に増加した。しかし,これらの組合のうちの12％は,支部会議での個々の組合員票決または投票を維持した。組合委員長・議長のポストの場合では,選挙を利用する組合の比率に98％から96％の僅かな低下があった。このカテゴリーでは,選

挙演説の許可可能性は11％から17％に増加し，執行委員会による選挙は22％から26％に増加し，大会による選挙は40％から21％に低下した。これとは対照的に，全組合員による選挙は，37％（80年）から53％（87年）の増加があった。これらのうち，37％は投票（方法不特定，80年の利用できる比較数値はない）により選挙され，職場投票は0％から14％に増加し，郵便投票は11％から14％に増加し，職郵便併用投票は0％から9％に増加した。半郵便投票の利用は16％から5％に低下した。

以上の組合規約の分析を通して見たところ，組合規約が変更されないで継続することは，規約がすでに立法の規定の多くを具体化していること，または公式の改正を必要としないで変化に適応するだけの弾力性を以前からもっていることを示している。しかし，1980年と1987年の24の大規模組合（TUC加盟組合の組合員の75.3％を占める）の規約とその運用実態の分析は，84年法がより有意義な影響をもったことを示した。PECの選挙について，大会またはその他の委員会による選挙を規定する組合の比率が低下した。大会による選挙は，17％（80年）から4％（87年）に，その他の全国的委員会による選挙は4％から0％に低下した。その一方で，その他の下位委員会による選挙は4％から8％に増加した。組合員による直接選挙は全体で75％から87％に増加した。このカテゴリーにおいて地理的選挙区の利用は33％から25％に低下したが，地理的選挙区と職務選挙区の併用利用は25％から33％に増加した。郵便投票は17％から29％に，半郵便投票は17％から19％に，職場投票は22％から48％に増加した。すべてのPEC選挙での選挙演説の許可可能性は75％から88％に増加した。書記長の選挙は54％から67％に増加した。このカテゴリーでは職場投票の利用は31％から50％に増加したが，郵便投票は31％から19％に，支部ブロック投票システムは39％から31％に低下した。単純多数決システムの利用は46％から56％に，選挙演説の配布は92％から100％に増加した。24組合すべて組合委員長・議長のポストを選挙で選出した。組合員による直接選挙は49％（80年）から54％（87年）に増加した。他方，大会による選挙は25％から13％に低下したが，PECは29％でその役割を維持した。選挙演説の許可可能性は58％から50％に低下した。組合委員長・議長の直接選挙の場合には，郵便投票の利用はほとんど変化を示さなかった（80年は27％，87年は29％）が，郵便投票は36％から50％に増加した。

次に，先の調査の対象とされて，その後存続している23の組合の規約とその運用実態について1989年12月に行われた調査は，88年法が即時的にかつ高い程度遵守されたことを示し，組合運営において大きな変更が行われたことを反映する。同法は，84年法よりもいっそう多くの影響を組合運営に与え，永続してきた規約規定とその運用を覆した。とくにそれは，84年法より以前から職場投票を利用した組合と議決権なしにPECに出席する全国役員を任命または選挙した組合の場合に起きた。調査サンプルの9％は，88年法が適用される以前に全国役員とPECメンバーの選挙のために郵便投票を用いたAEU（合同機械工組合）とEETPU（電気・電子・電通・配管工組合）であった。82％は，同法に対応してそうした。他方，9％は職場投票を維持することを提案した。すべての組合において書記長のポストは定期的に選挙された。サンプルの61％は，同法を遵守するためにこの方法を特別に導入した。さらに39％は，書記次長または部会書記長のポストのために，9％はその他の全国役員のために選挙を導入した。しかしながら，PECと大会は，組合委員長としてのPECのメンバーの選挙におけるそれらの役割を維持した。1組合（4％）だけが定期的投票選挙を導入した。サンプルのうちの35％は，特定の全国役員を権利としてPECに出席することから排除し，70％は選挙演説を組合員に直接配布し，サンプルのすべては，選挙を管理する外部機関を選出し，または選出する過程にあった。

　10万人以上の組合員を有する50のTUC加盟組合についてのその後の調査も，労働組合が88年法を遵守していることを示した。1990年5月までに32組合（64％）は書記長のために選挙を実施し，18組合（36％）は現職者が候補者であり，ときには対立候補が出なかったことを示した。その他の14組合の場合には，書記長は引退または退職した。組合規約は27組合（54％）で改正された。

　ところで，争議行為前投票に関するTUC加盟組合の規約に関する調査は以下のことを示した。全国レベルの争議行為に関して組合員投票を規約で要求する組合は，1980年には24.5％であったが，87年には31％に増えた。ローカルレベルの争議行為に関しては80年には16.7％の組合が，87年には22.6％の組合が投票を要求した。両年において争議行為前投票を規約に規定する組合は，主に組合員5万人未満の小規模組合であった。完全郵便投票を利用する組合は非常に少なく，全国レベルの争議行為については87年に5組合，ローカルレベルの争議行為については80年に4組合，87年に3組合であった。80年と比較

すると87年には争議行為前投票を規定する組合規約は少し増えたが、投票を採用するために規約を変更したところでは、立法の規定に従って変更された。

2 組合の組織運営の実態における変化

個々の組合に対する立法の影響は、各組合のもつ組織構造と運営の実態に従って一律ではないので、84年法と88年法の影響を検討するために、一定の範囲の特徴と行動様式を示すために選抜された6つの主要組合についての事例研究とそれらの組合を含む24組合（TUC加盟組合の組合員の75.3％を占める）の全国役員との面接調査を参考としよう。6つの組合とは、TGWU、GMB（一般・都市・汽罐工関連労働組合）、NCU（全国情報組合）、CPSA、AEU、およびEETPU である。

(1) 役員選挙

6つの組合の中で3つの組合が、有意義な変化を経験した。TGWU、NCUおよびGMBは、PECと遅れて上級全国役員が個々の組合員による職場投票、その後の郵便投票によって直接選挙される要件を遵守するために規約とその運用実態を改革した。CPSAは郵便投票の導入によってのみ影響を受けた。他方、AEUとEETPUは立法によって大部分影響を受けなかった。

① TGWU（運輸一般労働者組合）

TGWUにおいては1922年のそれの結成から続く規約の下で総執行協議会（GEC）が、選挙区の2つのカテゴリーから選挙された。2つのカテゴリーは、運営と一般政策に責任を負う地理的地方選挙区、そして団体交渉を含む雇用政策に責任を負う産業または職業によって画定された組合員の部門的集団の職業選挙区であった。地方代表者は、支部によって組織された組合員投票において地域選挙区（席の数は組合員の規模に比例した）から選挙された。対照的に、職業集団の代表者は、各全国委員会（地方の職業集団委員会または代議員大会によって選挙された構成員から構成される）によって1集団当たりを基礎に選挙された。部門に対する忠誠は、非専従活動家の昇進と選挙で特定の候補者に対する支持を決定する際に絶対的であった[4]。GECの地域選挙のための投票は、支部の非専従指導部によって後援された候補者に対する最大限の支援を動

員するために職場（職場支部が一般的であった）でしばしば実際に行われた。84年法が適用された結果として導入された職場投票の統一的システムは，GECの地域選挙区選挙に対して限られた影響しか及ぼさなかったが，同法によって職業集団選挙区での間接的選挙手続が廃止された。もっとも，書記長またはGEC議長のポストはいずれも同法によって影響を受けなかった。なぜならば，前者は公式にGECのメンバーではなく，そしてそこでの議決権を保有せず，後者はGEC自体によって選挙されたからであった。

　TGWUの規約におけるこれらの変更は，同組合の組合内政治を変質させるために新たに結成された派閥と相互に作用したといわれている[5]。TGWUの規約の下で書記長のポストは，最初に選出するための組合員投票に服した以降は恒久的なポストであった。その組合員投票は，書記長のポストの保有者にGECとは別の正統性を与えた。GECの力はそれのメンバーの入れ替わりと消極性によって減らされ，TGWUの歴史のほとんどを通して政策形成における書記長の役割は卓越していた。しかしながら，ジョーンズ書記長の在職期間中（1968－79年）に半自主的職場組合主義の風潮に鍛えられた非専従組合員の新しい世代が組合規約上の委員会へ選出されたことによって，組合のすべてのレベルで専従役員によって永年行使されてきた指導部での役割の部分的な交替を招いた[6]。この権力の移動は，とくにGECにおいて重要であったが，それは1979年のジョーンズの引退の後でようやく完全に現れるようになった。組合規約上の委員会が政策形成における主要な役割を帯びたように，2年に1度の選挙も政治活動と政治的分化にとっての焦点になった。ジョーンズの指導部の在任期間中の1970年代にTGWUを支配した共産党・労働党左派地方支部幹部会は，彼の後継者モス・エバンスの在職期間中に分裂し，1984年の彼の早期の引退の後の選挙では，ライト候補者を支援する「中道派（Centre）」とトッド候補者を支援する「広汎な左派（Broad Left）」の派閥の結成を促進した。トッドの選出の有効性はライトによって争われ，その結果を確認する2回目の投票が行われた。

　84年法によって大量の選挙人が出現したことは，GECの権威を強めたが，派閥組織はそれのメンバーの団結と政策策定能力を増大した。その結果，書記長の権力はさらに減少した。とくに，以前はGECの財政・一般目的委員会を通して書記長によって与えられて，実際にはGECの公式の確認を受けるだけであった書記次長と執行委員の選出においてGECの新しい役割が見えた。そ

の後，これらのポストはGECの票決によって選出され，したがってGECは組合の政治的性格を決定することと書記長のポストの継承を保障することにおいて重要な役割を帯びた。その後，組合中のすべての選挙されるポストと任命されるポストは，派閥の縄張り争いの中で争われた。中道派は，普遍的な職場投票のシステムを初めて使った1986年から88年の任期期間中にGECの過半数の席をかち取ったが，広汎な左派は1988年から90年の期間の競争に勝った。この勝利の原因は，同派の優秀な組織並びに主要な職業集団とくにそれらの全国委員会——選挙の動員における決定的な機関である組合の職場の支部との情報伝達の全国規模の回路を提供した——内部での強さにあった。

88年法は，TGWUの規約と伝統における主要な変更を必然化した。職場投票の廃止は，組合運営における組合支部とショップ・スチュワードの直接の役割を終了させて，選挙への参加を低下させた。書記長の定期的選挙はそのポストの保有者に権威の新たな源泉を与え，そしてGECとの関係は再び流動的となった。GECとの関係と相互間の関係において自己の自主性を強化する新しい別個の正統性を現在保有する書記次長と執行委員のために定期的投票選挙が導入された結果，GECの権威も低下している。TGWU内部に存在する政治的分化を与件とすると，組織的分裂と不団結を生むこの構造的な可能性は，書記長と書記次長のポスト並びに90年と92年のGECの選挙での広汎な左派の候補者の勝利によって軽減された（後者において広汎な左派は，GECの37の席のうち23をかち取った）。職業集団は，郵便投票の導入にも関わらず選挙動員のための彼らの重要性を明白に維持している。

② NCU（全国情報組合）

立法は，郵便技術組合（POEU）とCPSAの郵便並びに電気通信部門（約4万人を数える）との合同によって1984年に結成されたNCUの選挙区毎に不均等な影響を与えた。当初各組合は，別々の執行委員会を選挙する技術並びに事務集団としてのそれの同一性を維持した。CPSAはすでに84年の要件を満たしていた。そして執行委員会並びに上級全国役員の選挙のための個々の組合員の職場投票のそれのシステムはNCUに移された。12人の地方代表者並びに11人の職種代表者から構成されるPOEUの執行委員会は，代議員が彼らの支部会議の決定に従ってすべての執行委員の候補者に対してブロック投票を行う組合の

年次大会において選挙された。すべての役員（書記長，書記次長，財政部長および書記局員を含む）は，執行委員会によって任命され，年次大会の追認に服していた。書記長は執行委員会において議決権を保有しなかった。POEU は，派閥の政治活動の歴史をもったが，広汎な左派は年次大会においてのみ労働党右派に有効に対抗することができたので，役員を大会において選挙することに対する支持は持続していた[7]。この政策は 1983 年の大会によって最後に採用された後，84 年法の制定によって終止符が打たれた。

NCU の 1985 年の大会は，同法の要件を承認し個々の組合による職場投票を用いる技術部門の執行部と NCU 執行部のための年次選挙を導入することを決定した。2 つの派閥に対する支持はまったく等しく，ブリティッシュ・テレコムのリストラ計画に対する組合の対応に対する組合員の不満を糾合する各派閥が交代で執行部の支配をかち取る結果，1 年間の任期は組合を不安定にすることに寄与した。同様に，87 年の全国ストライキ期間中のゴールディング書記長の行動に対する不満は最終的に彼を辞任に追い込んだ。91 年の事務集団と技術集団の統合は直ちに広汎な左派の勢力を増やした結果，NCU の政治的不安定は減らされた。

③　GMB（一般・都市・汽罐工関連労働組合）

立法は，GMWU（一般都市労働者組合）と汽罐工合同組合との合同によって 1982 年に結成された GMB の組織において変更を促進する触媒として作用した。GMWU の性格的特徴は，それの構成単位の地方に与えられた自主性にあった[8]。この構造に内在する遠心性の政治的分化の可能性は，実際には決して実現されなかった。地方の書記と非専従代表者は組合の中央協議会（執行委員会を選挙した）に出席し，共通の政治認識（労働党右派のそれ）と統治の権威主義的スタイルによって統一された[9]。現実に，GMWU は 1 派閥組合であり，そして地方書記によって後援された候補者だけが地方並びに全国の選挙の双方で勝利した[10]。すべての選挙は支部ブロック投票システムによった。選挙演説並びに運動は禁止された。この組合組織構造並びに政治的構造は，当時のバスネット書記長によって 1970 年代に導入された改革を生き延びた[11]。したがって創設された産業別大会は非常に限られた権威をもち，新しい執行協議会は職権による書記長と地方書記によって支配されたままであった。地方書記は，彼らのそ

れぞれの地方協議会からの各地方2人の非専従メンバーの選出を支配すること
を継続した。

　地方の中心的役割は，準連合的構成単位を採用したGMBにおいても修正さ
れた形態で維持された。この準連合的構成単位は，2つの部会から構成される。
すなわち，汽罐工組合部会（BMS部会）は，地区委員会，年次大会，月報，全
国役員および執行協議会（支部会議で行われる個々の組合員の投票によって選
挙される）のそれの別個の構造をもつ。他方，一般・都市労働者部会（GMW部
会）はそれの独特の組織を維持する。新しい中央執行協議会（CEC）はGMW
の執行部にBMS部会の執行部からの代表者を加えて構成された。1985年にバ
スネットが引退した後に，84年法が施行される前に支部ブロック投票システム
の下でエドモンズ書記長が選出された。

　GMBの規約は，84年法に抵触し，GMW部会は最も影響を受けた。同部会
の支部ブロック投票システム，CECの非専従メンバーの間接選挙およびCEC
メンバーとしての地方書記の職権による地位はすべて，同法の要件を満たさな
かった。他方，BMS部会の場合には，個々の組合員の支部投票のみが同法の要
件を満たさなかった。さらに，CECでの書記長の議決権は，同法に違反した。
GMBの1987年の大会は，大幅な規約改正を行った。改正後CECは，GMW部
会の地方構成単位とBMS部会での個々の組合員による職場投票によって選挙
されることになった。地方書記は，地方の代議員のメンバーとして立候補する
資格を有した。書記長は，5年間の任期と個々の組合員による職場投票（郵便投
票の選択を伴う）による選挙に服することによってCECでの議決権を維持した。
そして，CECの任期は2年から4年に延長された。CECは，選挙演説の公表を
含む投票の実施のための規則を制定する権限を与えられた。顕著な刷新は，各地
方CEC代議員の一部に女性の指定席を設置したことであった。CECの1988年
から91年の任期の選挙においてGMW部会の地方構成単位での投票率は平均
40％であり，支部ブロック投票システムと比較すると参加の劇的な増加であり，
女性の席に関する投票率も同様であった。GMBの確立された指導部は選挙の
競争を支配することに成功し，すべての地方書記と彼らの「指名した者」が選
出された。

　1986年にGMBと全国繊維労働者組合とが合同した後に続いて，89年にAPEX
（専門職・管理職・事務職員組合）が結成された。このことは，GMWUの遺産を

根本的に破壊して，BMS部会の中で構成される技術職能集団からなる職業集団の構造，APEXとの共同およびその後の90年の全国裁縫師・衣服労働者・織物繊維集団組合との合同を発議する機会をエドモンズに与えた。これは，地方の重要性を減らして，将来の合同の交渉におけるGMBの立場を強化した。書記次長の新しいポストが90年に創設されてバーリンソン（84年の書記長選挙でのエドモンズの主要な対抗者）の選出は，地方並びに地方書記を犠牲にして組合中央をいっそう強化することを示していた。このように84年法と88年法は，GMBに対して深刻な影響を及ぼしたが，政治的傾向が継続することを特徴とする組織構造改革を進行する過程で新たに立法の規定が加わったことによって組合指導部にとって不都合なことはなかった。構成単位組合の指導者の政治的適合性とそれの強化された立場（短期間の困難にも関わらず合同が成功した主要な理由），新たな部会構造と4年間の任期は，派閥システムの発展を阻害することに寄与した。すべての地方書記は，最初に郵便投票が利用された92年のCECの選挙で再び選出された。選挙の投票率は，40％から16.2％ないし20％の間に低下した。

④　CPSA（公務員・公共企業被用者組合）

CPSAは，84年法を遵守するために規約を改正しなければならないことはなかった。もっとも同組合は，88年法によって職場投票を郵便投票に代えることを強いられた。1970年代に穏健派（労働党右派から無党派層までを包含する），労働党左派（現在「広汎な左派84年」の名称の下に組織される）および社会主義左派（広汎な左派）の間の3つの派閥の争いが組合内で発展した[12]。執行委員会は年次大会によって選出されたが，1979年に穏健派と社会主義左派との間の1時的な同盟の結果として，執行部の反対にも関わらず，大会は個々の組合員の職場投票を導入することを決議した。同様に，81年の大会は役員の任命選出方法を個々の組合員の職場投票による5年毎の選挙に代えた。かくしてPEC並びに上級全国役員の選挙のための投票の導入は派閥化の所産であり，それの原因ではなかった。

1980年代のCPSA固有の政治的不安定は，3つの派閥システム，高い組合員の異動率および毎年行うPEC選挙のシステムの結果であった。とくに，後者は，組合の歴代の交渉の弱さと公務員に対する保守党政府の政策に関係する組

合の失敗を背景として長続きしない組合員の動揺する見方と雰囲気を明確にした。しかしながら，穏健派に属する組合委員長と書記長の5年の任期そして執行部選挙でのこの派閥の影響力の増大によって組合の運営には継続性があった。このことは，部分的には88年法に対応した郵便投票の導入に帰せられるかもしれなかった。逆に郵便投票は，組合員が主要に集中するところにおいて投票に動員する広汎な左派の能力を減らしている。かくして1980年から88年までの間に職場投票の平均投票率は38%であったが，郵便投票の導入によって89年から90年までの間の平均投票率は25%に低下した。

⑤ AEU（合同機械工組合）とEETPU（電気・電子・電通・配管工組合）

AEUとEETPU（両者は，92年に合同してAEEU（合同機械工電気組合）になっている）は，84年法と88年法を遵守するために組合組織構造と運営において少ない調整だけを行えばよかった。というのは，両組合ともすでにPECと上級全国役員の選挙のために郵便投票を導入していたからである。AEUの規約は，組合員投票による役員の定期的選挙，地区への広汎な権限の委譲および全国的制度間の権力分立を規定する職能組合主義の伝統的な風潮を具体化していた。同組合には，進歩派（Progressives）（労働党左派と共産党）および集団派（Group）（労働党中道・右派）から構成される普及した党派システムが持続していた。1960年代に集団派の支配的地位は，配置の限られた数での有効な選挙組織を用いる進歩派による挑戦を受けた[13]。しかしながら，1971年に集団派は，多数を占める規則改正委員会で200人を超える役員の選挙のために郵便投票を導入し，それによって進歩派の選挙戦略と力の根拠を掘り崩した。1982年に最終上訴審判所の選挙のために郵便投票が導入され，1983年までに集団派は，全国レベルで組合のほぼ全体的を支配することを達成した。かくしてAEUの場合には政治的結果が郵便投票へ移行したことによって直接影響された，といわれている[14]。

郵便投票の導入の結果，組合員の選挙参加の機会は増えたが，AEUの平均投票率は1972年の27の選挙の38%から89年の全国執行協議会の選挙の18.4%に低下した。1981年から83年の景気後退期間中の組合員の減少によって惹き起こされた財政危機に陥ったAEUの全国執行部は，84年にTUCの方針を無視して，投票費用を償うために公的基金を利用することを認証官に申請した。85

年に規約が改正されて，選挙運動と選挙の広報を禁止する規則が廃止された結果，規約の規定と実際が一致させられた。90年に役員の権限は減らされて，支部は雇用の配置を基礎に再組織された。

　EETPUの前身であるETU（電気職業組合）は，投票操作によって維持された組合の共産主義者による支配を終わらせた裁判と司法介入の後の1961年に指導部の根本的な変更を経験した[15]。新しい指導部は組合の組織構造と運営を改革し，郵便投票によって選挙される専従執行部に権限を集中した。ETU内部での権力の政治的移動は，選挙の不正を除いて個々の組合員による支部投票の下で起き可能性があった。かくして，郵便投票の導入の結果として組合員の選挙の参加は10％から30％に増えたにもかかわらず，これは変化の原因ではなかった[16]。投票操作という不正行為の結果として左派が正統性を失ったこと，および選挙活動と政治的介入の機会を減らす広汎な規約改正とによって，左派は組合運営において周辺的地位を占めることを継続した。1985年にEETPUは，投票費用の償還のために公的基金を申請した。

　これらの事例研究によると，84年法と88年法が労働組合の組織構造と運営に特定の型を押しつけたにもかかわらず，選挙の投票率の即時的並びに普遍的低下を除くと，各組合の組織運営のプロセスが多様すぎてそれぞれの既存の指導部による支配を受け入れ易いことによって，立法がこれらのプロセスに対して一貫した影響を及ぼしていないように見える。たとえば，TGWUでは，大量の選挙人の出現は2つの派閥の形成に資する政治的分化の過程を緊張させたが，他方GMBでは確立された指導部が政党の地方支部幹部会組織さえ必要としないでそれの指導権を維持している。多くのその他の組合の組織運営のプロセスは立法によって影響を受けないままである。NCUとCPSAの1980年代の政治的不安定は，敵対的な経済環境，密接に均衡した党派システムおよび年毎の執行部選挙という両組合に特有の組織構造と運営の特徴から派生した。

　むしろ労働組合の組織構造と運営の双方を変質させている有意義な要因は84年法と88年法の要件よりも，80年代に経験された実質的で持続した組合員数の減少によって促進されている組合の組織合同の動きであると考えられる。GMBとMSF（製造業・科学・金融組合）はおそらくこのような動きの代表例である。GMBとMSFは対照的な事例を提供する。前者は大きな組織再編を経験したが，派閥の発展はなかった。しかしながら，後者ではMSFを結成する

ためにTASS（技術・管理職組合）とASTMS（科学・技術・管理職組合）とが合同した後に，2つの組合の異なる規約が別々の部会において維持され，部会内の支配的な政党の地方幹部会が広汎な支持とポストを争う期間が続いた。1989年に採用された新しい規約は，両組合の上級役員の任命選出方法と立法と抵触するTASSの中間機関の選挙を廃止した。91年の書記長選挙は，それぞれTASSとASTMSを支配する政党の地方幹部会に基礎を置く「広汎な左派」と「労働党のためのMSF」の派閥の公式化を促進し，その争いは「労働党のためのMSF」の候補者が勝利した。このように，労働組合に対する立法の影響は，その他の要因によって左右されるといえる。

(2) 争議行為前投票

　24組合の中で6組合だけが規約において争議行為前投票を規定していたが，23組合は通常，争議行為を始める前に投票を行った。残りの1組合は，88年法の施行後同法の要件を遵守することを始めた。投票の方法は，職場投票が最も一般的であり，23組合のうち17組合が利用した。7組合は，投票の外部機関による管理を行っていた。

　争議行為前投票を利用する23組合のうちの11組合は，84年法を遵守するために従来の方針を変更した。方針を変更した組合の中でAEUは特徴的であった。AEUは，84年法が適用される前から多くの分野において投票を実施していたが，この投票は公式化されず，また現行法が要求するほど厳格に管理されなかった。84年法が適用されてから，AEUはすべての争議行為に先立って職場投票を実施する方針に変更した。

　争議行為前投票規定の導入が，労働組合の争議戦術にどのような影響を与えているのかは興味深い問題である。ただし，団体交渉のプロセスにおいて実際に交渉の力となるのは，現実の力の行使よりもむしろ交渉の相手方に対して交渉力をもっていることを認識させることであることに留意する必要がある[17]。現実に行動を起こすのではなく，行動に関する確実な脅威を提供する戦略を展開する能力を組合が身につけることが，団体交渉において最も効果的な交渉手段となる。その意味において，争議行為前投票は，組合員の感情の強さを経営側に対して説得するための低廉で信頼できる方法であると位置づけられる。事実，争議行為前投票を実施する23組合のうちの15組合の役員は，成功する投票を

実施することは大きな戦術的利点をもつと発言した。しかし，問題は投票が成功することを見通すことができるか否かにかかっている。これについて，通常組合役員は，投票の結果を予想する自分の能力を信頼しているので，結果を見通すことができない場合には投票を実施することに躊躇する。それゆえ，実際の投票結果の大部分は，組合指導部の勧告に従った結果を示した。たとえば，組合の姿勢に賛成する投票の比率は，1985・6年には77.5%（253件のうちの196件），87年には89.6%（280件のうちの251件），88年には92%（331件のうちの305件）および89年には93.6%（359件のうちの336件）と上昇した[18]。

争議行為前投票の導入は，組合の意思決定のプロセスを正統化することによって争議行為を行う組合員の意欲を増やすことができると見られている。7組合[19]の役員は，投票は組合員がいっそうすすんでストライキ行動を行うようにした，とさえ発言した。投票の実施に関する立法の詳細な規制は争議行為に賛成投票する組合員の意欲を阻害すると予想されたが，たとえば争議行為が雇用契約に違反する趣旨の警告を投票用紙に含めることも，実際にはほとんど投票の結果に影響を及ぼさなかった。

さらに，争議行為前投票の利用は，職場における団体交渉手続を公式化することを促進したといわれている[20]。たとえば，National Engineering Companyにおける団体交渉制度においては，経営の提案に関する情報は書面で回覧されなければならず，経営の提案項目を説明し，それに対抗する組合側の視点を示すための書面が要求された。この公式化は発達した職場組織を要求し，いっそう洗練された職場組織においてのみ可能である。そのような職場組織がないところでは，団体交渉の適正な手続が遵守されることを保障するために専従役員が事業所レベルの組合組織に直接介入することを要求される。上の公式化は，交渉戦術が多数組合間の統合を要求する多数の組合が存在する職場においてとくに必要である。

争議行為前投票の導入が団体交渉の成果にどの程度影響を与えたかについては正確に測定することが非常に困難である。というのは，団体交渉の成果は非常に広汎な要因の組み合わせによって影響を受けるので，投票の導入による影響だけを単独にその他の要因と切り離すことはできないからである。面接を受けた組合役員は，投票の導入が団体交渉の成果に対して認識できる影響を及ぼしたとは考えていないと発言した。しかし，投票の導入が団体交渉の成果にまっ

たく影響を及ぼさなかったとは言い切れないであろう。たとえば，投票を実施しないことや違法な投票に対して使用者が差止命令を請求した事例において，そしてとくに差止命令が発せられた後に争議行為が中止された事例において，立法の投票規定は団体交渉の成果に何らかの影響を及ぼしたといえるであろう。もっとも，差止命令が請求された件数は発生した争議の総件数のわずかな部分しか占めないので，投票規定の団体交渉の成果に対する影響は，あるとしても極めて少ないであろう[21]。

そのほかに投票の導入が団体交渉の成果に影響を及ぼす場合としては，投票の結果が争議行為を否認した場合が考えられる。もっとも，前述したように実際には圧倒的多数の事例において組合の争議行為の提案は投票において承認されているので，現実的な影響の可能性は極めて小さいであろう。組合の指導部が投票の結果を予測することに失敗する例外的な場合にしかこのようなことは起こり得ないであろう。

争議行為前投票規定の導入は，団体交渉のプロセスおよびその成果と並んで労働組合の組織構造にも影響を与えている。この規定は，労働組合における集権化を増大させることに多大な影響を及ぼしている。組合指導部は，違法な争議行為によって差止命令や多額の損害賠償を被る結果，組合の資産を危険に曝すことを避けるために争議行為に対する中央統制を強化することを必要であると考えている。24組合のうち22組合の全国役員が，面接した当時職場代表に対して争議の実行に関する詳細な指令を発していた。たとえば，AEUの書記長は，地区の書記長に彼の手紙をすべてのショップ・スチュワードに配布することを要請する手紙を送付した。その手紙には，「組合の訴訟からの免責を守るために投票はあらゆる点で制定法上の要件を遵守しなければならない。そこで以下の指針は厳格に遵守されるべきであり，問題が生じたならば地区の役員からの助言を求めるべきである。」と記載され，組合役員は「投票の有利な結果を条件として」争議に関する公式の発言をすることを明示的に制限する必要を警告されている[22]。

差止命令とそれの不遵守による裁判所侮辱罪による罰金の賦課，不法行為による損害賠償請求，およびストライキ手当の支給という3つの財政的圧力によって組合指導部は，投票規定に違反して組合員が争議行為を行わないように注意を払っている。その中でとくに，差止命令の不遵守による罰金刑の脅威は重大

であり，1985年のオースチン・ローバー社の争議中に発せられた差止命令を遵守しなかったことによる裁判所侮辱罪でTGWUに20万ポンドの罰金が科せられたこと[23]は，組合の行動を制限するうえで大きな影響力をもったといわれている。24組合のうち15組合は，1980年代に入って組合の方針を遂行した結果処罰された組合役員を補償することを規約に定めた。しかし，88年法はそのような補償を違法とした。ストライキ手当の支給は，組合員が行った争議行為に対する組合による明かな承認とみなされるので，ストライキ手当を支給する際には投票規定を遵守することが肝要である。AEUとEETPUの場合のように，投票規定を遵守しないのでストライキ手当を支給しないことは，組合の財産を節約する予想外の方法になっているといわれている[24]。

1) 以下の労働組合における変化に関する分析と検討については，P.Smith, P.Fosh, R.Martin, H.Morris and R.Undy, Ballots and Union Government in the 1980s, (1993) 31BJIR365, R.Martin, P.Smith, P.Fosh, H.Morris and R.Undy, The Decollectivisation of Trade Unions? Ballots and Collective Bargaining in the 1980s, (1991) 22IRJ197およびR.Undy and R.Martin, Ballots and Trade Union Democracy, 1984, Basil Blackwellを参照した。
2) 調査対象の組合数が減ったのは，組合合同の結果，TUC加盟組合の数が減ったことによる。
3) 投票用紙が職場またはそれより便利な場所で配布されて，投票は郵便で行われる投票方法。
4) Undy and Martin, op., cit., pp.86-7.
5) Smith et al. (1993), op.cit., pp.371-2.
6) 詳細については，J.England, Shop Stewards in Transport House: A Comment upon the Incorporation of the Rank and File, (1981) 12ILJ16参照。
7) Undy and Martin, op., cit., pp.94-6.
8) Ibid., pp.90-2.
9) R.Undy, V.Ellis, W.E.J.McCarthy and A.M.Halmos, Change in Trade Unions, 1981, Hutchinson, p.53.
10) Undy and Martin, op., cit., p.92.
11) Undy et al. (1981), p.118.
12) Undy and Martin, op., cit., pp.97-100.
13) Ibid., pp.64-74.
14) Ibid., p.69.
15) Ibid., pp.74-6.
16) Ibid., p.76.
17) Martin et al. (1991), op.cit., p.202.
18) ACAS, Annual Reports 1987-90.
19) NUR（全国鉄道従業員組合），TGWU, EMA（技術者・管理者組合），UCATT（建設関連職業・技師組合），BFAWU（パン焼き職人・食品関連労働者組合），CPSAおよびSTE（遠距離通信管理職組合）。

20) Martin et al. (1991), op.cit., pp.203-4.
21) 争議行為に関する差止命令の実態については，以下を参照。 S.Evans, The Use of Injunctions in Industrial Disputes: May 1984-April 1987, (1987) 25BJIR419; Labour Research Department, Rise in Leagal Actions Against Unions, Labour Research, October 1985, pp.259-61; Labour Research Department, Bosses Resort to Try Union Laws, Labour Research, October 1987, pp.17-20; Labour Research Department, Tightening the Leagal Grip around the Unions Neck, Labour Research, September, 1988, pp.7-8; Labour Research Department, Judges Move Nearer Strike Ban, Labour Research, October 1989, pp.12-3.
　Evansによると1987年4月までに争議行為を解除するために使用者が差止命令を請求した事例が80件あり，そのうちの47件が争議行為前投票を理由とした。47件のうち43件は投票が行われなかったことに関係し，3件は投票用紙の文言に関係し，残りの1件は投票手続に関係した。差止命令が発せられた26件は，一次的争議行為に関係し，同じく10件は二次的争議行為に関係した。その26件のうちの10件においてと後者の10件のうちの6件において争議行為が撤回される結果を招いた。Labour Research Departmentによると，1987年4月から89年10月までに争議行為に対する使用者による差止命令の請求は31件を数えたにすぎなかった。
22) Martin et al. (1991), op.cit., p.205.
23) J.Hutton, Recent Cases, (1985) 14ILJ255.
24) Martin et al. (1991), op.cit., p.206.

三　労使関係改革立法の影響についての評価

1　労使関係改革立法の影響

（1）　役員選挙投票の影響

　上の労働組合の組織構造と運営の実態における変化に関する調査から見ると，現在までのところ労使関係改革立法は，労働組合を改革するというその所期の目標を達成していないように見える。とくに 84 年法と 88 年法において追求された，PEC 並びに上級全国役員の組合員による直接選挙ないし郵便投票の導入が「穏健な」指導部の出現とそれと関連する組合の方針の変更を促すとする予想は，少なくとも今までのところでは実現されていない。この予想は，組合員が指導者と活動家の影響を受けている公の会議におけるよりもむしろ秘密投票により票決するならば別の選択を示すであろうという想定に基づいていた。しかし，労働組合においては，組合員による秘密投票は公開票決，代議員会議および代表者委員会と並ぶ集団的意思を画定してそれに対する支持を評価する 1 つの方法であるにすぎない。たとえ不適切であったとしても，組合の意思決定のプロセスが組合員の統一した意思の歪曲を招かないとしたならば，投票の強制的導入のような手続上のいかなる変更もそれ自体は組合の指導部と方針における変更を促すとはいえないと考えられる。逆に，実際には立法による組合員投票の押しつけによって組合の組織構造と運営がもつ権威と正統性は，強化されているといえる。

　84 年法の投票規定を遵守するために大多数の組合は，職場投票を採用した。職場投票の導入は，組合指導者に職場の組合組織，すなわち組合の組織構造と運営における第一義的単位において直接組合員に話しかける機会を与えた。職場組織がすでにある組合ではそれを利用して投票が組織され，そしてそれがないところでは，投票を機に職場組織がつくられた。活動家は職場投票の運営を支援する役割を果たし，候補者に関する情報を提供し，組合員を投票に動員した。かくして 87 年の緑書において意図された組合指導部と個々の組合員との直接のコミュニケーションの促進にも関わらず，活動家は組合の組織運営の過程において従来とは異なる方法で市民権を与えられ，組合員と彼らの関係を強化した。

パン焼き職人組合（Bakers Union）のように，職場で行われた政治基金投票で投票率の増加を記録した後で執行部と全国役員選挙のための郵便投票を職場投票に代えた組合もあった[1]。

88年法による組合選挙に対する郵便投票の押しつけによって，労働組合は職場投票の採用を終了せざるを得なかった。しかし，投票方法の職場から郵便への転換それ自体が集団主義的価値よりも個人主義的価値を引き上げて，それによって組合組織を破壊することを招いているとは考えられない。職場投票よりも郵便投票において投票率が全般的に低下していることを見ると，組合員が組合によって画定された集団的利益に共感を示さない場合には，組合員の不満が集団的な異議申立運動に組織されない程度においては，郵便投票によって投票に参加することに対する消極性がいっそう容易に表明される傾向にあると考えられる。多くの組合では，「とくに職場において侵害されないで残っている組合員の団結の慣習および行動する意欲」[2]によって，選挙の低い投票率とは無関係に組合は有効な集団的制度を維持している。

88年法が書記長およびその他の上級全国役員のために定期的選挙を導入したことによって，それらの役職者についての在職中の勤務評定のための全組合員投票の機会が提供された。一部の組合では，このことは変化を招来したが，先の調査において見たようにその要因は，個々の組合の組合内政治が抱える特殊事情であると考えられる。たとえば，NUJ（全国記者組合）とNATFHE（全国中高等教育教員組合）において現職書記長がそれぞれ穏健派並びに左派の候補者に敗れたことは，NUJの場合での財政の誤った管理と組合不承認問題，そしてNATFHEの場合での1989年の労働協約に対する中等教育組合員の不満という各組合が抱える特有の困難によって説明されることができる[3]。これらの事例は例外であり，現職者に対する制度上の有利性を与件とすると，全国的組合役員または彼らが指名した者が定期的選挙において敗北することはほとんどないといえる。組合員による直接選挙の導入は，上級全国役員の選挙または選出における中間機関の役割を廃止したが，それによってEETPUのような組合においては確立された指導部がその自律性を増やし，組合運営の更新された「大衆的ボス支配」のスタイルとそれと関連する穏健な方針が正統化されると指摘される[4]。他方，定期的選挙の導入は戦闘性を促進する可能性をもつ。たとえば，AEUでは1990年の差し迫った組合委員長の選挙が，週37時間労働への時間短

縮のための1989年から90年のキャンペーンの一要因であった[5]。

ところで郵便投票の導入の一般的な影響は,「活動家が地理的に集中した少数集団に基づいた派閥の有効性を減らす」ことであると指摘されている[6]。たとえば，AEUでの郵便投票の導入は,進歩派に対する集団派の勝利を招き，CPSAでの穏健派の力の成長を説明する。しかしながら,「派閥組織をもつその他のすべての組合において右派が同様に投票方法の変更から利益を受けると想定する」[7]ことはできない。「組織された右派とその候補者は常に大衆的選択になるわけではなく，そうなる場合にはその選択の性質を組合員に対して伝える組織的能力を有しそれゆえそれの支持者を動員する能力を有する。」[8] たとえば，TGWUとNUCにおいて左派は彼らの立場を強化した。また，UCATT（建設関連職業・技師組合）では郵便投票の利用とPECのための1991年の新しい組合員登録の後に3人の左派の候補者が勝利して執行委員会において労働左派・共産党が過半数を占めた結果，組合内部を大きな危機に陥れた。その後，左派の候補者が書記長に選出された[9]。

立法が先導した労働組合の組織構造と運営の改革が，組合内部の競争選挙の機会を増したことは事実であろう。しかし，このことは自動的に派閥の政治システムを生まなかった。むしろ，幾つかの場合には派閥は，異なる政治的伝統をもつ組合が合同することを契機として発展した。派閥の存在は，組合内部で見解の相違が明確にされる範囲を増やし，そしてそのことは少なくとも潜在的には組合の集団的行動能力を破壊することにつながりうる。しかし，組合員による投票制度は，方針をめぐる紛争が正統に解決されることによって，団結を強化することができる仕組みを提供するといえるし，現実の組合運営においてもそうなっているといえるであろう。

(2) 争議行為前投票の影響

立法による争議行為前投票の導入は，労働組合に対して争議行為に関する決定を行う場所の変更を迫った。組合員集会や組合支部会議での争議行為の決定は違法とされて，その役割を終えた。その結果，争議行為前投票の利用が増えたが，投票の導入は争議行為に関する集団的意思決定を解体することにはつながらなかった。というのは，争議行為前投票は通常職場において行われ，一般的に組合員は積極的に投票したからである[10]。職場投票では，投票用紙がショッ

プ・スチュワードによって組合員に配布され，争点がスチュワードと組合員との間で討論される結果，スチュワードと組合員との接触の機会が増えることを通して集団的意識が増大することになると考えられる。組合費がチェック・オフを通して徴収されるところではこの接触の増加の意義はとくに大きい。そして賛成投票の結果は，その他の意思決定の方法以上に団結を強化することに効果的である。なぜならば，投票による承認は正統性をもち，秘密投票においては多数決定に反対する者が誰かを特定するすべがないからである。このように投票の導入は，職場における団結を維持・強化することに役立ったといえる。

　争議行為前投票の導入が労働組合の争議戦術に不利な影響を与えて，組合が争議行為を行うことに対して制約的に働いている証拠は見あたらない。むしろ組合は，投票を団体交渉のプロセスにおいて自らに有利な交渉戦術として活用している。そこでは政府がもくろんだように，穏健な多数の組合員の意思が戦闘的な組合指導部の方針を覆すことにはならなくて，逆に組合指導部の方針が正統化されている。労使関係改革立法の賛同者も争議行為前投票が期待した効果をあげなかったことを次のように指摘せざるを得なかった。「ストライキ前投票が，ストライキの脅威というぶざまで時代遅れの観念を持続させる限り，投票はまったく歓迎されない。イギリスでは，最近のストライキ前投票は，産業の混乱を抑えるよりもむしろそれを奨励しているように見える。」[11]

　以上のことから明らかなように，立法，とりわけ84年法と88年法は，多くの労働組合の組織構造と運営において不均等ではあるが容易に後戻りすることができない変更をもたらしたことは疑いない。しかし，そのような変更がそれらの立法の政策目的にかなうような方法で行われたとは言い難い。とくに，立法が組合の指導部の政治的傾向を変質させたり，または「穏健な」方向へ組合の方針を方向転換することに単独で失敗したことは明かである。

2　労使関係改革立法の失敗の原因

　上に見たように労使関係改革立法は，意図したように労働組合を改革することに成功しなかった。その失敗の主要な原因はどこにあるのであろうか。政府は，経済成長の阻害要因と考える労働組合の力を減らすための1つの方法として，組合内の意思決定プロセスに対する組合員の参加の度合いを増やすことを通して組合を改革することをめざした。しかし，現実の組合運営は政府が想定

したほど単純なものではなく，組合運営に組合員が参加する機会が増えることだけで組合の運営が質的に変化するわけではなかった。

　政策の失敗の第1の原因は，政策の組合民主主義の理解の仕方にあると考えられる。政府の政策では組合民主主義を徹底することが強調された。しかし，そこでの民主主義の理解の仕方は一面的であり，個人の利益代表並びに個人主義が強調されて，集団的組織における民主主義についてはまったく考慮されなかった。すなわち，労働組合という集団的組織の存在やその目的を否定する一方で,組合内部の意思決定手続の民主化を強調するという奇妙なことになった。政府が奨励した意思決定手続の民主化は，郵便による組合員の直接秘密投票に集約された。政府の考えでは，個々の組合員がほかからの影響や圧力を受けないで自宅で自らの意思を決定することが労働組合における意思決定手続の民主化であった。しかし，現実の組合運営において意思決定手続のあり方が必ずしも意思決定そのものの正統性を左右することにはならないと考えられる。意思決定の正統性は，指導部に対する組合員の姿勢や指導部の力量に対する組合員の評価によって大きく左右されるであろう。現実にも，役員選挙において郵便投票は，支部投票よりも投票率を引き上げたが，職場投票より低い投票率しか記録していない。組合の投票において郵便投票しか認めないことは，組合の意思決定への組合員の参加を増やすよりもむしろ逆にその参加を減らすことを促進する危険があるといえる。個々の組合員の投票権を保障することだけでは，組合における参加民主主義を増大することには結びつかないことが例証されたといえるであろう。

　第2に，政府が想定した個人を基礎とする組合民主主義のあり方は，組合員の利益を代表する組合指導部の責任を担保する最も有効な方法を提供するとは限らないことである。組合の運営においてチェック・アンド・バランスを有効に機能させるためには，指導部の方針に対する異議申立運動が組織される条件が整わなければならない。組合指導部と個々の組合員と間の直接のコミュニケーションと直接投票を組合運営の基本として，中間機関の役割を排除することは，こうした条件が整うことを阻害し，ひいては組合民主主義の発展を制約することにつながると考えられる。

　第3に，組合民主主義を強調する立法は，それを遵守する責任を組合員個人よりも労働組合に負わせるので，実際の組合運営においては中央集権化ないし

は官僚主義化が加速される結果を招いたことである。このことは，立法が想定する労働組合の組織構造に混乱があることに原因がある。立法の投票規定は，役員選挙，争議行為前，および政治目的の拠出に関する投票を規制することを通して組合の指導部に組合員の意見に対していっそう多く責任を負わせることを目的とする。他方，立法は争議行為の過程において組合員によって行われた行為の責任を組合や組合役員に負わせることを追求する。このように立法においては，組合運営における分権化の方向と集権化の方向が併存している。しかし，現実には投票規定を遵守した結果は，集権化を増大させた。とくに違法な争議行為による訴訟の発生を回避するために，ローカルレベルに対する中央統制が強化されている。その結果，政府が期待したように集団的組織が弱体化されるのではなく，逆に集団的統制が強化されたといえる。

結局，労使関係改革立法が労働組合を改革することに失敗した主要な原因は，政府の労働組合の組織構造と運営に関する認識の不足と組合民主主義の本質に関する誤った認識にあると考えられる。

---

1) Smith et al. (1993), op.cit., p.378.
2) Ibid., p.379.
3) Ibid.
4) Ibid.
5) Ibid.
6) Undy and Martin, op., cit., p.114.
7) Ibid.
8) Ibid.
9) Smith et al. (1993), op.cit., p.380.
10) 争議行為前投票の投票率は職場投票であるがゆえに郵便投票による役員選挙の投票率よりも高かったと考えられるが，93年法の下で郵便投票による場合でも依然投票率は高いと指摘される。Martin et al. (1995), op.cit., p.152.
11) C.G.Hanson and G.Mather, Striking Out Strikes, Changing Employment Relations in the British Labour Market, 1988, Hobart Paper 110, Institute of Economic Affairs, p.77.

おわりに

　1980年代から90年代の現在に至るまで展開されている保守党政府の労使関係改革立法に対してイギリスの労働組合は，組織内部の制度的改革を通して労使関係改革立法の要件に適合することに成功してきている。その間に起きた労働組合の組織構造と運営における変化を通して，組合はかつてのボランタリズムの下での法の世界とは極めてかけ離れた存在から大きく変質したことはまちがいない。労働組合の組織運営に対する法的規制が著しく増大して組合側がそれに対応することを迫られた結果，組合運営の「法化」が非常に進んだことは疑いない。しかし，そのような労働組合における変化が，保守党政府が意図した意味での組合の改革ではなかったことも事実である。厳しい経済並びに政治情勢の中において労働組合の抵抗は継続していると見ることができる。これに対して，93年法の制定に見られるように政府は，労働組合を改革することを追求する姿勢を依然くずしてはいない。保守党が政権に居続ける限り，労働組合の側も抵抗の姿勢を緩めるわけにはいかないであろう。

第二章　イギリス1984年労働組合法と組合民主主義

はじめに

　1984年7月26日に国王の裁可を受けて成立した1984年労働組合法（Trade Union Act 1984）[1]は，1980年および82年雇用法（Employment Acts 1980 and 1982）に続くサッチャー政府の労使関係改革立法の第3弾として登場した。80年および82年雇用法がクローズド・ショップ，ピケッティングおよび争議行為の免責に対して制限を強化することによっていわば労働組合の外堀を埋めたのに対して，84年労働組合法は，労働組合自身の内部問題を直接規制の対象とするという特徴を持つ。すなわち，同法の制定目的は，労働組合を組合員の要求に一層応え得るものにするために，組合が遵守すべきである民主主義の最低基準を設定することである[2]。そのために同法は，3つの主要事項をとりあげる。
　第1に，労働組合の役員選挙での組合員による直接秘密投票。
　第2に，争議行為前秘密投票。
　第3に，政治基金決議の定期的再検討および政治基金の支出目的の拡大。
　84年法が上の目的で制定された背景には，政府・保守党による労働組合に関する分析がある[3]。その分析によれば，組合員の多くは，政治または労使関係に対して穏健な態度をとるにもかかわらず一部の過激な組合指導者によって組合運営が行われているという現状がある，こうした状態が生まれた要因は，多くの組合員の意思が組合運営に反映されない組合内の民主的手続の欠落であるとされる。とりわけ，組合員の真の代表でない者が組合指導者になる選出手続は民主的でないといわれる[4]。たとえば，役員を組合員による選挙ではなく任命によって選出すること，または選挙で選出されても役員の任期が終身であることが批判される。また，ストライキ前の投票も，大衆集会で挙手の方法で行われるなど，反対意見の表明が抑圧される危険があると指摘されている[5]。さらに，政治基金への拠出を免除される組合員の権利の保護が十分になされておらず，知らずに政治基金への拠出金を支払っている組合員が多数にのぼるとい

55

われている[6]。

　かくして，政府・保守党の主張によれば，労働組合の民主的改革は急務の政治課題であり，とくにその支柱となるのは，組合員個人の権利の保護である[7]。しかし，このような政府・保守党の労働組合に関する分析が現実に十分裏付けられた根拠に基づいているものであるのかについては，疑ってみる必要があるであろう。なぜならば，既発表の各種の実態調査からは，イギリスの労働組合においては組合員に対する権利侵害が横行しているという結果は現れていないからである[8]。もっとも，そうであるからといって現実に労働組合における民主主義をめぐる問題が存在しないわけではない。組合内の各種意思決定過程における投票を1例にとっても，秘密投票制度の要請は労働党側からも起きている[9]。したがって，現代のイギリスにおいて労働組合における民主主義という問題は，政府・保守党側からの労働組合に対する「攻撃目標」にとどまらず，労働組合自身がみずからに問いかけなければならない問題であるということができる[10]。

　こうした背景をもって84年法は制定されたわけであるが，それが規定する内容はいうまでもなく労働組合の自主性＝団結自治に対する国家権力の介入＝司法介入にほかならない。しかも，その介入の程度は，従来のコモンローおよび制定法のそれとは比較にならないほど強められている。すなわち，一定のサンクションの脅威のもとに労働組合は，特定の民主的手続を遵守することを「強制」される。これは，イギリスの労働組合運動がかつて経験したことがない法の新たな「挑戦」である。しかし，それには組合活動に対する制約のみならず，組合自身も承認しなければならない組合民主主義の要請も含まれることに注意しなければならない。そのことは，84年法を評価する際に忘れてはならないと思われる。もっとも，その評価の際にさらに忘れてはならないことは，サッチャー政府が主張する組合民主主義の要請は，同政府が推進している労使関係改革政策の中の重要な柱である労働組合の力の抑制という目標を基調にして打ち出されていることである[11]。政府が意図することは，組合民主主義の徹底を通して労働組合の内部から組合の力を弱体化してゆこうとするものであるといえる。したがって，84年法の制定意図の基礎をなす組合民主主義の要請は，それ自体が達成されるべき目標ではなく，労働組合の活動に対する規制の手段としての役割を担っているということにも留意しなければならない。

そこで，本稿では以上の諸点に留意しつつ84年法の内容，それが内包する問題点，およびそれが実際の労働組合の活動に及ぼす影響について検討を試みたいと考える[12]。

---

1) 84年法は，イングランド，ウェールズおよびスコットランドには全面的に適用される，しかし，第1および第2章，ならびに18および20条は，北アイルランドには適用されない。第3章は，北アイルランドにその本部がある労働組合に関しては北アイルランドでは適用されない。
2) C.D.Drake, The Trade Union Acts with Commentary, pp.156-157.
3) Green Paper on Democracy in Trade Unions, Cmnd. 8778 (1983). このグリーン・ペーパーの解説および訳については，古川陽二「サッチャー政権と組合民主主義」労働法律旬報1075号（1983年）14頁以下参照。
4) Ibid., paras.,5-12.
5) Ibid., para.,56.
6) Ibid., paras.,88-92.
7) Ibid., para.,126.
8) J.Gennard et al., Throwing the Book-Trade Union Rules on Admission, Discpline and Expulsion (1980) 88 DE Gazette 17; K.D.Ewing and W.M.Rees, Democracy in Trade Unions-I: The Political Levy, N.L.J., February 4, 1983, p.100; ibid.,-II: Secret Ballots, N.L.J., March 18, 1983, p.259.
9) 1969年に労働党政府が発表した白書「闘争に代えて」（In Place of Strife, Cmnd. 3888)は，「経済または公共の利益に対する重大な脅威」がある場合，国務大臣が労働組合にストライキ投票を要求する裁量権を持つべきであることを提案した。実際に同様な規定が保守党政府の制定した1971年に含まれた（141条）が，労働党政府が制定した1974年法により廃止された。1978年11月に労働党政府のキャラハン首相は，政府の5％賃上げ基準を無視したフォード自動車の労働者によるストライキが大衆集会で挙手による方法で決定されたことに対して不満を表明し，組合側がそのような制度を改めない場合には，立法によって対応する用意があると発言して，保守党のフロント・ベンチを驚かせた。R.Undy and R.Martin, Ballots and Trade Union Democracy, p.14.
10) P.Fairbrother, All Those in Favour: The Politics of Union Democracy, pp.83-95.
11) サッチャー政府の労使関係政策については，栗田健編著『現代イギリスの経済と労働』御茶ノ水書房，1985年，Ⅱ「労使関係政策の展開」（栗田健）65頁以下，同「現代イギリス労使関係における労働組合」日本労働協会雑誌325号（1986年）3頁以下, Lord Wedderburn, The New Policies in Industrial Relations Law, in P.Fosh and C.R.Littler ed., Indsutrial Relationd and the Law in the 1980s Issues and Future Trends, pp.22ff 参照。
12) 84年法の訳については，「1984年法労働組合法（仮訳）」海外労働情勢月報35巻3号（1985年）1頁以下を参考にしたが，必ずしもそれに従ってはいない。

一　84年法第1章労働組合選挙のための秘密投票

1　84年法第1章の内容

(1)　直接投票を要求される役員の範囲

　84年法第1章は，労働組合の特定の役員が組合員の直接投票によって選挙されることを組合に要求するとともに，その選挙において組合が遵守すべきである要件を規定する。

　選挙されなければならない役員は，組合の主たる「執行委員会」(principal executive committee) で議決権を有する者であり，その在職期間は5年を超えてはならない（1条1項）[1]。すなわち，組合は，少なくとも5年毎に上の役員を選出する選挙を行わなければならない。「主たる執行委員会」は，名称のいかんを問わず，執行機能を果たす組合の主たる委員会をさす（1条5項）ので，たとえ執行権限を有するとしても，財政委員会その他の下位の委員会は含まれない。上の「主たる執行委員会」の議決権を有する者は，その委員会のメンバーだけに限られない。メンバー以外の者でもその委員会で議決権を有する者，たとえば，組合長や書記長は，選挙されなければならない（1条2項）。

(2)　選挙権・被選挙権の保障

　選挙権は，原則としてすべての組合員に平等に保障されなければならない。しかし，組合は，規約によって特定の種類の組合員を投票から排除することができる。その場合に，組合員は次のいずれかの種類に該当しなければならない。すなわち，(a)失業中の組合員，(b)組合費その他の拠出金を滞納中の組合員，(c)徒弟，試用期間にある者，学生もしくは新入組合員（2条2項）。すべての組合員に投票する機会を保障することは，職業，職種，地域または部会別に選挙区制をしいて選挙を行うことと矛盾しない（2条3項）。選挙区の規模，すなわち役員1人当たりの選出母体の数等に対する制限はない。

　組合員は，立候補することを不合理に制限されてはならない（2条9項）。立候補者は，政党に所属することを要求されない（2条10項）。しかし，特定の種類の組合員全員を組合規約によって候補者から排除することは，不合理であると

はみなされない（2条11項）。

　投票の秘密は，最大限に保障されなければならないので，84年法は，すべての組合員が郵便投票を行う便宜を与えられなければならないことを要求する（2条7項）。しかし，郵便投票は，投票方法の絶対的条件ではない。84年法2条が規定する選挙に関する要件を満たす限り，組合は，郵便投票に代えて組合員の「労働時間の直前，直接またはその時間内に」，「その職場またはそれ以上に便利な場所で」投票を行うことができる（3条1項）。

　組合員は，「組合または組合員，役員もしくは組合の被用者」による干渉または制限を受けずに投票することを保障されなければならない（2条6項）。ただし，組合関係者以外の者，たとえば使用者その他の第三者による投票に対する干渉または制限については言及されていないので，その場合には，同規定の違反問題は生じない。

　投票は，投票用紙に印をつける方法で行われなければならない（2条5項）。選挙結果は，各候補者に直接投じられた票数を集計することによって決定されなければならない。票の集計は，公正かつ正確に行わなければならないが，選挙結果に影響を与えない程度の偶発的な集計上の不正確さは無視される（2条8項）。

　組合員は，直接に費用を負担することなく投票することができなければならない（2条6項）。それゆえ，組合は，郵便投票の場合には，返送費用も含めて負担しなければならず，職場投票の場合には，投票するためにタイム・オフをとる組合員にその間の賃金を保障する措置を講じなければならなくなる。

(3) 組合員の住所および氏名の登録

　84年法は，郵便投票を職場投票よりも優越させているので，郵便投票の実施をいっそう促進するために組合に特別の義務を課している。すなわち，組合は，組合員の名前と正しい住所の登録簿を整備し保管しなければならない。加えて，組合は，登録簿の記載が正確で最新であることを確保しなければならない（4条1項）。ただし，1個の労働組合とみなされる組合の支部の場合でも，本部が肩代わりする限度まで上の義務は支部に関して免除される（4条3項）。

(4) 違反による被害の救済

84年法第1章の違反による被害の救済は，84年法自体が設ける救済に限られる。すなわち，①すでに行われた選挙の場合には，選挙が行われた時と申立の時に当該労働組合の組合員である者，そして，②その他の場合には，申立の時に組合員である者は，法違反の宣言を求めて認証官（Certification Officer）[2]または高等法院（スコットランドの場合は高等裁判所）に申立を行うことができる（5条1項）。すでに行われた選挙に関する申立は，労働組合が選挙結果を通知した日から1年以内に行わなければならない（5条2項）。

申立人は，認証官または裁判所による救済のいずれかを選択することができるが，宣言された法違反を是正することを組合に命じる「強行命令」を下す権能は裁判所のみに与えられる（5条5項）。「強行命令」は，以下の要件を組合に課す。すなわち，①特定された選挙の実施を保障すること，②宣言において特定された法違反を是正するその他の措置を講じること，③同一のまたは同種の法違反の発生を予防するために特定の行為を差し控えることである（5条7項）。選挙がすでに行われた場合には，「強行命令」は，選挙のやり直しを組合に命じることもできる。その際に，裁判所は，事件の個別的事情において不適当と考えない限り，新たな選挙は，①命令が定める規定に従って，②郵便投票によって行われることを命じる（5条8項）。「強行命令」は，裁判所が適当と考える期間を定めて命じられる（5条9項）。組合が「強行命令」に従わない場合には，最初の申立を行った組合員以外の組合員も含めて，「強行命令」が下された時および現在も組合員である者は，右命令の遵守の強行を裁判所に申立てることができる（5条11項，12項）。かくして，法違反による被害の最終的救済は，法廷侮辱罪による処罰である。

2　84年法第1章の効果と問題点

(1)　実効性の担保

上に見たように84年法第1章は，特定の方法に従って役員選挙を行うことを労働組合に義務づけるが，組合にかかる義務を負わせることを可能にするものは，組合員の申立以外にはない。要するに，84年法第1章の効果の有無は，組合員が積極的に法違反を摘発する行動を起こすか否かにかかっている。しかも，

法の効果が及ぶ範囲は，選挙自体に限られる。たとえ選挙に違法があったとしても，組合の主たる執行委員会が行うことの有効性はなんら影響を受けない（1条6項）。

このように84年法第1章の効果は限られているが，それが内包する問題点およびそれが労働組合の内部運営の実態に及ぼす影響は，以下に述べるごとく決して小さくはない。

(2) 専従役員

組合の「主たる執行委員会」で議決権を有する組合役員が5年以内の定期的選挙で選出されなければならないことは，かかる役員を任命または定期的選挙によらないで選出する組合に以下の選択をせまることになる。すなわち，かかる役員を5年以内の定期的選挙で選出するか，あるいは，そのような方法で選出されない役員から議決権を奪うかである。組合がどちらを選択するにしても，かかる役員が組合に雇用されている専従役員である場合には，その雇用契約の条件に違反する問題が起こりうる。たとえば，上の条件が，役員は任命され議決権を有することであり，または終身雇用である等の場合がそれである。しかし，このような場合には，組合には雇用契約違反の責任は無いであろう。なぜならば，組合が84年法に違反することになる雇用契約の条件の遵守は，無視してもよいからである（1条4項）。

(3) 職業別または地域別組織の代表

組合内の職業別または地域別組織の代表として執行委員会のメンバーになる者の選出も，84年法の適用を受ける。かかる組織の委員会のメンバーは組合員にとって直接選挙されるが，執行委員会への代表者は委員によって指名されることでは不十分である。この代表者も，組合員に直接選挙されなければならない。

(4) 下部組織

84年法第1章は，登記の有無にかかわらずすべての労働組合に適用される。労働組合か否かの判断は，制定法上の定義によって行われる[3]。すなわち，それの主たる目的の1つが，労働者と使用者の関係の規制である組織であることである[4]。今までこの定義をめぐってさほど重大な問題は起きなかったが，組

合の支部または部会5)のような下部組織内の役員選挙に84年法が適用される
か否かという問題を判断するうえでは，この定義の適用には多くの困難が伴う
であろう。結局，判断のよりどころは，支部または部会が使用者と交渉する
ことができる自主性の程度に帰着するほかないであろう。

(5) 選挙権・被選挙権の制限

　失業している組合員に選挙権を認めなくてもよいことは，合理的に説明でき
ないと思われる。むしろ，失業中であるからこそ組合に対する期待が強まり，
組合の側もそれに応えなければならないはずである。この点，アメリカ法では
対照的に，失業している組合員は投票が禁止されないことが定められている6)。

　組合費等を滞納している組合員に選挙権を認めないことは，組合員としての義
務を果たしていない結果として，一般的に容認されるといえる。しかし，実際的
問題が選挙資格の付与をめぐって生じる。84年法は，選挙権の資格付与の時期
について規定を置かず，また組合がそれを定める権能を有することを想定して
いない。組合が負う義務は，「合理的に実行可能な限り」組合員が秘密に投票す
る公正な機会を保障するのみならず，「干渉または制限を受けずに」投票するこ
とを保障することである。前者の義務内容から見れば，組合が選挙の運営の準
備のために選挙前の合理的期間を資格付与の時期と定めることが認められるべ
きであろう。しかし，後者の義務内容から見ると，資格付与の時期を定めるこ
と自体が，それに違反するといえる。組合が選挙前のあまり長過ぎない期間を
選挙の資格付与期間と定めることができることを認めないのは，立法の不備と
いうほかはないのであろう。

　徒弟，見習，学生もしくは新入組合員も選挙権を認めない対象にすることが
認められるが，これらのカテゴリーを一般的に画定することは困難であるので，
規約が定める定義を合理的に解釈し適用することによって，かかる取扱いの当
否は判断されることになるであろう。

　選挙権の制限は，組合員が所属する種類に基づいて，職業別，地域別，部会
別に行うことができる。ただし，部会は，組合規約で認められていなければな
らない。かかる制限は，それぞれの種類の代表を執行委員会に送るという組織
運営上の要請と合致する。

　これに対して被選挙権の制限の要件は，その種類に所属する組合員全員の被

選挙権を認めないことである[7]。かくして，選挙権の制限と被選挙権の制限の要件が異なるので，組合が女性のために執行委員会の席を留保するため男性の立候補を制限することは認められるが，規約上認められた女性の部会がない限り，男性の選挙権を制限することはできない。

組合員個人は，不合理に被選挙権を奪われないが，ある種類に所属する全員からそれを奪うのは不合理ではないとするのは，84年法の保護の対象は，個人に対する不合理な差別であり，種類そのものの排除ではないことを意味する。しかしながら，組合員のある種類から被選挙権を奪うことに合理的説明を要求しないことは，組合が自由にその種類を選択することを可能にし，その結果組合員が「組合内の権力に接近する」権利の法的保護が制約されざるをえないといえる。この点，アメリカでは，ランドラム・グリフィン法に基づいて，裁判所が相当介入し，被選挙権の制限に制約を加えているのとは対照的である[8]。結局，イギリスの裁判所ができることは，組合が被選挙権を認めない組合員のグループを「種類」ではないと判断することであろう。その判断に際して，排除される組合員の種類を規定する組合規約は無視される（2条12項）。

政党に所属することを被選挙資格とすることを認めないことが規定された背景には，現実に特定の役員は労働党員でなければならない，または労働党大会に出席しなければならないという規定が規約に共通して見られることがある[9]。しかし，組合がある政党に所属することを理由に被選挙権を認めないことは，違法ではない。共産主義者または保守主義者を役員から排除する規約の合法性は保たれる。かくして，結果的に労働党以外の政党が役員から排除されたとしても，それは，間接的に役員に労働党員であることを要求したことにもならない。

(6) 候補者の保護

84年法は，組合員が立候補した後の選挙期間中の取扱いに関してなんら規定していない。立候補に対する差別を禁止するのと比較すると，不公平の感を否めない。選挙期間中の候補者の公正な取扱いは，選挙を公正に行ううえで不可欠な要素であることに鑑みると，いっそう納得がゆかないように思える。この点においても，対照的にアメリカ法では，候補者の平等取扱いが定められている[10]。

しかし，アメリカにおいてかかる規定を制定する要因となった組合選挙の不

正の横行は，イギリスの場合には存在しないので，かかる規定を84年法に含めることは，組合内部問題への不必要な干渉であるともいわれている。

ともかく，現状ではこの問題は，規約の運用に委ねられている[11]。

① 秘密投票
（ア）郵便投票

84年法は，組合選挙において郵便投票がその他の投票方法より優越すると規定する。政府の原案では挙手による投票とブロック投票制度を違法とするのみであったが，貴族院の審議過程で強制的郵便投票の導入を支持する声の圧力に抗しきれず，結局妥協の産物として現行規定が制定された[12]。

郵便投票が優越することは，その他の投票方法が一切違法であることを意味しない。組合は，投票の秘密や自由が守られる等の84年法が定める要件を満たすと確信する場合には，職場またはそれ以上に便利な場所で組合員に投票させることができる。

政府が投票方法に関する規定を定めた目的の1つは，組合選挙の投票率を引き上げることであった[13]。そのねらいは，組合員の多数の意思を代表していない現在の組合の指導部に代えて，いっそう穏健な指導部を確立することにあった。実際にあまり高くない投票率は，政府の目には，多数の穏健な組合員の意思に反して戦闘的な一部の組合指導者が組合を牛耳っていると映ったようである[14]。このような組合指導者の影響力を排除して，組合員の意思を率直に表明させるためには，郵便投票がふさわしいという結論が出されたわけである。

しかし，実際には郵便投票の投票率は高くなく，むしろ職場投票の投票率が最も高いことが明らかにされている[15]。それゆえ，政府のねらい通りの結果にはならないと予想される[16]。

郵便投票の導入が現実に組合にもたらす影響で無視できないことは，その費用の負担の問題である。組合員は，投票に関するいかなる費用も直接に負担してはならないので，投票用紙の返送費用も組合が負担しなければならない。かかる費用に対しては，組合は，政府基金から払戻しを受けることができる制度がある。この制度は，1980年雇用法によって導入されたが，TUCは，この制度の利用に反対してきたので，TUCに加盟していない組合が払戻しの請求を行ってきたにすぎなかった[17]。TUCは，政府基金の利用は政府の組合自治に

対する統制を強化する道を開くものであるという理由で，この制度の利用に反対してきたが，84年法が成立した現段階では，この方針の継続は難しくなっている。事実，加盟大手組合の中で，合同機械工労組（AUEW）および電気工組合（EETPU）が政府基金の利用を決定する等[18]，TUC内部での足並みは乱れてきている。いずれにしても，郵便投票の費用は，組合にとっても「納税者」にとっても非常に高いことは確実であるといえる。

郵便投票を優越する理由は，投票の秘密を保障するのにそれがいっそう有効であると考えられていることであるが，郵便投票においても投票の秘密を守る問題は起きる。すなわち，不正投票を防止するために投票権を有することの立証が必要であることと，投票の秘密の保障との調整である[19]。投票用紙に署名することは違法であるが，投票用紙を入れる封筒に署名することは，確認のための検査の後封筒と投票用紙とを照合不可能にするほど分けることが証明されうる限り，秘密投票の要件を満たすであろう。

　（イ）票の集計

票の集計は，候補者に直接投じられた票を公正かつ正確に数えることでなければならない。この「直接投じられた」という要件は，単記委譲式比例代表法（single transferable vote）を用いる投票制度を排除しない。単記委譲式比例代表法とは，84年法9条により次の要件を満たすものをいう。(a)候補者に対する投票者の優先順位が示されて与えられること。(b)次のいずれかに該当する場合，次順位の候補者に委譲されること。(i)優先順位の候補者が当選基数に達しない場合。(ii)優先順位の候補者に投ぜられた票数が少ないため，その候補者が候補者名簿から抹消される場合[20]。

しかし，ブロック投票制度は，いかなる形態においても上の要件を満たすことはできず，違法である。たとえば，一般に各組合で普及している，1つの支部の投票で当選した候補者がその支部の全投票数を獲得する制度は，改正を免れないと考えられる。

　（ウ）職場投票

組合は，84年法が規定する要件を満たすことができれば，郵便投票以外の投票方法を採用することができる。郵便投票に代わる方法は，職場投票に限定さ

れないが，実際には職場以外の場所で投票を行うことは難しい。なぜならば，職場またはそれ以上に便利な場所で投票は行われなければならず，また組合員は，投票に関する費用を直接負担してはいけないからである。職場から離れた組合事務所に交通費を支払って投票に行くことは，上の要件を満たさないことになる。

　職場投票を実施するためには，使用者の協力が必要である。使用者は，合理的に実行可能な限り，84年法が規定する組合選挙を含む投票のためにその事業所構内を承認労働組合が使用することを認めることを要求される（80年法2条）[21]。また，使用者は，承認組合の組合員である被用者が組合選挙で投票するために労働時間内に合理的なタイム・オフをとることを認めなければならない（1978年雇用保護統合法28条）[22]。使用者は有給のタイム・オフを認める義務を負わないので，組合員にその間の賃金を保障するために組合は，使用者と有給タイム・オフの協定を結ぶ等の措置を講じなければならない。なぜならば，無給のタイム・オフは，組合員に投票に関する費用を直接負担させてはならない要件に抵触するからである。

　かくして使用者が事業所構内の使用とタイム・オフを認める義務を負うのは，承認組合に対してのみであるので，それ以外の組合が郵便投票以外の方法を採用することは，実際には難しいことになる。

　職場投票の実施には厳しい制約が課されるが，現実的な利用可能性を考えると，大多数の組合が職場投票を採用することが予想され，その結果は，修正前法案が想定したような状況になるであろう。

　（エ）組合員の住所および氏名の登録

　郵便投票を利用可能にするために，組合に組合員の名前と住所の登録簿を完備することが義務づけられた[23]。登録簿の記載内容は，正確で最新でなければならないので，この義務の履行は，実際には組合に相当な負担をかける。たとえば，多くの場合，使用者のみが組合員の正確な名簿を保有することになる。チェック・オフ制度が普及しているからである。しかし，このような場合でも使用者は，この名簿を組合に利用させる義務を法律上負っていない。組合が使用者の保有する名簿を利用する問題は，労使協定で処理されることにならざるをえない。

② 違反による被害の救済

84年法の違反による被害の救済は84年法が設ける救済に限られるので，差止命令，司法審査命令および損害賠償の訴えは存在しない。同法による救済の特徴は，裁判所または認証官のいずれに対する申立も可能であることである。

認証官への申立は，国会の法案審議の後の段階で付け加えられた。84年法の効果を担保するものは組合員の申立にすぎないので，裁判所への申立のみでは組合と対立する個々の組合員に対する有効な救済手段とならないと考えられたようである。

認証官による手続は，必ずしも公式の審問を行うわけではなく，まず調停による問題の解決をめざし，裁判より低廉な費用ですむ。こうした簡便な手続が組合員に有利であることは明らかである。反対に，組合から見ると濫訴が促進されることが危惧される。しかし，組合にも有利な点がある。84年法が規定する「合理的に実行可能な」および「合理的な理由」という文言の解釈・適用に際して裁定機関は相当な裁量を付与されるので，裁判所に比して認証官が組合側の主張に耳を傾けることを期待することができる。もっとも，組合員は，認証官による手続で失敗しても，同一事件を裁判所に申立てることができる（6条3項）ので，組合側の有利は結局相殺されてしまうかもしれない。

84年法に基づく認証官の決定に対する上訴は存在しない。その理由の1つは，使用者代表を含む雇用控訴審判所（Employment Appeal Tribunal）に組合内部問題のみに関する事件を審査させることが不適当であることである。また，認証官の決定に対して司法審査も請求することができない。その理由は，認証官が司法権を行使するよりもむしろ調停者として行動することに求められる。認証官が宣言された違法状態を解消するために強行命令を下す権能を有しないことは確かである（5条3項および5項）が，それは認証官の職務の司法的性質を損なわない。たとえ公式の審査が行われなくても，認証官は最終的には法と証拠に基づいて決定を下している。こうした準司法的機関の決定に対して司法審査が存在しないことは，正当化することのできない異常な事態である[24]。実際に不当な宣言が下された場合にも，組合はそれに対して争う手段を持たず，組合員が裁判所に強行命令を申し立てるまで宣言を無視する以外になすすべを持たないという状態は，早急に解消されなければならないといわれている。

認証官と裁判所の管轄権が重複する結果，両機関で適用される合理性の判断

基準が異なることが予想される。裁判所は，認証官の決定と意見に「然るべく留意」しなければならない（6条4項）としても，上に予想されることが起きる余地は残る。裁判所が明白に違法または不合理でない限り，認証官の意見を尊重する立場をとるのか，それとも裁判所自身の意見に認証官が従うことを期待することになるのかは，今後の検討課題である。

救済に関する実際上の問題の1つに，選挙が行わる前に救済を求めることができるのかという問題がある。アメリカでは，広い範囲の不正行為が法律によって禁止されるので，選挙前救済の問題は，重要な意義を有していた[25]。イギリスでは，84年法が対象とする不正行為の範囲は限られているので，この問題はそれ程の意義を有していない。

現実に，選挙が行われる前に救済を得ることは手続上の困難が伴う。強行命令は，その前に宣言の存在を必要とするが，通常の場合，選挙前に宣言を得る時間的余裕は無いであろう。中間手続によって宣言を得ることも可能であるが，これが行われることはほとんどない。差止命令の利用は認められないので，中間差止命令[26]の請求もできない。したがって，選挙前に実際に強行可能である救済を得る見込みはほとんどないであろう。

1) 引退間近な役員は選挙規定の適用を免除されることができる（8条）。すなわち，84年法2条が満たされた選挙で主たる執行委員会で議決権を有する地位に選出された者は，当該選挙から5年以内の引退年齢に達する場合には，再選出のために立候補する必要はなく，当該地位に引退年齢までとどまることができる。ただし，上のことは組合規約に規定されていなければならない。

 8条の適用を受ける者は，継続的でなくとも最低10年間組合の専従被用者であったものでなければならない。ただし，現在の地位と同じでなくてもかまわない。

 引退年齢は，組合規約が規定する年齢または1975年社会保障法（Social Security Act 1975）の年金支給年齢（男性65歳，女性60歳）のどちらか若い方を意味する。

2) 認証官は，雇用大臣によって任命される行政官であり，とくに法律上の資格を有する法曹ではない。雇用大臣に対し毎年活動を報告する義務を負っているが，制定法上の独立した機関である。1975年雇用保護法（Employment Protection Act 1975）7条。認証官の主要な職務は，労働組合の目録を保管し，労働組合の独立性を認証することのほかに，友愛組合登録官（Registrar of Friendly Societies）が1913年労働組合法および1974年労働組合・労働関係法に基づいて履行していた職務を引き継ぎ，さらに1975年雇用保護法に基づく職務および1980年雇用法に基づく労働組合の投票のための政府基金の運用に関する職務である。

3) 4年法7条は，以下に該当する労働組合に対して84年法第1章の適用を免除する。
 a 1974年法28条1項d号（全部または主として構成団体もしくは加盟団体またはその代表者で構成される組合）に該当する労働組合。
 b 上の代表者以外の個人である組合員のいない労働組合。ただし，労働組合が，個人であって上の代表者でない組合員（「特別組合員」）を有する場合，特別組合員の全員が商船

乗組員である場合，または特別組合員の大多数が通常イギリス以外に居住している場合も含まれる。
   c　84年法第1章の施行後に結成された労働組合。
   d　結成（1964年法の合併を含む）後1年を超えていない労働組合。
　したがって，連合体であるTUCや主として連合体であるが，一部の個人組合員として外国船員を有するInternational Transport Workers Federation (ITF) は，第1章の適用を免除される。
4)　1974年労働組合・労働関係法28条。
5)　部会（section）とは，「役員を有する組織単位で，その構成員資格から脱退することが可能である」ものをいう。H.C.Deb.Standing Committee F, col.459 (Jan., 17, 1984). この定義は，NATSOPA v Kirkham [1983] I.R.L.R. 70 において採用されたものに従っている。この事件は，80年法4条のクローズド・ショップにおける組合の支部または部会からの排除の問題に関係したいので，80年法における「部会」の定義が84年法にそのまま適用できるのかについては，疑問の残るところである。R.Kidner, Trade Union Democracy: Election of Trade Union Officers (1984) 13I. L.J. 193, p.198.
6)　29 Code of Federal Regulations ss.452-92.
7)　実際に労働組合は，広い範囲の種類に所属する組合員を役員に立候補することから排除する。たとえば，全国鉱山組合（NUM）は，55歳を超える者を排除し（NUM規約19条），機関士組合（ASLEF）は，機関士以外の者を排除し（ASLEF規約16条5項），専門職・管理職・事務職およびコンピュータースタッフ組合（APEX）は，組合員歴5年未満の者を排除する（APEX規約37条）。Kidner, op.cit., p.205.
8)　たとえば，候補者は役職保有者でなければならないという要件［Wirtz v Hotel Motel and Club Empoloyees, 391 U.S.492 (1968)］，支部の会合の特定の比率に出席しなければならないという要件［Wirtz v Glass Blowers Association, 389 U.S.x463 (1968)］，または教育があり有能であるという要件［Donovan v Labourers International Union, 683 F, 2d 1095 (1982)］は，不合理であると判断された。Hadley et al., Union elections and the L.M.R.D.A.: thirteen years of use and abuse (1972) 81Yale L.J.407.
9)　かかる規定は，共産主義者を役職から排除する目的で制定されたといわれている。たとえば，電気工組合（EETPU）の場合には，共産主義者による役員選挙不正工作の結果，共産主義者の立候補を禁止する方針を採用した。右の事件については，C.Grunfeld, Modern Trade Union Law, pp.154-157参照。
10)　ランドラム・グリフィン法401条によると，組合は各候補者に組合員名簿を提供し，合理的なキャンペーン文書を配布しなければならず，また特定の候補者を支持するために組合基金を利用してはならない。
11)　Kidner, op.cit., p.207.
12)　貴族院の委員会審議では，政府の反対にもかかわらず，Beloff卿が発議した修正が可決され，強制的郵便投票が導入された。政府は，この修正が意図する郵便投票の原則を確立すると同時に職場投票を容認するために新たに3条を導入して妥協的解決を図った。Trade Union Bill : House of Lords Committee, IRLIB 260, 10 JULY 1984; Trade Union Bill in the Lords, IRLIB 262, 7 AUGUST 1984.
13)　Gowrie伯爵によると，「立法の最も緊急かつ重要な任務は，組合選挙での参加水準を向上させることである。」Ibid.
14)　Cmnd. 8778, paras,5-12.
15)　最高の投票率は，1981年の全国鉱山組合（NUM）のScargill書記長を選出した職場投票の約80％であり，次に高い投票率は，公務員・公共サービス組合（CPSA）の同年の専従役

員選挙の職場投票の約40%であった。郵便投票では，最高が電気工組合（EETPU）の1982年の書記長選挙での32%であった。その他の郵便投票では，合同機械工労組（機械部会）［AUEW（E）］の1982年の地区書記長選挙が25.1%，俳優組合（Equity）の1982年の評議会選挙が13%，そして海員組合（NUS）の同年の執行部選挙が15%のそれとしては高い投票率を記録した。

　もっとも，郵便投票を採用する組合は，完全かつ正確な選挙人名簿を維持することに苦慮しており，AUEW（E）でさえ組合員の20%が選挙人名簿から遺漏されていることを認めざるをえない。NUSでは状況は一層深刻であり，1982年で組合員の36%しか選挙人名簿に登載されていない（もっとも，1974年の25%から増加しているが）。これらの組合で登録された選挙人の投票率だけを見るならば，1982年のAUEW（E）の書記長選挙の投票率は，18.6%が23.7%になり，同年のNUSの15%は41%に上昇する。

　しかしながら，郵便投票は，支部投票と比較すると高い投票率を示す。たとえば，AUEW（E）では支部投票から郵便投票に変更した結果，投票率は2倍以上に上昇した。投票率の最低水準を示すのは，地理的に分散した支部での個人またはブロック支部投票である。チェック・オフによって組合費が徴収され，支部が職場および自宅の双方から離れている場合には，支部会合の出席率は，都市一般組合（GMWU）または鉄道組合（NUR）の例のように10%未満になるであろう。それでもなお，郵便投票は，NUMまたはCPSAが経験している職場投票の投票率の水準を通常達成することはない。　R.Undy and R.Martin, Ballots and Trade Union Democracy, pp.108-109.

16)　郵便投票が特定の選挙の結果に影響を及ぼすことはないといわれている。選挙における選択に影響を与えるものは，候補者の政治的傾向，候補者の出身母体（産業・職業・地方），政治的またはその他の種類の派閥組織（factional organization）の存在または活動の程度等である。これらの媒介項と結びついて郵便投票は選挙の結果に影響を及ぼすが，その結果についてはなんらの確実性もない。

　AUEW（E）では，支部投票のもとで左派が台頭してきたことに対する右派の巻き返しの手段として1972年に郵便投票が導入され，その後執行部選挙において両派は激しく争い，現在では右派が指導権を握っている。EETPUでは，支部投票での共産主義者による不正行為を経験した後郵便投票が導入された結果，右派が指導権を握っている。

　しかし，対照的に製パン・食品関連労働者組合（Bakers），家具・製材関連職業組合（FTAT），NUSおよびEquityはすべて，郵便投票のもとで左派指導部に移行した。

　したがって，郵便投票が組合内の派閥組織の政治的傾向に応じてその効果を異にすることはないことは明らかである。　Ibid., pp.111-116; R.Undy, The Electoral Influence of the Opposition Party in the A.U.E.W.Engineering Section 1960-75 (1979) B.J.I.R.19.

17)　1980年12月から1982年12月までの間に認証官は，TUC非加盟組合から36例の投票を含む31件の申請を受けた。そのうち22件が払戻を受けた。最初の1年間では，11例の投票が払戻を拒否された。その理由は，3例が目的に不適応であり，2例が制度の施行前に実施され，2例が秘密要件を満たさず，3例が郵便投票要件を満たさず，そして1例が組合自身の規約に違反していたことであった。2年目は同じ組合から請求された2例の投票のみが，秘密要件を満たさない理由で拒否された。

　申請した組合の数は19であり，そのうちで払戻を受けたのは14であった。認証官の1982年報告に登載された357のTUC非加盟組合のうち申請した組合は，5%にすぎなかった。

　したがって，申請した組合の数だけを取り上げて判断するならば，政府基金の制度は，秘密投票を奨励する目的を達成しなかったように見える。しかし，TUCの制度不利用の方針は，労働組合自身が秘密投票の採用に積極的ではないという印象を与えることによって，政府に84年法が規定する一層直接的な介入を進めることを正当化する口実を与えたといえる。

Undy and Martin, op.cit., pp.176-185.
18) EETPU と AUEW は，1985 年 1 月末に組合員投票をそれぞれ行い，政府基金の受給を承認した。EETPU での投票結果は，賛成 13 万 6800 票，反対 1 万 5339 票であった。AUEW での投票結果は，賛成 23 万 3030 票，反対 1 万 9793 票であった。6 月 5 日に政府は，AUEW に対して 1981 年 3 月以降に実施されたほとんどの役員選挙に関する投票費用として 120 万ポンドを裁定した。EETPU には 1982 年以降に実施された投票の費用として 16 万 8000 ポンドが支給された。

こうした両組合の動きは，当然 TUC 内部での統制違反問題を引き起こした。8 月 29 日に TUC 総評議会は，33 票対 12 票で AEUW に政府基金の受給は「TUC の方針に違反して労働組合運動の利益を侵害する」ものであると判定し，AUEW に対して今後かかる行動を継続しないことおよびそのために緊急かつ積極的な措置を講じることを命令した。

これに対して AUEW の執行部は，政府基金の受給を圧倒的多数で承認した組合員投票の結果を無視することを 7 票対 3 票で否決したが，追加の組合員投票が行われるまでは追加の行動をとらないことを提案した。9 月 5 日に総評議会は，AEUW が再び組合員投票を実施した後に AUEW の権利停止の決定を延期する旨の TUC と AEUW の共同声明を 35 票対 7 票で承認した。

しかし，11 月に実施された AUEW の 2 回目の組合員投票でも，投票用紙に TUC の方針の違反の継続は AUEW の権利停止という結果をもたらすことが明記されたにもかかわらず，23 万 9875 票対 3 万 1569 票の圧倒的多数で政府基金の受給は承認された。

結局，この問題について TUC は譲歩せざるをえなくなり，1986 年 2 月 13 日の特別協議大会で政府基金を受給した組合に対して統制処分を行わないことで広範な合意を得るに至った。 Chronicle (1985) B.J.I.R.309, p.451, (1986) B.J.I.R.124, p.300; I.R.R.R.359, 7 JANUARY 1986, p.16; TUC REPORT 1985, The General Council's Report to Congress para.22.

19) 認証官は，投票用紙に署名することは投票の秘密を侵すものであることを理由に，投票費用の払戻を申請した Association of Head Teachers と Association of Education Officers の請求を拒否した。 Undy and Martin, op.cit., p.180.

20) 単記委譲式比例代表法は，1857 年トーマス・ヘアーによって考案され，イギリスおよびその植民地で採用された。要件は次の通りである。（イ）1 選挙区，議員定数が 2 人以上であり，候補者の数が議員定数を超える場合に用いられる。（ロ）投票は単記無記名による。投票用紙には全候補者の氏名が列記され，各候補者の氏名の上に選択の順位を記入する欄が設けられているので，選挙人は候補者に順位を記入して投票する。普通は，議員定数までの順位の記入が許される。（ハ）得票数の計算は，候補者の中に当選基数を超える得票があった場合は直ちに本人の当選を確定する。当選基数を超えた部分は本人にとって不必要であるから，これを次順位の候補者に委譲する。委譲の方法には 3 種類ある。詳細については，林田和博『選挙法』法律学全集 5（有斐閣，1958 年）51 頁以下参照。

実際に，ジャーナリスト組合（NUJ）や NUR で採用されている単記委譲式比例代表法では，組合員は多数の候補者の間で優先順位を示し，その第 1 順位の候補者が当選基数に達した場合，その残余数は，すべての空ポストが埋まるまで投票者が指定した第 2 順位の候補者に委譲される。 C.D.Drake, The Trade Union Acts with Commentary, p.166.

21) 80 年法 2 条は以下のように規定する。
1 項 独立労働組合が適切な投票を実施すべきであると考え，使用者に対し，その雇用する，当該組合の組合員である労働者に投票の便宜を与えるという目的でその企業施設の使用許可を求める場合，使用者は，本条 3 項の場合を除き，合理的に実行可能な限り右要求に応ずるべきである。
2 項 ある投票が，本条にいう適切な投票とされるのは，次の場合に限られる。

a　投票にかけられる議題（複数の議題がある場合にはそれらの1つ）の目的に関して，その投票が本法1条に基づく制度の要件を満たし，かつ
   b　その投票実施の計画が，合理的に実行可能な限り，投票者が秘密に投票できるようにするものであること．
  3項　本条1項は，次の場合には適用されない．すなわち，その要求がなされたとき，
   a　その組合が，その使用者によって団体交渉を行うための承認を全く与えられていないか，あるいは，
   b　その使用者によって雇用されている労働者の人数と，なんらかの関連使用者（associated employer）によって雇用されている労働者の人数の合計が20人を超えない場合．以下略．
    独立労働組合とは，認証官によって使用者から独立している，すなわち御用組合ではないと認証された労働組合をいう（74年法30条）．
22)　Employment Protection (Consolidation) Act 1978. 安枝英訷「イギリスにおける就業時間中の組合活動」下井隆史・浜田冨士郎編『久保敬治教授還暦記念論文集・労働組合の理論課題』（世界思想社，1980年）324頁以下参照．
23)　84年法4条は同法の成立と同時に1984年7月26日に施行された．
24)　拘束力を有し，決定的である命令を下す権能は，司法審査を付与するうえで決定的要素ではないといわれている．　De Smith, Judicial Review of Administrative Action (4th ed.), p.82.
25)　選挙前救済が候補者にとっていっそう有効な救済であることは明らかであるが，その反面組合自治に対して破壊的な影響を与えることにもなりかねない．連邦最高裁は，選挙前救済の排除ではないが救済を選挙後に制限するという組合側の主張を承認した．Calhoon v Harvey, 379 U.S.134 (1964)．
26)　終局判決が言い渡される以前に暫定的に発給される差止命令を中間差止命令（interlocutory injunction）といい，わが国での仮処分決定に相当する．

二　84 年法第 2 章争議行為前秘密投票

84 年法第 2 章は，秘密投票で支持を受けていない公認の争議行為の不法行為免責を排除するとともに，その秘密投票の方法について規定する。

1　84 年法第 2 章の内容

労働組合が授権または承認した[1]争議行為が投票の支持を受けていない場合には，1974 年労働組合・労働関係法 13 条に規定される不法行為免責は失われる（10 条 1 項・2 項）。組合が免責を失わないためには，(a)争議行為に関して投票を行い，(b)投票者の多数の支持を得て，(c)「関係する行為」の最初の授権または承認および授権の場合「関係する行為」自体を投票後 4 週間以内に行わなければならない（10 条 3 項）[2]。この投票は 11 条の要件を満たさなければならない（同項）。

上の投票で投票権は，「労働組合が，投票時に，当該ストライキその他の争議行為においてその雇用契約に違反しまたはその履行に干渉する行為，または場合により行為の継続を要請しようと考えることが合理的である当該組合のすべての組合員に，等しく」与えられなければならず，「その他の者には与えられない」（11 条 1 項）。

組合は，争議行為に参加させようと考えている組合員全員に対してあらかじめ投票を行わなければならない。投票時に組合員であった者が「投票権を否定され，投票が実施された争議行為の過程で，その雇用契約の違反またはその履行の干渉に組合によって誘致される場合」には，投票は 11 条の要件を満たしていない（11 条 2 項）。それゆえ，組合は，すでに実施した投票で投票することを認められなかった組合員を争議行為に参加させる場合には，すでに参加している組合員を含めてすべての組合員に対して投票を行わなければならない。

投票方法は，第 1 章が規定するのと同じ方法であるが，郵便投票はその他の方法より優越していない（11 条 6 項）。実際には職場投票または郵便投票のみが利用可能である。

注目すべきことは，投票用紙の設問に含まれる事項が規制されることである。設問は，「投票者に，その雇用契約違反を含むストライキに参加し，または場合

により参加を継続する用意があるか否かについて『イエス』または『ノー』と回答することを要求する設問（形式は問わない）」，あるいは「投票者に，ストライキには至らないが，その雇用契約違反を含む争議行為に参加し，または場合により参加を継続する用意があるか否かについて『イエス』または『ノー』と回答することを要求する設問（形式は問わない）」でなければならない（11条4項）。設問の形式は問われないので，当該行為が雇用契約違反になることが明らかにされる限り，設問に「雇用契約違反」という文言を明記する必要はない。

その他，投票は，合理的に実行可能な限り秘密で行われ，公正かつ正確に集計されなければならないこと（11条項），および投票者は，労働組合関係者による干渉または制限を受けることなく投票することが認められ，投票に関する費用を直接負担することなく投票することができること（11条5項）は第1章の要件と同じである。

加えて，投票の実施後，合理的に実行可能な限り速やかに，組合は，(a)投票総数，(b)賛成投票数，(c)反対投票数，(d)投票権を有する者全員に無効票数を知らせるために合理的な必要な措置を講じなければならない（11条8項）。

2　84年法第2章の効果と問題点

(1)　「公認行為」

84年法第2章は，労働組合の「公認」の争議行為のみに適用され，「非公認」の行為は影響を受けない。争議発生件数に占める公認行為の割合は非常に小さいことから見ると[3]，84年法のこの限定は，奇異に感じられる。しかし，政府が公認行為に84年法の適用を限定したねらいは2つあるといわれている[4]。第1に，84年法第2章の効果は，非公認争議行為の組織者を孤立させることにある。投票という手続上の障害と組合財政に対する訴訟の脅威に直面して，組合は，非公認争議行為に支援を与えることをためらわざるをえない。その結果，孤立した労働者集団は，近年労使紛争において法に訴える傾向をいっそう強めている使用者と対決する場で，不利な立場に置かれることになる。

第2に，政府は，84年法第2章が公的部門の争議の発生を防止することを期待している。近年公的部門のストライキが全労働損失日数に占める割合が増大しており，そのストライキの大部分は公認されている[5]。また，これらのストライキに対する社会的関心が高まっている。こうした背景のもとに，政府は，そ

の経済・社会政策を推進するうえで，障害となるような公的部門の労働者の基幹グループとの大規模な対決を回避することを意図している。

争議行為前投票の導入自体が，組合員の間に争議行為に対する否定的態度をもたらすとは必ずしもいいきれないことは確かであるが[6]，現在の厳しい経済状況において，争議行為を差し控えようとする意識が投票に反映することは十分に予想することができる。こうした投票結果を政治的に利用することに政府のねらいがあるといえるであろう。

(2) 個人責任

84年法第2章に違反する「労働組合が行った行為」のみが免責を排除されるが，不法行為で訴えられる者は，「労働組合か否かを問わない」。すなわち，他人を雇用契約違反またはその履行の干渉に誘致した個人，たとえばローカルの組合役員またはショップ・スチュワードも免責を排除される。

かかる個人が組合と等しく責任を負うことになると，以下のごとく不当な結果が予想される。たとえば，その個人が投票の実施に責任がなく，それの欠陥を知らなかったとしても，実際に実施された投票が11条の要件を満たさなかった場合には，不法行為責任を負わされる可能性があるといわれている。そうした場合に，個人がどの程度まで責任を負うかは，裁判所による判断の基準の集積によって明らかにされるしかない。

労働党は，「労働組合に対すると否とを問わない」という文言を10条1項および2項から削除することを要求したが，退けられた。委員会審議での政府側答弁は，投票の実施での組合側の単純な偶発的不作為は，ストライキオルグ個人の免責に影響を及ぼさないということにとどまった[7]。条文に上の文言がある限り，個人が不当に責任を負わされるおそれは消えないと懸念されている。

(3) 契約履行の「干渉」

雇用契約または商事契約の履行の「干渉」が何を意味するのかは，明らかではない。法案の審議では，雇用契約で要求されない時間外労働を拒否することに労働者を誘致する例が提出された。これに対してGummer雇用副大臣は，「時間外労働が労働者の契約の黙示または明示の部分でなければ，それは干渉ではない」と答弁した[8]。同副大臣は，雇用契約の干渉を構成する行為として以

下の例を示した。道路運送会社と運転手の間の雇用契約にピケットラインの横断を免除する条項が含まれる場合には、ピケットラインを横断したことは運転手による契約違反になると考えられないので、ピケットが運転手を契約違反に誘致したと判断されるとは考えられない。しかし、ピケットがトラックの運転手をその雇用契約の履行の干渉に誘致するうえで違法に行動した、と裁判所が判断するであろうことは十分に考えることができると。

雇用副大臣が依拠するのは、裁判所の考え方の1つの潮流である。Torquary Hotel Co.Ltd. v Cousins[9]では、労働争議を理由とする石油供給妨害を対象とする不可抗力条項が石油供給契約に含まれるにもかかわらず、タンクローリーの運転手にピケットラインを横断しないように説得したことは、上の契約の履行の干渉であると判断された。もっとも、この事件については、2つの考え方が可能である。伝統的な考え方に従えば、当該不可抗力条項は、責任に対する例外であり契約上の義務の限界とはみなされないので、違反は発生したがその違反に対する責任はかかる条項によって免除されることになる。これに対してDenning卿は、不可抗力条項に照らして契約違反は発生しないが、契約当事者がその契約を履行することを妨害する、違反に至らない干渉が存在することを主張した[10]。Denning卿の考え方は、契約の例外条項に対するイギリスの伝統的な考え方を革新するものであったが、Merkur Island Shipping Corp. v Laughton[11]において貴族院が支持するところとなった。

Diplock卿によれば、契約の履行の干渉は、「必然的に損害賠償の方法で金銭的補償を行う二次的義務を発生させるような、契約に基づく一次的義務の不履行を引き起こすこと[12]」に限定されない。それゆえ、労働者が通常その雇用契約を履行することを妨害し、履行させない場合に、「干渉」が立証可能であることは明らかである。しかしながら、雇用契約の履行の妨害に該当しない行為は、84年法10条に照らして、「干渉」とみなされないのか否かは依然として明らかではない[13]。

争議行為の概念から「干渉」を画定することもできない。Faust v Power Packing Casemakers Ltd.において控訴院は、雇用契約外の時間外労働拒否を争議行為と認定するうえで、雇用契約の違反または干渉ではなく、労働者側の「破壊的動機」に依拠することを強調した。それゆえ、労働者が行うあらゆる「破壊的行為」が「干渉」とみなされることにもならない。

かくして，いかなる行為に関して投票を行わなければならないのかという問題は，組合に不安感を与えたまま未解決である。結局，「干渉」をめぐる困難な問題を回避するためには，組合は，すべての争議行為について投票を実施する安全第一主義の方針を採用するのが良いことになるであろう。このような事態は，まさに84年法が想定するものにほかならない。

(4) 投票の要件
① 投票権
　労働組合が争議行為への参加を要請しようと考えるすべての組合員に投票権が与えられなければならないことは，組合が投票を行う組合員の範囲を画定するうえで，客観的に合理的な基準に基づくことを要求する[14]。しかし，実際には組合は，免責の喪失の可能性を最小限度にするために，投票を行う組合員の範囲を非常に広く画定することになるであろう。このような組合の対処は，組合に対して不利な結果をもたらすと懸念されている[15]。すなわち，争議の原因に直接に関係しない労働者が多くなるほど彼らが積極的に争議に参加する見込みは少なくなるので，投票で争議行為に対する否定的な反応が生じる蓋然性がかなり高まるであろう。また，投票の規模が大きくなると，使用者に争議行為に対抗する措置を講じる機会を与え，組合の闘争計画が事前に明らかにされる結果となるであろうと。

　上の結果の有無は別にして，投票を行った組合員の範囲と実際に争議行為に参加した組合員の範囲との対応関係が合理的であるか否かは，投票の有効性の判断基準となる。もっとも，使用者は，投票を行った組合員の範囲が組合が争議行為に参加させようとしている組合員の範囲に照らして不合理であることを証明しなければならないので，投票の実施段階で投票の有効性に対抗するのは無理である。

　投票権は組合員に「等しく」与えられなければならない。第1章の組合選挙と異なり，規約によって投票から排除することができる組合員のカテゴリーは認められない。組合への拠出金を滞納している者は組合員としての義務を果たしていないので，組合選挙の投票権を否定されてもやむをえないという説明は，ここでは通用しないようである。組合選挙の投票権よりも争議行為の参加は，労働者に対する経済的影響が大きいので，組合員としての義務の履行と相殺す

ることはできないという考え方に依拠しているとみるほかはないであろう。

投票権の否定は，政府の答弁によれば，それの積極的否定でなければならない[16]。すなわち，絶対的権利であるべきである投票権と「合理的に実行可能な限り」与えられなければならない投票する機会とは区別され，故意または単純な不注意による場合を除けば，投票権の否定にはならないと考えられている[17]。

②　投票の実施

投票の質問内容に対する11条4項の規制は，争議行為への参加が雇用契約違反を含むことに組合員の注意を喚起させて，組合員が賛成投票することを抑制する働きを持つであろうといわれている[18]。なぜならば，争議行為への参加が雇用契約違反を含むことを意識しないほとんどの組合員にとって，右の質問をすることは，争議行為への参加に対する「おどし」にほかならないからである。

投票の実施に関する規制で目立つことは，投票の結果に影響を及ぼす行為に対する規制がないことである。たとえば，使用者側が賃金提案の正確な条件に関して実質的に誤りである表現を行った状況で行われた投票を取消す権能を裁判所に与える規定はない。それゆえ，投票の結果が自由な選択を必ず反映することを担保する制度的保障はない。この点について，アメリカの全国労働関係局（NLRB）が組合の代表権に関する投票で果たしている役割が参考となる[19]。

(5)　投票の効果

組合の争議行為の最初の授権または承認は，投票日後に行わなければならないので，組合が争議行為を承認した場合には，その後投票を実施しても免責を回復することはできない。

争議行為の最初の授権または承認は，投票後4週間以内に行わなければならないが，それは争議行為への支持が各4週間毎の投票において更新されることを要求するものではない。

投票が無効な場合には，労働組合の行った行為の免責が失われるのみである。すなわち，かかる行為によって損害を被った使用者その他の者が，不法行為を理由に組合その他の個人を訴えることができる。組合員自身が争議行為前投票を要求する権利は保障されていない。それゆえ，84年法第2章の効果を担保するのは，使用者その他の者の提訴しかない。

しかし，これは84年法の立法意図から見ると，奇異に思える。政府が意図したことは，労働組合とその組合員の「正しい関係」を確立することであったはず[20]なのに，争議行為前投票をしないことによって，なぜ使用者が利益を享受できるのかという疑問が生まれる。結果的に見れば。84年法が採用した免責のはく奪という違反に対する制裁は，争議行為前投票を組合に強制する最も有効な手段になりうると考えられるが，同時にそれは，組合内の意思決定過程に参加する組合員の権利を保障する政策目的に照らして見ると，不十分であるといわざるをえない。

　また，実際に使用者その他の者が第2章に基づいて提訴する場合に大きな困難が予想される。外部の者が組合内部投票での違反を発見するためには，内部に情報提供者を求める以外には有効な手段はないと考えられる。現実には組合内の不満分子がかような役割を果たすと思うが，こうした使用者による組合内部投票の「モニター」は，組合がかつて経験したことがないものであり，実際に防ぎようもないものである。しかし，ともかく投票を行わなかったような最も明らかな場合を除いて，使用者その他の者が，投票が要件を満たしていないことを立証することは容易でないのは明らかである。したがって，第2章の利用そのものについて疑問の余地が大きく残されていた。

---

1)　労働組合による授権または承認（authorisation or endorsement）とは，82年法15条の適用上，労働組合により行われたみなされる行為の原因となった同条に基づく当該行為に関する授権または承認をいう（10条5項）。

　82年法15条は，74年法14条を廃止し，労働組合の不法行為責任を復活させた。同条3項によると以下の者によって授権または承認された場合に組合により行われたとみなされる。
a　主たる執行委員会。
b　当該行為を授権または承認する権限を規約により付与されたいかなるその他の者。
c　組合長または書記長。
d　専従役員であるあらゆるその他の者。
e　専従役員が正規に報告を行う組合のあらゆる委員会。

　ただし，dまたはeの適用上，その者が問題の時に当該行為の授権または承認を規約により禁止された場合，または当該行為が主たる執行委員会または組合長もしくは書記長により否認された場合には，その限りではない（4項）。

2)　政府の原案では単に争議行為前の投票を要求するにすぎなかったが，貴族院で投票による支持の要件を加える修正が行われた。これは，おりから闘われていた炭鉱ストライキにおいてNUMの指導部が全国投票を行わなかったこと，NUMのある地区組合でストライキに反対である投票結果にもかかわらず，指導部がピケットラインの横断を組合員に禁止したことが影響した結果であるといわれている。Drake, op.cit., p.183; J.Hutton, Solving the Strike Problem: Part II of the Trade Union Act 1984 (1984) 13I. L.J. 212, p.218.

炭鉱ストライキは，規約に違反して違法であると高等法院によって判断された。 Taylor and others v NUM (Derbyshire Area) and others [1984] I.R.L.R.440; Talor v Foulstone v (1) NUM (Yorkshire Area) (2) NUM [1984] I.R.L.R.445.
3) ドノバン委員会報告で，争議発生件数のうち約95％が非公認ストライキであることが明らかにされて以来，公認行為が少ないことは，一般的に承認されている。Royal Commission on Trade Unions and Employers' Associations 1965-1968 Report, Cmnd.3623, para.368.
4) Hutton, op.cit., pp.219-220.
5) P.B.Beaumont, Strikes and the Public Sector (1982) Emplyee Relations 4, 2, p.23.
6) 争議行為開始前の意思決定過程において投票とそれ以外の手続の採用とで結果が異なるとはいえない。結果を左右するものは手続ではなく，労働者をとりまく社会状況，とりわけ経済状況である。 Undy and Martin, op.cit., p.167.
7) Official Report, Standing Committee F, col.968.
8) Ibid., col.1002.
9) [1969] 1 All E.R.522.
10) Ibid., p.529.
11) [1983] I.R.L.R.218. この事件の概要は以下のようである。1982年7月，本件の被上告人（第1審原告）である船会社所有の船の乗組員が，低賃金をITFに訴えた。当該船がリバプールに入港したときに，ITFは傘下の運輸一般労組（TGWU）に当該船のブラッキングを要請した。その結果，タグボートの乗組員および閘門監視員は，その雇用契約に違反して船の出港を援助することを拒否した。船会社は，ITFの役員を被告として差止命令を申立てた。高等法院は，ブラッキングの解除を求める中間差止命令を付与した。控訴院は，そのブラッキングはコモンロー上訴えられうる不法行為であり，保護されることのない二次的争議行為（secondary action）であると判断して控訴を棄却した。 [1983] I.R.L.R.26.
12) Ibid., p.222.
13) [1983] I.R.L.R.117. 控訴院は，雇用保護統合法62条1項b号にいう「その他の争議行為」は雇用契約違反の行為に限られず，契約外の時間外労働の一斉の拒否を含みうると判断した。同裁判所の考えるところでは，廃止された1971年労使関係法（Industrial Relations Act 1971）33条4項の「ストライキに至らない変則的争議行為」の定義に含まれた「労働者の一部または全部がその勤務条件に違反している」という要件が雇用保護統合法で削除されたのは，偶発的なことではない。
14) Official Report, Standing Committee F, col. 1103.84年法11条1項の要件と比較すると1980年労働組合投票のための基金規則 Funds for Trade Union Ballots Regulations 1980（S.I.1980 No.1252）11条c項は，それに代替しうるはるかに主観的で模範的な規定であるといわれる。同項によると「ストライキその他の争議行為の要請または終結に関する組合員の意思を確認する目的の質問を含む投票の場合には，合理的に実行可能な限り，その行為への参加を要請されようとする，または場合によりその行為に参加しているすべての組合員に投票権が与えられることを確保して投票が行われたこと」が，政府基金の支給条件となる。Hutton, op.cit., p.221, note 45.
15) Ibid., p.222.
16) Official Report, Standing Committee F, col.968.
17) 実際には，たとえばAUEW（E）において約27万人の組合員が，結果的に選挙人名簿に登載されなかったので，1972年から82年の間に選挙権を否定されたといわれる。Undy and Martin, op.cit., p.69. こうした部分的な事故による選挙人名簿の登載漏れが投票権の否定とみなされるならば，84年法を遵守する争議行為前投票の実施はほとんど不可能になるであろう。
18) Hutton, op.cit., p.224.

19) NLRB は，交渉単位代表選挙において事実に関する重要かつ実質的に誤った表現を用いて当選した組合についての投票を取消す権能を有する。S.J.Schwartz, The National Labor Relations Board and the Duty of Fair Representation (1983) 34 L.L.J781; The Limits upon a Labor Union's "Duty" to Control Wildcat Striles (1982) 84 West Virginia Law Review 933.
20) Green Paper on Trade Union Democracy, paras.1-3.

三　84年法第3章政治基金および目的

　84年法第3章は，1913年労働組合法（Trade Union Act 1913）の改正と組合員のチェック・オフに対する制度の導入を規定する。13年法の改正は，同法に基づく決議の定期的再検討，政治目的の資金源の制限，政治目的の定義の拡大を主な内容とする。

1　84年法第3章の内容

(1)　政治基金決議の定期的再検討

　従来労働組合は，13年法に基づく政治基金決議を行い，一般基金とは別個の政治基金を設け，そこから所定の政治目的に資金を提供することができた。この政治決議は，1度可決されると反対決議によって撤回されない限り，有効に継続した[1]。

　84年法は，政治基金決議の有効期間を10年と定め，それが可決された投票日から10年間が経過すると（従前に取消されていない場合）自動的に効力を失うと規定する（12条2項a号）。それゆえ，組合は，10年間が経過する前に新しい政治基金決議を可決するための組合員投票を実施しない限り，政治基金を継続して運用することはできなくなる。投票が実施されたが，新しい政治基金決議が多数の支持を得られなかった場合には，10年間が経過する前に現行決議は，投票日から2週間が経過すると効力を失う（12条2項b号）。ただし，この場合には，組合は投票日から6か月間政治基金から支払を続けることができる（15条1項）。

　10年間が経過する前に投票が実施され，新しい政治基金決議が可決された場合には，旧決議は新しい決議の可決によって失効する（12条4項）。すなわち，次の投票のための10年が新しい決議の投票日から始まるわけである。

　84年法第3章は1985年3月31日施行されたが，組合は，この日から10年間が経過する前に投票を実施すればよいわけではない。政治基金決議が右の施行日の9年以上前に可決された場合には，その日以前に9年間が経過したとみなされる（12条3項）。それゆえ，上の施行日の9年以上前に可決された決議は，その日から1年間が経過すると失効することになった。実際に政治基金を

持つ組合のほとんどはこうした事態を迎え，政治基金を継続するために1986年3月31日までに投票を実施しなければならなくなった。

　政治基金を持つ2つ以上の組合が合併した場合には，新しい組合は合併直後に政治決議を可決したとみなされる（1964年労働組合（合併等）法5条4項[2]）。しかし，84年法の適用上，合併直前に有効である決議が可決された投票日のうち最も早い日に，合併してできた組合は政治決議を可決したとみなされる（12条5項）。それゆえ，最近合併した組合は，合併の日から10年間が経過する前に投票を実施すればよいということにはならない。

　政治基金決議のための投票は，改正後も認証官が承認する組合規約に従って行わなければならない（13条3項）。その規約は，投票が実施される毎に認証官によって承認されなければならない（同項）。ただし，第3章の施行日から1年以内に有効な決議を有する組合が行う最初の投票の場合には，組合規約を改正するための組合自身の手続が遵守されていなくても，当該組合の主たる執行委員会が承認したならば，認証官はその規約を承認することができる（13条4，5，6項）。

　有効な決議の有無にかかわらず，すべての投票は，第1章が規定するのとほぼ同様の要件を満たさなければならない（13年法4条1A項−F項）。しかし，第1章と異なり，投票権はすべての組合員に等しく与えられなければならない。投票権の制限は認められないので，政治基金に対する拠出金の支払を拒否する者や規約に基づいて投票権を認められない者にも投票権は拡大する。また，郵便投票がその他の投票方法に優越することはない。

　政治基金決議の投票に80年雇用法に基づく政府基金からの払戻が適用されることになった[3]。しかし，この適用は，決議が有効な場合に実施される再検討のための投票のみに制限される（20条）。決議が失効した後の再投票および最初の政治基金決議の投票には，政府基金からの払戻を受けることはできない。

(2)　政治基金への拠出の免除

　政治基金決議が有効であった時に新しい決議が可決された場合のみ，政治基金に対する拠出の支払を拒否する組合員の免除は，組合に通知を与えた後の1月1日に発効する（13条9項）。これに対して，それ以外の最初の決議または決議が失効した後の新しい決議の場合には，組合が13年法5条1項に基づいて

組合員に与える通知の受領から1か月以内に請求される免除は，直ちに発効する（13年法5条2項）。

組合は，定期的に決議を再検討する毎に組合員に免除請求に関する注意書を送付しなければならないが，組合員はその免除を定期的に更新する必要はない。ある決議が有効である間に与えられた免除は，自動的に次の決議に引き継がれる[4]。

(3) 資金源の制限

政治基金および政治活動に対する資金提供は，3つの重大な制限を受けることになる。

第1に，決議が有効な場合には，組合自身以外の組合員またはその他の者による政治基金に対する寄付，および基金の資産運用過程から基金に生じる利益以外の資金を組合の政治基金に付け加えてはならない（14条1項）。それゆえ，組合は内部のその他の基金から政治金に資金を充当することはできない。また，政治基金の赤字を補填するために借金をすることもできない。

第2に，決議が失効した後には，組合は組合員に対して政治基金への拠出を要求することはできず（14条2項b号），以下の2つの例外を除いていかなる資金も政治基金に付け加えることはできない（同項a号）。制限を免れるのは，基金の資産運用過程から生じる利益，および決議の失効日前に支払われたが政治基金にはまだ加えられていない拠出金（15条5項）である。したがって，決議が失効した後に組合が未払いの拠出金を回収したとしても，それを政治基金に付け加えることはできない。

第3に，決議が有効であるか否かに関係なく，政治基金の負債は，組合のその他の基金から返済することはできない（14条3項）。この場合，その基金の資産が，当該負債に関連して充当されていると否とを問わない。ただし，同規定は，84年法の制定以前に生じた負債には効力が及ばない（14条4項）。

(4) 政治基金決議の失効

政治基金決議が失効した場合には，労働組合は，政治基金の資産処理に関して3つの選択を持つ。

第1に，将来新しい決議が可決されることに備えて，基金を凍結することが

できる。しかし，投票が新しい決議を可決した場合でも，投票日と旧決議の失効日の間に決議の効力が遡及的に及ぶことはない。その期間の政治基金への拠出金の徴収は違法である（15条9項）。

第2に，その他の基金に政治基金から金銭を移転することができる（14条2項c号）。組合の規約または政治基金が委ねられている信託にかかわらず，上の移転は行うことができる。

第3に，特定された場合に政治基金から支払うことを継続することができる。すなわち，決議が失効する前に投票が実施されたが新しい決議が可決されなかった場合には，組合は，投票日から6か月間基金から支払うことを継続することができる（15条1項）。しかし，組合は，政治基金を赤字にする支払または基金の赤字を増加する支払を行うことはできない（15条2項）。

決議が失効した後，組合は，政治基金への拠出金の徴収を合理的に実行可能な限り，速やかに停止することを確保するために必要な措置を講じなければならない（15条3項a号）。必要な措置には，使用者に対して，チェック・オフ制度の改正を通知することが含まれる。

決議が失効した後にも拠出金が徴収される場合には，組合員はその拠出金の返還を申立てることができる（15条4項）。組合員の申立がない場合には，組合は，受領した拠出金をその他の基金に加えることができる（15条3項b号）。

(5) 違反による被害の救済

組合員は，15条3項a号の違反に対して高等法院またはスコットランド高等裁判所に申立てることができる（16条1項）。申立を行うことができる者は，申立の時に当該組合の組合員である者である。組合員が，政治基金に対する拠出金の支払を拒否していると否とを問わない。

裁判所は，組合員の申立を支持する旨の宣言を行うことができ，さらに適当と考える場合には，拠出金の徴収を停止することを確保するのに必要な措置を講じることを組合に要求する命令を下すことができる（16条1項，2項）。かかる命令が下された場合には，最初の申立を行った組合員以外の組合員も，当該命令が下された時に組合員であるならば，当該命令の強行を請求することができる（16条3項，4項）。

15条3項a号の違反に対する救済は，右の方法による以外は認められない

（16条5項）。

(6) 政治基金規約

　決議が有効である時に投票が実施されたが新しい決議が可決されなかった場合には，政治基金規約は，投票日から6か月間で失効する（15条6項）。その他の場合には，同規約は，決議の失効日に失効する。

　しかし，決議が失効している場合，政治基金の運用のために規約を採択することは妨げられない（15条7項a号）。そして，規約が失効する日以前に生じた違反を当該規約に基づいて認証官に申立てる組合員の権利（13年法2条3項）も，規約の自動的失効の影響を受けない（15条7項b号）。

(7) 拠出免除の組合員の保護

　決議が失効した後も，政治基金に対する拠出金の支払いを免除される組合員に対する保護は継続する（15条8項[5]）。すなわち，組合が提供するいかなる便益からも排除されず，政治基金の管理または運用を除いて無資格のまたは不利な立場に置かれることはない。

　13年法3条2項の違反に対する救済は，認証官および雇用控訴審判所によって与えられるが，同規定の違反は高等法院またはスコットランド高等裁判所に申立てることができる。

(8) 政治目的の改正

　従来労働組合は，13年法3条3項が規定する政治目的にのみ政治基金から支出を行わなければならなかった[6]。同規定の政治目的に該当しない目的の支出は，その他の基金から行うことができた。政治基金を持たない組合も，同規定に該当しないその他の政治目的に支出を行うことができた。

　84年法17条は，13年法3条3項を改正し，政治目的および政治基金から行われなければならない支出の範囲を拡大する。

　政治目的には，明示的に政党に対する支出が含まれる。すなわち，(a)政党資金への拠出または政党への直接または間接にかかる費用の支払，(b)政党によるまたは政党のための利用を目的とするサービスまたは財産の提供が含まれる。拠出は，入党費，党費および政党に対する貸付を含む（13年法3条3c項）[7]。

政党の選挙資金への支出も当然含まれる。

　提供される財産には，建物のほかにコンピューターおよび印刷機のような備品も含まれる。また，サービスには，調査アシスタントのようなスタッフの提供，運搬・郵送およびデータ分析のような便宜供与，組合の集会場の利用が含まれる[8)][9)]。

　さらに，政治目的には，(c)政治的役職の選挙に関係する選挙人の登録，候補者の立候補，候補者の選出または投票の実施に関する支出，および(d)政治的役職保有者の維持経費が含まれる。

　候補者とは，政治的役職の選挙の候補者および候補予定者を意味する（13年法3条3C項）。政治的役職とは，国会議員，地方自治体議員に加えて新たにヨーロッパ議会議員および政党内の役職をさす（同項）。したがって，政党内の役員選挙にかかる費用も新たに規制の対象にされる。

　また，(e)政党によるまたは政党のための会議，会合または政党に関連する業務処理を主たる目的とするその他の会合の開催の費用が含まれる。代議員または参加者（オブザーバーではない）の出席に関連する費用は，会議または会合の開催費用とみなされる（13年法3条3A項）。

　この定義に「主たる目的」という文言が付け加えられたことは，重要な意味を持つ。なぜならば，組合の正規の会合の議題の1つとして労働党の業務が含まれるとしても，会合の費用は上の定義に含まれないからである。

　最後に，(f)ある政党または候補者に投票することまたは投票しないことを説得することを主たる目的とする書籍，文書，映画，レコードまたは宣伝の作成，発表または配布に関する支出が含まれる。この定義は，その他の定義と比較すると最も議論の余地があるところである。なぜならば，この定義は，その対象範囲を非常に広く拡大することによって，組合が行う政治的キャンペーンを含むからである。たとえば，委員会審議では，1983年に地方公務員組合（NALGO）が行った人員削減反対100ポンドキャンペーンが，政治基金から資金提供されない限り違法となる傾向政治宣伝の明らかな例として引用された[10)]。したがって，この定義は，民営化および縮小に直面している公的部門の組合の選挙に関する支出に主としてねらいを定めているといえる[11)]。

(9) チェック・オフ

　組合員は政治基金に対する拠出義務を免除される権利を保障されなければならないが，84年法第3章は，チェック・オフ制度が政治基金への拠出を免除される組合員に適用されないことを確保する義務を新たに使用者に課す[12]。すなわち，被用者が政治基金への拠出義務を免除されていること，または当該基金への拠出に反対する旨書面で組合に通知したことを書面で使用者に通知した場合には，使用者は，当該被用者に支払う賃金から当該基金への拠出分を控除してはならない（18条1項）。

　使用者は，合理的に実行可能な限り速やかにこの義務を履行しなければならない（同条2項）。ただし，使用者は，通知を行った被用者に対してチェック・オフを拒否することによってこの義務履行することはできない（同条3項）。

　したがって，使用者は，政治基金への拠出を免除された被用者とその他の被用者の両用のチェック・オフを運用するか，またはチェック・オフを完全に廃止するしかない。

　18条の違反に対する救済は，県裁判所（スコットランドでは執行官裁判所）に申立てることができる。裁判所は，宣言を行い，加えて違反が繰り返されないことを確保するために特定される措置を講じることを，使用者に対して命令することができる（同条4項，5項）。

(10) 投票費用

　政治基金決議の投票に要する費用は，政治基金から支払わなければならないわけではない。なぜならば，投票の実施のための支出は，13年法3条3項が規定する政治目的の1つに該当しないことが明らかであるからである。したがって，組合はその一般基金から投票の実施のために支払を行うことができる。

2　84年法第3章の効果と問題点

　84年法第3章は，労働組合の政治活動に対する法規制を強化するが，その中で最も重要なのは，政治基金決議の定期的再検討の導入である。とりわけ，この制度の影響を最も深刻に受けるのは，政治基金に対する拠出金を支払っている組合員が50％を下回っている組合であろう[13]。

　従来の制度では，組合は，新たに政治基金を設ける場合にのみ組合員による

投票の実施を要求されるにすぎなかった。しかし，その制度の下でも，政治基金決議が可決された以降加入した組合員を含めてすべての組合員は，この決議を取消すことがいつでも可能であった。それゆえ，組合員は政治基金の運用について定期的に公式の協議を受けるべきであるという政府の主張[14]は，組合員に対して注意を喚起する警告になりうるとしても，政治基金決議の定期的再検討を組合に対して法的に強制する根拠にはなりえないであろう。

政治基金の財源を組合員の拠出，その他の者の寄付および当該基金の資産運用過程で生じる利益に制限することも，組合の政治活動に対する重大な制約である。現実に多くの組合が，その他の基金の運用で生じた利益を政治基金に付け加えることは慣行化している。政府のねらいが，その慣行を廃止することにあるのは明らかである[15]。しかも，この制度によって組合が政治活動の資金調達のために借金をすることができなくなることは，実際に小さくない影響を及ぼす。事実，総選挙の前年であった1982年に4労働組合の政治基金は赤字であった[16]。そのうちの1組合の場合には，赤字は不安定な超過引き出しによって補填され，その利息は政治基金に負わされた。雇用控訴審判所は，この場合に13年法の要件およびそれに基づく規約違反はない，と判断した[17]。しかし，現在では，このような超過引き出しによる政治基金の赤字補填は違法である[18]。

加えて，84年法の制定以前に生じた負債を除き，政治基金の負債は，組合のその他の基金から返済することはできない[19]ので，結局組合は，政治基金を赤字にしないように運用することを強いられる。

政治目的の改正は，13年法の旧定義を時代に適合させるという意味において，ある程度は根拠のあるものである[20]。たとえば，政治的役職にヨーロッパ議会議員を含めること，または政治的文書の印刷および準備の費用にまで政治目的を拡大することである。しかし，84年法による政治目的の改正は，かかる程度を超えて政治目的を拡大することによって，組合の政治活動に対して財政的制約を加えることを目的とするように見える。たとえば，政治的役職に政党の役職を含めることは，現実には，労働党の役員選挙に関連して組合が実施する投票の費用が政治目的に含まれるという結果をもたらす。それは，組合自身が行う政党活動が政治目的に含まれるのは当然であると考えられることからすると，むしろあたりまえといえる。しかし，労働組合が組織として加入している労働党と組合との特有な関係[21]に対して直接的ではないにせよ，かかる規制を

加えた政治的意義は重大である。これを契機に組合内部で労働党との関係のあり方を見直す動きが起きることを政府は歓迎するであろう。

その他政治目的の改正については，前述したように，政府の政策に反対する公的部門の組合のキャンペーン，または政治基金制度を持たない組合による政治的キャンペーンに対する制約となることが懸念される。

政治基金への拠出に反対する組合員の当該拠出分のチェック・オフの禁止は，かかる組合員の保護から見れば，当然であるといえる。従来政治基金への拠出を免除される組合員は，控除された当該拠出分の償還を定期的に組合に請求していた。しかし，雇用控訴審判所は，Reeves v TGWU[22]において，かかる償還は不可能でない限り，拠出期間以前に当該組合員の請求なしに行われる場合にのみ合法であると判断し，この慣行に規制を加えた。それでもなお，政府は，組合員が償還を受けることに満足しなかった[23]。

結局 18 条によるチェック・オフの制限は，使用者側に負担を課すので，使用者の対応いかんによっては，組合がチェック・オフを通して組合費を徴収することが困難になる場合も起こりうるであろう[24]。

3 残された課題

84 年法第 3 章による労働組合の政治活動に対する規制の強化は，実は長年にわたる懸案問題の解決を回避している。すなわち，現在政治基金への拠出を拒否する組合員は，その旨を組合に通告して提出義務を免除される（contract-out）が，政府は，それを逆にして政治基金への拠出を行う組合員がその旨を組合に通告して拠出義務を果たす（contract-in）制度の導入をめざしている[25]。

政府は，政治基金への拠出免除制度を改正する理由として，現行制度が有効に機能していないことに不満を表明している[26]。たとえば，組合は組合員に対して拠出免除の権利に関する情報を与える適切な措置を講じていない，または拠出免除を通告した組合員からも拠出分の徴収を続けている等である。

政府の現行制度に対する批判は必ずしも十分に根拠のあるものではないといわれているが[27]，組合の側も現行制度を完全に遵守しているとはいい難い[28]。

しかしながら，84 年法で現行制度の改正が見送られたのは，同法の制定以前に政府と TUC の間で政治基金への拠出に関して合意に至ったからである[29]。その合意に基づいて TUC は，加盟組合に対して政治基金に関するガイドライン

を発令した。それは，組合が政治基金を公正に運用し，組合員がその権利に関する情報を十分に与えられること，および，とりわけ組合が制定法上の義務を遵守することを確保することを主な目的とする。

政府は，このガイドラインが組合員に対してその権利に関する情報を十分に与えるので，立法に代替するものとして承認した。しかし，ガイドラインが機能していない場合には，政府は追加の立法を行う用意があることを表明した[30]。政府のねらいが，組合員に政治基金に対する「自由で効果的な選択権」を保障することによって，組合の政治基金を縮小することにあることに変わりはない。

1) 改正前の13年法については，安枝英訷「イギリスにおける労働組合の政治基金制度」同志社法学31巻3号（1979年）84頁以下参照。
2) Trade Union (Amalgamations, etc) Act 1964.
3) 84年法20条によって追加された80年法1条3項f号。
4) 13年法5条1項が，組合員は政治基金への拠出に反対する通告をいつでも与えることができると規定する結果，拠出免除の効力は継続すると考えられる。
5) 13年法3条1項b号は，決議が有効である場合の拠出免除組合員の保護を規定する。
6) 改正前の13年法3条3項が規定する政治目的は以下のようであった。
   a 議会または公職（public office）の選挙の候補者または将来の候補者により，その立候補または選挙に関連して，選挙前，選挙中および選挙後に直接または間接に負担された費用に関する金銭の支出。
   b 上の候補者または将来の候補者の支持するための集会の開催，または印刷物ないし文書の配布に関する金銭の支出。
   c 議会の議員または公職にある者に対する援助に関する金銭の支出。
   d 選挙人の登録，または議会もしくは公職の候補者の選出に関連する金銭の支出。
   e 各種の政治的集会の開催，または各種の政治的印刷物ないし文書の配布に関する金銭の支出。ただし，集会または印刷物ないし文書の配布の主たる目的が，本法にいう制定法上の目的の遂行にあたる場合を除く。「公職」とは，州会，特別市会，郡会，教区会または救貧委員会その他，直接または間接に，公課権により金銭を徴収する権限を有する公共団体の議員の職をいう。
7) 政治目的の古い定義に労働党の党費が含まれることは，すでに認められていた。さらに，同様に労働党の新しい本部の建設のための組合の資金提供も含まれると認定された。Parkin v ASTMS [1908] I.R.L.R.188. ASTMS v Parkin [1983] I.R.L.R.448.
8) Official Report, Standing Committee F, col.1316.
9) 労働党が開催する集会に組合から代表団を派遣する費用も，政治目的の古い定義に含まれると認定された。Richards v NUM and NUM (Nottingham Area) [1981] I.R.L.R.247.
10) Official Report, Standing Committee F, col.1368. Clark雇用次官は，NALGOのキャンペーンに対する支出は古い政治目的に含まれると主張した。Ibid., col.1308. しかし，右の支出が古い定義に含まれるためにはe号にいう政治的文書の配布に該当しなければならないが，認証官は，e号の目的の支出は政党に対する直接的で明示的な援助において行わなければならないと認定した。Coleman v POEU [1981] I.R.L.R.427.
11) K.D.Ewing, Trade Union Political Funds: The 1913 Act Revised (1984) 13 I.L.J.227,

p.239.
12) 84年法の制定前に，政治基金への拠出金の支払とチェック・オフ制度をめぐる問題は起きていた。Cleminson v POEU [1980] I.R.L.R.1 では，使用者が両用のチェック・オフ制度の運用を拒否したために，政治基金への拠出の免除を通告した組合員が12年間拠出金を支払っていた。Reeves v TGWU [1980] I.R.L.R.728 では，チェック・オフ制度のもとでは政治基金への拠出分は，組合費の控除の前またはその後可及的速やかに組合員に償還されなければならないと決定された。Elliot v SOGAT [1983] I.R.L.R.3 では，チェック・オフ制度によって政治基金への拠出分を賃金から控除したことが，当該拠出を組合費とは別に徴収する旨を規定した組合規約に違反すると認定された。
13) 認証官の1984年報告によると，政治基金への拠出金を支払う組合員が50％を下回っている組合は，1981年に10，82年に10，そして83年に9であった。その中には，映画・テレビ関連技術者組合（ACTT）のように，contract-in が法定されていた1943年に政治決議の投票を実施して以降現在も contract-in を維持している組合（81年で9％，82年で7％，83年で9％）や，3年通して1％である Scalemakers および81年と83年が5％，82年が6％である Shuttlemakers のような極端に低い拠出率を有する組合が含まれる。1983年に政治基金を有する組合は57あり，拠出率が90％を超える組合は25あり，10％きざみの分類の中で最高の値を示す。ついで81％から90％と61％から70％がそれぞれ7，71％から80％が5と続いている。 K.Coates and T.Topham, Trade Unions and Politics, p.128 Table 4, 3 and p.130 Table 4.5.
14) Green Paper on Democracy in Trade Unions, paras.84-85.
15) Ibid., para.117.
16) 合同機械工労組（鋳造部会）［AUEW（F）］は1万1000ポンド，ASTM は7万5000ポンド，音楽家組合（Musician Union）は770ポンド，そして炭鉱坑内作業員組合（NACODES）（ヨークシャー地区）は1422ポンドの赤字であった。 Ewing, op.cit., p.232, note33.
17) ASTMS v Parkin, supra. 審判所は，銀行はいつでも2つの勘定を合わせて超過引き出しの返済のために組合の資産を利用することができるので，銀行が貸付けた金銭は規約に違反して政治基金に充当される金銭ではないと判断した。
18) この点において，政府は，83年のグリーン・ペーパーでは政治基金が赤字になることを妨げることを不合理な制限であると述べた（para.118）が，84年法ではこの立場から逸脱した。Gowrie 伯爵の説明によると，政府は，組合員が拠出した水準を超える政治目的への支出を可能にすることがその唯一の目的である政治基金に対する貸付は正当化することができないと考えた。 H.L.Deb. vol.453, col.762.
19) もっとも，84年法の制定以前に13年法に基づいて債権者が政治基金の負債の返済を組合その他の基金に求めることが合法的に行いえたかは疑わしい。ASTMS v Parkin で雇用控訴審判所は，債権者が上の行為を行う事情についての判断を保留したので，この問題に関する確定した先例はなかった。 Ewing, op.cit., p.233 note41.
20) Ewing, Trade Unions, the Labour Party and the Law (1982), pp.197-198.
21) 1983年に労働党に加入している労働組合は47あり，同じく加入している組合員数は610万人である。政治基金を有する組合の組合員数790万人のうち政治基金に拠出している組合員は，650万人で82％を占め，労働党に加入している組合員は77％を占め，拠出組合員のうちの94％が労働党に加入している。 Coates and Topham, op.cit., p.136 Table 4, 8. 労働組合と労働党の関係をめぐる問題については Ibid., pp.113ff.; Ewing 1982, op.cit., pp.139ff.; Coates and Topham, Trade Unions in Britain (1980), pp.302ff.
22) 前掲注12）参照。
23) 83年のグリーン・ペーパーではチェック・オフを通しての政治基金への拠出の徴収を違

法にする提案を含めて多くの対応策が可能であると考えられたが，その基調は，労働組合はそれ自身の徴収制度を作らなければならないことであった。 Para.124.
24) 83年のグリーン・ペーパーでは組合費が一定して規則的である場合にのみ一部の使用者はすすんでチェック・オフの便宜を拡大すると指摘された。Para.122. 実際に一部の使用者は，多くの組合とのチェック・オフ制度の運用上小規模組合の政治基金への拠出を免除されている組合員からの組合費の控除の抵抗を示している。 Ewing 1984, op.cit., p.239.
25) contract-in は，1926年のゼネ・ストの後保守党政府が制定した1927年労働争議・労働組合法（Trade Disputes and Trade Unions Act 1927）4条により導入されたが，同条は戦後の労働党政府が制定した1946年労働争議・労働組合法（Trade Disputes and Trade Unions Act 1946）により廃止され，contract-out が復活したという経緯がある。Ewing 1982, op.cit., pp.53-66.
26) Green Paper on Democracy in Trade Unions, paras.88-98.
27) Ewing and Rees, supra.
28) 13年法3条に基づく政治基金に関する法および規約違反の認証官に対する不服申立の状況は以下の表のようである。公式の審問の件数が非常に少ないのは，通常組合は認証官の助言を受け入れて申立人の満足のゆく措置を提案する結果，申立が取下げられることになるからであるといわれる。

年	申立件数	公式審問件数
1976	3	0
77	18	0
78	12	0
79	105	4
80	20	1
81	12	2
82	24	3
83	21	0

出典) Ewing, Trade Unions and Politics in R.Lewis ed., Labour Law in Britain (1986), p.319 Table.11.1.

29) Agreement on Political Levy, I.R.L.I.B.252, 6 MARCH 1984.
30) H.C.Deb. vol.57, col.755. 追加の立法が contract-in を導入することは明らかであると思われる。しかし，TUC のガイドラインの有効性の判断基準について，King 雇用大臣は明らかにしなかった。同大臣は，「自由で効果的な選択権」の結果が1982年のTGWUの場合のように組合員の98％が拠出することになる場合には，逡巡することになるであろうと述べた。Ibid., col.756.

四　84年法施行後の状況

84年法の施行日は章毎に異なっていた。第1章は，4条を除いて[1] 1985年10月1日に施行され，第2章は84年9月26日に，第3章は85年3月31日にそれぞれ施行された。

以下では84年法が施行されたのちの労働組合，使用者および政府側の動きを中心に同法の施行が及ぼした影響について章毎に追跡してみたいと考える。

1　84年法第1章について

84年法第1章が施行されてから1年余が経過した1986年末までに，認証官は同章に基づいて行われた申立のうち9件について決定を下したことが報告されている[2]。各事件に含まれていた主要な問題は以下の通りである。

まず第1に，組合員による直接選挙の対象にしなければならない組合の「主たる執行委員会」の定義をめぐる問題が2件において発生した。Paul v NALGO[3]では被申立人組合 NALGO の全国勤務条件委員会（National Services Conditions Committees）のメンバーの選出が84年法1および2条に違反しているという申立がなされた。NALGO の規約上執行権限を有するのは評議会（Council）であり，評議会は規約により各組合員グループのために8の全国勤務条件委員会を設置することを要求されていた。各委員会のメンバーは毎年大会で任命されていて，委員会の権限は評議会が付託する事項に限られていた以上の状況から認証官は，右委員会が果たす執行機能は評議会が果たす実質的執行機能から派生しそれに従属していると判断したうえで右委員会は NALGO の「主たる執行委員会」ではないと認定し，申立を退けた。

Snel v ACTT[4]では，組合の執行委員会（Exective Committee）が84年法2条1項に違反して年次大会の代議員によって選挙されているという申立がなされた。被申立人組合 ACTT は，実際にそれの総評議会（General Council）が「主たる執行委員会」であると主張したが，ACTT の規約によると執行委員会は日常の組合運営に責任を負うが，総評議会は年次大会間の最高意思決定機関であると規定されていた。しかし，本件の場合には，執行委員会のメンバー全員が職務上総評議会の議決メンバーでもあったので，いずれの機関が組合の

「主たる執行委員会」であるかを判断する必要はなかった。結局認証官は，執行委員会の選挙は2条1項に違反すると宣言した。

　第2に，選挙に立候補する権利の保障をめぐる問題が3件において発生した。いずれの事件においても申立の理由は，選挙に関する情報や通知が不十分であったために一般の組合員が立候補から排除されたということであった。認証官は，3件のうちの1件 Paul v NALGO のみにおいて84年法2条9項の違反を宣言した。この事件では，NALGO の名誉役職の1つである次席副組合長（Junior Vice-President 評議会の議決メンバー）の選出が，評議会および地区評議会（district councils）の推薦を実際には受けなければならないことが問題となった。NALGO の規約上各組合員は名誉役職に推薦される資格を持っているが，実際には地区代表として評議会のメンバーを経験した者以外が推薦を受けることは例外的であった。規約所定の手続およびその運用の面において，広範な組合員の中からから推薦が行われる可能性はなく，一般の組合員が立候補するための用意もなかった。こうした状況に対して認証官は，立候補の不合理な排除であるとして2条9項の違反を宣言した。NALGO は，この宣言を受けて全支部を完全に網羅するための立候補手続を拡張することを認証官に確約した。

　Haggarty v TGWU[5)] では支部の会議において立候補が行われる場合に，会議の通知は職場に掲示され，立候補を受け付ける旨の議題も通常の方法で提出されたので，立候補者の不合理な排除はなかったと認定された。

　Corti v TGWU[6)] では次の支部会議で立候補を求める旨の特定の通知が行われなくても，組合規約を読んでいる組合員は支部で立候補が行われることを知っており，支部会議に組合員は自由に参加することができ，事前に開催が公表されるので，組合員は立候補から不合理に排除されてはいないと認定された。

　第3に，投票権の保障が4件において問題となった。まず，Haggarty v TGWU では失業中でどの地域支部または職場支部にも所属していない組合員で構成される支部の組合員に投票用紙が配られなかった結果，その支部は選挙に参加しなかったという明らかに84年法2条7項に違反する事態が発生した。TGWU は，右の支部の組合員に投票用紙を配布して投票の機会を与えることを保障するために合理的に実行可能であるすべてのことを実行しなかったことを認めた。

　Liley v TGWU[7)] では投票が行われる予定であった会議が中止になり，投票

のためのその他の措置が講じられなかったので，組合は2条7項に違反したと認定された。

TGWUは，上の両事件での宣言を受けて1985年12月の規約改正大会で選挙制度を改正するとともに，将来の選挙にはいっそう多くの資金を充当し，宣伝を改善し，また専従役員への指導を強化することを確約した[8]。

また，Wills & others v TGWU[9] では支部が選挙に参加しない決定をしたために組合員に投票用紙が配られなかった。認証官は，これはローカルの段階での84年法の要件ならびに組合自身の規約の故意の違反であると宣言した。TGWUは，違反の深刻さを認識して選挙結果に影響を及ぼさないにもかかわらず再選挙を行うことを確約した。

上の3事件では組合員が選挙で投票する機会を完全に奪われてしまっていたので，84年法の投票要件の違反は明らかであったが，次の Noakes v TGWU[10] では組合員が職場投票の機会を失ったことが問題とされた。申立人はブリティッシュ・レイランド・オースティン・ローバーの1工場で雇用されていたが，その工場では選挙の投票期間および組合員が投票可能な方法を示すポスターが，ときには読みにくくなったりはげ落ちたりしていた。TGWUは，そのことを認識していたが，当該工場内の組合員に投票権に関する情報提供を行うためのすべての可能な措置を講じたと主張し，さらに同工場内で固定式および移動式の投票箱を用意していた。こうした状況に対して認証官は，申立人が利用可能である投票の機会を知らなかったことを疑う理由はないが，組合がかかる機会を提供しその宣言を行うために相当に努力したことも疑いないので，組合が84年法3条1項の要件を遵守するために合理的に実行可能なすべてのことを実行しなかったとはいえないと判断した。ただし，認証官は違反の宣言こそ下さなかったが，組合側には組合員が投票権について知ることを保障する重責があり，個々の組合員がローカルの役員に質問する状況を放置することでは不十分であると指摘した。

第4に，投票方法についての要件の遵守をめぐる問題が3件において生じた。Stemp, Lowers and others v NUR[11] ではNURの執行委員会の9人の議決権を有する委員の選挙が規約に従って行われたが，そこでの投票は「支部ブロック投票」の方法で行われた。すなわち，組合員は支部会議で挙手による投票を行うが，その結果多数を占めた投票結果が支部の投票として記録された。この

事件について認証官は3点において84年法の違反があると認定した。第1に、支部ブロック投票は、選挙の当選は各立候補者に直接投じられた票数の集計のみによって決定されると規定する2条8項b号に違反した。第2に、挙手による投票は、秘密投票の保障を規定する8条2項a号に違反した。さらに、挙手による投票は、投票用紙に印をつける投票方法を規定する2条5項に違反した。

また、Snel v ACTT および Jarrett v UCW[12] では執行委員会の選挙が各組合の代議制の年次大会で行われたので、認証官は投票権の平等の保障を規定する2条1項の違反を宣言した。

認証官による違反宣言を受けて NUR は、法定要件を満たすための規約改正について緊急かつ真剣な考慮を払うことによって必要な措置を講じることを確約した。具体的には、1986年秋に予定される執行委員選挙（毎年3分の1が改選される）と同時に85年の選挙はやり直されることになり、規約改正を検討するために執行委員会に特別小委員会が設置された。ACTT および UCW も法定要件を満たすために規約を改正することを確約したと報告された。

最後に、票の集計をめぐる問題が2件において生じた。Haggarty v TGWU では期限内に支部書記が投票を返送しなかったので、その支部の組合員の投票が最終集計に含まれなかった。認証官は84年法2条8項c号の違反を宣言したが、その票数は投票の結果には影響を及ぼすことはないので、再選挙の必要はないとされた。

さらに、Corti v TGWU では投票の安全性が問題にされた。申立人は、数人の組合員が彼らの組合員証を作成することをせずに投票を行ったと申し立てた。組合員証を呈示しないで投票を認められた組合員は少数であり、開票立会人はそのことを知っており、二重投票や非組合員による投票の可能性を示す証拠はなかった。こうした状況に対して認証官は、二重投票や非組合員による投票の理論的可能性を認めながらも、票の集計における公正さおよび正確さの欠如はなかったと判断した。この事件のような場合には、実際の不正投票の証拠がない限り、認証官は84年法2条8項c号の違反を宣言することはできないと認証官自身は述べている。

以上において84年法第1章の施行後1年余の間の認証官に対する申立およびそれへの判断を見てきたわけであるが、特徴的であるのは認証官の宣言を受けた組合は法違反を是正するために必要な措置を講じることに同意しているこ

とである。報告された事件数は限られており，事件の問題点も明らかに違法である場合が多かったのでこのような結果になったということもできる。しかし，少なくとも現在までのところでは84年法第1章は，労働組合が役員選挙制度の改革に着手する方向に動き出すうえで一定の指導的役割を果たしているといえるであろう[13]。

2　84年法第2章について

84年法第2章は，施行後1年を経た時点で報告された訴訟件数が12件を数えることに見られるように使用者により積極的に利用されているといえる[14]。これは，労使紛争の解決のために法的手段に訴える傾向をいっそう強めている最近の使用者側の姿勢を反映しているとみなすことができる。とくに二次的ピケッティングや二次的争議行為の場合と比較すると，使用者側の積極的な訴訟利用は著しいといえる。

上の12件の訴訟のうち結果が明らかでない1件を除きすべて使用者側の申立は認められ，10件で差止命令が下された[15]。その10件のうち5件で投票または再投票が行われ，その他の1件でも再投票が行われた。組合が差止命令に従わなかったのは2件にすぎなかった[16] [17]。

12件の訴訟のうち3件では実施された投票が11条の要件を満たしていなかった。残りの事件では一切投票は行われなかった。たとえば，British-Mart v APEX では11条4項が規定する質問が偶然投票用紙から抜け落ちていた。また Treasury v CPSA では支部集会で挙手による投票が行われた。いずれの事件でも組合は投票をやり直すことに同意した。

投票が行われなかった事件の中でとくに問題点を含んでいると思われるのは Solihull Borough Council v NUT であった。そこでは教員組合（NUT）が賃上げキャンペーンの一環として取組もうとした圧力行動が秘密投票を経ていなかったことが問題にされた。この圧力行動には学校給食の監督およびそれに関連する職務のボイコット，課外時間会合の禁止，欠務者の代替勤務の拒否，そして昼休み中の体育および音楽行事の禁止が含まれていた。組合側は，欠務者の代替勤務の拒否が雇用契約の干渉になりうることを認めながらも，それ以外の圧力行動の対象とされた職務は契約上の義務ではなく教員により自発的に遂行されるものであると主張した。

高等法院は，組合側の主張に対して，昼休み中の給食監督その他の職務は無料の学校給食の見返りとして教員が引き受けるという補足的契約が存在することを教員の服務規程の解釈から導いた。また，課外時間会合は雇用契約の黙示の条件に含まれると判断された。

　上の各論点は当事者間で主張が鋭く対立していたにもかかわらず，本件が中間差止命令請求訴訟であったために裁判所はそれらについて十分に深く掘り下げて検討したとはいえない。かえって裁判所は，組合側の契約違反の誘致を認定するために補足的契約なるものを捻出した。しかし，裁判所がこうした理論構成をとらざるをえないのも，もとはといえば84年法第2章に争議行為の定義が含まれていないこと，および争議行為の画定した概念と契約の違反または干渉の誘致という不法行為との関連があいまいである現行の免責制度に問題があるからである[18]。ともあれ，本件は，教育労働関係のみならず争議行為法一般に大きな課題を残したといえるであろう。

　また，投票が行われなかった事件の中で別の問題も発生した。Shipping Company Uniform Inc v ITF[19]では連合体である被告組合ITFが争議行為前投票を実施しなかったことが争われた。事件は原告船会社所有の船の乗組員の低賃金に反対してITFが傘下組合に要請した争議行為に関していたが，高等法院は，先例[20]に従ってかかる行為は違法な二次的争議行為であると認定して差止命令を下した。二次的争議行為の問題は直接84年法に関係しないが[21]，ここで問題なのは，イギリス国内に個人加盟の組合員を有しない連合体であるITFにも84年法第2章が適用されなければならない，と裁判所が判断したことである。しかし，現実には投票者が存在しないのでITFは投票を行うことはできない。むろん，傘下組合であるTGWUやNUSがITFの要請を受けて争議行為を開始する前に投票を行うかもしれないが，裁判所の考えではそれではITFの責任を免除することにはならない。

　84年法第1章の役員選挙の要件はその組織機構上の特殊性からITFへの適用を免除される（7条2, 3項）にもかかわらず，なぜ争議行為前投票は免除されないのかは理解し難い。結局，第2章に適用免除規定がない以上ITFのような連合体が免責を喪失しない唯一可能な方法は，争議行為を公認しないことになるであろう。

　ちなみにAustin Rover v AUEW（E）では原告が組合員投票の期間中被告組

合のストライキの禁止を請求したが，高等法院および控訴院は，被告組合は82年法15条にいうストライキの「授権または承認」を行わなかったことを理由に差止命令を下さなかった。この事件では，原告会社に組合員を有する組合の協議体は各組合の執行委員会に付託することなしに組合員にストライキを要請する権限を持たなかったが，かかる付託は行われず被告組合の責任ある機関も当該ストライキに反対していた。しかし，被告組合以外の6組合に対する差止命令は認容された。そのうちTGWUおよびAUEW（TASS）以外の組合は差止命令に従ったが，両組合はそれに従うことを拒否したため法廷侮辱罪に問われた。

　施行後1年を経た状況は以上のようであるが，それだけを取り出して84年法第2章の影響について即断を下すわけにはいかないが，少なくともいえることは，政府のねらい通りには組合の戦闘性は衰えていないことである。使用者が第2章を積極的に利用して差止命令を得て，組合のそれに従っている状況は確かに生まれており，また訴訟外でも組合が自発的に争議行為前投票を行う動きがあるようであるが[22]，そうして実施された投票結果は必ずしも争議行為に対して否定的ではない。圧倒的多数による支持，または反対の場合でもその差は非常にわずかであるといわれる[23]。したがって，この時点までの投票結果を見る限り，投票の導入が組合の意思形成の結果に決定的な影響を及ぼしたとはいえないであろう。

　ところで，対使用者の関係は上のようであったが，84年法第2章は対第三者との関係において労働組合を困難な状況に陥れている。Falconer v ASLEF and NUR[24]では一般市民が第2章に基づいて初めて損害賠償請求訴訟で勝訴した。

　原告は大きな持ち株会社の取締役であったが，1985年1月17日にロンドンで商談する約束を取り付けて当日にドンキャスターとロンドンの間を往復する計画を立てた。ところが，当日は被告組合による争議行為のために英国鉄は動かなかったために，原告は1日前にロンドンに行き同月18日までに戻ることができなかった。当該争議行為は投票を実施せずに行われた。原告は宿泊費用その他の不便に関する損害賠償を請求した。原告は，16日の往復切符の購入は彼と英国鉄の間の切符発行から3か月以内のいずれかの日に往復輸送する契約を構成し，組合による違法な労務提供の拒否を要請する行為は英国鉄が彼自身を含む旅客に対する契約上の義務を遂行することを妨害したと主張した。

　これに対して組合側は，原告は訴訟適格性を有していないと主張した。その理

由として組合側は，英国鉄と旅客の間にはいずれかの特定された日を含めて列車を利用可能にする契約は一切存在しないこと，および組合は労務提供を拒否するなんらかの行為が原告と英国鉄の間に存在した契約上の権利を侵害することを知らなかった，または知らなればならないことはなかったと主張した。加えて組合側は，その行為の目的は英国鉄に圧力を加えることであり，旅客が受ける被害はその行為の意図するものではなくむしろその結果であると主張した。

86年5月7日，シェフィールド県裁判所は原告の訴えを認め，173ポンドの損害賠償を裁定した。裁判所は4点にわたり理由を述べた。第1点は，被告が契約の存在を知っていて，その履行に干渉することを意図していたと判断した。原告の実際の名前や特徴をその当時被告が知らなかった事実は無視された。原告は英国鉄と契約関係にある画定され，同一視しうる人々の集団の1人であるとされた。被告組合による行為の目的は原告ではなく，その被害は単なる結果にすぎないという主張は，稚拙かつ現実離れしているとされた。被告はその行為が原告に与える影響を認識していたにもかかわらず敢えてそれを遂行した点で無謀であったと判断された。

第2点は，被告が英国鉄と原告の間の契約の違反または干渉をもたらすことを意図して英国鉄の被用者をその雇用契約の違反に誘致したと判断された。

第3点は，その被用者は実際にその雇用契約に違反したと認定された。

第4点は，英国鉄と原告の間の契約の履行の干渉が被用者による雇用契約違反の必然的結果であると判断された。ここでいう必然的結果とは，被用者による労務提供の拒否を理由に実際の可能性の問題として契約違反者がその契約を履行することが不可能であったことを意味する。原告と英国鉄の間の契約が輸送の提供への期待を生むにすぎず，そうすることの一次的義務を生まないという主張は，承認されなかった。

英国鉄の輸送規程では都合によりいつでも当局は列車の運行の停廃または発着時刻の変更を行うことができ，その場合には結果的損失を含む損失，損害，遅延または引き止めに対して責任を負わないと規定されていた[25]。しかし，同規定は，切符の保有者に対して輸送を提供する契約に基づく英国鉄の一次的義務を排除しないと判断された。それはいずれかの特定の列車，時刻，日が関係する限りにおいて英国鉄の責任を制限し，契約違反にならないで列車の運行を取り止めることを可能にするにすぎないとされた。そして，同規定は第三者で

はなく英国鉄に列車の運行を取り止める決定を委ねているので，被告はこの排除規定を利用することはできず，それゆえ英国鉄側の契約上の義務違反はないと主張することもできないと判断された。裁判所は，第三者である不法行為者自身が契約上の一次的義務の不履行をもたらしたときに，その者が排除規定を利用することが可能であるのは良識に反すると考えた。

　本判決の論旨は以上であるが，判決がいうように原告と英国鉄の間に契約が存在したのかについては疑問が残るといえる。被告組合の責任を追及する前提として上の契約の存在が不可欠であるが，英国鉄の輸送規程は往復切符の有効期間を3か月と規定するにすぎない。特定の日に列車を運行させる義務は，少なくとも同規程には明示されていない。契約の根拠およびその正確な内容は不明なままにそれに対する干渉が認められてしまったといえる。したがって，本判決は論理的には極めて不十分な判決と評せざるをえない。しかし，一般市民である第三者による労働組合に対する責任追及を認容した点では，本判決は衝撃的な判決といえるであろう。本判決を契機に今後，労働組合は違法な争議行為に対して損害賠償または差止命令を求める市民からの訴えを受ける危険にさらされることになる。従来争議行為に対してある程度の寛容さを有していたイギリス国民が今後いかなる対応を示すかは予測し難いが，本判決に見られるように84年法はそのような国民の態度になんらかの変更を迫る契機となりうる可能性を秘めているということができる。そうした意味において，84年法は思わぬ副産物を生んだといえるであろう[26]。

3　84年法第3章について

　84年法第3章は，先の2つの章と異なり労働組合の側の積極的な動きを引き起こした。なぜならば，ほとんどの組合において第3章の施行後1年以内に政治基金決議の再投票を行わない限り，同決議が失効して政治活動を行うことが困難になったからである[27]。

　労働組合は，政治基金を維持するために精力的にキャンペーンを展開した[28]。1985年3月にTUCは，加盟組合のかかるキャンペーンを援助するために労働組合調整員会（Trade Union Co-ordinating Committee）を特別に設置し，また第3章についての一連の研修会を開いたり，85年6月には各組合の書記長や政治活動の責任者を集めて政治活動強化のための説明会を開催するなど第3章

の施行に対応して積極的な取組みを行った[29]。こうしたTUCの取組みは，既存の政治基金を維持するためのみならず，政治基金を拡大して労働組合運動全体の政治活動を強化することを目的としていた。実際にキャンペーンが行われた中で今まで政治基金を有していなかった組合が政治基金決議の初めての投票を行ったり，それの検討を始めたりする動きがあったようである[30]。

1986年3月31日まで38の組合で政治基金を継続するための投票が行われ，すべての組合で組合員の支持を受けた[31]。投票権を有する組合員数は700万近くであったが，平均投票率は約52％であり，この種の投票では比較的高い数値を示した。投票結果は総じて圧倒的に高い支持率を示し，平均支持率は83％であった。

投票は郵便投票のみを採用する少数の組合を除いて一般的には職場投票で行われたが，退職した組合員および病気や休日で職場を離れている組合員を参加させるために一部では郵便投票も利用されたようである。

この投票結果を見る限り，労働組合の政治基金擁護キャンペーンは成功を収めたということができる。もっとも，その反面8組合が新しい投票制度の導入を前にして政治基金を解散することを決定したという状況も生まれている[32]。しかし，総じていえることは，政治基金に対する組合員の高い支持率と政治基金を有する組合が増加する動きに見られるように，第3章の施行は，労働組合の政治活動を制約するというその目的とは逆に，組合側の政治活動に対する積極的姿勢を誘発するという皮肉な結果をもたらしたといえるであろう。

1） 4条は，84年法の制定と同時に1984年7月26日に施行された。
2） Trade union elections, I.R.L.I.B.322, 3 FEBRUARY 1987, pp.2-5.
3） 30.9.86D/8-15/86, [1987] I.R.L.R.43.
4） 17.7.86D/6/86.
5） 18.8.86D/7/86.
6） 28.10.86D/16/86.
7） 21.4.86/D/3/86.
8） TGWUは，1985年12月に開催された特別招集大会で，執行委員39人全員を直接選挙で選出するために選挙手続を改正した。Chronicle (1986) 24B.J.I.R.300.
9） 22.5.86D/4/86.
10） 24.6.86D/5/86.
11） 10.3.86, I.R.L.I.B.302, 1 APRIL 1986, p.12.
12） 26.11.86D/17/86.
13） その他の組合において選挙制度を84年法の要件に適合させるために自発的に組合規約を改正する動きが起きていることが報告されている。たとえば，都市一般ボイラー工組合

(GMBATU) は，1985年6月の年次大会で組合規約を即時改正する執行部の決定を承認した。Chronicle (1985) 23B.J.I.R.452.
14) J.Hutton (1985) 14I.L.J.255.
15) 後述するように Austin Rover 事件では AUEW (E) に対する差止命令は拒否されたが，その他の組合に対しては容認されたので10件のうちに含めた。
16) Austin Rover 事件では，TGWU は差止命令に従わなかったので法廷侮辱罪に問われ罰金刑に処せられた。同じく AUEW (TASS) は法廷侮辱罪に問われたが，その程度は軽微であるとして宣言を受けただけで処罰されなかった。Austin Rover Group LLtd. V AUEW (TASS) [1985] I.R.L.R.162. London Regional Transport 事件では，NUR は差止命令に従うことを拒否した。Hutton, op.cit., p.256.
17) [1985] I.R.L.R.211.
18) Hutton, op.cit., p.258.
19) [1985] I.R.L.R.71.
20) Marina Shipping v Laughton [1982] I.R.L.R.20; Merkur Island Shipping v Laughton [1983] I.R.L.R.218.
21) 80年法17条。 Drake, op.cit., pp.127-134.
22) Hutton, op.cit., p.261.
23) たとえば，前掲の Solihull 事件では争議行為に対する支持率は94％であり，Ilford 事件の GMBATU は，3対1の多数の支持を獲得した。85年8月に実施された NUR の1人乗務列車（driver-only trains）問題に関する争議行為前投票では，小差で反対票が上回った。この結果は，とくに公的部門の組合で起きただけに政府にとっては第2章の将来にわずかながらも明るい展望を見出すことができたといえるかもしれない。 Ibid., pp.261-262; Chronicle (1986) 24B.J.I.R.131.
24) [1986] I.R.L.R.331.
25) 英国鉄輸送規程（British Rail Conditions of Carriage）17条3項。
26) 同規程4条1項。
27) 政治基金を有する組合は，1985年末現在で50組合あった。そのうち4組合は76年以降に同基金を創設したので，とりあえず今回投票を実施する必要はなかった。 Political fund ballots: the final results, I.R.R.R.367, 6 MAY 1986, p.12.
28) Coates and Topham (1986), op.cit., pp.147 ff.
29) TUC Report 1985, General Council's Report, paras. 21, 222.
30) 実際に政治基金の最初の投票を行った組合は，内国歳入職員組合（IRSF）およびメリヤス・ニット労組（NUHKW）であった。両組合とも高い投票率で高い支持率によって政治基金を創設した。IRSF の投票率は87％，支持率は80％を超え，NUHKW ではそれぞれ90％，84％であった。両組合以外に10組合が政治金の創設を検討中であると労働組合調整委員会に報告されたといわれる。 I.R.R.R., supra, pp.13-14.
31) Ibid., pp.12-23. 投票率および支持率ともに組合間で相当に相違していた。投票率の最高は92％であり，最低は25％であった。支持率ではそれぞれ，93％，59％であった。
32) 8組合は，Society of Shuttlemakers と伝統的に全国組合とは別個に政治基金を維持してきた NUM および NACODS の7地区であった。

まとめ

　以上において84年法の内容，問題点および施行後の状況について簡単に見てきたわけであるが，この法律が，それが意図する労働組合における民主主義の確立という観点から見てどのような評価を受けるべきであるかについては少なくとも以下のようにいえるであろう。

　第1に，84年法は労働組合の役員選挙および争議行為前投票において組合員の直接秘密投票が実施されなければならないと規定し，加えてその投票方法も郵便投票または職場投票に制限するが，こうした労働組合の意思決定過程に対する立法的規制は，組合の自主性＝団結自治に対する過度の法的介入ではないだろうか。もちろん，個々の組合員の意思が組合の意思決定過程において十分に反映されることの保障および投票の秘密の保障は，組合民主主義の要請として確保されなければならないことは当然である。しかし，組合民主主義の要請として組合の意思決定過程において常に組合員のレファレンダムが実施されなければならないということはできないであろう。すなわち，個々の組合員による直接投票のみが唯一民主的な意思決定方法であるとはいえないということである。

　役員選挙の場合には，個々の組合員による直接投票の要請は必ずしも不当であるとはいえず，むしろ望ましいといえるであろう。しかし，投票方法を郵便投票または職場投票に限って認めることは，団結自治に対する不当な介入であると思える。少なくとも投票の秘密が保障される限り，組合は投票方法を自由に選択できるはずである。しかも役員の任期の最長期限を5年と区切ることも，実際にはほとんどの組合ではそれより短い任期が採用されているので[1]深刻な影響を及ぼさないとしても，各組合における事情を無視して一律に行うにはふさわしくないといえるであろう。

　争議行為の場合には，役員選挙に比べてかかる要請はいっそう妥当ではないといえる。なぜならば，役員選挙のように規則的に実施されるものと異なり，争議行為は戦術としての柔軟性を要求されるからである。団体交渉における使用者側の対応に即して機敏に行動してこそ交渉者たる執行部の責任を全うすることができる。執行部は個々の組合員の代理ではなくその代表として行動するわけである。争議行為の開始決定に際してそのつど組合員による投票を仰がな

ければならないようでは，執行部はその代表としての機能を果たすことができないというほかはないであろう。したがって，争議行為参加者全員による投票という意思決定の方法は，一見極めて民主的な方法に見えるが，実際には組合の統一した団結の力が最も効果的に発揮されなければならない争議行為の場において組合の力をそぐことになりかねない危険性を備えているといえる。そうであるならば，かかる方法を民主主義の最低基準として一律に要請することは，妥当ではないといえるであろう。

　第2に，組合員による投票において支持を得なかった公認の争議行為は不法行為の免責を失うことになるが，これは組合の内部問題とそれと次元の異なる組合の対外的責任問題とを混同しているといえるであろう。組合が多数の組合員の意思を無視して争議行為を行う場合には，組合員が組合または組合幹部の責任を追及しうるのは当然であるが，使用者その他の第三者はかかる責任を追及する立場にはないといわざるをえない。使用者その他の第三者にそのような立場を認めたならば，もはや組合の自主性は存在しえなくなるからである。しかも，84年法の争議行為前投票の規定は，組合員に対して投票を要求する権利を保障しない。したがって，不法行為の免責の喪失と結びついた争議行為前投票の要請は，組合民主主義の確立というよりむしろ実際に見られるように争議行為に対する抑制に資するものというほかはないであろう。

　第3に，84年法は政治基金決議の定期的再検討を導入したわけであるが，これは最初の決議の投票後に加入した組合員にも投票の機会を与えて組合員の意思をいっそう十分に組合の政治活動に反映させる試みとして，それなりに合理的根拠を有するといえる。しかし，従来の一般会計とは別個の政治基金を設け，それへの拠出に反対する組合員には拠出義務を免除するという政治基金制度に加えてかかる定期的再検討を課すことは，個々の組合員に対する保護というよりむしろ組合の政治活動に対する制約に思える。しかも，その定期的再検討の投票に政治基金への拠出義務を免除される組合員も参加させなければならないことは，いっそうそのような思いを強くさせる。84年法による組合の政治活動に対するかかる制約は，その不公平さをいっそう増大させる。なぜならば，企業の場合には1967年会社法（Companies Act 1967）19条が，取締役に社員に対する年次報告で政治的寄付の詳細を開示することを要求するにすぎないからである。84年法による改正前の政治基金制度に基づく政治活動に対する制限に

相当する制限すらも企業には課せられていないわけであるので，現行の組合の政治活動に対する規制がいかに組合にとって不公平なものであるかは明らかである。したがって，企業の政治活動を放置したままの84年法による組合の政治活動に対する規制の強化は，組合民主主義の確立に名を借りた政府・保守党の党利党略にほかならないといっても過言ではないと思える[2]。緊急の政治課題は，むしろ企業の政治活動に対する規制であろう[3]。

　第4に，イギリスの労働組合における民主主義は，84年法による介入を必要とするほど危機的状況にあるといいきることには疑問を禁じえない。もちろん，支部会合の低い参加率に見られるように組合活動に対する無関心層の問題等組合民主主義に残された改題は決して少なくはない。しかし，それらの課題を解決しなければならないのは労働組合自身であって政府ではないはずである。政府は，立法介入の根拠として80年雇用法に基づく秘密投票費用の払戻制度の利用が低調であるのは組合側の民主主義の確立に向けての努力の欠如を表していることを指摘した[4]が，TUCによる払戻制度のボイコットは政府の労使関係立法への反対行動の一環として行われたものでもあるので，それから組合が民主主義に関して無関心であるとはいいきれないと思える。組合員は最終的にはコモンロー上の救済を受ける権利を保障されており，政治基金制度の運用に関しては認証官による救済も利用することができる。こうした救済方法では組合員の権利を守ることができないほど組合員に対する権利侵害が組合内において深刻化していることを示す証拠はない。そうだとすれば，組合による民主主義の確立に向けての自主的努力を援助するというよりむしろ組合の自主性に対する侵害の程度が高いといわざるをえない84年法は，団結自治に対する不当な介入であるといえるであろう。

1）　1980年のTUC加盟組合108組合（1217万2508人）のうち103組合（1212万7205人）の規約の調査によると，1組合を除いて執行委員会は定期的に選挙されていた。任期の長さによる組合数を見ると，1年が最も多くて46組合と半数近くを占め，続いて2年が28組合，3年が19組合，5年が5組合，4年が3組合，そして6年が1組合の順であった。Undy and Martin, op.cit., p.60, Table 2.19.

2）　たとえば，1979年の労働党本部の一般会計収入の85％以上が労働組合が支払った加入費で支えられていることから，労働組合の政治基金に対する制約が，労働党に対する財政的攻撃であることは明らかであると思える。Ewing (1982), op.cit., p.139.

3）　企業の政治献金に対する立法的規制は，野党において議論されている。労働党は，85年の大会で政治献金を行う前に株主と協議することを企業に要求する立法の導入を可決して

おり，社会民主党・自由党連合（SPD-Liberals Alliance）も同様な法案に賛同しているといわれる。　I.R.R.R.367, 6 MAY 1986, p.14.
4)　Green Paper（1983），para.2.

第三章　イギリス 1993 年労働組合改革・雇用権利法の成立

はじめに

　1993 年 7 月 1 日にイギリスの 1993 年労働組合改革・雇用権利法（Trade Union Reform and Employment Rights Act 1993，以下，TURERA と表記する）は公布された。同法は，1979 年以降の保守党政権下で制定された主要な労働立法，1980 年，82 年，88 年，89 年および 90 年の雇用法（Employment Act）並びに 1984 年労働組合法（Trade Union Act）に続く 7 番目の労働立法である。同法の内容は，集団的労働関係法の分野では先行する 1991 年の緑書 Industrial Relations in the 1990s[1] の提案を，そして個別的労働関係法の分野では 1992 年法の白書 People, Jobs and Opportunities[2] の提案をそれぞれ具体化したものであるが，提案のすべてを含むわけではなく，提案されたが具体化されなかったものがある反面，その後の情勢の進展を踏まえて付け加えられたものも含んでいる。同法は，4 部 55 条からなる本則と 10 の付則によって構成される。そのうち労働組合の内部問題等と争議行為を扱う第一部並びに賃金審議会の廃止等を内容とする第 3 部は，保守党政府の 80 年代の労働組合に対する立法的介入政策のいっそうの強化並びに労働市場における規制緩和政策のいっそうの促進を内容とする点においてポスト・サッチャーにおけるサッチャリズムの継続とみることができる。他方，同法の第 2 部は，労働者保護の面において EC（欧州共同体）指令に抵触する国内法の諸規定を改正することによって労働者の雇用上の諸権利をある程度拡大する側面をもっている。この点からみると，第 2 部はポスト・サッチャーにおけるイギリス雇用法制上の外圧によるサッチャリズムの後退とみることができる。

　このように同法は労働団体法の面における団結体の集団的権利の抑圧ないし否認を 1 つの柱とする一方で，労働者保護法の面において労働者個人の雇用上の諸権利の拡大をもう 1 つの柱とする複合的な性質を有しているとみることができる。同法がそのような複合的な性質をもたざるを得なくなったことは，ポ

スト・サッチャーにおけるイギリス労働法をめぐるイギリスの国内事情並びに国際関係，とりわけ EC ないし EU（欧州連合）との関係調整の推移を微妙に反映した結果であると考えられ，非常に興味深い問題である。しかし，同法の成立の背景と制定経過の検討は別の機会に譲ることにして，とりあえず以下では，同法の規定の内容を条文に即して紹介することを試みる[3]。

---

1) Cm 1602.
2) Cm 1810.
3) TURERA の概要を紹介し，解説する文献には以下のものがある。

　Guidance Note, Trade Union Reform and Employment Rights Act 1: Trade Unions and Industrial Action, IRLB 479, August 1993 ,pp.2-8; Guidance Note,Trade Union Reform and Employment Rights Act 2: Employment Rights, IRLB 480, September 1993, pp.2-10; The Trade Union Reform and Employment Rights Act 1993: a section by section guide, Employment Gazette, August 1993, pp.345-356; John Bowers, Damian Brown and Stephen Gibbons, Trade Union Reform and Employment Rights Act 1993: A Practical Guide, 1993, Longman.

　また，Industrial Law Journal, Vol.22, No.3, September 1993 は，TURERA の特集を組んで，以下の論文を掲載している。

　K.D.Ewing, Swimming with the Tide: Employment Protection and the Implementation of European Labour Law, ibid., pp.165-180; Bob Simpson, Individualism versus Collectivism: an Evaluation of Section 14 of the Trade Union Reform and Employment Rights Act 1993, ibid., pp.181-193; Gillian S.Morris, Industrial Action: Public and Private Interests, ibid., pp.194-210.

一　TURERA 第一部

　TURERA の第一部の規定のほとんどは（7，8，9および14条を除いて）1993年8月30日に施行された。

1　組合選挙と投票

　イギリスの集団的労働関係を規律する現行法である1992年労働組合・労働関係（統合）法（Trade Union and Labour Relations（Consolidation）Act 1992，以下，TULRCA と表記する）49条は，労働組合の執行部選挙を監督するために組合が適格の独立した開票立会人（scrutineer）を任命することを要求し，同人が遂行しなければならない任務を詳細に規定する[1]。たとえば，開票立会人は，投票用紙の作成並びに配布を監督し，同人が不満足であるいかなることも記述する，選挙に関する詳細な報告を行い，そして選挙結果が通知されてから最低1年間はすべての投票された投票用紙を保管しなければならない。

　開票立会人がその任務を遂行する前に，労働組合は合理的に実効可能な限り全組合員に開票立会人の名前を個別的に伝えるかまたは組合の慣行に沿ったその他の方法でその名前を組合員に通知しなければならない。さらに，開票立会人の名前は投票用紙にも記されなければならない（同法51条）。労働組合は，開票立会人がその任務を適正に遂行することを保障しなければならない。そしてそのためには，組合はその任務の遂行に関係する開票立会人からのいかなる合理的な要請にも従わなければならない。

（1）　開票立会人の組合員登録簿を検査する任務

　TURERA の1条は労働組合の執行部選挙に関する開票立会人の任務を規定する TULRCA の49条を修正して新たな開票立会人の任務を追加する。その結果，労働組合は組合員の名前と住所の登録簿の写しをそれが個々の選挙にあてはまるように開票立会人に提供しなければならなくなる。その場合に，組合は印刷した写しを提供するかまたは開票立会人が選択する場合には，同人が写しの保管を維持することを要求される期間中のいつでもそれを読むためにコンピューターの使用を同人に認めて，コンピューター・データの写しを提供する

ことになる。

　開票立会人は登録簿を検査しまたは組合によって提供されたそれの写しを検討することが適切であると見える場合は，常にそうすることを要求される。そしてとくに登録簿が正確でなくて旧い，または旧かったと疑う組合員または選挙の候補者によってそうすることを要請される場合にも同様である。ただし，後者の場合には開票立会人がその疑いが十分な根拠がないと考える場合にはそうではない。また開票立会人は，同人が投票された投票用紙を保管するのと同じ方法で登録簿の写しを保管しなければならない。

　さらに TURERA の 1 条は，開票立会人の報告の内容，公表および配布を規制する TULRCA の 52 条に要件を追加する。その結果，開票立会人の報告は，同人が組合員登録簿を検査または検討したか否か，これが組合員または候補者の要請に対する対応であったか否か，同人がそのような要請を却下したか否か，そして検討または検査が，登録簿が最新で正確であることを保障するうえで検討または検査を援助するために組合の注意が注がれるべきであった問題を示したか否かを述べなければならない。

(2) 「独立した者」の任命

　TURERA の 2 条は，執行部選挙の投票手続を規定する TULRCA の 51 条の次に新たに 51 A 条を付け加える。同条は，投票用紙の保管並びに配布，投票の計算は組合によって任命された 1 人または複数の「独立した者」によって引き受けられなければならない，と規定する。「独立した者」とは開票立会人または同人の任務を完璧に遂行すると組合が考え，その独立性が合理的に疑問とすることができない別の者である。

　独立した者の任務は，制定法規の違反または不公正もしくは不正行為の発生の危険を最小限にすることである。任命された者が開票立会人ではない場合には，同人は計算の後合理的に実行可能な限り迅速に投票用紙を開票立会人に送り返さなければならない。

　独立した者の名前は開票立会人の報告に含まれなければならない。そして報告は開票立会人がその者の任務遂行に満足したか否かを述べなければならない。開票立会人が独立した者の任務遂行に不満足であるならば，報告はその理由を述べなければならない。

(3) 政治基金投票

TURERAの3条は，同法の付則1が発効することを規定する。付則1は，前記の改正された執行部選挙に適用される投票要件を労働組合の政治基金投票に関しても適用する。その結果，TULRCAの74条ないし78条の規定に改正された投票要件が付け加わる。

(4) 合同投票

労働組合の合同またはある組合から別の組合への組織の譲渡に関してはTULRCAの97条ないし106条が規定するが，TURERAの4条は100条を全文改正する。旧い100条は，組合規約の規定内容にかかわらず，投票者の単純多数が合同等の決議を可決するのに十分であると規定した。これに対して新しい100条は，組合の規約がもっと多くの多数決または組合員の特定の比率による承認を要求しない限り投票者の単純多数が決議を可決するのに十分である，と規定する。

さらに100A条ないしE条が挿入され，それらの規定の下では合同並びに譲渡投票は完全に郵便で行われなければならなくなり（投票用紙の配布と投票の双方とも郵便で行う），投票手続は，独立した開票立会人に関する要件を含むその他の労働組合投票に適用されるものと同様な制定法上の規制に服することになる。

とくに新しい100C条5項は，住所を記載した封筒，投票用紙の投票に関する指示およびTULRCAの99条の下で要求されるような附属の通知を除いて投票用紙にいかなる文書も添付することを禁止する。TULRCAの99条は，合同または譲渡の提案文書の完全な詳細を記述する，または提案の効果について組合員が合理的な判断を形成することができるのに十分な程度に提案の詳細を与える書面通知を投票の最低7日前に組合員に送付することを労働組合に要求する。

TURERAの5条は，99条に追加の要件を付け加える。その結果，組合は「提案された合同または譲渡について助言を行うまたは意見を表明するいかなる陳述も」その通知に含めてはならない（99条3A項）。要するに，組合は投票に影響を及ぼすかもしれないいかなるものも投票用紙と一緒に送付することを禁止される。

(5) 組合員登録簿の機密性の保持

TURERA の 6 条は新たに 24 A 条を TULRCA に挿入し，執行部選挙，政治基金投票または合同投票を監視するために任命された開票立会人または独立した者に組合員の名前と住所の登録簿の機密性を保持する任務を課すことを労働組合に要求する。同条によって労働組合は，開票立会人または独立した者が登録簿からいかなる名前または住所をも開示しないように努め，そしてそのような開示を阻止するためにあらゆる合理的な措置を講じなければならない。しかしながら，組合員が要請する場合，認証官（Certification officer）が同人の制定法上の任務に従って要請する場合，開票立会人または独立した者が同人らの任務を遂行するために要求する場合，または刑事捜査のために要求される場合には，開示は許される。

この任務の違反に対しては認証官への不服申立とそれと並んで，またはそれに代えて裁判所の宣言的判決を求める申立を起こすことができる（TULRCA の 25 条および 26 条）。

(6) 投票費用の償還と使用者施設の利用の廃止

TURERA の 7 条 1 項は，雇用大臣に特定の労働組合投票に公的資金を提供する制度を設置する権限を与える TULRCA の 115 条を廃止する。この制度の下で 1991 年に認証官は，72 組合の 698 の投票に対して総額 408 万ポンド余りを支給したが[2]，政府は投票費用の償還の公的負担は限界にきていると判断して，1992 年法 12 月に現行制度を 3 年間で段階的に廃止することをすでに通告していた[3]。それによると，1993／94 年で公的基金は各適格請求の 75％しか満たさなくなり，1994／95 年にはそれの 50％，そして 1995／96 年にはそれの 25％しか満たさなくなる。そして同制度は 1996 年 3 月 31 日までしか存続しないことが予定されていた。

同項は同時に，特定の要件の下で投票目的のために使用者の施設を利用することを承認労働組合に認めることを使用者に義務づける TULRCA の 116 条も廃止する。同条の適用を受ける投票は 115 条が規定する秘密投票の要件を満たさなければならないので，115 条の廃止によって同条の存在する意義も失われる，と政府は説明する[4]。しかし，同条の下で労働組合は郵便投票を制定法上義務づけられない問題に関して——たとえば，雇用条件に関する使用者の提案

の承諾または拒否に関する投票，労働組合が争議行為を終結するべきか否かに関する投票，組合規約の下で実施される組合役員選挙，そして組合規約の改正に関する投票等――職場投票を実施することが容易であったが，同条の廃止によって労働組合はこれらの問題に関しても郵便投票を実施せざるを得ない状況に追い込まれるように見える。保守党政府が組合民主主義を保障する1つの重要な手段として郵便投票を一貫して強調してきた経緯からみると，投票のための使用者の便宜供与義務を廃止する意図が，郵便投票を義務づけられない問題に関しても郵便投票を実施することを労働組合に奨励することであることは明かであるように見える。

前記の廃止の双方は1996年4月1日に施行された。

2　組合の財政問題

労働組合の財政問題はTULRCAの28条ないし45条によって広範に規制されている。たとえば，組合はその取引，資産および負債に関する適正な会計記録を保管しなければならない。そして組合はその会計記録，現金保有およびすべての領収証と送金証の管理のための十全のシステムを確立して維持しなければならない。これらの記録はどの組合員による検査にも利用できなければならない。そして組合員が彼らの制定法上の権利を否定される場合には組合員は救済の権利をもつ。また組合は，その会計を監査する監査役を任命しなければならない。そして監査役の資格，任命，解任並びに権利義務は制定法によって規定される。さらに，組合は年次報告を認証官に提出しなければならない。制定法上の義務のいずれかを履行することを拒否するまたは「故意に怠る」組合は，認証官によって提起される訴追手続の結果，刑事責任を問われることにもなりうる。

(1)　認証官に対する年次報告の情報の追加

労働組合はそれの内部運営事項に関して年次報告を認証官に提出する義務を負っている（TULRCA 32条1項）。報告の内容には，収入会計，貸借対照表並びに監査役の報告，会計に関するその他のいかなる文書並びに認証官によって要求される追加の明細書，および組合規約の写しが含まれなければならない（同32条3項）。TURERAの8条はこれらの項目に加えて，執行委員，組合長およ

び書記長に支給された給与並びに給付の細目，組合員登録簿上の名前の数，そして住所が付されていない名前の数を付け加える。

(2) 組合員に対する年次報告

TURERA の 9 条は，TULRCA に新たに 32A 条を挿入する。同条は，認証官に年次報告を送付して 8 週間以内に各組合員に年次報告を提供するためのあらゆる合理的な措置を講じることを組合に要求する。その報告は，認証官に対する年次報告が対象とする年度の総収入と支出並びに組合員が支払った収入の額，政治基金の総収入と支出，当該年度に執行委員，組合長および書記長に支給された給与並びに給付，認証官に対する年次報告に含まれた会計監査役の名前と住所並びに彼らの報告の完全な写しを記載しなければならない。さらに報告は，「認証官に対する年次報告が関係する期間の組合の財政活動について情報を得て判断する上で組合員に重大な援助を与えることになると組合が考えるいかなるその他の事項」も含むことができる。

また，その報告は，組合員が組合の財政執行上の何らかの異常について関心をもつ場合に彼らが講じることができる措置が何かを彼らに告げる以下の宣言を含まなければならない。「何らかの異常が組合の財政執行上起きそうであるまたは起きていることに関心をもつ組合員は，財政執行を追加して調査し，明確化し，必要ならば正常化を保障するための措置を講じることができる。組合員は適宜，組合役員，組合財産の受託人，組合の監査役，認証官または警察に対して右のような関心を上申することができる。組合員が組合の財政が法または組合規約に違反して執行されたまたは執行されていると考えて，組合または有責役員もしくは受託人に対して民事訴訟を提起することを計画する場合には，労働組合員の権利のためのコミッショナーからの重要な援助を申請することができ，そしてとにかく独立した法的助言を得ることを考えるべきである。」(32 条 6 項 a 号)

その報告は，個別的に組合員に送付することができるし，またはそれを組合新聞に掲載するように組合員に対する情報伝達の組合の慣行に沿ったその他の方法によって提供することができる。組合員に提供された報告の写しは，組合員に提供された後合理的に実行可能な限り迅速に認証官にも送付されなければならない。組合員が認証官に対する年次報告を送付した日から 2 年以内に組合

員に対する年次報告の写しを要求する場合には，その写しは無料で提供されなければならない。

TURERA の 8 条と 9 条は 1994 年 1 月 1 日に施行された。

(3) 組合財政の検査

認証官は組合会計と財政に関する監督権限をすでにもっているが，それは年次報告に関する追加の文書並びに明細書を作成することを組合に対して命ずる権限であり，それ以外に認証官は組合財政を検査する独立した権限をもたなかった。

この問題に関して TURERA の 10 条は TULRCA に新たに 37 A 条ないし E 条を挿入して認証官の権限を拡大する。まず，37A 条はそれを行う十分な理由があると見える場合はいつでも，認証官（または同人によって授権される者）は組合の財政事項に関する所定の文書を作成することを組合に命令することができると規定する。認証官は文書の写しをとり，それらについての説明を要求することができる。そして文書が作成されない場合には，それらの所在に関する情報を要求することができる。

さらに 37 B 条は，認証官が労働組合の財政事項を検査してそれらに関して報告する 1 人または複数の検査官（inspector）を任命することができると規定する。しかしながら，何らかの詐欺またはその他の違法な非行があったこと，または組合がその法定の義務のいずれかを履行しなかったこと，もしくは組合が財政事項に関するそれ自体の規約の規定を順守しなかったことが認証官に明らかになる場合にのみ認証官は検査官を任命することができる。労働組合の役員並びに代理人，および関係する情報を保有するかもしれないその他のいかなる者も，検査官の要請に従わなければならず，検査官に対してあらゆる合理的な援助を与えなければならない。刑事犯罪が行われたことを示す事項が露見してその事項が適切な訴追機関に委ねられたことが明らかになる場合には，認証官は検査を止めることができる。

37C 条は検査官による報告を規制する。認証官は検査官によって行われた最終報告を公表して，関係労働組合，監査役（要請に基づいて 3 年以内）および検査の契機となった不服申立を行った組合員（その報告が当該申立に関係する認定を含み，そして組合員が 3 年以内に報告の写しを要求する場合）に対して

報告の写しを提供しなければならない。同条の下で行われた報告はいかなる訴訟においても証拠として認められる。

37 D 条は，有罪宣告が下された場合の検査費用の補償を規定し，そして 37 E 条は，認証官が検査の開始を検討しなければならない場合を掲げる。

(4) 犯罪と処罰

TULRCA の 45 条 1 項は，同法の 27 条ないし 42 条の下で課される義務（規約の写しを要求する何人にもそれを提供する義務，会計記録を保管しそれを検査に利用できるようにする義務，年次報告を提出し監査役を任命する義務，そして組合員の年金制度に関する義務）のいずれかを履行することを労働組合が拒否するまたは故意に怠ることは犯罪であると規定する。そして同法の 45 条 4 項によると，その意図が文書を改ざんすることまたは法規を免れることである場合には，これらの規定の下で要求される文書を故意に変更することまたは変更を引き起こすことも犯罪である。

TURERA の 11 条は，認証官の新しい検査並びに調査の権限が付け加えられたことを受けて右の規定に新しい規定を付け加える。TULRCA の 45 条 5 項は改正されて，6 項ないし 9 項が新たに付け加えられる。その結果，37 A 条および 37 B 条の下で課せられる義務または要件に違反すること（45 条 5 項），組合の財政事項に関する文書を破壊する，切り取るまたは改ざんすること（情報を隠すまたは法を無効にする意図がある限り）（同 7 項），そのような文書中の何かを不正に離し，変更または削除すること（同 8 項）あるいは 37 A 条または 37 B 条を順守することを意図した虚偽の説明または報告を故意または不注意に提供するまたは行うこと（同 9 項）は犯罪である。

また 11 条は新しい 45 A 条を挿入し，45 条で規定されるすべての犯罪に関する処罰を規定する。同条 1 項または 5 項の下の有罪宣告は 5000 ポンド以下の罰金を受けることになり，4，7，8 または 9 項の下の有罪宣告は 6 か月以下の収監，5000 ポンド以下の罰金ないしその両者を科されることになる。

TULRCA の 32 条 1 項によって課される認証官に対して年次報告を提出する義務に違反する犯罪に関する訴追手続は，犯罪が行われて 3 年後まで提起することができる。その他の犯罪に関する訴追期限は，犯罪が行われてから 6 か月，またはそれ以降犯罪が行われてから 3 年以内に認証官が訴追を正当化するのに

十分であると考える証拠を知ってから12か月である。

　TURERA の12条は，TULRCA に新たに45 B 条を挿入し，前記の犯罪の有罪宣告を受けた者の役職の欠格を規定する。労働組合は有罪宣告を受けた者が執行委員，執行委員が就任する何らかの地位，組合長または書記長の地位を45条1項または5項に違反する場合には5年間，45条4，7，8または9項に違反する場合には10年間保有しないことを保障しなければならない。ただし，組合長または書記長の役職が議決権をもつ執行委員または組合の専従者ではなく，組合規約の下で役員の任期が就任後13か月以内に終了しなければならなくて，そしてその役員が就任する前の12か月間組合長または書記長の地位を保有しなかった場合には，組合長または書記長の地位はその禁止の対象とはならない。

　同じく12条によって挿入された TULRCA の45 C 条は，45 B 条の違反に対する救済措置を規定する。組合員は45 B 条の規定が順守されないことについて認証官に，そしてそれと並んでまたはそれに代えて裁判所に申し立てることができる。救済措置は宣言，並びに裁判所の場合にはそれに加えて労働組合がその不遵守を是正するための措置を講じることの命令である。そのような命令が組合によって無視される場合には，命令の当時組合員であった何人もそれの強行を求めることができる。

3　解雇以外の不利益取扱い

　TULRCA の146条は次に掲げるように組合活動等を理由に被用者個人に対して使用者が解雇以外の不利益取扱いを行うことを違法とする。すなわち，
　　被用者が組合員であるまたは組合員になることを求めることを妨害または抑制すること，もしくはそうすることを理由に被用者を懲戒処分すること。
　　被用者が適切な時間に組合活動に参加することを妨害または抑制すること，もしくはそうすることを理由に被用者を懲戒処分すること。
　　被用者に組合員であることまたは組合員になることを強制すること。
　同法の148条1項は，被用者が146条の違反について労働審判所に不服申し立てる場合に，被用者に対して行われた不利益取扱いの目的を証明するのは使用者である，と規定する。

　これらの規定に関して控訴院は，TURER の法案が審議されている間に注目すべき判決を下した。すなわち，1993年4月30日の Palmer and another v

Associated British Ports 並びに Wilson v Associated Newspapers Ltd[5] の両事件において控訴院は，使用者が提案した「個人的な契約」——団体交渉を経ない雇用条件の個別交渉——を承諾することを拒否して従来通り団体交渉によって雇用条件を決定する方法を選択した一定の組合員らが使用者の提案を承諾した被用者に与えられた賃上げを受けなかったことは違法な不利益取扱いである，と判断した。控訴院によると，組合員らの賃金を引き上げなかった使用者の目的は，被用者が組合員であることを理由に懲戒処分することまたは被用者に組合員になることを思いとどまらせることであった。

この判決に対して政府は，控訴院の判決は 146 条の誤った解釈であるとみなして，同判決後直ちに TURER の法案を修正した。この動きに対する広範な批判に直面してウルスウォーター雇用政務次官は，政府の提案は法の本当の範囲を決定するために必要であると弁護した。同人によると，「［146 条の］規定は使用者が組織的または戦略的目的を達成するために行動する場合，並びにその行動が組合員であるまたはそうではない一定の人々に対して否定的な副次的効果をもつことになる場合に適用されることを意図していなかった。かくして 146 条は Associated Newspapers 並びに Associated British Ports の両事件に適用されるべきではなかったと我々には見える。その事実は，法が明かではなく，法がその意図された目的を達成していないことを雄弁に物語る。したがって，我々はこの改正を提出した。」[6]

上にみたような経過から TURERA の 13 条は TULRCA の 148 条を改正し，同条 2 項の後に 3 項ないし 5 項を付け加える。148 条の新設された 3 項は，一定の場合に申立人に対して使用者によって行われた不利益取扱いの目的を決定する際に労働審判所が採用しなければならないアプローチを定める。一定の場合とは以下の場合である。

「(a)使用者の目的が彼の被用者のすべての階層またはいずれかの階層と彼との関係の変更を促進することであったという証拠がある。そして(b)彼の目的が 146 条に該当するものであったという証拠もある。」

そのような場合に審判所は，その目的に関して「その不利益取扱いが合理的な使用者が行うようなものではないと審判所が考えない限り」，使用者の不利益取扱いの目的として雇用関係における意図された変更だけを考慮に入れなければならない。ここでいう被用者の「階層」とは，個々の場所で雇用される人々，

または個々の職級，カテゴリーもしくは種類の人々，あるいは個々の職場で雇用される個々の職級，カテゴリーまたは種類の人々を意味する。

　この新しい規定によって，使用者の不利益取扱いが表面的には146条に違反するように見える場合でも，それが148条3項a号に該当するその不利益取扱いのための別の目的をもつことを使用者が立証することができる場合には，その後者の目的が優先しなければならない。この結果，前記の Palmer 並びに Wilson の両事件において起きたような使用者が労働組合を承認しないことを希望して，さらに個別的な賃金交渉を開始することを希望するようなことを今後使用者は大手を振ってできるようになると予想される。同時にまた，そうした組合否認とは逆に使用者が特定の組合を優遇する場合，たとえば，使用者が唯一組合協定を締結した承認組合の組合員資格を奨励するために財政的誘動を行う場合，または使用者が初めて団体交渉を開始することを希望する場合に，特定の組合に加入する被用者に賃上げその他の利益を提供することもこの規定によって適法とされることが予想される[7]。いずれにしても，新しい規定において示された場合以外に組合活動等を理由とする解雇その他の不利益取扱いに対する保護法制は変更されないとしても，この法改正による組合活動に対する影響は決して小さくはないと考えられる。

4　組合員資格の選択権

(1)　組合員資格の権利

　TURERA の14条は，クローズド・ショップにおいて労働者が組合員資格から不合理に排除または除名されない権利を規定する TULRCA の174条ないし177条を全文改正する。以前の規定はクローズド・ショップの制定法上の承認の最後の痕跡を残していたが[8]，それは廃止されて，複数の労働組合が類似の階層の被用者を組織する場合に被用者が自己の選択する組合に加入する権利が新たに認められる。この法改正のさらなる目的は，TUC の「ブリッドリントン原則」(Bridlington Principles)[9] を弱体化することである。法改正の結果，TUC に加盟する労働組合は組合員志望者の組合員資格が「ブリッドリントン原則」に違反するという理由だけで組合員志望者をもはや排除することができなくなる。

　TULRCA の新しい174条は，排除または除名の理由が次に掲げる同法によって特定されるものではない限り，個人は組合から排除または除名されるこ

とはできないと規定する。

　個人が組合規約中の強行可能な組合員資格要件を満たさない。そのような要件は以下の1または複数に照らしてのみ組合員資格を制限する場合に「強行可能である」。特定される職業，産業または専門職での雇用。職種（職級，水準またはカテゴリーを含む）。または特定される資格の保有もしくは労働経験。

　組合がグレート・ブリテンの特定の部分においてのみ活動することを理由に個人が適格ではないこと。

　組合が1使用者または関連使用者のグループに関してのみ活動して，個人が当該使用者または当該使用者グループの中の1使用者によって雇用されない場合。

　排除または除名は，個人の行為に完全に帰することができる。しかし「行為」は，別の労働組合の組合員であるまたはあることを止める，あるいは組合員であったもしくはあったことを止めたこと，特定の使用者によってまたは特定の場所で雇用されるまたは雇用されることを止める，あるいは雇用されていたもしくは雇用されていたことを止めたこと，または政党員であるまたは政党員であることを止める，あるいは政党員であったもしくはあったことを止めたことを含むことはできない。また，行為はTULRCAの64条および65条の「不当な統制処分」規定によって対象とされるいかなる行為も含むことはできない。

　組合員資格からの排除は，組合員資格が付与されるべきである場合にそれを付与することが合理的に予想される期間の満了までに組合が組合員資格の申請に対して対応しないことを含む（177条2項a号）。除名は，組合規約所定の出来事が発生した場合の組合員資格の停止を含むと定義される（同項b号）。実際にこの定義は，多くの組合規約が規定する組合費の一定期間の未納を理由とする組合員資格の「喪失」の問題に影響して，組合をいっそう多くのトラブルに巻き込むことが予想される。このように組合員資格を「喪失」した個人は，除名としてこれに対抗する権利を有することになり，組合はそれが174条に違反しないことの立証責任を負わされることになる。

(2)　救済措置

　174条の規定に違反して労働組合から除名または排除された何人も労働審判所に不服申し立てることができる（174条5項）。そのような不服申立には6か

月の期限がある。ただし審判所が期限を遵守することが合理的に実効可能ではないと認定する場合はその限りではない。その場合には期限は追加の「合理的な」期間によって延長されることができる（175条）。

　不服申立が認容される場合には審判所はその趣旨の宣言を行わなければならない。申立人がその後組合員にされる場合には，同人は宣言の日の4週間後から6か月が経過する前までに補償を審判所に申請することができる。加入許可または再加入許可が行われない場合には，補償の申請は直接EAT（雇用控訴審判所）に行わなければならない。補償は，申立人の寄与過失を考慮した減額を受けうるが，申立人が自己の損失を軽減する義務を定める規定は削除された。補償の額は最高限度の17150ポンド（1993／94年補償水準）に服して審判所またはEATが「すべての事情において公正かつ公平」と考えるものになる。しかしながら，補償がEATによって決定される場合には，最低裁定額の5000ポンドが新たに設けられ，それ以上が裁定されなければならない（176条）。

　以上の制定法上の権利は既存のコモンロー上の権利に付加される（177条5項）。しかし，制定法の下で特定されるいずれの不服申立も審判所に対して行われなければならない（同条3項）。

　これらの新しい規定は1993年11月30日に施行された。

5　チェック・オフ協定の制限

(1)　授権されていないまたは超過した控除を受けない権利

　TURERAの15条は，被用者が組合員資格を終了した場合に組合費の控除を停止することを使用者に要求する被用者の制定法上の権利を規定したTULRCAの68条を全文改正して，チェック・オフ協定が使用者と労働組合との間にある場合はいつでも授権されていないまたは超過した組合費の控除を労働者が受けない権利を新たに規定する。

　TULRCAの新しい68条の下では，チェック・オフ協定が存在する場合に，「授権」されない限り組合費の控除が労働者の賃金から行われないことを使用者は保障しなければならない。控除は以下の場合にのみ授権される。

　労働者が控除を授権する文書に署名して日付を入れた場合。
　授権が控除の行われる3年以内に与えられた場合。
　そして労働者が自己の授権を文書で取り消さない場合。

68条9項は，労働者が自己の賃金からの控除を授権することはチェック・オフ協定を維持または継続することを労働者に対する使用者の義務としないことを規定する。

(2) 変更の通知

授権されることに付け加えて，控除される額は，チェック・オフ協定の下で設定される額である「許容される額」を超えてはならない。しかしながら，組合費が増額された場合には，その増額と新しい組合費についての最低1か月の書面による「適切な通知」が労働者に与えられるまでは使用者は増加された額を控除することはできない。その通知の内容はさらに，労働者が使用者に対する書面通知によっていつでもチェック・オフを取り消すことができることを労働者に思い起こさせなければならない。

組合費の増額が労働者の賃上げのみを理由とすることができる場合，たとえば，組合費が賃金の固定した比率に基づく場合には右の通知は要求されない。しかし，控除が行われる基準となる比率の数値の変更がある場合には，これは通知されなければならない。

以上の規定は，チェック・オフ協定の当事者間のその他の協定の下で行われる組合費の控除に付け加わるいかなる控除にも等しく適用される（たとえば，ストライキ積立金または政治基金拠出金）。

(3) 救済措置

労働者が新しい68条に違反して控除を受ける場合には，同じく新設された68A条の下で労働者は労働審判所に不服を申し立てることができる。不服申立が認容される場合には，審判所は宣言を行い，使用者に違法な控除の額を払い戻すことを命令する。控除が前記の規定の違反並びにその他の制定法上の権利の違反を含む場合には（たとえば，1986年賃金法（Wages Act 1986）1条1項所定の使用者に対する授権されていない控除の禁止），裁定は損害の最大を表す方について行われる。

(4) 経過措置

これらの新しい規定は1993年8月30日に施行された。しかし，一定の使用

者は同法の要件を遵守する1年の猶予をもつ。使用者がすでにチェック・オフを運用するが，個人の書面による授権のシステムをもたない場合には，被用者が授権を取り消す書面通知を与えない限り，なお控除は1994年8月29日まで授権されたとみなされる。

6　不当な統制処分に対する保護

　TULRCAの64条は，組合員が加入する労働組合によって不当に統制処分されないことを規定する[10]。「不当な統制処分」とは，65条2項に掲げられる一定の行為に関して行われた統制処分である。TURERAの16条はそれらの行為にいくつかの追加の事項を付け加えて，14条および15条に規定される新しい権利を挿入する。その結果，労働組合が次に掲げる行為を理由に組合員を統制処分することは不当になる。

　チェック・オフ協定に同意しないまたは同意を取り消すこと。

　その組合または別の組合を脱退することまたは脱退を申し出ること，別の組合に加入することまたは加入を申し出ること，別の組合に加入することを拒否することまたは別の組合の組合員であること。

　その組合の組合員ではないまたは別の組合の組合員であるもしくは組合員ではない人々と一緒に労働することまたは労働することを申し出ること。

　その組合の組合員以外，または別の組合の組合員もしくはそれ以外を雇用するまたは雇用していた使用者のために労働することまたは労働することを申し出ること。

　組合員によってTULRCAの下で組合が行うことを要求される行為を行うことを要求された場合に組合にそうすることを要求すること。

7　争議行為

　争議行為が使用者または争議行為によって契約上の権利が侵害されうるその他の第三者による不法行為訴訟に曝されることから保護するためのいわゆる「免責」を維持するために，労働組合はTULRCAの第5部（219条ないし246条）の要件を遵守しなければならない。とくに，争議行為に参加することまたは継続することに人を誘致することはいずれも，争議行為がTULRCAの226条ないし234条に完全に従って行われた「投票の支持」をもたない限り，保護

されなくなる。労働組合が投票に関する制定法規定のいずれかを遵守しない場合には，個々の組合員は争議行為または計画された争議行為を禁止する命令を求めて裁判所に申し立てることもできる（TULRCA 62 条）。

こうした従来の争議行為の免責要件に加えて，TURERA は一般市民が争議行為によって不利に影響を受けるまたは受けるかもしれない場合に違法な争議行為に対抗する「市民の権利」を導入する（TULRCA の新しい 235 A 条）。

(1) 完全郵便投票の義務化

TULRCA の 230 条 1 項は，争議行為投票に投票権をもつ組合員は干渉または制限を受けないで投票を認められなければならない，そして合理的実行可能な限り，かつ直接的な費用の負担をせずに投票することができる，と規定する。TURERA の 17 条は，230 条の 2 項と 3 項を廃止して新しい 2 項を挿入する。同項によると，合理的に実行可能な限り投票権をもつすべての組合員には同人の登録された住所に投票用紙が送付されて，郵便で投票する便宜的機会が与えられなければならない。（新しい 230 条 2 A 条ないし 2 C 条は，特別な規定を商船員のためにおく。）その結果，職場投票または「半郵便」投票（投票用紙が職場またはそれより便利な場所で配布されて，投票は郵便で行われる）は，使用者または契約上の権利をもつその他の第三者，組合員もしくは個々の市民による訴訟に対する「免責」を享受しなくなる。

(2) 使用者に対する投票の情報

TURERA の 18 条並びに 19 条は，それぞれ TULRCA に新たに 226 A 条と 231 A 条を挿入する。その結果，労働組合が各条を遵守しない限り，争議行為は争議行為によって影響を受けることになる契約の当事者である使用者による訴訟または個々の市民による訴訟から保護されなくなる。

① 投票の前

226 A 条は，投票の最低 7 日前に「投票に投票権をもつ者の使用者であると（a 項を遵守するための措置［＝通知］が講じることが可能である直近のときに）組合が考えることが合理的である各人によって」通知が受け取られることを「保障するために合理的に必要である措置を講じなければならない」と規定

する（1項a号）。この通知は次に掲げることを書面で行わなければならない（2項）。

　組合が投票を実施する意思をもつことを述べる。

　投票の開始日と組合が合理的に考える日を特定する。

　投票に投票権をもつと組合が合理的に考える被用者を指示する（その結果使用者が彼らを容易に識別することができる）。

　以上に加えて，組合は投票が開始する最低3日前に同じ使用者が投票用紙の見本を受け取ることを「保障するために合理的に必要な措置を講じ」なければならない（1項b号，3項）。

② 投票の後

　231A条は，投票の実施後合理的に実行可能な限り迅速に，投票権を有する者全員に送付されることを現在要求されているのと同じ情報を各関係使用者が提供されることを保障するために合理的に必要な措置を講じなければならないことを労働組合に対して要求する。231条によると，その情報は，投票総数，「賛成」票数，「反対」票数および無効票数についてである。

(3) 投票の独立した検査

① 開票立会人の任命

　TURERAの20条は，TULRCAに幾つかの規定を追加することによって争議行為投票をその他の組合投票に適用されるのと同じ詳細な検査に服させる。その結果，20条によって挿入されたTULRCAの226B条は，使用者並びに契約上の権利を有するその他の第三者，組合員または個々の市民による訴訟に対する免責を維持するために，労働組合は適格な独立した開票立会人を任命し，同人が干渉されないでその任務を遂行することを保障し，そして同人によるあらゆる合理的な要請に従わなければならない，と規定する。

　開票立会人は合理的に実行可能な限り迅速に，しかしともかく投票から4週間以内に投票に関する報告を準備しなければならない（226B条1項b号）。報告の内容については，同じく20条によってTULRCAに挿入された231B条が規定する。同条によると報告は，同法の要件が遵守されなかったことを考えるのに合理的な理由がないこと，投票用紙の作成，保管，配布，投票および開票

の手配があらゆる不公正または不正行為の危険を最小限にするためのすべての実行可能な保障措置を含んだこと，そして開票立会人が干渉されないでその任務を遂行することができたことを開票立会人が確信するか否かを述べなければならない（同条1項）。

　組合は，要請があれば投票日から6か月以内にその投票に投票権をもったあらゆる組合員またはそのような者の使用者に開票立会人の報告の写しを提供しなければならない。その写しは，実行可能な限り迅速に提供されて無料または合理的な料金で提供されなければならない（同2項）。

　② 投票用紙

　TULRCAの229条は，争議行為投票の投票用紙がどのような言葉遣いをしなければならないかをすでに規定していて，そして投票用紙が含まなければならないその他の細目についても規定する。TURERAの20条は新たに229条1A項を挿入して229条を拡大する。その結果，投票用紙は開票立会人の名前，返送先住所，そして投票が行われなければならない日付をも記載しなければならない。さらに，投票用紙には連続した番号が記されなければならない。

　③ 小規模投票に対する免除

　右にみたように，争議行為投票にも詳細な検査要件が課されることになったが。しかし，独立した検査に関する前記の規定，すなわち226B条，229条1A項a号および231B条は，投票権をもつ組合員の数が50人以下である場合には適用されない（TURERAの20条によって挿入されたTULRCAの226C条）。

　(4)　争議行為の通知

　TURERAの21条は，TULRCAに新たに234A条を挿入し，使用者に対する争議行為の通知を新たに使用者または個々の市民による訴訟に対する免責の要件とする。その結果，免責を維持するために，争議行為を行うことを呼びかけられることになる被用者の使用者が争議行為の書面による通知を受け取ることを保障するためのあらゆる合理的に必要な措置を労働組合は講じなければならない。投票結果が伝えられた後で，しかし争議行為が開始される最低7日前にこの通知は使用者によって受け取られなければならない。

通知は次に掲げる情報を書面で伝えなければならない。

組合が争議行為に参加するまたは継続することを呼びかけることを意図するその使用者の被用者についての記述（使用者が彼らを容易に識別することを可能にする）。

争議行為が継続されるまたは継続されないこと（すなわち，争議行為を行う機会がある数日間のみ行うのか）を意図するのか。

継続的争議行為の場合に，争議行為の開始が意図される日。継続的でない争議行為の場合に，争議行為が行われることを意図される日数。

通知がTULRCA 234 A条の目的のために与えられることの記述。

労働組合は以上の内容をもつ通知を使用者に与えなければならないが，右の通知を与えただけでは争議行為は訴訟に対する免責を維持しない。争議行為に参加することを誘致される者が通知に特定された被用者の1人であり，その被用者が通知に特定された争議行為のみに特定された日数参加する限り，右の通知は訴訟に対する免責を保持することになる。

労働組合によって授権または承認された継続的争議行為が裁判所の命令または裁判所に与えた約束を組合が順守する場合以外で授権または承認されなくなり，そしてその後再び授権または承認される場合には，争議行為が再開される前に組合は使用者に再び新しい通知を与えなければならない。

(5)　「市民の権利」

①　違法な争議行為に対する市民の訴権

TURERAの22条は，次に掲げる場合に高等法院（スコットランドでは高等裁判所）に争議行為差止命令を求めて申し立てる権利を市民に与える235 A条をTULRCAに挿入する。

労働組合またはその他の者が争議行為に参加するまたは継続することに参加することにある者を誘致するために違法な行為を行っているまたは行うおそれがある。そして争議行為の効果またはその予見される効果が，申立を行う個人に供給される物資またはサービスの供給を妨げるまたは遅らせる，あるいは供給される物資またはサービスの質を低下させるまたはそのおそれがある。

上の場合に争議行為に誘致する行為が不法行為で訴えることができる場合，またはその行為が労働組合の行為であるのでTULRCAの62条の下でその行為

に対して組合員が訴権をもつことができる場合には[11]，その行為は違法とみなされる。この行為が制定法上の免責を失って不法行為――一般的に雇用契約違反を誘致することを理由に――として訴えられる場合は次に掲げる場合である。

　その行為が違法なピケッティングを構成する（TULRCA 219 条 3 項）。

　その行為の目的が使用者にクローズド・ショップを強制する（同 222 条）。

　その行為が非公認争議行為への参加を理由に被用者が解雇されたことを理由とする（この場合，被解雇者は不公正解雇の不服申立権をもたない）（同 223 条）。

　その行為が違法な二次的行為を構成する（同 224 条）。

　その行為の目的が使用者に対して組合承認を強制する（同 225 条）。

　その行為が労働組合の行為であり，組合が制定法上の投票要件を順守しない（同 226 条）。

　関係する使用者のいずれかが争議行為投票の結果を通知されない（同 231 A 条）。

　さらに 235 A 条の下では，市民個人が裁判所に申し立てることができる否かを判断する際に，「当該個人が問題の物資またはサービスを供給される権利を有するか否かは重要ではない。」したがって，同条によって認められる権利は，まったく新しい種類の「共同体の構成員としての市民の権利」と考えられる。すなわち，企業が経営方針の変更，資金の不足またはロックアウト等を理由に物資またはサービスの供給に停廃を招く場合には消費者または利用者としての市民は私法上の救済措置をもたないにもかかわらず，その停廃が違法な争議行為を理由とする場合には市民にはそのような救済措置が与えられることになる。

　このような市民の権利は，当初 1991 年の白書 The Citizen's Charter[12] において提案され，それを受けて同年の前記の緑書においても提案されていた。右の白書並びに緑書においては，市民が訴訟を提起できる争議行為は，清掃，保健・教育，社会保障，公共輸送等の地方当局が提供するサービスと電気，ガス，水道，電信・電話等の公益事業における争議行為に限定されていた。しかし，政府はこれらのサービスが民間部門に移った場合に訴権が失われることやサービス供給を公的部門と民間部門とに分離する場合に生じる変則ないし分断を回避することを理由に公的部門のサービスに対する限定を撤廃した[13]。その結果，市民の訴権は，あらゆる産業ないし企業における争議行為を対象とする。

②　救済措置

裁判所は，上記の請求を認容する場合には，違法な行為を禁止する命令を下さなければならない（同条4項）。裁判所は適切と考える場合に，請求の完全な決定を未決にしたまま，中間的（スコットランドにおいては仮の）救済を与えることができる（同5項）。

同じく22条によって挿入される235B条は，235A条の下で訴訟を起こすことを希望する個人を援助するために，「違法争議行為に対する保護のためのコミッショナー」(Commissioner for Protection Against Unlawful Industrial Action) を新たに設置する。このコミッショナーの任務は，法的助言と代表のための手配を行なったり，それらのために資金を提供することである。コミッショナーは訴訟の当事者にはならない。現在，このコミッショナーが提供する便宜は労働組合による違法な行為に関して提起された訴訟に関係してのみ利用することができるが，雇用大臣はコミッショナーの付託事項を労働組合以外の者の行為に関係する訴訟に拡大する命令を下すことができる（235B条2項）。

援助を与えるか否かを決定する際にコミッショナーは，事件が複雑なのでそれを処理する申立人は援助されないと予想することが不合理であるか否か，そして事件が実質的な公益問題を含むか否かを考慮に入れることができる（同条3項）。

③　補足規定

235C条は，235B条を補足する規定を定める。同条は，援助が与えられる場合にコミッショナーは裁判所の判決または命令から生じるあらゆる費用または支出を請求人に対して補償しなければならないことを規定する。またコミッショナーは，問題の和解から生じるあらゆる費用または支出，あるいは中間的または仮の手続の間の裁判所に対する約束に従って支払われる損害賠償を請求人に対して補償することができる。

新設されたコミッショナーは，既設の労働組合員の権利のためのコミッショナー (Commissioner for the Rights of Trade Union Members) が任命されて兼務することとなった。

(6) 開票立会人の適格条件

開票立会人が，イングランド・ウェールズ・ソリシタ協会またはスコットランド・ソリシタ協会が発行する開業証書を有するソリシタである，あるいは次に掲げる団体のうちの1つが発行する開業証書を有する監査役の資格をもつ会計士である場合。イングランド・ウェールズ勅許会計士協会，スコットランド勅許会計士協会，認許会計士勅許協会およびアイルランド勅許会計士協会。

ただし，これらの者，またはその現在のパートナが，過去12か月以内に，投票または選挙を実施しようとする労働組合の組合員，役員（監査役を除く）または専従者であった，あるいは開票立会人として行動する際にその組合の組合員，役員または専従者に援助を受けたことを知った場合には，同人は失格となる。

---

1) The Trade Union Ballots and Elections (Independent Scrutineer Qualifications) Order 1988 (SI No.2117); The Trade Union Ballots and Elections (Independent Scrutineer Qualifications) (Amendment) Order 1989 (SI No.31).
2) Annual Report of the Certification Officer 1991, pp.21-22.
3) Hansard (HC) 10.12.92 Cols.797-798.
4) Employment Gazette, August 1993, p.347.
5) [1993] IRLR336.
6) Hansard (HL) 24.5.93 Col.23.
7) デビッド・ハント雇用大臣は同旨の発言を議会において行った。Hansard (HC) 15.6.93 Col.749.
8) すでに，入職後加入クローズド・ショップにおける解雇は，1988年雇用法によって不公正とされ（現行のTULRCAの152条），入職前加入クローズド・ショップにおける雇入れの拒否も1990年雇用法によって（TULRCAの137条）違法とされており，解雇された被用者または雇入れを拒否された者はそれぞれ労働審判所に対して不服申立を行う権利を有する。TULRCAの改正される前の174条は，1980年雇用法4条を受け継いで，クローズド・ショップ協定の下で労働者が協定締結組合の組合員資格から不合理に排除または除名されない権利を規定していた。
9) ブリッドリントン原則は，TUCに加盟する組合間での縄張り争いや労働者の組合加入をめぐる紛争を防止し，解決するための準則および手続を定めるTUCの内規である。拙稿「団結権の保障と団結選択の自由—イギリスの事例—」島大法学33巻4号（1990年）33頁以下参照。
10) 組合員が労働組合によって不当に統制処分をされない権利の保障は，1988年雇用法によって導入された。拙稿「イギリスにおける労働組合の統制処分と組合員の救済（2）・（完）」島大法学33巻2号（1989年）130頁以下参照。
11) 組合員は，組合が法定の投票の支持要件を満たさない争議行為に誘致する場合には，争議行為の差止命令を求めて裁判所に申し立てることができる。
12) Cm 1599.
13) Hansard (HL) 25.3.93 Cols.488-9.

二 TURERA 第 2 部

1 出産の権利

　妊娠または出産を理由に欠勤する女性労働者に関して改正前の EPCA（1978年雇用保護統合法）は，その 33 条ないし 48 条において次のように規定していた。すなわち，同じ使用者のために 2 年間週 16 時間以上，または 5 年間週 8 時間以上 16 時間未満労働している女性は一定の条件が満たされる限り，妊娠または出産後復職する権利を有する。さらに，EPCA 60 条は解雇の理由または主たる理由が被用者の妊娠または彼女の妊娠に関係する場合には，(一定の所定の場合を除いて) 解雇を自動的に不公正とする。しかし，この不公正解雇に対する権利を有する被用者は，上の勤続条件を満たす者に限られる。

　「妊娠した労働者」に関する EC 指令[1]は，主に以下の内容を実行することを加盟各国に要求する。危険の影響評価の導入と労働者代表に対する使用者による情報の提供（4 条），安全衛生に対する危険または妊娠もしくは母乳に対する影響に対処するために必要な場合の労働時間その他の労働条件の調整（5 条），夜業の禁止（7 条），14 週の出産休暇（8 条），出生前検査のためのタイム・オフ（9 条），解雇に対する保護（10 条），および出産休暇中の所得保障（11 条）。そこで，TURERA は同指令を遵守するために，改正前の出産の権利に関する EPCA の規定を全面的に改正する。その結果，出産休暇の権利と妊娠に関係する解雇に対する保護は，勤続期間または労働時間と無関係にすべての女性被用者に提供される。

　もっとも，この EPCA の改正は EC の指令で要求される内容をすべて実行するわけではない。たとえば，同指令の 4 条の内容は，1992 年法労働安全衛生管理規則（Management of Health and Safety at Work Regulations 1992）[2]の 3 条および 8 条においてすでに規定されている。また，同 11 条の内容は，1992 年社会保障拠出および給付法（Social Security Contributions and Benefits Act 1992）第 12 部で規定される法定出産給与に関係するので，EPCA には規定されず，この内容の実行は法定出産給与制度の改正問題として処理されることになる。

(1) 出産休暇の権利

TURERA の 23 条は EPCA の新しい 33 条ないし 38 A 条を定め，勤続期間または労働時間と無関係にすべての女性被用者のために出産休暇の一般的権利を提供する。

① MLP

新しい制度の下で，「出産休暇期間」(maternity leave period，以下，MLP と表記する) は，被用者が彼女の MLP の開始予定日として彼女の使用者に通知する日から始まる。それは子どもの誕生予定週の 11 週前の開始より前であることはできない。しかしながら，被用者がそれ以前の日に妊娠または子どもの誕生を理由に全部または一部欠勤し，この日が誕生予定週の 6 週の開始より後である場合には，MLP はその欠勤の最初の日から始まる。したがって，被用者が彼女の子どもの誕生する週の 6 週前以内に妊娠に関係する理由で欠勤する場合には，たとえば，彼女が 1 日の就床安静のために通院することを要求される場合に，たとえ彼女が労働を継続する意思をもつとしても彼女の MLP は発効される。

女性が彼女の MLP が始まる前に出産する場合には，MLP は子どもの誕生日から開始する。

MLP は原則として 14 週またはそれ以降子どもの誕生まで継続する。ただし，この原則には 2 つの例外がある。第 1 に，女性が子どもの誕生後制定法または制定法文書によって一定期間労働することを禁止される場合には，MLP は少なくともその期間の終了まで拡張されなければならない。したがって，この期間の拡張は 14 週経過後も母乳を授乳することを継続する女性にとっては重要な意味をもつ。これに関係することとして，EC 指令は 14 週の出産休暇には産前または産前産後の 2 週間の強制的出産休暇が含まれなければならないことを要求する (8 条 2 項)。この問題について政府は，同指令によって要求されるように産後の強制的出産休暇を提供するために追加の措置を講じる意思を明らかにしている[3]。

第 2 に，被用者が彼女の MLP の期間中に解雇される場合には，MLP は解雇時で終了する。

② 雇用契約上の賃金その他の給付

EPCA の新しい 33 条 1 項は，被用者が彼女の MLP 中に欠勤する場合には，彼女が欠勤しないで，そして妊娠または出産しなかったとした場合に彼女が権利を有する雇用条件の給付（「報酬」を除く）を受ける権利を彼女は有する，と規定する。

MLP 中の賃金問題は TURERA によって対象とされないが，政府が EC 指令の要件を実行するための計画を終了させた後の将来の社会保障法案において取り扱われることになることが予定された[4]。

③ 通知の要件

新しい規定の下で出産休暇の権利を行使することを希望する女性は，以下の 3 つの通知の要件を満たさなければならない。

第 1 に，彼女は MLP が始まる最低 21 日前に（またはその後合理的に実行可能な限り速やかに）彼女の使用者に書面通知を与えることによって妊娠の通知を与えなければならない。通知は，彼女が妊娠していることを伝え，そして子どもの誕生の予定週を（またはすでに誕生している場合には誕生日を）知らせなければならない。

第 2 に，彼女はさらに最低 21 日前に（またはその後合理的に実行可能な限り速やかに）彼女が MLP の開始予定日について彼女の使用者に通知を与えることによって休暇の通知を与えなければならない。通知された休暇日の前または彼女がかかる日を通知する前に女性の MLP が妊娠に関係する欠勤によって発効された場合には別の通知準則が適用する。その場合には，彼女は合理的に実行可能な限り速やかに彼女がその理由で欠勤することを彼女の使用者に通知しなければならない。同様に，通知された休暇日の前またはその日についての通知が与えられる前に女性が出産する場合には，合理的に実行可能な限り速やかにその女性は子どもの誕生について彼女の使用者に通知しなければならない。以上の 3 つのカテゴリーの通知は，使用者が要求する場合には書面で行われなければならない。

第 3 に，被用者はさらに，使用者が要求する場合には，子どもの誕生の予定週を伝える，登録医または助産婦からの証明書の形の医学的証拠を作成しなければならない。

④　早期復職の通知

　被用者が彼女の MLP の終了前に復職することを希望する場合には，彼女は最低 7 日前に復職予定日についての通知を彼女の使用者に与えなければならない。その通知を与えないで MLP の終了前に彼女が復職する場合には，彼女の復職についての 7 日の通知を確保することになる日まで使用者は彼女の復職を延期する権利を有する。しかしながら，使用者は MLP の終了を超える日まで女性の復職を延期することはできない。

⑤　出産休暇中の剰員整理

　被用者の MLP 中に彼女に関する剰員整理を理由として彼女の現在の雇用契約の下で雇用されることを継続することが実行可能ではない場合には，その事情において彼女が行うことに適しており，かつ適切であるなんらかの利用できる別の仕事を提供される権利を彼女は有する。その提供は彼女の本来の雇用契約の終了前に行われなければならない。提供される別の仕事は，彼女の使用者またはその後継者もしくは関連使用者のために行われることができる。新しい雇用契約は直ちに発効しなければならず，彼女の本来の雇用契約の条件よりも実質的に不利ではない条件でなければならない。

(2)　復職する権利

　TURERA の付則 2 は EPCA の新しい 39 条ないし 44 条を定め，改正前の資格条件を満たす被用者が出産する週の開始後 29 週以内にいつでも復職することができる権利を維持する。

　しかしながら，改正前の通知準則は導入された新しい権利を具体化するために改正される。復職する権利の資格を得るためには，被用者は彼女の妊娠の書面通知を彼女の使用者に与えなければならないが，さらに彼女が復職する意思があることを伝えなければならない。彼女の使用者は彼女が復職することを彼女が確認することをその後書面において要求することができる。この要求は回答しないことの結果についての警告を含めなければならない。この要求は MLP の終了前 21 日より早く行うことはできない。被用者の回答はその要求の受領から 14 日以内に（またはその後合理的に実行可能な限り速やかに）与えられなければならない。

付則2は以下の権利に関する改正前の規定を踏襲する。女性に関する剰員整理を理由として復職が実行可能ではない場合の適した代わりの仕事に対する権利。21日の復職通知を与える要件を含む復職する権利の行使。一定の場合に女性の復職を延期する使用者の権利。そしてEPCAと被用者の雇用契約またはその他の下で発生するいっそう有利な権利を利用する権利。

(3) 不公正出産解雇
① 不公正出産解雇に対する保護

改正前のEPCAの60条は、解雇の理由または主たる理由が、被用者が妊娠しているまたは彼女の妊娠に関係する何らかのその他の理由である場合には被用者を解雇することは自動的に不公正である、と規定した。被用者が彼女の妊娠を理由に彼女の職務を遂行できない、または彼女の継続雇用が何らかの制定法上の制限に違反する場合には、この原則の例外がある。しかしこれらの例外が適用される場合でも、使用者が何らかの適した別の代わりの地位を被用者に提供しない場合には、解雇は不公正になる。

しかしながら、この保護に対する大きな制限は、継続的に2年間雇用される（彼女が週16時間以上労働する場合）または5年間雇用される（彼女が週8時間以上16時間未満労働する場合）被用者にのみその保護が適用されることである。これに対して、「妊娠労働者」に関するEC指令は、解雇が被用者の妊娠または出産と無関係である例外的場合を除いて、彼女の妊娠の開始から彼女のMLPの終了までの期間中労働者の解雇を禁止するために必要な措置を講じることを加盟各国に要求する（10条）。

そこで、TURERAの24条はEPCAの新しい60条を定め、同条の下では次の場合には女性の労働時間または勤続期間と無関係に、彼女を解雇することは自動的に不公正であることになる。

第1に、解雇の理由または主たる理由が、彼女が妊娠していることまたは彼女の妊娠に関係する何らかのその他の理由である場合（60条a項）。

第2に、彼女がMLP中に解雇されて解雇の理由または主たる理由が、彼女が出産したことまたは彼女の出産に関係する何らかのその他の理由である場合（60条b項）。

第3に、MLPの終了後彼女が解雇され、解雇の理由または主たる理由が、彼

女が出産休暇をとったまたはその便宜を利用したことである場合（60条c項）。

第4に，彼女のMLP中に彼女が疾病または肉体的もしくは精神的な障害を理由にその期間の終了後労働することができないことを伝える医学的証明を彼女が提出して，そして解雇時にその就労不能が継続してその証明が有効なままである場合に，MLP終了後の4週間以内に上記の理由で彼女が解雇される場合（60条d項）。

第5に，解雇の理由または主たる理由が45条1項で言及される要求または勧告である場合（安全衛生を理由とする労務停止）（60条e項）。

最後に，彼女がMLP中に解雇され，その解雇の主たる理由が，彼女が剰員整理されることであるが，彼女の使用者が何らかの適した別の代わりの地位を彼女に提供していない場合（60条f項）。

② 剰員整理のための選抜

同じくTURERAの24条によって剰員整理のための不公正な選抜を扱うEPCAの59条も改正された結果，剰員整理が解雇の理由または主たる理由であるが，被用者は解雇のために選抜される一方で同じ地位のその他の被用者はそうではなく，そして選抜のための理由が「認められない理由」，すなわち，前記の新しい60条a項ないしe項に定められたもののうちの1つである場合には，解雇は自動的に不公正である。この保護にも不公正出産解雇に対する保護と同様に資格付与条件はつけられていない。

③ 解雇の書面による理由

EPCAの53条の下で，解雇された被用者は要求する場合には解雇理由の詳細を与える書面を受ける権利を有する。しかしながら，この権利を取得するためには被用者は不公正解雇の不服申立を行うための通常の資格付与条件を満たさなければならない。すなわち，被用者は勤続期間2年以上で当該企業に通常の退職年齢がある場合にはその年齢に達してないこと，それ以外の場合は65歳未満でなければならない（EPCAの64条1項）。

TURERAの24条は「妊娠労働者」に関するEC指令の要求に従って，53条を改正する。その結果，被用者が妊娠中または彼女のMLP中に解雇される場合には，彼女は解雇の書面による理由に対する権利を有する。この権利は勤続

期間に左右されず,被用者は解雇理由を示すことを使用者に対して要求する必要はない。

(4) 安全衛生を理由とする就業制限
① 出産を理由とする就業制限

「妊娠労働者」に関する EC 指令の安全衛生の側面を遵守するために,TURERA の付則 3 は EPCA の新しい 45 条ないし 47 条を定める。これらの条文は,制定法または制定法文書もしくは 1974 年労働安全衛生法（Health and Safety at Work etc Act 1974）の下で発せられたまたは承認された行為準則の「関係規定」の下で「出産を理由に」就業を制限された被用者に権利を与える。就業制限が,彼女が妊娠している,最近出産したまたは母乳を授乳していることを理由とする場合に,被用者は「出産を理由に」就業を制限されているとみなされる。「関係規定」は雇用大臣によってそれとして特定されたものである。

② 代わりの雇用に対する権利

被用者が利用できる適した代わりの仕事を使用者が持ち,さもなければ被用者が出産を理由に就業を制限されることになる場合には,彼女はいずれかの就業制限が行われる前にその仕事を提供されなければならない。代わりの仕事が被用者との関係において適しており,そしてその事情において彼女が行うのに適切である場合にその代わりの仕事は「適している」ことになる。その職務の条件は彼女の本来の職務に適用された条件よりも実質的に不利であってはならない。

使用者が適した代わりの仕事を提供しない場合には,被用者は労働審判所に申し立てることができ,補償金を裁定されることができる。

③ 就業制限中の賃金に対する権利

被用者が出産を理由に就業を制限される場合には,彼女は就業制限期間中使用者によって賃金を支払われる権利を有する。しかし,彼女が適した代わりの仕事の提供を不合理に拒否する場合には,彼女は賃金に対する権利を有しない。賃金の額は就業制限の各週の週給であるが,1 週に満たない部分でも賃金が支払われることができる部分には比例配分される。

使用者によって支払われる雇用契約上の報酬は，以上の規定の下での使用者の責任を解除する方向に向かう。そして逆に，支払われた就業制限手当は使用者の側の雇用契約上のいかなる義務をも解除する方向に向かう。

使用者が当然に支払うべきである賃金の全部または一部を支払わない場合には，被用者は労働審判所に申し立てることができ，審判所が当然であると認定する報酬の額を裁定される。

(5) 「子どもの誕生の」定義

出産の権利に関する新しい規定は改正前の法において用いられる用語と少し異なるものを内容とし，EPCAはこれらの新しい用語を用いるように改正される。とくに注目されるのは「出産」(confinement) に代わって「子どもの誕生」(childbirth) が用いられることである。改正前の「出産」の定義は，生きている子どもの誕生または妊娠28週後の生死を問わない子どもの誕生を意味するが，「子供の誕生」は，生きている子どもの誕生または妊娠24週後の生死を問わない子どもの誕生として定義される（TURERAの49条2項並びに付則8の25条a項によって改正されたEPCAの153条1項）。

2　雇用条件の細目

EPCAはその1条ないし6条において主要な雇用条件の書面を受け取る被用者の権利を規定していたが，これらの条文は「使用者の雇用条件明示義務」に関するEC指令[5]の要件を実行するために改正された。TURERAの付則4はEPCAの新しい1条ないし6条を定め，これらの新しい規定は1993年11月30日に施行された。

改正された規定の下で，通常週8時間以上労働し，1か月以上雇用が継続するすべての新規に採用される被用者は，書面による雇用の細目に対する権利を有する（EPCAの5条1項）。特定の細目は単一の文書において与えなければならないが，それ以外について使用者は何回かに分けて細目に関する情報を与えることができる。ただし，被用者が就労を始めて2か月が経過する前にそれらの情報はすべて与えられなければならない（1条1項）。たとえ被用者の雇用が2か月の期間が到来する前に終了するとしても，書面は資格を有する被用者に提供されなければならない（2条6項）。

(1) 書面記載事項

　書面には以下に掲げる事項の細目が含まれなければならない（１条２項並びに３項）。まず、「主要な明示」（principal statement）として知られる単一の文書に含まれなければならない事項は次の通りである（２条４項）。

１　当事者の名前
２　雇用が開始する日
３　被用者の継続雇用期間が始まる日（継続雇用期間に数えられる従前の使用者による雇用も考慮に入れる）
４　報酬の表または報酬の率もしくは報酬の計算方法
５　報酬が支払われる間隔
６　労働時間に関する条件（通常の労働時間に関係する条件を含む）
７　公休日を含む休日の権利および休日手当に関係する条件（雇用の終了において発生している休日手当に対する権利を含む被用者の権利を正確に評価する詳細な条件を含む）
８　職名または被用者が雇用される労働についての短い説明
９　労働の場所、または被用者が多様な場所で労働することが要求されまたは認められる場合には、その事実の指摘および使用者の住所

　次に、単一の文書に含まれる必要はないが、書面による細目に含まれなければならない事項は、次の通りである。

１　傷病手当の支給を含む、疾病または傷害を理由とする労働不能に関係する条件
２　年金および年金制度に関係する条件（もっとも被用者の年金の権利が制定法上の制度から発生する当局または機関の被用者にはこれは適用されない。そこでは使用者はすでに被用者に彼らの年金の権利に関する情報を提供することを要求されている。）
３　いずれかの当事者からの要求される通知期間
４　雇用が一時的な場合、それが継続すると予定される期間または期間の定めがある場合には、それが終了する日
５　雇用条件に直接影響する労働協約、使用者が協約当事者でない場合には、協約の締結者を含む
６　被用者が１か月以上イギリス（連合王国）国外で労働することを要求さ

第三章　イギリス1993年労働組合改革・雇用権利法の成立　141

れる場合には，イギリス国外での労働期間，賃金が支払われる通貨，イギリス国外で労働することを理由とすることによって提供される付加的賃金と給付，被用者のイギリスへの復帰に関係する条件（被用者が雇用の開始から2か月以内にイギリス国外で労働を始める場合には，条件のすべての書面は被用者がイギリスを離れる前に提供されなければならない。）

　上に掲げられたいずれかの事項に関する細目が記載されない場合には，そのことが記載されなければならない（2条1項）。

　書面は一定の事項の細目に関してはその他の文書を被用者に参照させることによってそれ自体に記載しなくてもよい。すなわち，書面は被用者に傷病および年金支給の細目に関してその他の文書を参照させることができ，そして適用することができる通知期間の細目に関して法律または労働協約を被用者に参照させることができる。しかしながら，この場合には被用者がその雇用期間中においてその他の文書または労働協約は読むための合理的な機会をもち，または何らかのその他の方法においてそれらに合理的に接近することが可能でなければならない（2条2項並びに3項）。

　改正される前のEPCAの下では，使用者は，情報が記録される限り労働協約その他の文書を被用者に参照させることによって，雇用条件の明示義務を果たすことが可能であった。EC指令においても（2条2項），適切な場合には労働協約を参照することが認められているにもかかわらず，労働協約等を参照できる場合を右の場合にのみ制限した今回の改正は，政府の労働協約に対する軽視の姿勢を浮き彫りにするように見える。貴族院の審議でのウルスウォーター子爵（Viscount Ullswater）の次の発言によってもそれは明らかである。労働協約を参照することは「個別的な使用者と被用者との関係がますますいっそう重要になってきている今日の労働市場においてはとくに，もはや正当化することはできない。」[6]

(2) 懲戒処分に関する注意書き

　書面による細目は，次に掲げる懲戒処分に関する注意書きも含まなければならない（3条）。

1　被用者に適用できる懲戒準則，またはそのような準則を特定する被用者が合理的に接近可能な文書の参照

2　被用者が懲戒決定に不満な場合に被用者が申し立てることができる人々の名前または種類，そしてそのような申立が行われるべき方法
3　被用者が苦情の救済を求めて申し立てることができる人々の名前または住所，そしてそのような申立が行われるべき方法
4　上の申立の結果として生じる次の段階がある場合に，そのような段階が何であるかまたはそれらを説明する被用者が合理的に接近可能な文書の参照
5　職域年金の国家所得比例年金制度（state earnings-related pension scheme）の適用除外の認定が雇用にとって有効であるか否か[7]

上に掲げられた懲戒準則並びに苦情処理手続は，安全衛生に関係するものを含むことを要求されていない（3条2項）。しかし，1992年法労働安全衛生管理規則の8条の下で，使用者は労働安全に関わる手続に関する情報を被用者に与えることを要求されている。さらに，1974年労働安全衛生法の2条の下で，使用者は，合理的に実行可能な限り被用者の労働安全衛生を保障するために必要である情報を提供するとともに，使用者の安全衛生対策並びにそれを実行するための仕組みについて通知しなければならない。

また，上の注意書きの内容は，20人未満の被用者を使用する使用者については緩和される（3条3項）。すなわち，被用者が就労を開始する日に20人未満の被用者を使用する使用者は，被用者が苦情をもっていくことができる人々に関する細目を提供することだけが必要である。

(3)　雇用条件の変更に関する書面

細目が書面において提供または参照されなければならない雇用条件のいずれかに変更がある場合には，使用者はその変更に関する個別の書面による通知を被用者に与えなければならない（4条）。これは，最も早い機会にそしてともかく変更後1か月が経過しないうちに与えられなければならない。ただし，被用者が1か月以上イギリス国外で労働することを要求される場合には，被用者がイギリスを離れる前に通知は提供されなければならない。

変更の通知はその他の資料を参照することができるが，参照できる範囲は，元の書面に関して認められる範囲までである。

使用者が単にその名前を変える場合，または使用者の同一性が変わるが被用

者の雇用の継続を保ち，これが被用者の雇用条件の唯一の変更である場合には，新しい使用者は新しい書面を発するよりもむしろ4条の下で変更としてこれを被用者に通知することができる。しかしながら，使用者の変更がある場合には，通知は被用者の継続的雇用期間が始まった日を特定しなければならない。

(4)　既存の被用者の権利

　新しい規定は1993年11月30日に施行され，その日以降採用される被用者に適用される。既存の被用者，すなわち，1993年11月30日より前に就労を開始した被用者は，新しい規定が書面を要求する場合にのみ新しい規定に従って書面の権利を有する（TURERAの付則9の3条3項）。書面は2か月以内に提供されなければならず，何らかの変更があったならばその後書面は，EPCAの新しい4条に従って通知されなければならない。たとえ既存の被用者が新しい書面を要求しなくても，何らかの変更が彼らの雇用条件に起きてその細目がそのような書面に含まれている場合には，彼らは通知されなければならない（同条5項）。

(5)　救済手段

　EPCAの11条は，使用者が1条または4条によって要求される書面を被用者に与えない場合には，被用者は労働審判所に申し立てることができる，と定める。書面は与えられたが，書面の内容に関して問題が起きる場合には，被用者または使用者のいずれかは問題を労働審判所に持ち込むことができる。前者の場合に，労働審判所はどの細目が書面に含まれるべきであったかまたは参照されるべきであったかを決定することができる。後者の場合には，審判所は与えられた細目を確認し，またはそれが適切と思うように細目を修正しもしくはその他のものと代替することができる。

　TURERAの付則8の10条は，被用者が労働審判所に申し立てることができる場合である使用者が条文によって要求される書面を与えない場合を説明する以下の文章，すなわち，「使用者が書面をまったく与えなかった，または新しい要件に従わなかったので」をEPCAの11条1項に挿入して，被用者が申し立てることができる場合を明確化する。さらに10条は，上の申立の期限も改正する。現行では，審判所への申立は被用者の雇用期間中にいつでも，または雇用の終

了から 3 か月以内に行うことができる（EPCA の 11 条 9 項）。これに加えて，今後審判所は，申立がその期限内に行われることが合理的に実行可能ではないことを確信する場合には，審判所が合理的と考えるような追加の期間までその期限を拡大することができる。これらの改正は，新しい 1 条ないし 6 条と同時に施行された。

3 賃金明細書

EPCA の 8 条の下で被用者は賃金を支払われるときに賃金明細書を与えられる権利を有する。しかしながら，従来この権利は，週 16 時間以上労働する，または 5 年間週 8 時間以上 16 時間未満労働する被用者に限って認められてきた（146 条 4 項並びに 7 項）。TURERA の 27 条は，EPCA の 146 条 4 項の後に 4 A 項ないし C 項を挿入し，使用者が 20 人未満の被用者を雇用する場合を除いて，週 8 時間以上労働するすべての被用者にこの権利を拡大する。これらの規定は，1993 年 11 月 30 日に施行された。

4 安全衛生に関する雇用保護

「安全衛生の枠組み」に関する EC 指令[8]の多くの規定は，1992 年法労働安全衛生管理規則並びに附属行為準則によってイギリスにおいて実行されている。しかしながら，同指令は，労働者または安全衛生に責任のある労働者の代表は，労働災害の防止に関係する彼らの活動を理由に不利益を受けてはならない，と規定する（7 条 2 項）。さらに，同指令は，深刻かつ切迫した危険への対応として職場を離脱する労働者は彼らの行動を理由に不利益を受けてはならず，そして「有害かつ不当な結果」に対して保護されなければならない，と規定する（8 条 4 項）。

そこで，実行されていなかった右の EC 指令が規定する労働者の不利益待遇に対する保護を実行するために，TURERA の付則 5 はこれらの保護を規定する。これらの規定は 1993 年 8 月 30 日に施行された。

(1) 「職務を停止して内部告発する」権利

TURERA の付則 5 によって新たに挿入された EPCA の 22 A 条並びに 57 A 条および改正された 59 条の下で，被用者は，年齢，勤続期間または労働時間と

無関係に，次に掲げる理由に基づいて解雇されない，剰員整理の指名をされない，またはその他のいかなる不利益も受けない権利を有する。

　第1に，被用者が深刻かつ切迫していると合理的に考え，そして被用者が避けることを期待することが合理的にできなかった危険の場合に，被用者がその職場またはそれの危険な部分を離脱した，または離脱することを申し出たこと。または，その危険が持続する間は職場またはそれの危険な部分に復帰することを拒否したこと（22 A 条1項 d 号並びに57 A 条1項 d 号）。

　第2に，被用者が深刻かつ切迫していると合理的に考えた危険の場合に，被用者が自分自身またはその他の人々を保護するために「適切な措置」を講じた，または講じることを申し出たこと（22 A 条1項 e 号並びに57 A 条1項 e 号）。そのような措置が「適切」であったか否かは，とくに被用者の知識と当時被用者が利用できた便宜および助言を含むすべての事情に照らして判断されなければならない（22 A 条2項並びに57 A 条2項）。被用者が講じたまたは講じることを申し出た措置を被用者が講じることが非常に怠慢になる結果，合理的な使用者は実際に使用者が行ったように被用者を不利益に取り扱うであろうということが証明することができる場合には，被用者は不利益取扱いを受けたとはみなされない（22 A 条3項並びに57 A 条3項）。

　第3に，被用者の職場に安全代表または安全委員会がなかった，またはあったが，被用者が合理的な方法でその問題を提起することが合理的に実行可能ではなかった被用者が衛生または安全に有害であるまたは有害の可能性があると合理的に考える労働環境について，合理的な方法で被用者がその使用者に注意を促したこと（22 A 条1項 c 号並びに57 A 条1項 c 号）。

(2)　安全衛生責任のある被用者のための保護

　制定法または使用者との協定の下で何らかの特定の安全衛生任務をもつ被用者も，年齢，勤続期間または労働時間と無関係に，次に掲げる理由のいずれかに基づいて解雇されない，剰員整理の指名をされない，または不利益を受けることがない権利を有する。

　第1に，被用者が労働安全衛生に対する危険の防止または削減に関連する活動を遂行すると使用者によって計画されていて，そしてそのような活動を遂行した，または遂行することを申し出たこと（22 A 条1項 a 号並びに57 A 条1項

a号)。

　第2に，いずれかの制定法の下で設置された制度に従ってまたは使用者の承認を理由として被用者が安全衛生代表または安全委員会のメンバーであり，その権限において被用者の職務のいずれかを遂行した，または遂行することを申し出たこと（22A条1項b号並びに57A条1項b号）。

(3) 救済手段

　前記の理由のいずれかに基づいて不利益を受け，剰員整理を指名されまたは解雇された被用者は労働審判所に申し立てることができる。

　使用者による被用者が怠慢に行動したという申立が認容されない限り，以上の理由に基づく解雇または剰員整理の指名は自動的に不公正である。審判所が被用者の不服申立を支持する場合には，審判所は被用者の復職または再雇用を使用者に対して命令し，もしくは被用者への補償金を裁定することができる。

　通常の不公正解雇の補償金の制限は「職務を停止する」または安全衛生問題を提起する被用者の場合に適用される。しかし，計画された安全衛生責任をもつ被用者，または安全衛生代表もしくは安全委員会のメンバーの場合には，補償金はTULRCAの下で労働組合の組合員資格または組合活動を理由とする不公正解雇の場合に裁定することができる補償金と同等に扱われる。したがって，補償金には最低限度が設けられ，特別裁定を含むことができる（TURERAの付則5の7条によって挿入されたEPCAの72条2項並びに3項）。また，右の被用者は，労働審判所の申立の完全な審査の係属中に仮の救済を申し立てることができる（TURERAの付則5の10条によって挿入されたEPCAの77条）。

　審判所が「不利益取扱い」の不服申立を支持する場合には，審判所はその趣旨を宣言しなければならず，そして審判所がその事情において「公正かつ公平」と考える補償金を裁定することができる（TURERAの付則5の1条によって挿入されたEPCAの22B条並びに22C条）。

5　制定法上の権利の主張

　TURERAの29条はEPCAに新たに60A条を挿入し，年齢，勤続期間または労働時間に無関係に，一定の制定法上の権利を主張することを求めるすべての被用者に新しい不公正解雇の権利を与える。同様にEPCAの59条は改正さ

れて，同じ保護が剰員整理の指名にも適用される。その結果，1993年8月30日以降解雇または指名の理由，もしくは主たる理由が以下のいずれかの場合には，被用者を解雇すること，または剰員整理に指名することは自動的に不公正である。

1　被用者が被用者の制定法上の「関係する」権利を強行するために使用者を提訴した場合
2　使用者が被用者の「関係する」制定法上の権利を侵害したと被用者が申し立てた場合

この場合の「関係する」制定法上の権利とは，以下の諸権利を含む。

1　労働審判所への申立事項になりうるEPCAまたは1986年賃金法の下でのいずれかの権利
2　EPCAの49条の下での最低限の通知の権利
3　TULRCAの下での一定の権利—賃金からの組合費の違法な控除を受けない権利（68条並びに86条），組合活動または組合員資格を理由とする解雇以外の不利益取扱を受けない権利（146条），組合活動または組合の任務のためにタイム・オフを行う権利（168条ないし170条）

60A条の下で解雇が不公正となることに関して，被用者が主張している権利に関して実際に適格であるか否か，または権利が実際に侵害されたか否かは重要ではないが，被用者の権利の請求と権利が侵害されたという訴えは誠実に行われなければならない（同条2項）。

そのうえ，被用者が「侵害されたと主張する権利が何であるかを使用者に合理的に明らかにした」場合には常にこの保護は適用される（同条3項）。つまり，被用者は正確な用語または法律用語を用いて権利を特定する必要はない。

この場合の救済手段としては，被用者は通常の方法で労働審判所に不公正解雇の申立をすることができ，不服申立が支持される場合には審判所は通例の救済を裁定することができる。

6　再雇用命令と補償金

労働審判所が不公正に解雇された被用者が復職または再雇用されることを命令する場合には，審判所はさらに解雇の日から再雇用が行われる日までの期間に被用者が得べかりし賃金並びに給付を被用者に支払うことを使用者に命令す

ることになる。これは，通例命令の「金銭的要素」といわれるものである。

使用者が命令に従わないまたは完全に命令に従わない場合には，補償金がその結果裁定されることができる。使用者が再雇用命令に従うことが実行可能ではないことを審判所に確信させない場合には，補償金は付加的裁定を含むことができる。

TURERAの30条は，不公正解雇のための補償金の裁定に関するEPCAの71条，74条および75条を改正した。その結果，被用者が命令の金銭的要素と最低同額の補償金を受け取ることを保障するために必要であるならば，労働審判所はそのような場合において補償金額を計算する際に補償金の最高限度（現行1万1000ポンド）を無視することができることになった。これによって，再雇用命令に従わないことへの財政的刺激を使用者に与えていた従前の制度上の欠陥が排除されることになった。この改正は，1993年8月30日に施行された。

7 労働協約等における性差別の禁止

(1) 従来の性差別禁止の仕組み

「均等待遇」に関するECの指令[9]は，労働協約，雇用契約，就業規則または専門職規則が均等原則に違反する条件を内容とする場合には，これらが無効になり，そして無効であると宣言されることになる，または修正されることになることを保障することを加盟各国に要求する（3条2項b号）。

イギリスでは，契約条件における差別は，労働協約による明示または黙示を問わずに，1970年同一賃金法（Equal Pay Act 1970）または1975年性差別禁止法（Sex Discrimination Act 1975，以下，SDA 1975と表記する）の下で問題とすることができる。しかし，これはすでに有効な契約条件にのみ適用される。差別的条件（労働協約から発生する条件を含む）を含む雇用の提供はSDA 1975の6条1項b号の下で違法とされうるが，一旦提供が行われた場合にのみこれを問題とすることができる。

SDA 1975の77条は，契約条件が同法の下で契約を違法にする場合，または違法な差別を規定する場合に，契約条件は無効であると規定する。条件が契約の当事者の一方に対する違法な差別を規定する場合にはそれは無効ではないが，強行することはできない。強行することができない条件のみに関して，その契約に利害関係をもつ者は誰でもその条件の排除または修正を県裁判所に申

し立てることができる。その条件を無効と宣言する仕組みはない。

1986年性差別禁止法（以下，SDA 1986と表記する）の6条は，EC指令の要求に従うために，労働協約の条件，就業規則および専門職団体の規則を対象とするように77条を拡大する改正を行った。その結果，差別的条件または規則は無効とされることになった。しかしながら，この改正は，そのような条件または規則によって不利に影響を受けたまたは受けることになる第三者（たとえば，現在のまたは将来の被用者）がそれを無効と宣言することができる方法を規定しなかった。

(2) 性差別を無効と宣言する権利

そこで，TURERAの32条は，SDA 1986の6条に新たに4A項ないし4D項を挿入して，そのような第三者が労働協約，就業規則および専門職団体の規則の差別的条件を無効であると宣言することができる新しい権利を導入した。これらの規定は1993年11月30日に施行された。

6条4A項並びに4B項の下で，被用者並びに求職者（すなわち，関係使用者の被用者に「なることを真正かつ積極的に追求している」者）は，条件または規則が将来彼らに何らかの影響を及ぼすことになること，または労働協約が将来の使用者によってまたはそのためにもしくはその使用者が所属する使用者組織によって締結された場合にその条件が彼らに対して適用されたならば違法な差別的行為を行うことを規定すると考える場合には，労働協約の条件または就業規則がSDA 1975の77条の下で無効であると労働審判所に申し立てることができる。同様に6条4C項の下で，職業または専門職団体のメンバーに将来なろうとする者，または機関もしくは当局から資格のある地位を付与されることを求める者は，上と同じ方法でかかる団体または当局の規則について労働審判所に申し立てることができる。このように申立は個人にだけ認められ，労働組合やEOC（機会均等委員会）のような関係機関による申立を認める野党側の修正要求を政府は拒否した。

審判所が不服申立を支持する場合には，審判所は条件または規則が無効であることを宣言しなければならない（6条4D項）。この場合に，不服を申し立てられた違法な条件は，直接差別も間接差別も含むことになる。しかしながら，無効と宣言された条件を差別的ではないようにするように修正する規定は，今

回の改正でも盛り込まれなかった。この点において、ローマ条約の119条の要求を満たすために水準の引き上げを図ろうとするEC裁判所の最近の判決[10]と比べて、イギリス政府の消極的な姿勢は対照的である。

8 企業譲渡と雇用保護

EC委員会は1992年法10月21日に、イギリスの1981年企業譲渡（雇用保護）規則（Transfer of Undertakings（Protection of Employment）Regulations 1981, 以下、TUPEと表記する）が「企業譲渡における被用者の権利の保護」に関するEC指令[11]を完全に遵守していないことの宣言を求めてEC裁判所に提訴した。イギリスが右の指令に違反しているとしてEC委員会が指摘した問題点は以下の通りであった。

第1に、承認される労働組合がなくて被用者代表が自発的に指名されない場合における被用者代表の指名の方法を規定していないこと。

第2に、被用者の処遇を考える譲渡人または譲受人に対してそのような処遇に関して十分に時間をかけて、かつ合意に至ることを目指して被用者代表と協議することを要求しないこと。

第3に、EC指令が要求するように、被用者代表に情報提供が行われずにそれとの協議が行われない場合における効果的な制裁を規定していないこと。

第4に、商業的な性質をもたない企業をTUPEの適用対象から排除していること。

最後に、EC指令を実行することを目的とする立法の範囲を譲渡される営業が譲渡人に所有される場合に限定していること。

EC委員会の提訴を受けてイギリス政府は、同委員会による非難をかわすためにTUPEの一部改正を行った。TURERAの33条は、TUPEの幾つかの規定を改正することによって、TUPEが含まなかったまたは適切に実行しなかったEC指令の一定の要求を実現することをめざす。これらの改正は、1993年8月30日に施行された。

(1) 「商業的企業」要件の廃止

適用対象企業を定義するTUPEの2条1項は改正され、その結果「商業的企業（commercial venture）の性質をもたない」企業に対する従前の適用排除は

削除された。この改正について政府は，地方政府の業務委託の行使におけるような競争入札手続の下での業務並びにサービスの譲渡がこの改正によって自動的に TUPE の適用対象に該当することにはならない，と説明する。政府の見解によると，「商業的企業」の制限は初めからそのような事例を決して排除しなかったということである[12]。しかし，そのような事例において業務が「商業的企業」ではないとして TUPE の適用を排除した判決も下されている[13]。結局，TUPE の適用対象企業であるか否かは，当該企業が行う業務を譲渡することが本来可能であるか否か，そして可能であるならば譲渡が行われた否かを各事例に即して判断するほかないと考えられる。

しかしながら，この適用排除の削除によって，慈善事業その他の非営利事業を含む，以前は TUPE の適用対象外と考えられた一定の譲渡が現在適用対象とされることは明かである。

また，「商業的企業」以外の企業譲渡を含む TUPE の改正によって，営業譲渡の後に被用者が新しい使用者によって再雇用される場合に剰員整理解雇または剰員整理手当の支払いを排除していた EPCA の 94 条は，大部分不必要になったので 1993 年 8 月 30 日に廃止された。

TURERA の移行措置に関する規定（付則 9 の 4 条）は，TUPE の改正は改正が施行される前に行われた譲渡に関係して効力をもたない，と規定する。したがって，TUPE の改正前に行われた商業的企業の性質をもたない企業の譲渡に対して関係する被用者は TUPE の遡及的適用を請求することはできないと考えられる。そのような被用者が利用できる唯一の救済手段としては，EC 指令の直接効力に頼ることができない状況の下では，同指令の要求を国内法として実行しなかった政府に対して損害賠償を請求することが残されていると考えられる[14]。

(2) 財産の譲渡の要件の削除

「関係譲渡」を定義する TUPE の 3 条は改正され，その結果企業またはその一部の譲渡は，一連の 2 またはそれ以上の取引によって行われることができるとともに，財産が譲渡人から譲受人に譲渡されるか否かにかかわらず行われることができるようになった。この改正は，一連の取引のなかにおいて譲渡が行われることの認定の範囲を広げること，並びに一手販売権，賃借契約および下

請け契約の譲渡に関して発展している判例法の傾向に TUPE を合わせることを目的とする[15]。

(3) 譲渡に反対する権利

関係譲渡の雇用契約に対する効力を定める TUPE の 5 条は，Katsikas v Angelos Konstantinidis 事件[16]における EC 裁判所の最近の判決を考慮に入れて改正された。同事件において EC 裁判所は，「企業譲渡」指令の下で被用者はその意思に反して新しい使用者に移動することを強制されることはないが，そのような事情において「雇用契約または雇用関係の運命を決定するのは」加盟各国であると判断した。

そこで，5 条に新たに挿入された 4 A 項は，被用者が譲受人に雇用されるようになることに反対することを譲渡人または譲受人に伝える場合には，5 条は雇用契約と関係する権利を移転するように機能しないと規定する。しかしながら，同様に挿入された 4 B 項によって，被用者がそのような反対を提出する場合には，被用者が雇用されている企業またはその企業の一部の譲渡は，「譲渡人との被用者の雇用契約を終了するように機能するが，被用者はいかなる目的のためにも譲渡人によって解雇されたとはみなされない」ことになる。

したがって，以上の事情において，被用者は解雇において通常発生する制定法上の権利または雇用契約上の権利のいずれも有しない。同様に，被用者は譲渡に反対する被用者の通知（そしてこれが書面による要件はない）以外に退職の通知を与えることを義務づけられないと考えられる。

(4) 狭められた年金の排除

改正前の TUPE の 7 条の下では，被用者の契約上の権利は同規則によって対象とされる譲渡の後に維持されるという一般原則から職域年金制度は排除される結果，そのような制度に関係する譲渡者の権利，義務および責任は譲受人に譲渡されなかった[17]。しかしながら，7 条が改正された結果，この制度に含まれる老齢，傷害または遺族給付に関係しないあらゆることはすべて関係譲渡において保護されることになった。

たとえば，この改正によって被用者の年金制度に含まれる雇用契約上の剰員整理手当またはその他の退職手当も譲渡されることになった。

(5) 組合の協議権

EC 指令の要求を満たすために，TUPE はさらに，譲渡の前に労働組合の代表者に情報を伝えて協議する使用者の義務に関して改正された。TUPE の 10 条 5 項の下で，使用者が，譲渡に関係して，独立した労働組合を承認することに関して労働者に影響を及ぼすことになる「措置を講じる」ことになると想定する場合には，使用者は組合の代表者と協議しなければならないと規定されている。改正は，この協議に「講じられる措置について合意することを追求するために」という要件を付け加えた。

しかし，この改正は EC 指令を部分的に遵守するにすぎない。なぜならば，TUPE の下では承認された組合がある場合にのみ協議が行われる必要が生じるという事実がこの改正によっても依然放置されるからである。EC 指令は，被用者代表はすべての譲渡の場合に協議されなければならない，またはそのような代表がない場合には，被用者自身が事前に情報を伝えられなければならないことを要求する（6 条）。この問題は，EC 委員会がイギリスを提訴した理由の 1 つであるにもかかわらず，今回の TUPE の改正では解決されなかった。

承認された労働組合に情報を伝えないまたは協議しないことに対する救済手段も改正された。この義務の違反を理由として支払われる補償金の最高限度は 2 週給分から 4 週給分に引き上げられた（11 条 11 項）。そして，剰員整理に関する協議をしないことに関係して支払われた金額を補償金から控除することを規定する 11 条 7 項は削除された。したがって，情報を伝えないまたは協議しないことを理由に支払われる補償金は，保護的裁定に関して支払われる金額または保護された期間に関してそれに代えて支払われる賃金を控除されることはもはやない。逆に，情報を伝えないまたは協議しないことを理由に裁定される補償金は，保護的裁定または契約の下で当然支払われる金額についての使用者の責任を削減するためには役立たない。

9 剰員整理に関する協議

TUPE の EC 指令違反の問題の提訴と同時に EC 委員会は，剰員整理の提案に関する承認された労働組合との協議に関する TULRCA の 188 条ないし 198 条のうちの幾つかの規定が「集団的剰員整理」に関する旧い EC 指令[18]を完全に遵守していないことの宣言を求めて EC 裁判所に提訴した。EC 委員会が指摘

したイギリスの同指令の違反は以下の通りである。

　第1に，承認される労働組合がなくて被用者代表が自発的に指名されない場合における被用者代表の指名の方法を規定していないこと。

　第2に，集団的剰員整理を計画する使用者に対して合意に至ることを目指して，かつ同指令所定の事項に関して労働者代表と協議することを要求しないこと。

　第3に，同指令が要求するように，労働者代表と協議が行われない場合の有効な制裁を規定していないこと。

　最後に，同指令を実行することを目的とする立法の範囲を同指令が予定するよりも狭い範囲の解雇の場合に限定していること。

　そこで，TURERA の34条は，剰員整理の提案に関する承認された労働組合との協議に関する TULRCA の188条ないし198条のうちのいくつかの規定を改正した。これらの改正の一部分は「集団的剰員整理」に関する旧い EC 指令を遵守するが，それ以外の部分は，同指令に実質的な修正を加えた新しい EC 指令[19]の新しい要求を満たすことを目指している。これらの改正は，1993年8月30日に施行された。

　しかし，TUPE の場合におけるように，これらの改正は，イギリスの国内法規定に対する EC 委員会の批判を完全にかわすことにはならない。なぜならば，承認された組合がない職場において労働者代表に情報を伝えるまたはそれと協議することを使用者に対して要求することが依然規定されていないからである。したがって，この問題に関するイギリスによる EC 指令の違反は継続している。

(1)　剰員整理の定義の改正

　TULRCA の195条の剰員整理の定義は新しい EC 指令の1条1項の定義を反映して改正された結果，労働組合の協議権の目的のためだけに，剰員整理は「当該個人に関係がない理由またはすべてそのように関係がない多くの理由による解雇」であると定義される。さらにこの目的のために，被用者が解雇される場合は，反証されない限り，解雇は剰員整理を理由とすると推定される。

　したがって，新しい条件で労働者を再採用することを目的に使用者が全労働者を解雇することを提案する場合にも協議する義務は生じる。個々の被用者には関係がない全面的な条件または労働の方法の変更が解雇の提案を結果する場

合にも同様である。

(2) 情報を伝えて協議する義務の拡大

TULRCA の 188 条 4 項は，労働組合の代表者に書面で開示されなければならない情報を定める。この情報には，剰員整理の提案理由，解雇が提案される被用者の数と種類，提案された選択の方法，および提案された解雇のための手続と時期が含まれる。今回の改正によって，法定されていない剰員整理手当の提案された計算方法がこの情報に付け加えられた。

TULRCA の 188 条 6 項は，協議の過程において，使用者は労働組合の代表者によって表明されるあらゆる意見を検討し回答することを要求される，と規定していた。同項は，いっそう詳細な内容に改正され，以下のことの方法についての協議を含むことを協議に要求する。

1 解雇を回避すること
2 解雇者を減らすこと
3 解雇の結果を緩和すること

そのうえ，協議は「労働組合の代表者と合意に至ることを目指して」行われなければならない，と規定された。

制定法上の協議義務を遵守しない使用者に認められる「特段の事情」による免責（TULRCA の 188 条 7 項）は，使用者を支配する者が使用者に必要な情報を提供しなかったことを理由に不遵守が生じる場合には適用されなくなると改正された。同じ制限が雇用大臣に対する集団的剰員整理の通知に関しても適用されるように 193 条 7 項は改正された。

また，TULRCA の 283 条が廃止された結果，剰員整理に関する労働組合の協議権はさらに商船員にも拡大された。

(3) 協議が行われないことに対する救済手段

剰員整理に関する協議が行われなかった場合に労働審判所によって裁定される補償金から保護された期間内に雇用契約に基づいて，または同契約の違反に対する損害賠償として使用者によって被用者に対して支払われた金額を控除することを規定した TULRCA の 190 条 3 項は廃止された。したがって，保護された期間内の賃金または通知に代わる賃金の支払いは，保護的裁定に基づく使

用者の義務を解除する方向に向かうことはできない。逆に，保護的裁定に基づいて行われる金額の支払いは契約上の当然の金額の支払いを減らすために役立つことはできない。

10 その他の雇用保護規定の改正

TULRCA の 153 条の下で労働組合の組合員資格または組合活動を理由とする剰員整理解雇は不公正とされるが，同 154 条においてこの不公正剰員整理解雇に対する不服申立につけられていた 2 年の勤続期間および年齢の上限の制限（EPCA の 64 条 1 項）は，TURERA の付則 7 の 1 条によって廃止された。この廃止は，1993 年 8 月 30 日から施行された。

書面による解雇理由を提供される権利を被用者に与える EPCA の 53 条 4 項が改正された結果，使用者が理由を与えることを「不合理に拒否した」という場合に代えて使用者が理由を与えることを「不合理にしなかった」場合に被用者は労働審判所に申し立てることができることになった。この改正は，1993 年 8 月 30 日に施行された。

---

1) Council Directive 92/85/EEC on the introduction of measures to encourage improvements in the safety and health of pregnant workers and workers who have recently given birth or are breastfeeding.
2) SI 1992/2051.
3) The Trade Union Reform and Employment Rights Act 1993: a section by section guide, Employment Gazette, August 1993, p.351.
4) 社会保障省は，TURERA が成立した後，協議文書 Changes in maternity pay: proposals for implementing the EC Pregnant Workers Directive を出して EC 指令が要求するように出産休暇中の所得保障を実行する方向を示している。新しい出産手当制度は，1994 年 10 月に導入されることが予定された。
5) Council Directive 91/533/ECC on an employer's obligation to inform employees of the conditions applicable to the contract or employment relationship.
6) Hansard (HL) 6.5.93 Col.845.
7) 職域年金制度をもつ使用者は，一定の要件を満たすならば国家所得比例年金を適用除外してもらうことができる。制度の詳細については，社会保障研究所編『イギリスの社会保障』（東京大学出版会，1987 年）80–81 頁参照。
8) Council Directive 89/391/EEC on the introduction of measures to encourage improvements in the safety and health of workers at work.
9) Council Directive 76/207/EEC on the implementation of the principle of equal treatment for men and women as regards access to employment, vocational training and promotion, and working conditions.
10) Kowalska v Freie und Hansestadt Hamburg [1992] ICR29. この事件は，ドイツのハン

ブルグ市のパートタイムの裁判所職員であった女性が60歳の退職年齢に達して退職するときに退職金を請求したが、連邦公務員の労働協約の規定ではフルタイムの職員のみに退職金が支給されることを理由にこの請求を拒否されたのに対して、ローマ条約の119条に違反する間接的な性差別であると訴えた事件であった。1987年当時のドイツ連邦共和国において公的部門のパートタイム労働者の77.3%は女性であり、その他の部門では97.8%が女性であった。週20時間以上労働するパートタイム労働者の中で90.2%が女性であった。EC裁判所は、退職金が同条で意味する「賃金」であるとしたうえで、同条の男女差別の禁止は、公的機関のみならず、労働協約および個人間の契約にまで適用されるので、パートタイムの被用者の排除が性別を理由とする差別と無関係の客観的に正当化される要因に基づくことを使用者が立証することができない限り、現実に男性よりも相当高い比率で女性がパートタイムで働いている場合にパートタイムの被用者を排除する労働協約の規定を適用することは同条によって禁止される、と判断した。さらに、労働協約の条件の間接差別を理由に不利益を受けた被用者は、労働時間数に比例して、その他の被用者と同じ取扱を受けて同じ制度の適用を受けなければならない、と判断された。

　Nimz v Freie und Hansestadt Hamburg [1991] IRLR222. この事件では、ハンブルグ市のパートタイムの女性職員が6年勤続後の給与等級の昇格を請求したが、連邦公務員の労働協約の規定ではフルタイムの4分の3以上の時間労働する職員は勤続6年後に昇格するが彼女のようなフルタイムの2分の1以上であるが4分の3に満たない時間労働する職員は勤続期間が2分の1に数えられることを理由に請求を拒否されたのに対して、性別を理由とする間接差別を訴えた。EC裁判所は、訴えられた労働協約の規定がローマ条約の119条で意味する「賃金」の対象範囲であるとしたうえで、当該規定による賃金格差は男性よりも相当大きな比率の女性（原告のようなパートタイマーの90%は女性であった）を不利益にするので、それが性差別を理由とする差別と無関係な要因によって客観的に正当化されない限り、同条に違反する、と判断した。さらに、Kowalska事件判決と同じく、一部の被用者に対する間接差別を規定する労働協約は、不利益を受けた被用者がその他の被用者と同じ取扱を受けるように修正されなければならない、と判断された。

11) Council Directive 77/187/EEC on the approximation of the laws of the Member States relating to the safeguarding of employees' rights in the event of transfers of undertakings, businesses or parts of businesses

12) 　マイケル・フォーサイス雇用副大臣は議会の質問に対する答弁文書において次のように述べた。「TUPEは民間部門と並んで地方当局の事業を含む公的部門を常に対象としてきた。しかしながら、個々の事例にTUPEが適用されるか否かは、その事例の事実に依り、適用される多くのテストがある。たとえば、企業またはその一部が実際に譲渡されたことが証明されることが必要である。このテストは常に適用されてきたし、[TUPEの改正後も]適用され続けることになる。……地方当局が内部の業務を委託する場合にはTUPEは通常適用されないと政府は考える。なぜならば、そのような取引はTUPEが意味する企業譲渡を一般的には含まないからである。」Hansard (HC) 19.11.92 Cols.338-9.

　しかし、EC裁判所のEC指令の解釈は、イギリス政府の見解とは異なっている。たとえば、Rask and Christensen v ISS Kantineservice A/s [1993] IRLR133 では、次のように判断された。この事件は、デンマークのフィリップス社に雇用されていた2人の女性食堂従業員が、同社の食堂営業の外部委託にともなって従前と同一の条件で受託企業に再雇用された後、賃金支給日の変更と賃金総額は変わらないが賃金の構成部分が変更されたことに対して反対して、1人が就労を拒否して解雇された事件であった。フィリップス社と受託企業との間の契約では、受託企業は食堂営業のための一定額のみを受け取ることになっていた。EC裁判所は、譲渡される事業が譲渡人の事業にとって副次的で譲渡人の事業目的に必ずしも関係

しなくても指令が適用される営業譲渡にあたるとして，食堂営業のような事業の外部委託にも指令が適用されると判断したうえで，譲渡人の雇用に関する権利義務は譲受人に移転した場合には，譲渡が行われなくても被用者の雇用条件を変更する権利を譲渡人が有する場合を除いて，譲受人は移動した被用者の雇用条件を変更する権利を有しない，と判断した。
13) Expro Services Ltd v Smith [1991] IRLR156. この事件では，国防省の兵舎の賄い婦として雇用されていた女性が，給食業務の民間企業への業務委託にともなって民間企業に再雇用された後に解雇されたのに対して，不公正解雇を申し立てた。争点は，申立人の不公正解雇の申立資格の2年の継続雇用期間に彼女の国防省による雇用期間を含めるために，TUPEが適用されるか否かであった。労働審判所は，給食および清掃業務は商業的企業の性質をもつので，TUPEの適用を認めたが，EATは，それらの業務は，譲渡された後に商業的企業の性質をもつとしても，譲渡される前は国防省によって行われて商業的企業の性質をもたなかったので，TUPEは適用されないと判断した。
14) Casenotes, Transfer Directive may apply to "contracting-out", IRLB464, January 1993, pp.12-4; John Bowers, Damian Brown and Stephen Gibbons, Trade Union Reform and Employment Rights Act 1993: A Practical Guide, 1993, Longman, pp.54-55.
15) Hansard (HC) 21.1.93 Col.512.
16) [1993] IRLR179. この判決は，法案が議会で審議されていた1992年法12月16日に下されて，貴族院の委員会の段階で法案の修正が行われた。
17) Walden Engineering Co Ltd v Warrener [1993] IRLR420. この事件において，EATは，職域年金がEC指令の3条3項が排除を認める国家の社会保障制度の外の補足的な年金制度であるか否かは，同項が個々の使用者にはではなく加盟各国に対して被用者の利益のためにそのような保護を提供することを要求するので，関係がない問題であると判断するとともに，同条を実行しないことについてイギリス政府に対する強行手続はない，と判断した。
18) Council Directive 75/129/EEC on the approximation of the laws of the Member States relating to collective redundancies.
19) Council Directive 92/56/EEC amending Directive 75/129/EEC on the approximation of the laws of the Member States relating to collective redundancies.

三　TURERA 第3部

　TURERA の第3部は，その他の雇用に関係する事項を取り扱う。これらの事項には，賃金審議会の廃止，労働審判所における訴訟遅延を減らすことを目的とする幾つかの措置，性的非行を含む事件についての報道機関による報道を規制するために導入された労働審判所の新しい権限，労働審判所に契約違反の訴えを処理することを認めることによる労働審判所の管轄権の大幅な拡大，および ACAS（助言・調停・仲裁局）への付託条件の変更等が含まれる。

　TURERA 第3部について解説する文献としては前記で掲げたもののほかに次のものがある。

　Guidace Note, Trade Union Reform and Employment Rights Act 3: Industrial Tribunals and Other Matters, IRLB 481, September 1993, pp.2-6; Gareth Thomas, The Trade Union Acts 1992 and 1993: Text and Commentary, Sweet & Maxwell, 1994.

1　賃金審議会の廃止

(1)　賃金審議会の廃止の効果

　TURERA の35条は，賃金審議会命令の対象とされる労働者のための法定最低賃金率を規定する1986年賃金法[1]の第2部を廃止する。その結果，残っていた26の賃金審議会と附属の法定機関は1993年8月30日から廃止された。法定最低賃金率を定めるための機関としては農業賃金委員会（Agricultual Wages Board）が唯一残された。同日に有効のすべての賃金審議会命令は失効し，したがって使用者は同日以降に新規に採用される被用者に対して法定最低賃金を支払うことをもはや要求されない。

　既存の被用者については，賃金審議会の廃止は彼らの賃金その他の契約条件に影響を及ぼさない。すなわち，賃金を含む契約条件がもはや存在しない賃金審議会命令から発生したことのみを理由に，使用者はそれらの条件を一方的に変更することはできない。被用者が契約条件の変更に同意しない限り，それらの条件は適用され続け，使用者が賃金の減額またはその他の不利益変更を押しつけようとすることは，契約違反を構成することになる。

実際に問題が起こりうると考えられる場合としては，たとえば雇用契約が実際の賃金率を特定しない代わりに，「［関係する］賃金審議会命令において特定された現行の最低賃金率」とのみ規定をする場合がある。この場合には賃金審議会の廃止の後でさえ，契約上の賃金率は廃止の日において適用されうる法定最低限度であり，合意によって変更されない限りこの率は支払われ続けることになる。

(2)　経過措置

　TURERA の付則 9 の 5 条は，経過措置を規定する。廃止の日において権利を有していた最低賃金を受け取っていなかった被用者は，法定率に引き上げられた賃金を支払われる権利を同日以降も有する（同条 2 項）。したがって，その率を支払わないことは依然賃金法に基づく訴えの対象になりうるとともに，賃金検査官（wages inspectors）による訴追を招く可能性をもつ。同条 4 項によると，賃金検査官は賃金審議会の廃止の前の期間に関する賃金審議会命令を強行することを限られた期間継続することができる。同検査官は被用者に代わって訴訟を起こし，廃止の日より前に起きた支払いの不足に関係する刑事訴追を提起することがその日から 6 か月間できる。したがって，使用者は廃止の 6 か月後まで賃金法の 19 条 1 項に規定されたように賃金審議会命令の下で行われた支払いに関係するあらゆる記録を保管することを要求される（同条 3 項）。

2　労働審判所の構成

　TURERA の 36 条並びに 37 条は，雇用大臣に労働審判所の設置と管轄権を規定する規則を制定する権限を与える EPCA の 128 条，労働審判所の手続に関して制定される規則の内容とすることができるものを規定する EPCA の付則 9，並びに EAT の構成と権限を取り扱い，労働審判所に適用されるものと類似の規則制定権限を規定する EPCA の付則 11 を改正し，労働審判所と EAT の構成にいっそうの弾力化を認めることによって，申立の審査の遅延を減少させることを目指している。これらの規定は，1993 年 11 月 30 日に施行された[2]。

(1)　単独構成員審判所

　EPCA の 128 条が改正された結果，労働審判所の手続において通常審判長と

2人の素人審判官によって審査が行われるが,両当事者が合意する場合には審判長と1人の素人審判官によって審査することができることが明記される(同条2A項)[3]。しかしながら,今回の改正はさらに,素人審判官が陪席しないで審判長単独で労働審判所への不服申立が審査されることができる一定の場合を認める[4]。一定の場合は次の通りである(同条2C項)。

1　安全衛生に関する理由または労働組合を理由とする解雇の場合の仮の救済の申立の場合
2　倒産の場合の賃金の支給を求める雇用大臣に対する請求の場合
3　1986年賃金法5条に基づく賃金からの違法な控除に関係する請求の場合
4　TURERAの38条によって改正されたEPCAの131条に基づく命令によって新たに導入された労働審判所の管轄権が及ぶ契約違反の訴えの場合
5　両当事者が審判長単独で事件が審査されることに書面の合意を与えている場合
6　申立人が書面の通知によって不服申立を取り下げた場合
7　被申立人が事件を争わないまたは争うことをやめる場合

労働審判所の手続のいずれかの段階において審判長が通常の手続に従って事件を審査することを決定しない限り,上の場合にはいかなる事件も審判長単独で審査されることになる。この決定を行うに際して審判長は,次に掲げる事項を考慮しなければならない(2F項)。

1　事件が全員参加の審判所によって審査されることを望ましいとする事実に関する紛争が生じる見通し
2　事件が審判長単独で審査されることを望ましいとする法律問題が生じる見通し
3　両当事者の見解
4　同時に審査されるかもしれない,全員参加の審判所によって審査されなければならないその他の何らかの事件の有無

EPCAの128条4項の後に5項が挿入され,同項によると労働審判所規則はさらに労働審判所によって行われることが要求されるまたは承認される行為が審判長単独で行われることができる場合を特定することができることになった。これらの場合には,審判所が事件を審査する管轄権を有するか否かの予備的決定を含めることができる。

(2) EAT（雇用控訴審判所）の構成

EPCAの付則1116条は改正された結果，審判長単独からなる労働審判所における手続から上訴が生じる場合に素人審判官が陪席しないでEATの裁判官が単独で着席することを認める。しかしながら，裁判官は，上訴が全員参加のEATによって審査されることを命令することができる。

改正前の16条は，両当事者の合意によって，裁判官と2人または4人の素人審判官の通常の構成に反して，上訴は裁判官と1人の素人審判官によって審査されることができると規定していた。これは改正されて，両当事者が合意する場合には1人または3人の素人審判官が陪席して裁判官が着席することが認められることになった。

(3) 審判所手続の改正の背景

上にみた労働審判所並びにEATにおける手続が改正された背景には，近年における審判所への申立件数の急激な増加と，それによってもたらされた訴訟遅延がある。最近の統計によると[5]労働審判所への申立件数は，1990-91年において総数3万5826件であり，1989-90年における3万1913件に対して約12.3％の増加であり，1991-92年において4万1768件であり，前年に比して約16.6％の増加であり，1992-93年において5万3445件であり，前年に比して約28％の増加であった。申立件数のうちでとくに1986年賃金法に基づく申立の急激な増加が最近めだっている。1990-91年において6238件（17.4％）は賃金法に基づく申立であり，1991-92年においては6518件（15.6％），1992-93年においては7510件（14.1％）であった。ちなみに，1987-88年における賃金法に基づく申立は，552件しかなかった。さらに，不況を反映して剰員整理手当に関する申立件数もかなり増加し，1989-90年におけるより31％増加して1990-91年には5022件に上り，1991-92年には4％増加して5234件に，そして1992-93年には35％増加して7084件に上った。申立件数の急増は当然のことながら審判所における審査の待ち時間の実質的増加をもたらした。1990-91年にイングランドおよびウェールズにおいて労働審判所へ申立を行ってから最初の審査を受けるまでに12週以内ですんだのは申立件数の39％にすぎなかった。これは，雇用省による目標数値を約20％下回った。1991-92年の上半期の暫定的数値は24％を下回り，イングランドおよびウェールズの11の審判所管

轄区域の5においてそれは15％を下回った[6]。

EATの場合も労働審判所の場合と事情は同様である。EATへの登録上訴件数は過去数年間において徐々に減少していて，1989-90年において524件，1990-91年において515件であったが，その後急増に転じて1991-92年において711件に上り，1992-93年において760件であった[7]。1992年法6月に議会に対して雇用省は，事件がEATによって審査されるまでに要する平均時間はイングランドおよびウェールズにおいて2年，スコットランドでは4か月であったと報告した[8]。

こうした申立件数の増加による訴訟遅延を背景として審判長または裁判官による単独審査の対象事項が拡大されたわけであるが，訴訟遅延の有効な解決策が唯一単独審査ではないことは明かであろう。労使関係に関する特別の知識と経験を有する労働者または使用者の代表として任命された素人審判官が審判所において果たす役割に対する評価にかかわって，今回の改正は議論の余地を大きく残しているといえよう[9]。

3 雇用契約違反等に対する労働審判所の管轄権の拡張

EPCAの131条は，雇用契約違反を理由とする損害賠償の請求またはそのたの金員の請求を審査することを労働審判所に可能にする命令を下す権限を大法官（またはスコットランドにおいては法務総裁）に与える。しかし，そのような命令はかつて下されたことはなく，政府は，現行の命令発給権限は雇用の終了時に発生しているまたは未決済の雇用契約上の請求もしくはその他の関係する不服申立が行われる場合に限定されるので不適切であると判断し，命令が発給される前に立法の改正が必要であると考えた。

そこでTURERAの38条はEPCAの131条を改正して，そのような命令が対象とする事項の範囲を従前の規定の下で可能であったよりも拡張する。改正された131条は，次に掲げる事項に関して労働審判所に申立を行うことを命令が認めることができると規定する。

1 雇用契約または雇用に関係するその他のあらゆる契約の違反による損害賠償
2 これらの契約に基づいて支払われるべき金員
3 これらの契約の条件またはその履行に関係する法令に従った金員の請求

4 命令所定のその他のあらゆる種類の請求

この改正の結果，131条に基づく命令が労働審判所の管轄権の対象とすることができない種類の請求は，身体的損傷に関して支払われるべき損害賠償または金員の請求のみになった（同条3項）[10]。しかし，この命令は一定の種類の請求に関係する例外を含むことができ（同条1項b号），さらに異なる種類の請求の申立に関して異なる規定を制定することができる（同条5A項）。

また，この命令は，請求（または同一の契約に関係する多くの請求）に関して審判所が支払われることを命令することができる金額に上限を設けることができる（同条4A項）。政府は，この上限を通常の不公正解雇の補償裁定の上限（現行1万1000ポンド）に設定することを明らかにしている。

改正された131条は，1993年8月30日に施行された。政府は，同条に基づく命令が可及的速やかに制定されることを表明した。

4 労働審判所に対して申立を行わない旨の合意

(1) 申立を禁止する合意

EPCAの140条は，両当事者間で自主的に和解することを約して労働審判所に不服申立を提出することを禁止することを目的とする合意を原則として無効としていた。SDA 1975の77条，1976年人種関係法（Race Relations Act 1976，以下，RRAと表記する）の72条，1986年賃金法の6条，およびTULRCAの288条にも類似の内容が規定されていた。もっとも，この原則には例外があり，法定の要件に従ってACASの調停官が行動した後に右の合意に至った場合にのみこの合意は有効であった。ACASは，両当事者が情報を適切に提供されて，利用できる選択の幅と採用することができる別の決定の結果を完全に理解したうえで合意に至ることを保障することを追求する方針を掲げて調停に臨んだ。しかし，その結果労働審判所に対する不服申立が公式に行われてはいないが当事者間ではすでに了解されている合意を無条件で承認することを実際にはACASに要求するACASに対する付託事件数が1980年代に急激に増加する事態が惹き起こされた。そこで，付託事件数の深刻な増加に直面したACASは従来の方針を変更し，労働審判所に対する不服申立が公式に行われてはいない事件を例外的に扱うこととし，調停官の介入によって合意の条件を変更することが可能ではない限り調停官が介入しないで当事者間で了解された合意を無条

件で承認することを拒否する方針を1990年7月に採用した[11]。その結果，労働審判所に対する不服申立が公式に行われてはいないACASに対する付託事件数は1989年の1万7724件（事件総数の36％）から1992年法の2431件（3％）に減少した。ところが，ACASによって制限的な方針が採用されたことによって，当事者間で自主的に了解されたがACASの調停官の援助を受けなかった合意に法的効力を与える仕組みが存在しないことになった。このことは，この合意に法的効力を単に与えることのみを目的として労働審判所に対する申立が行われる危険を招いた。そこで，このような不必要な申立を回避して，労働審判所に対する過重な負担を排除するための措置を講じることが必要になった。

TURERAの39条並びに付則6は，EPCAの140条とそれと類似の内容を規定する各法律の条文を改正する結果，所定の基準を満たす合意は一定の労働審判所の審査手続を開始するまたは継続することを当事者に有効に禁止することができることになった。政府によると，これらの規定の目的は，ACASまたは労働審判所を関与させないで使用者と被用者との間の紛争，そして場合によっては労働組合と組合員との間の紛争を解決する簡素で迅速な手段を提供することにあるとされた[12]。これらの規定は，1993年8月30日に施行された。

(2) 禁止される審判所に対する申立

改正された140条2項fb号の下で，一定の審判所の審査手続を開始するまたは継続することを差し控える合意は，それが「妥協的合意」（compromise agreement）を規制する条件を満たす場合には，無効ではない。

この妥協的合意が禁止することができる審判所に対する不服申立が関係する請求事項は，次の通りである（133条1項，134条1項）。

1　賃金明細書
2　保障賃金
3　傷病休職手当
4　公的義務のためのタイム・オフ
5　剰員整理通知を受けている間の求職または訓練のためのタイム・オフ
6　出生前検診のためのタイム・オフ
7　書面による解雇理由
8　1986年賃金法所定の賃金からの違法な控除

9　不公正解雇
10　性差別
11　同一賃金
12　人種差別
13　TULRCA に基づいて生じる権利（ただし，剰員整理の提案に関する労働組合の協議権を除く）
14　安全衛生の場合に不利益を受けない権利
15　出産休業の場合の代わりの仕事および賃金に対する権利

(3)　妥協的合意

妥協的合意（性差別および人種差別禁止立法では「妥協的契約」（compromise contract）と称される）は，有効であるためには次に掲げる条件を満たさなければならない（140条3項）。
1　合意は書面によらなければならない。
2　合意は個々の不服申立に関係しなければならない。
3　提案された合意の条件と効力に関して，とくに労働審判所において申立人の権利を追求する能力に対するそれの効力に関して申立人は独立した法的助言を適格な法律家から受け取らなければならない。140条4項によると，適格な法律家とは，バリスタまたは（スコットランドのみにおける訴訟に関して）アドボケイト（双方の場合において適格な法律家として開業しているかまたは法的助言を与えるために雇われているかを問わない）もしくは開業許可証を保有するソリシタである。法的助言は，その事項に関して使用者または関連使用者のために行動していない法律家によってそれが与えられる場合に，「独立」しているとみなされる。
4　助言者が助言を与える場合には，助言の結果において生じる損害に関する申立人による訴えの危険を対象とする保険の対策が有効に存在しなければならない。
5　合意は助言者を確定しなければならない。
6　合意は関係法律の下で妥協的合意を規制する条件が満たされることを規定しなければならない。

(4) 実際上の問題

　妥協的合意を統轄する規制はそれを締結する被用者の利益を保護することを目的とする。しかし，妥協的合意は有効になるためには140条3項に規定された多くの詳細な要件を満たさなければならないので，合意が何らかの技術的な欠陥を理由に無効とされる可能性は大きいと考えられる[13]。とくに，助言する法律家が保険の対策をもつことが必要であるが，法定の要件を満たすそのような対策が存在することを使用者がどのように立証することができるのかを検討することは残された課題である。ソリシタの「損失補償基金」(Solicitors' Indemnity Fund) が保険の対策に含まれるか否かも不明である。有効な保険の対策が存在することを要求することは，妥協的合意の成立にとって潜在的な障害になりうると予想される。

　また，妥協的合意は「個々の不服申立」に関係しなければならないので，関係する個人が申立を行うかもしれないいずれかのまたはすべての法定の請求事項を対象とする包括的な表現を合意は含むことはできないように見える。貴族院におけるこの規定に関する審議において，政府は次の通り答弁した。「その不服申立の当事者間にすでに生じている個々の不服申立を解決する合意の文脈で手続は利用できるのみであるべきであると，我々は提案している。合意の主題である個々の不服申立以外のあらゆる事項に関して個人が審判所に申立を提出するまたは継続する権利を妥協することを手続は認めない。」[14]

　したがって，合意はそれが関係するそれぞれのあらゆる不服申立を明示しなければならないと考えられる。そのうえ，合意が別々の法律によって対象とされる不服申立に関係する場合には，それぞれの関係法律に言及することが必要である。なぜならば，それぞれの関係法律に別々に挿入される妥協的合意に関する規定が，合意が「この法律の下で」条件を満たすことを規定することを要求するからである。これが必要であることは，Livingstone v Hepworth Refractories Plc[15] における EAT の推論によっても指摘される。その事件では，EPCA の下で達成されて，すべての訴えの「完全で最終的な解決」であるといわれた ACAS が調停した和解は，申立人のその後の性差別の不服申立に関しては拘束力をもたないと判断された。EAT は，SDA 1975 の ACAS の和解に関する規定は，「不当な合意または和解に対する被用者の保護のための 1975 年法並びに 1970 年同一賃金法の庇護の下の別個の規範を形成するように見える」とする判

断を示した。実際のところ別々の項目の下に不服申立に関係する別個の合意を個々に締結することが望ましいといえる。

　さらに，個人に助言を与える法律家が使用者または他方当事者からどの程度「独立」していなければならないのかは不明である。EPCA の 140 条 4 項の規定の仕方は，法律家はその他の何らかの資格において使用者のために行動しているまたは行動していたことが可能であることを意味するように受け取ることができる。法案の審議中にこの点を質問されて，政府は次の通り答弁した。「明かに，法律家は同時に紛争の両当事者のために行動することはできない。」しかし，さらに政府は，「不服申立を使用者と円満に解決し審判所の審査を回避することを希望していて，法律家と従前の接触をもたない被用者は，どこで彼が適当な者を見出すことになるかを使用者に尋ねることは十分にありうる」との認識を示した[16]。付則 6 による賃金法の改正はこの規定の仕方を踏襲するが，他方 SDA 1975，RRA および TULRCA の改正された規定は，法律家は「他方当事者またはそれに関係する者のために行動していない」ことを単に要求するにすぎない。この規定の仕方は，法律家がいかなる資格においても他方当事者のために行動する可能性を排除することを意味するように受け取ることができる。両者の規定の仕方の相違が法的助言の「独立性」の程度にどのように影響を与えるのかについては今後に検討の余地を残している。

5　性的非行に関わる事件における公表の制限

　近年，とくにセクシャル・ハラスメントの申立を含む一定の事件についてのあつかましいまたは不快な報道機関による報道が，そのような不服申立を提出することを希望する人々に対する抑止力として働く可能性が大きいとする認識が高まっている。そうした可能性に鑑みて，政府は性的非行に関わる報道を止めることに役立つ新しい裁量的権限を労働審判所に与えることを決定した。

　TURERA の 40 条並びに 41 条は，EPCA の付則 9 並びに 11 を改正し労働審判所並びに EAT の規則が性的非行の申立を含む事件において「報道制限命令」（restricted reporting order）を下すことを労働審判所または EAT に認めることができると規定する。

(1) 報道制限命令

EPCA の付則 91 条に新たに挿入された 5 A 項と同じく付則 11 に挿入された 18 A 条 7 項によると「性的非行」とは,「性的犯罪,セクシャル・ハラスメントまたは性に関係する（あらゆる性質の）その他の好ましくない行為を犯すこと」を意味し,「性との関係が行為の性格にあるかまたは行為が向けられた者の性または性的傾向と行為との関係にあるかとは無関係に,行為は性に関係する。」

報道制限命令は,訴訟の一方の当事者によって申し立てられることができ,または審判所はそれ自体の発議によってそのような命令を下すことができる。命令が下されるか否かはまったく審判所の裁量事項である。命令は,申立を行っている者または申立によって影響を受ける者を公衆が確定することを招きそうなあらゆることについてのグレート・ブリテンにおける書面による公表[17]または放送を禁止することになる。しかし,命令の有効期間は審判所の決定の公表または命令の取消のどちらか早く行われたときまでである。

報道制限命令に違反する何らかの事項の公表または放送は略式に審査される刑事犯罪になる。この犯罪に対する刑は,5000 ポンド以下の罰金（現行の標準計算率による）になる。この犯罪で有罪とされる者は次の通りである（付則 91 条 8 項ないし 11 項,付則 1118 A 条 3 項ないし 6 項）。

1 新聞または定期刊行物における公表の場合には,それの所有者,編集者および発行者
2 その他の公表の場合には,その事項を公表する者
3 放送番組の場合には,放送会社と番組に関係するその職務が新聞の編集者のそれに相応するあらゆる者。放送会社による犯罪が取締役,管理職,または会社のその他の類似の役職者の黙認または同意によって犯されたあるいはそれらの者の過失に帰せられることが立証される場合には,それら者もその犯罪で有罪になる。

これらの規定の下で犯罪を告発された者は,問題の公表または番組が禁止された事項であったもしくはそれを含んでいたことを気づかなかった,そしてそのことを予見しなかったまたは予見する理由をもたなかったことが立証されることができる場合に,防禦をもつことになる。したがって,命令自体についての不知は,防禦にはならないと考えられる。

EAT の規則も改正された結果,EAT は,労働審判所と同じ方法と同じ理由

で報道制限命令を下すことができるが，それは次に掲げる審査手続における場合に限られる（付則 1118 A 条 2 項）。
  1 制限報道命令を下すまたは下さない労働審判所の決定に対する上訴
  2 労働審判所が取り消されていない制限報道命令を下した場合における審判所の何らかの仮の中間的決定に対する上訴

(2)　新しい権限の限界

　報道制限命令は関係する事件において自動的に下されるわけではなく，審判所の裁量によって下されることになる。それゆえ，命令が下されることについてのそうした不確実性によって，潜在的な申立人に対する抑止的要素の可能性を排除しようとする政府の言明された目的がどの程度達成されることになるのかは今後の検討課題である。
　報道制限命令が下される場合には，報道機関は事件の審査中に事件を報道することはできるが，申立に直接関与する何人をも確定することになるいかなることも漏らすことはできない。すなわち，個々の事件の存在と性質についての公表は許されるが，名前と人物を確定するあらゆることは排除されなければならない。
　報道制限命令は，それが事前に取り消されない限り，審判所がその決定を公表する場合に失効する。すなわち，一旦事件が終結すると，事件についての報道の範囲または性質に関する制限はなくなることになる。この措置は，一旦事件が終結したならば，報道機関が事件を報道することに価値を見出さなくなるとする見方に基づいていると考えられる。しかし，この見方は明かに楽観的であるといえる。報道機関が事件を報道することに関心をもつか否かは，もっぱら事件の性質と関係当事者の素性がもつニュース・バリューに左右されることになるであろう。したがって，何らかの性的非行に関わる不服申立を労働審判所に提出することを企図する者に対する抑止的要素を排除するという立法目的に照らして，この措置が適切であるか否かは残された検討課題である。
　EAT の権限は報道制限命令に関して非常に限られている。当事者の一方が法律問題に関して通常の方法で EAT に上訴する場合には，この命令を受けた審判所の事件に関与する人々に関するアイデンティティーの保護はない。この措置の背景には，労働審判所が一旦決定を公表すると報道制限命令は失効する

ので，上訴の段階で追加の命令を下すことは屋上屋を重ねることになり，また，EAT に対する法律問題に関する上訴に関与する者は労働審判所に対する申立に関与する者よりも衝撃的な取材の対象になりにくいとする見方があると考えられる。しかし，ここにおいても労働審判所の場合と同様に，この措置が立法目的を達成するために適切であるか否かを検討しなければならないといえる。

(3) 性的犯罪立法の遵守

労働審判所並びに EAT の規則の双方が改正される結果，さまざまな法律[18]によって定義される性的犯罪の申立を含む事件において，申立を行う者またはその申立によって影響を受ける者のアイデンティティーを示す情報はあらゆる決定または公衆が利用できるその他の文書から恒久的に排除される（付則 91 条 5 A 項 a 号，付則 1118 A 条 1 項 a 号）。これは，労働審判所と EAT が性的犯罪の犠牲者のためのアイデンティティーの保護に関係する 1992 年性的犯罪（修正）法（Sexual Offences（Amendment）Act 1992）に自ら違反しないことを保障するための措置である。

しかしながら，これらの規定は犠牲者と同様に申し立てられた犯行者に匿名を与えることで現行の性的犯罪立法よりも進んでいることは注目されるべきである。

TURERA の 40 条並びに 41 条は，1993 年 8 月 30 日に施行されたが，これらの規定は本質的に「できる」規定であるので，改正された労働審判所並びに EAT の規則が順当に制定される場合にのみ実質的な変更が施行される[19]。

6 嫌がらせ訴訟の制限

TURERA の 42 条は，EPCA の 136 条の後に 136 A 条を挿入し，審判所制度を濫用する訴訟当事者，すなわち労働審判所または EAT において嫌がらせ訴訟を開始するまたは嫌がらせの申立を行う者，に対して「訴訟禁止命令」（restriction of proceedings order）を下す新しい権限を EAT に与える。同条で規定される内容は，1981 年最高裁判所法（Supreme Court Act 1981）の 42 条の内容を厳密に踏襲するものである[20]。

従来労働審判所に対する濫訴を排除するシステムはすでに備えられており，審判所は訴訟手続の申立または通知が「露悪的，軽薄または嫌がらせ」である

ことを理由にそれを削除または修正する権限をもつ[21]。さらに審判所は，申立を提出するまたは訴訟手続を進める当事者が「軽薄にまたは嫌がらせにもしくはその他不合理に行動した」場合に，費用命令を下す権限をもつ[22]。また，1980年から予備的審査評価（pre-hearing assessment）が導入され，審判所が当事者の一方が勝訴の合理的な展望をもたないと考える場合には，その当事者が訴訟手続を継続するならば費用命令が下されることになると警告することができた[23]。その後，1993年の労働審判所規則の全面改正によって予備的審査評価は，「予備的審査検討」（pre-hearing reviews）に取って代わられた[24]。予備的審査検討において，審判所が当事者の一方が勝訴の合理的な展望をもたないと考える場合には，審判所はその当事者に対して訴訟手続を継続する条件として150ポンド以下の供託金を支払うことを命じることができる。こうしたシステムが存在するにもかかわらず，政府は，費用命令を受ける警告や供託金を支払う可能性によっても抑制されない嫌がらせ訴訟に対処する新しいシステムの導入が必要であると判断した[25]。

訴訟禁止命令の申立は法務総裁から行われなければならない。申立人が「常習的に執拗に，かつ合理的な理由なしに」嫌がらせ訴訟を開始しまたは労働審判所またはEATに嫌がらせの申立を行ったことをEATが確認する場合には，EATは命令を与えることができる（136A条1項）。しかしながら，EATは，命令を下す前に申立人を審査するまたはその者に審査される機会を最低与えなければならない（同項）。

「嫌がらせ」の定義は法律上与えられていないが，ET Marler Ltd v Robertson[26]において全国労使関係裁判所は次の通り判断した。「被用者が補償金を回復することを期待しないで腹いせに使用者を悩ますためにまたはその他の不当な動機によって望みのない訴えを提起する場合には，被用者は嫌がらせ的に行動し，そしてさらに訴訟手続を濫用する。」他方，Acrow（Engineers）v Hathaway[27]においてEATは，訴訟の濫用の意味において「嫌がらせ」を先の全国労使関係裁判所の判断よりももっと広く解釈した。この事件では，申立人の不公正解雇に関する1番目の不服申立が審査される予定になっている直前に申立人が健康状態の悪いことを理由に不服申立を取り下げた場合に，2番目の不服申立は嫌がらせであることを理由に退ぞけられた。

136A条2項によると，訴訟禁止命令は，訴訟当事者は，EATの許可なし

に，追加の訴訟を開始する，既存の訴訟を継続する，または何らかの訴訟の申立を開始する許可を得ないで行うことができない，と命じる命令である。EATが命令の効力を停止する日付を特定しない限り，命令は無期限に有効に存続する（同条3項）。しかしながら，命令の対象者は136条4項に基づいて通常の方法で命令に対して上訴することができる。

訴訟禁止命令を受けている者が訴訟を開始するまたは継続するためのEATからの許可を申請する場合には，EATが訴訟または申請が審判所手続の濫用でないこと並びに訴訟または申請のための合理的な理由があることを確認しない限り，許可は与えられてはならない（同条4項）。EATによる右の許可の拒否に対する上訴の権利はない（同条5項）。

訴訟禁止命令の写しはロンドン・ガゼットとエジンバラ・ガゼットに公表される（同条6項）。

これらの規定は1993年11月30日に施行された。

7 ACASの職務と活動

(1) ACASに対する付託条件

雇用省が1992年法に行ったACASについての5年毎の見直しの結果，ACASの職務と活動に関するTULRCAの規定について3つの改正が行われた。第1に，TURERAの43条はACASへの付託条件を規定するTULRCAの209条を改正する結果，ACASは依然労使関係の改善を促進する一般的な職務をもちながら，1975年雇用保護法（Employment Protection Act 1975）の下で創設されて以来託されてきた「団体交渉の拡大並びに発展および必要な場合に交渉機構の改革を奨励する」ことをその職務から外された。その代わりに，ACASは労働争議に関するそれの調整機能に焦点を当てなければならなくなった。いわば，ACASの職務の中心は，「防火活動」から「消火活動」に移されたことになる[28]。この重点の移動は，政府の団体主義に対する軽視と雇用条件の決定方式として使用者と被用者との間の個別交渉を優先する態度に照らしてみると，当然の成行きとみることができる。しかし，右の象徴的な職務の削除がACASの活動に実際に影響を及ぼすことはありそうにないと予測されている。

第2に，TURERAの43条2項はTULRCAの213条を改正する結果，ACAS

が使用者並びに労働組合その他に与えることができる助言は労使関係に関係するまたはそれに影響する事項に限られることになり，従前の雇用政策に関係する事項に関して助言を与える権限は削除され，この助言について ACAS が料金を課すことを禁止することは削除された。助言が与えられることができる事項の詳細なリストも削除された。

第3に，TURERA の 43 条 3 項は TULRCA の 249 条 2 項を改正する結果，ACAS の議長がパートタイムで任命されることを可能にする。

これらの改正は 1993 年 8 月 30 日に施行された。

(2) ACAS による職務の遂行のための料金

TULRCA の 213 条の改正を受けて，TURERA の 44 条は TULRCA に 251A 条を新たに挿入し，ACAS がその職務について料金を課すことが適切であると考える場合に料金を課す権限を ACAS に与える。もっともこの権限は，ACAS の自由裁量ではない。同条は，ACAS との協議を経たうえで所定の職務について料金を課すことを ACAS に命令する権限を雇用大臣に与える。

この改正は，1992 年法に行われた ACAS についての 5 年毎の見直しが ACAS の特定の出版物並びに仲裁等の活動について料金を課すことを検討することを勧告したことを受けたものである。しかし，この改正は，ACAS の中立性の確保にとって重大な問題を投げかけている。ACAS の評議会は，その活動に料金を課すこと，とくに仲裁に料金を課す提案に対して完全に反対した[29]。それにもかかわらず，雇用大臣が ACAS に対して料金を課すことを命令する留保権限を行使することを決定したので，評議会は全会一致でその決定に反対する書簡を雇用大臣に対して送った。評議会の反対理由は次の通りである。「1975 年の ACAS の創設に際して与えられた大臣の指揮からの自由は ACAS の独立性の不可欠な基礎であり，使用者並びに被用者からの中立性を証明することを評議会は明らかにする。留保権限は，評議会の指揮の下で ACAS がその法定の職務の一部または全部を行使する方法に影響を与える，または支配することを追求する継続的な脅威であるとみなすことが十分にできる。」[30] 評議会の懸念を鑑みると，短期的な財政的利益の追求が ACAS の中立性を損なうおそれがまったくないとはいいきれない。この改正も 1993 年 8 月 30 日に施行された。

8 その他

　TURERA の付則 714 条は EPCA の付則 1320 条を改正する結果（1993 年 8 月 30 日に施行），不公正解雇の不服申立のみならず，解雇から生じる人種または性差別の不服申立を含む解雇の不服申立，性または人種差別の不服申立に関係するものを含む ACAS に調停された和解，および EPCA または差別禁止立法の下での妥協的合意または契約の締結の結果として復職または再雇用される被用者のために雇用の継続を保全する規則が制定されることになった。この規則は，Employment Protection（Continuty of Employment）Regulations 1993（S.1.1993 No.2165）として制定され，1993 年 10 月 4 日に施行された。

　また，TURERA の付則 715 条は SDA 1975 の 56 A 条を改正する結果（1993 年 8 月 30 日に施行），EOC（機会均等委員会）に同一賃金に関する行為準則を発布する権限が与えられた。

　その他，教育機関における職業訓練（careers services）に関する 45 条並びに 46 条，そしてスコットランドにおける職業訓練等に関する 47 条については省略する。

1）　同法の成立の背景と意義については，高島道枝「イギリスにおける最低賃金制（賃金審議会制度）改革の意義—1986 年賃金法の成立—」経済学論纂（中央大学）第 29 巻第 3・4 合併号（1988 年）77 頁参照。
2）　審判所規則を制定することを可能にする EPCA の 128 条 5 項を挿入する 36 条 3 項は，1993 年 8 月 30 日に施行された。
3）　このことは，1965 年労働審判所（イングランド・ウェールズ）規則（Industrial Tribunals (England and Wales) Regulations 1965, S.I.1965 No.1101）の 5 条 1 項においてすでに規定されていた。
4）　今回の改正前にも，非常に限られた場合であるが，審判長は次に掲げる場合には単独で着席することができた（上記の規則の 5 条 1A 項）。
　1　申立人が自己の申立を放棄する書面による通知を与えたときに申立を却下する場合
　2　職業訓練委員会（Industrial Training Board）が上訴を争わないとする書面による通知を与えたときに 1982 年職業訓練法（Industrial Training Act 1982）の下での職業訓練徴収金の評価に対する上訴を認容する場合
　3　当事者の書面による合意に従って申立について決定する場合
　4　何らかの中間的事項または申立を処理する場合
　5　前記のいずれかの事項に関係する費用を命令する場合
5）　Industrial and employment appeal tribunal statistics 1991-92 and 1992-93, Employment Gazette, November 1993, pp.527-31.
6）　Hansard (HC) 17.10.91 Col.222.
7）　Employment Gazette, op.cit.

8) Hansard (HC) 18.6.92 Col.137.
9) もっとも，労働審判所における素人審判官が果たす役割が重要であることは自明であるとしても，EAT に対する上訴が法律問題に限られることから（唯一の例外は，TULRCA の 9 条に基づく労働組合の独立性に関する認証官の決定に対する上訴であり，それは事実問題に関係することもできる），EAT における素人審判官の役割については以前から議論があることには留意する必要がある。 The Hon.Mr.Justice Browne-Wilkinson, The Role of the E.A.T.in the 1980s (1982) 11ILJ69; Sir John Waite, Lawyers and Laymen as Judges in Industry (1986) 15ILJ32.
10) 当事者は依然，契約違反の請求について拘束力のある和解に通常の方法で達することができる。この和解は，新しい 131 条に基づく命令の下で提起されるかもしれない審判所の審査手続を追求しない合意を含むことがありうる。その場合右の合意は EPCA の 140 条の下で無効とはならず，後述する「妥協的合意」の要件に従わなくてもよい。
11) ACAS Annual Report 1991, p.45.
12) The Trade Union Reform and Employment Rights Act 1993: a section by section guide, Employment Gazette, August 1993, p.355.
13) Gareth Thomas, op.cit., para.19-90.
14) Hansard (HL) 6.5.93 Col.904.
15) [1992] ICR287. この事件では，申立人は 1990 年 4 月 30 日に雇用を終了したが，ACAS の調停官の援助を受けて，会社の年金制度の規則の下で支給されるべきである給付を除いて彼の雇用から発生する使用者に対するすべての請求についての完全で最終的な和解を合意するに至った。その後彼は，彼の年金が類似の事情においては女性に適用されることはない方法において少なく計算されたことにおいて彼は性を理由に違法に差別されたとする不服申立を労働審判所に対して行った。労働審判所は，不服申立は申立人に支給されるべきである給付額よりもむしろ年金制度自体の差別的性質に関係しており，それは EPCA の 140 条の規定を理由に拘束力を有する上記の和解の例外には該当しない，と認定した。したがって，審判所は，管轄権をもたないと判断して不服申立を退けた。
　申立人は，EAT に上訴して，EAT は上訴を認容した。その理由は次の通りである。第 1 に，EPCA の 140 条 2 項 a 号に規定される「あらゆる訴訟手続」は，SDA 1975 に基づく訴訟手続を含むと読むべきではなく，EPCA の 140 条に規定される同法の規定の適用を免れることの制限に対する例外は，性差別禁止の請求を免れることの合意に適用されないので，労働審判所は不服申立を検討する管轄権をもたないと判断したうえで法の誤りを起こした。
　第 2 に，申立人は EC 法において年金制度の下の性差別に関係する訴えを提起する直接に強行可能な権利を有していた。EC 法の下での直接的な訴えに及ぶ国内の手続規定がない場合には，労働審判所は，国内法の類似の規定よりも不利ではなく，かつ EC 法によって与えられる権利の行使を実質的に不可能にする程度に不合理ではない手続準則を採用するべきである。正しいアプローチは，SDA 1975 の手続を EC 法の下の性差別禁止の直接的な訴えに適用することであった。したがって，申立人と彼の使用者との合意は SDA 1975 の規定を満たさなかったにも関わらず，労働審判所は EC 法の下での彼の訴えを審査することを妨げられなかった。
16) Hansard (HL) 6.5.93 Col.909.
17) 書面による公表は 1992 年法性的犯罪（修正）法 6 条において定義され，フィルム，サウンド・トラックおよび恒久的形態のその他のあらゆる記録を含むが，とくに訴訟に利用するために準備されたあらゆる文書は含まない。
18) 1956 年性的犯罪法（Sexual Offences Act 1956），1975 年刑事手続（スコットランド）法（Criminal Procedure (Scotland) Act 1975），1976 年性的犯罪（修正）法（Sexual Offences

(Amendment) Act 1976），1976 年性的犯罪（スコットランド）法（Sexual Offences (Scotland) Act 1976），1992 年法性的犯罪（修正）法，その他の法律。

19）　改正された労働審判所規則（Industrial Tribunals (Constitution and Rules of Procedure) Regulations 1993 (S.I.1993 No.2687), Industrial Tribunals (Constitution and Rules of Procedure) (Scotland) Regulations 1993 (S.I.1993 No.2688)）並びに EAT 規則（Employment Appeal Tribunal Rules 1993 (S.I.1993 No.2854)）はそれぞれ 1993 年 11 月 24 日に制定され，同年 12 月 16 日に施行された。報道制限命令は，労働審判所規則の付則 114 条，同規則（スコットランド）の付則 114 条，EAT 規則の 23 条に規定されている。

20）　同条は，高等法院またはいずれかの下位裁判所において嫌がらせ訴訟を制限する民事訴訟命令を下す権限を高等法院に与える。

21）　1985 年労働審判所（手続規程）規則の 12 条 2 項 e 号。現在は，1993 年労働審判所（構成・手続規程）規則の付則 113 条 2 項 d 号並びに e 号に規定される。

22）　同規則の 11 条。現行規則では付則 112 条に規定される。

23）　同規則の 6 条

24）　統計によると（Employment Gazette, November 1993, pp.527-31），1990－91 年に 381 件，1991－92 年に 50 件，1992－93 年に 196 件の予備的審査評価が行われ（処理された事件総数のそれぞれ 1 ％，0.1 ％，0.3 ％），費用警告はそれぞれ 167 件，21 件，21 件行われた。1990－91 年には費用警告を受けた者のうち 83 ％以上は申立を和解しまたは取り下げたが（1991－92 年では 19 人のうち 18 人，1992－93 年では 20 人のうち 16 人），21 人は完全な審査に進み，18 人が敗訴した（その後の各年ではすべて敗訴した）。そのうちの 7 人（その後の各年では全員）は，その後費用命令を受けた。費用が裁定されたのは 175 件（その後の各年では，145 件 205 件）で，処理された事件総数の 0.5 ％（それぞれ 0.4 ％）に満たなかった。政府は予備的審査評価の手続は労働審判所に対する根拠が不十分な申立を排除する手段としては成功が限られていたと判断し，1989 年雇用法（Employment Act 1989）の 20 条において予備的審査検討を規定する規則を制定する雇用大臣の権限を導入した。予備的審査検討は，1993 年の労働審判所規則の全面改正によって同規則の付則 17 条に盛り込まれた。

25）　貴族院での法案の審議においてウルスウォーター雇用政務次官は次のように述べた。「もちろん審判所は，両当事者が審査手続を継続して敗訴することになる場合には費用が裁定されることになることを彼らに警告する予備的審査評価を行う権限をもっている。不幸にも，それは十分な抑止力にはなっていない。ある個人が百件を超える嫌がらせ的申立を提出し，別の個人は 60 件から 70 件の間を提出したことが知られている。費用を支払わなければならない危険はそのような人々に対する抑止力に少しもなっていないように見える。」Hansard (HL) 6.5.93 Col.914.

26）　[1974] ICR72. この事件では，上訴人会社の経営取締役であった被用者が解雇されて，労働審判所に対して不公正解雇の申立を行った。9 日間の審査において被用者は，その事情において使用者が彼を解雇するうえで合理的に行動したことを認めたので，審判所は，被用者は雇用契約に違反しており，彼の解雇は不公正ではないと判断して，申立を退けた。しかし，審判所は，次に掲げる理由で使用者の訴訟費用の申請を拒否した。第 1 に，1972 年労働審判所（労使関係等）規則（Industrial Tribunals (Industrial Relations, etc.) Regulations）の付則 13 条 1 項は，一方当事者が軽薄にまたは嫌がらせに行動した場合にのみ審判所は費用を裁定することを要求した。第 2 に，1971 年労使関係法（Industrial Relations Act 1971）の 24 条は，解雇理由の立証責任を使用者に負わせており，被用者はその理由を審判所の審査において検査する権利を有していた。第 3 に，24 条の規定に関わらず申立が軽薄または嫌がらせである場合がありうるとしても，本件では申立は軽薄でも嫌がらせでもないく，費用に関する命令は下されない。

使用者側の上訴に対して全国労使関係裁判所は，上訴を退ぞけた。その理由は，費用は審判所の裁量事項であり，審判所は労使関係法の 24 条に関してその裁量を正当に行使しており法律上誤っていないので，その裁量に介入する理由はなく，したがって審判所の審査の費用のための命令は下されないということであった。

27）［1981］ICR510．この事件も不公正解雇に関する。被上訴人は彼の不公正解雇の申立が労働審判所で審査される前日に，気分がすぐれず，本人が出席することができず，当日弁護士も利用できないことを理由に審査の延期を申請した。審判所はその申請を拒否し，不公正解雇の申立を退ぞけたが，被用者は申立を取り下げた。依然不公正解雇の申立の提出が禁止される期間内であったが，被用者は 1 番目の申立と同じ理由で 2 番目の申立を行い，その後，1974 年労働審判所（労働関係）規則（Industrial Tribunals（Labour Relations）Regulations 1974）の付則 9 条に従って彼の申立を退ぞけた審判所の決定の再審査を申請した。労働審判所は管轄権をもたない，またはその代わりに，上記の申立は嫌がらせであり上記の規則の付則 11 条 2 項 e 号の下で排除されるべきであることを理由とする上記の申立を退ぞける使用者側の申立について，別の労働審判所は，EPCA の 67 条に基づいて審判所は 2 番目の申立を審査する管轄権をもつと判断したが，同審判所は再審査の問題は最初の審判所による検討に委ねた。

使用者側の上訴に対して EAT は，上訴を認容した。その理由は次の通りであった。第 1 に，正義が要請される場合に労働審判所の決定を再審査する上記の規則の付則 9 条 1 項 e 号に基づく労働審判所の権限を考慮すると，申立人は，最初に再審査の救済を追求しないで決定が出された後で新たな申立を提出することは通常行うべきではない。第 2 に，被用者にとって正しい方向は，再審査の申請を追求することであり，2 番目の申立の提出は付則 11 条 2 項 e 号の意味の嫌がらせであった。

28）Gareth Thomas, op.cit., para.19-97.
29）ACAS Annual Report 1992, p.28.
30）Ibid., p.29.

第四章　イギリスにおける団結権の保障
——1993 年労働組合改革・雇用権利法の 14 条を中心として

はじめに

　イギリス労働法は過去 4 半世紀の間にその内容並びに規模においてドラスチックな変動を経験してきた。ヒース保守党政権による 1971 年労使関係法（Industrial Relations Act 1971）の制定とその挫折、その後のウィルソンおよびキャラハン労働党政権による一連の社会契約立法の制定、80 年代におけるサッチャー保守党政権による社会契約立法の放棄と労使関係法改革を経て、90 年代におけるメージャー保守党政権下においてサッチャリズムの継承と EC 社会政策の国内における実行とが矛盾、衝突ないしは拮抗する現局面に至るまでの歴史の流れの中でイギリス労働法は大きく変貌することを余儀なくされてきた[1]。その中でもとりわけ団結権の保障に関する法的議論の状況は注目すべき発展を遂げてきたといえる。

　イギリスにおいては伝統的に集団的労使関係に対する国家不介入政策の下で、コモンロー上違法な存在である労働者の団結に対して制定法による免責の付与を通してその違法性を阻却するという特別の立法措置を講じることによって団結権を保障する仕組みが採用されてきた。日本国憲法 28 条のような基本的人権としての積極的権利保障と対置される、いわば消極的権利保障といえるこのような権利保障の仕組みそのものは現在に至るまで基本的に変更されてはない。しかし、70 年代以降保守党労働党を問わず集団的労使関係に対して積極的に介入することを開始した政府の立法政策の下でイギリスにおける団結権の保障は、その法的制度の面において飛躍的に発展することを見ることとなった。そのような発展の中でとくに注目されるのは、労働者個人と労働組合との間の法的関係の整備並びに両者の間の法的紛争処理制度の確立である。イギリスにおいては労働者個人と労働組合との間の法的関係は基本的には契約関係として捉えられており、任意団体たる労働組合への加入は加入を希望する労働者個人と当該労働組合との間の組合員契約の締結の自由に委ねられることになる。そ

れゆえ，労働者が労働組合によって加入を拒否された場合でも，裁判所は原則として契約締結の自由を尊重して積極的に紛争に介入する姿勢を示さなかった[2]。しかしながら，他方においてクローズド・ショップに対する法的規制を欠いていたことから，クローズド・ショップにおける組合による加入拒否または除名に対する法的救済の整備を求める声もあった[3]。

1971年労使関係法は，従来の政府の集団的労使関係に対する不介入政策を大きく転換してむしろ積極的に集団的労使関係に介入する政策を具体化した立法の嚆矢であったが，同法によって労働組合の加入または除名に関わる法的紛争を処理する機関に労働審判所が導入されることになった。同法を廃止して新たに制定された1974年労働組合・労働関係法（Trade Union and Labour Relations Act 1974）においても組合加入または除名に関わる労働審判所の管轄権は基本的に維持され，80年代においてサッチャー政権が制定した一連の労使関係改革立法において労働審判所の管轄権はその対象領域をさらに拡充されて申立人労働者に対する救済内容もいっそう豊富にされて現在に至っている[4]。

90年代に入ってポスト・サッチャーとして引き続き保守党政権を率いるメージャー首相の下でイギリスの労働法並びに労働政策は新たな段階を迎えている。とりわけECからEUへと移行する大きな流れの中で急速に進展している雇用保護を中心としたEC社会政策の国内における実行措置の対応にイギリス政府はおわれている。他方，ECの統一的政策の進捗面では比較的遅れている集団的労使関係に対する政策においてイギリス政府はサッチャリズムを基本的に継承する方向を目指しているように見える。ポスト・サッチャーにおいて最初に制定された労働立法である1993年労働組合改革・雇用権利法（Trade Union Reform and Employment Rights Act 1993，以下，TURERAと表記する）は，このような国際的並びに国内的情勢に置かれたイギリス政府が今後実行することを目指す労働政策の方向を如実に指し示すものとして注目に値する[5]。とくに団結権を保障する法的制度の面においてサッチャリズムによって強力に推し進められてきた労働組合への加入または組合からの除名に関わる紛争の場合において労働者個人の権利に対して手厚い保護を与えることが同法においていっそう進められており，団結権を保障する法的制度のあり方が従来のものとは質的に異なる新たな段階に入っていると見ることができる。そこで，以下においてはTURERAによって新たに導入された団結権を保障する法的制度を検討す

ることを中心にして現代イギリスにおける団結権保障の法理を分析することを試みたいと思う。

1） イギリスの戦前の時期を含めた労働法の歴史全体を俯瞰するためには、以下の文献が有益である。Paul Davies and Mark Freedland, Labour Legislation and Public Policy: A Contemporary History, Clarendon Press, 1993.
　　イギリスの労働組合法制についての邦語文献としては、以下のものを参照されたい。藤川久昭「イギリスにおける労働組合の法的取扱い―「自主性」「承認」を中心にして」財団法人労働問題リサーチセンター・国際労働法フォーラム（財団法人日本ILO協会）編『現代イギリスの労使関係法制』（1994年）所収。
2） 判例の動向については、以下の文献を参照。Patric Elias and Keith Ewing, Trade Union Democracy, Members' Rights and the Law, Mansell, 1987, Capt.2 pp.23-61.
3） Royal Commission on Trade Unions and Employers' Associations 1965-1968 Report, Cmnd.3623, pras.609-17.
4） 1980年雇用法（Employment Act 1980）の4条並びに5条、その後の1992年法労働組合・労働関係（統合）法（Trade Union and Labour Relations (Consolidation) Act 1992）の174条ないし177条。
5） TURERAの全体の内容については、本書第三章参照。

一　団結権保障の個人主義化

　1979 年にサッチャー政権が誕生して以降，保守党政府による労働者個人の権利の保護を主眼とした労働組合規制政策が本格的に展開されていった。政府の団結権に対する基本的立場は，労働者個人が団結するかしないかは個人の自由に属する問題であって，それを決定するのは労働者個人であり，団結することを強制することは個人の自由に対する侵害であるということであった。その結果，政府の関心はまず，クローズド・ショップに向けられた。労働組合の所属の有無によって雇用の機会を労働者から奪うことは，政府にとって個人の自由に対する重大な侵害であると考えられた。

　しかし，サッチャー政権は，クローズド・ショップを一挙に違法化する政策を採用しないで，漸進的（step by step）政策を採用することによってクローズド・ショップを廃絶することを目指した。まず同政権は，1980 年および 1982 年雇用法においてクローズド・ショップを法認するための労働者投票制度を導入しクローズド・ショップを要求する争議行為から制定法上の免責を剥奪する一方で，クローズド・ショップが存在する場合に限定して個人が労働組合から不合理に排除または除名されない権利を保障した[1]。その後，1988 年雇用法において入職後加入クローズド・ショップにおける組合員資格を保有しないことを理由とする労働者の解雇は不公正解雇とされ，ついで 1990 年雇用法において入職前加入クローズド・ショップにおける組合員資格を保有しないことを理由とする労働者の雇入の拒否は違法とされるに至った。サッチャー政権によるこれらの一連の立法によって，クローズド・ショップ自体の存在は違法ではないがそれが実質的に発動される余地はほとんど奪われてしまった。クローズド・ショップ協定が対象とする被用者数は，1984 年には約 350 万ないし 370 万人と算定されたが[2]，1990 年にはその数は 30 万ないし 50 万人に激減したことが報告された[3]。

　クローズド・ショップによる解雇または雇入の拒否が違法化され，現実にクローズド・ショップの影響力が弱まったことによって政府の所期の目的は達成されたかに見えるが，これだけでは政府は満足しなかった。組合員資格を雇用条件から切り離すことに加えて，個人が自由に団結することを保障することが

求められた。1990年に公表された緑書「1990年代の労使関係」(Industrial Relations in 1990s)[4] において明らかにされたように政府の考えでは，労働者個人は団結するかしないかを決定する権利のみならず自ら選択した労働組合に加入する権利をもつべきであることであった[5]。こうした立場に立つ政府にとって，イギリスの労働者の団結権の実情は憂慮すべき事態に映った。すなわち，1産業1組合のドイツ・モデルではないイギリスの労使関係においては，同じ職種にある労働者の組織化をめぐって多数の組合が競い合うことになる。このいわゆる組合の縄張り争いは長年紛争の原因となっている。イギリスの唯一のナショナルセンターであるTUCは，加盟組合間の縄張り争いを自主的に解決する手続を「ブリッドリントン原則」(Bridlington Principles) と称される一連の諸原則に従って展開してきた[6]。

しかし，政府にとってTUCの「ブリッドリントン原則」は，労働者個人の自ら加入する組合を選択する自由を奪うものとしか映らなかった。すなわち，「ブリッドリントン原則」では，紛争組合当事者間においてお互いの勢力範囲を承認することを前提にして組合間の利益調整が計られるだけであって，問題となった関係組合員の意思が反映される仕組みにはなってはいない。「ブリッドリントン原則」を適用するTUC紛争委員会の決定にはTUC加盟組合は規約上従わなければならない。組合員が別の加盟組合から脱退してその加盟組合に加入したことが「ブリッドリントン原則」に違反すると紛争委員会が決定する場合には，その加盟組合は当該組合員を除名しなければならないことになるが，貴族院はCheall v APEX事件[7]においてそのような除名はパブリック・ポリシーに違反しないとの判断を示した。貴族院は同事件判決において結社の自由の概念について次のように述べた。「結社の自由は相互的でありうるにすぎない。ある個人と結社することに積極的ではないその他の個人と結社する個人の権利はありえない。」

結社の自由の概念についてのこの貴族院の指摘は，結社の自由が一方的な性質ではないという意味で結社の自由の本質をついたものである。しかし，保守党政府にとっては，この結社の自由の本質は受け入れ難いもののようである。政府の関心は，労働者個人が一方的にもつ団結権に向けられた。そこでは，労働者個人の選択の自由が集団のそれよりも優先する個人主義的な団結権の保障が目指された。その結果，雇用の機会の有無とは無関係に，労働者個人が労働

組合から排除または除名されることのない一般的な権利を保障することが提案された[8]。

1) 1980 年並びに 1982 年雇用法におけるクローズド・ショップに対する法的規制については，中村和夫「イギリスにおけるクローズド・ショップの軌跡と現状」横井芳弘編『現代労使関係と法の変容』(勁草書房，1988 年) 311 頁，拙稿「イギリスにおけるクローズドショップと団結の自由」東京都立大学法学会雑誌 25 巻 2 号 (1984 年) 181 頁参照。
2) Neil Millward and Mark Stevens, British Workplace Industrial Relations 1980-1984, 1986, Gower, p.107.
3) Neil Millward, Mark Stevens, David Smart and W R Hawes, Workplace Industrial Relations in Transition, 1992, Dartmouth, p.99.
4) HMSO, Cm. 1602. 邦訳，古川陽二「英政府緑書『1990 年代の労使関係』(1)(2・完)」沖縄法学 22 号 (1993 年) 124 頁，同 23 号 (1994 年) 81 頁。
5) Ibid., para.6.13.
6) ブリッドリントン原則の内容とその適用については，拙稿「団結権の保障と団結選択の自由—イギリスの事例—」島大法学 33 巻 4 号 (1990 年) 33 頁参照。
7) [1983] IRLR217; AC180. 同事件については，前注拙稿 46 頁以下参照。
8) HMSO, op.cit., paras.6.16-7.

二　TURERA の 14 条

1　労働組合から排除または除名されない一般的な権利

　TURERA の 14 条は，緑書の提案を具体化するかたちで 1992 年労働組合・労働関係（統合）法（Trade Union and Labour Relations (Consolidation) Act 1992, 以下，TULRCA と称する）の 174 条ないし 177 条を改正して，従前のクローズド・ショップの場合に労働組合から不合理に排除または除名されない権利に代えて組合から排除または除名されない一般的な権利を導入した。その結果，TULRCA の 174 条が認める場合を除いて個人は労働組合から排除または除名されないことになった[1]。同条が組合からの排除または除名を認める場合は以下の場合に限られる[2]。

1　個人が組合規約に含まれる強行可能な組合員資格要件を満たさないまたは満たさなくなった場合。
2　組合がグレート・ブリテンの特定の部分においてのみ活動することを理由に個人が組合員資格に適格ではないまたは適格ではなくなった場合。
3　組合が 1 使用者または関連する幾つかの使用者に関してのみ活動して，個人が当該使用者または当該の幾つかの使用者のうちの 1 によって雇用されないまたは雇用されなくなった場合。
4　排除または除名が個人の行為に完全に帰すことができる場合。

上の 1 の強行可能な組合員資格要件については，次に掲げる基準の 1 またはそれ以上に照らすことによってのみ組合は組合員資格要件を制限することができる[3]。

1　所定の職業，産業または専門職にある雇用。
2　職階，等級または任命のカテゴリーを含む職種。
3　所定の職業的，産業的または専門職的資格もしくは職歴。

　強行可能な組合員資格要件が上に掲げられた基準に従わなければならないことは，多種多様な職業に渡って組合員を組織する運輸一般労組（TGWU）のような一般組合にとって，組合員の組織化に非常な困難をもたらすことになると予想される。すなわち，一般組合が加入を希望する個人の職場を組織している

か否かに無関係に規約に規定される組合員資格要件を満たすあらゆる個人を一般組合は組合員として受け入れなければならなくなる。伝統的に一般組合は多種多様な職業にある労働者を組合員として受け入れてきたが，現実に労働者がどの労働組合に所属することになるのかは，ブリッドリントン原則に従って決定される「勢力範囲」並びに地域また職場における組合の力関係によって左右されてきた。したがって，上の基準によってブリッドリントン原則の適用が制限される結果，別の組合がすでに組織している職場において唯一の組合員を受け入れることを組合は受忍しなければならなくなる事態も予想される。

労働組合は，個人の行為を理由に当該個人を排除または除名することを認められるが，ここでの「行為」には次に掲げるものは含まれない[4]。

1 個人が別の労働組合の組合員であることまたはそれを止めること，あるいはかつてその組合員であったこともしくはそれを止めたこと。

2 特定の使用者によってまたは特定の場所で雇用されることもしくは雇用されることを止めること，あるいはかつてそのように雇用されたこともしくは雇用されたことを止めたこと。

3 政党員であることまたはそれを止めること，あるいはかつて政党員であったこともしくはそれを止めたこと。

4 TULRCA の 65 条に規定される個人がそれを理由に労働組合から統制処分を受けることがないあらゆる行為。

この 65 条に規定される行為とは，それを理由に労働組合が統制処分を課すことは不当とみなされる行為であり，次に掲げる行為を含む[5]。

(a) （その組合の組合員によるか他者によるかを問わず）ストライキその他の争議行為に参加しないことまたはそれを支援しないこと，あるいはそれに対する反対もしくは支援の欠如を表明すること。

(b) ストライキその他の争議行為に関連して雇用契約によって個人に課せられた要求に背くことをしないこと。

(c) 組合，組合の役員または代表者もしくは組合財産の受託人が組合規約またはその他の契約もしくは法令によって課せられるあるいは課せられると考えられる要求に背いているあるいは背くことを計画していると（提訴その他の方法によって）主張すること。

(d) ある者が雇用契約によって課せられている義務を履行することまたは前

掲(c)の主張を立証するもしくは立証しようとすることを奨励または援助すること
(e)　自己のまたは別の個人の不当に統制処分を受けない権利を侵害する決定によってもしくはそれの結果として課される要求に背くこと。
(f)　チェック・オフ協定に同意しないまたは同意を取り消すこと。
(g)　その組合または別の組合を脱退することもしくは脱退を申し出ること，別の組合に加入することまたは加入を申し出ること，別の組合に加入することを拒否することまたは別の組合の組合員であること。
(h)　その組合の組合員ではないまたは別の組合の組合員であるもしくはそうではない人々と一緒に労働することまたは労働することを申し出ること。
(i)　その組合の組合員以外，または別の組合の組合員もしくはそれ以外を雇用するまたは雇用していた使用者のための労働することまたは労働することを申し出ること。
(j)　組合員の要請によって TULRCA の下で組合が行うことを要求される行為を行うことを組合に対して要求すること。

　このように個人の「行為」には大幅な制約が課せられているので，たとえば組合が別の組合によって統制処分を受けた加入申請者に対して組合加入を拒否する場合には，拒否理由を前掲(a)から(j)に含まれる行為に求めることはできないことになる。しかも，排除または除名は個人の行為に完全に帰すことができることにならなければならないので，組合にとって重い立証負担が課せられることになる。この点は，政府が立法作業において注意を払った点であり，法案審議の過程において行為を単に排除または除名の主たる理由にする修正要求に対して政府は，そうすることはブリッドリントン原則に裏口を認めることになることを理由に抵抗した[6]。

2　権利侵害に対する救済措置

(1)　出訴期限

　174条に違反して労働組合から排除または除名された個人は労働審判所に対して不服申立を行うことができる[7]。労働審判所に対する不服申立は，排除または除名の日から6か月以内に行われなければならない[8]。ただし，審判所がその期限を遵守することが合理的に実行可能ではないと認定する場合には，審

判所が合理的と考える期間まで期限を延長することができる[9]。

(2) 救済内容

　労働審判所は，174条に基づく不服申立を支持する場合には，その趣旨の宣言を行わなければならない[10]。不服申立を支持する宣言を受けた申立人はさらに，組合からの補償の裁定を審判所に対して申請することができる[11]。申立人が組合への加入または再加入を認められた場合には，補償の申請は労働審判所に対して行われるが，そうではない場合には補償の申請は直接EAT（雇用控訴審判所）に対して行われなければならない。補償の申請が認められる期間は，宣言の日から4週間が経過してから6か月以内である[12]。

　補償の額は，以下の制限を受けるが，労働審判所またはEATが「すべての事情において公正かつ公平」と考えるものになる[13]。改正前はEATのみが公正かつ公平の尺度によって補償金を裁定することができ，労働審判所には不合理な労働組合からの排除または除名の結果申立人が被った実際の損害を補償するのに必要な程度だけを裁定する権限が与えられていた。補償の額には，最高限度が設けられている。改正前にはその額は，労働審判所の場合には不公正解雇の場合の基礎裁定を算定するための週給の最高額の30倍の額と不公正解雇の場合の補償裁定の最高額を合計した額であり，EATの場合にはそれらの額に不公正解雇の場合の補償の付加的裁定を算定するための週給の最高額の52倍の額が加算された。今回の改正によって補償の最高限度は労働審判所並びにEAT双方ともに同一にされて，不公正解雇の場合の基礎裁定を算定するための週給の最高額の30倍の額と不公正解雇の場合の補償裁定の最高額を合計した額となった[14]。従来EATの場合には補償の最低限度が設けられており[15]，それは不公正解雇の特定の場合における基礎裁定の最低額とされていたが，今回の改正によってそれは5000ポンドと金額が明示された。

　補償の額は，従来と同様に申立人の側の寄与過失を考慮して減額されることができる[16]。しかし，従来申立人の損害軽減義務が明示的に規定されていたが[17]，奇妙なことに今回の改正によってこの明示規定は削除された。従来の明示規定が一般原則を単に確認したものにすぎないものならば，削除の影響はあまりないともいえるが，将来の審判所の裁定に微妙に影響を与えるかもしれないことが予想される。

改正された174条の違反に対する救済措置は既存のコモンロー上の救済措置——通常裁判所に対する提訴——に付加されるもので，それに代置するもの，またはそれを排除するものではない[18]。しかし，174条に基づく権利侵害に対する救済は，労働審判所に対する不服申立の方法によらなければならない[19]。

1） 174条1項。組合員資格の申請において合理的な期間内に労働組合が同申請を処理しない場合には，当該申請者は同組合から排除されたとみなされる（改正された177条2項a号）。また，組合規約所定の事情の発生を理由に組合員資格が停止される場合にも，当該組合員は除名されたとみなされる（同項b号）。これは，とくに組合員が組合費を特定の期間支払わなかったことを理由に組合員資格を停止されることを規定する多くの組合規約の中に見られるいわゆる自動的組合員資格喪失条項の適用に影響を及ぼすと予想される。組合はこの条項を適用するについて，174条2項d号に従ってこの適用が組合員の行為に完全に帰することを証明する責任を負うことになる。
2） 同条2項。
3） 同条3項。
4） 同条4項。
5） (f)以下の行為は，TURERAの16条によって新たにTULRCAの65条2項に付け加えられたものである。
6） Hansard (HL) 18.3.93 Col.1577.
7） 174条5項。
8） 175条a項。
9） 同条b項。
10） 176条1項。
11） 同条2項。
12） 同条3項。
13） 同条4項。
14） 1993・94年の補償水準で1万7150ポンド。
15） 制定当初の1980年雇用法の5条にはEATの場合の補償の最低限度は設けられていなかったが，その後1988年雇用法によって上記の最低限度は導入された。
16） 176条5項。
17） 1980年雇用法の5条5項，のちのTULRCAの176条の6項。
18） 177条5項。
19） 同条3項。

三　団結権の一方的保障

　上に見たように今回の TULRCA の 174 条の改正によって，労働者が労働組合から排除または除名されないことを保障される場合は，クローズド・ショップが存在する場合に限られることはなくなった。また，従来組合からの排除または除名が不合理な場合に組合員資格に対する権利が保障されたが，今回の改正によって合理性のテストは廃棄された。その代わりに，組合からの排除または除名を適法と認める所定のカテゴリーが導入され，そのカテゴリーに該当しない排除または除名は違法とされることになった。所定のカテゴリーの基本的考え方は，労働者の主として職業的利益を代表することができない労働組合は当該労働者を組合員として受け入れることを強制される理由はないこと並びに労働者の側に排除または除名の帰責事由があることにあると考えられる。それ自体の当否は別として，もっと重要な問題は，労働組合から排除または除名されない一般的な権利の設定にあると考えられる。

　政府は，こうした一般的な権利を導入した理由を労働者が自ら選択した労働組合に加入する権利を保障することに求める。労働者はこの権利を主張することによって，ブリッドリントン原則に違反することを理由に行われた労働組合への加入許可の取消または加入した組合からの除名の無効を主張することができる。その結果，労働者にとっては団結を選択する自由がほぼ完全に保障されることになる。しかし，労働組合にとってはまったく逆のことになる。労働組合が団結する組合員を選択する余地は大幅に制約されることになる。労働者はその意に反して団結することを強制されることはないが，労働組合はその意に反して団結することを強制されることになる。ここにおいて労働者個人の団結権は労働組合のそれよりも優越することになる。このような団結権の保障のあり方は極めて特異であり，そこには現在のイギリス労働立法における個人主義的な団結権の捉え方に基づく団結権の一方的な保障のあり方が色濃く反映されているといえる。

　さらに上のことに付け加えて強調しなければならないことは，そのような団結権の一方的な保障のあり方が，1970 年以降過去 4 半世紀に及ぶ保守党の立法政策と根本的に異なっていることである。1971 年労使関係法の下での労働者組

織のあらゆる行為のための指導原理は，適格な労働者は恣意的なまたは不合理な差別的方法によって組合員資格から排除されるべきではないことを要求し，不公正または不合理な労働組合による統制処分を禁止した[1]。また，1980年雇用法を準備するために1979年に公表されたワーキング・ペーパーにおいては，労働組合から恣意的にまたは不合理に排除または除名されない権利が提案された[2]。そして現実には，1980年雇用法においてクローズド・ショップが存在する場合に限って労働組合から不合理に排除または除名されない権利が保障された。これらの権利の保障方式においては，恣意性または合理性というテストが用いられており，そこでは少なくともブリッドリントン原則を含む組合員資格に関する労働組合間の合意を考慮に入れることが当然の前提とされていた。

しかし，TURERAの14条による改正は，合理性のテストを排除して労働組合が適法に個人を排除または除名することができる場合を所定の場合に限定することによってブリッドリントン原則の適用を排除することを目指している。その意味において，この改正は，イギリスにおける団結権保障が従来とは異なる新たな段階に入ったことを意味すると同時に，「イギリス労使関係のボランタリズムの伝統の1つに対する法政策上の大きな変更」[3]を意味するといえるであろう。

---

1) 1971年労使関係法の65条2項および7項。
2) Closed Shop, Department of Employment Working Paper, 1979, paras.13-5.
3) Bob Simpson, Individualism versus Collectivism: an Evaluation of section 14 of the Trade Union Reform and Employment Rights Act 1993 (1993) 22ILJ181, p.181.

四　法改正による影響の予測とそれに対する対応

1　使用者に対する影響

　TURERAの14条による労働組合から排除または除名されない一般的な権利の導入に対して使用者の各団体は様々な反応を示した。IPM（人事管理協会）は，この権利の導入による既存の労使関係に対する破壊的影響の可能性があることと組合側代表が細分化される危険を指摘した[1]。CBI（イギリス産業連盟）は，法改正が既存の労使関係の仕組み，とくに唯一組合協定（single union deal）または唯一交渉テーブルを脅かすおそれがあるとする不安を表明した[2]。他方，EEF（機械産業使用者連盟）は，ほとんどの労働者が所属組合を変更するために新しい権利を行使することはないであろうと予測した[3]。

　労働者がブリッドリントン原則のような制約を受けないで自由に所属する組合を選択することができるようになることは，労働組合の組織的安定性に対する不安を生み出し，交渉相手としての組合の代表性に対する信頼を揺るがせることになることから使用者にとって当然関心を寄せる問題である。とくに唯一組合協定に対する法改正による影響が懸念されているが，唯一組合協定締結組合から相当数の組合員が別の労働組合に転籍することによって既存の唯一組合協定の基盤が掘り崩されることになるのか，または同協定が別のTUC加盟組合による組合員獲得活動に対してブリッドリントン原則による保護を受けることができなくなることから，使用者が将来において唯一組合協定を締結することを思いとどまるようになるのかが問題とされる。前者の問題については，使用者に対して組合承認または交渉権を要求するだけの力を備えた別組合が現実に現れた場合に使用者にとって関心のある問題となるであろう。もっとも，唯一組合協定によって組合が使用者に対して有する権利の内容は現実には多様であり，そのなかには必ずしも真の意味での組合承認ではないものも含まれているので，1つの組合にそのような協定を押し付けることができた使用者は，別の組合による承認要求を拒否することに不安を感じていないともいわれている[4]。

　後者の問題については，現実にTUC加盟組合が唯一組合協定を締結している別の加盟組合の勢力範囲で組合員獲得活動を開始することになるか否かに左

右されることになるであろう。TUC から除名されることを覚悟して加盟組合がこのような活動を安易に開始することは予測し難いとしても，1988 年に EETPU（電気・電子・遠距離通信・配管工組合）が別の加盟組合の勢力範囲内で唯一組合協定を締結することを強行したことを理由に TUC から除名された[5]ときよりも，現在の法改正の後では加盟組合がそのような活動に誘惑され易い事態になっているのは確かであろう。

　唯一組合協定の以外の使用者に対する影響の問題としては，労働者個人の団結選択の自由の行使の促進によってもたらされる労働者組織の細分化または労働組合の多数化による影響が考えられる。労働者側の代表組織が乱立することは，使用者にとっては組合承認問題を含む対組合交渉戦略に多大な負担をもたらすことになって歓迎されることではないことは明かである。むしろ，現在の傾向において使用者は，多数の組合を承認することよりも少数の組合との簡略化された交渉機構を維持発展させることに対組合交渉戦略上の意義を見出しているので，既存の承認組合以外に新たに組合承認または代表権の承認を拡大することによって使用者が労働者組織の細分化に積極的に対応することはありそうにないといわれている[6]。

　他方，労働者組織の細分化の動きは当事者である労働組合並びに労働者にとっても歓迎されそうにもない。前述した法改正の影響に関する EEF の楽観的観測の根拠でもあるが，現実の多くの労働組合は，広範な地域または職場に分散した組合員に対して十分なサービスを提供するだけの財政的基盤を欠いている。その意味において，組合が使用者に対する交渉権または代表権を従来有していない，またはほとんど有していないような職場において少数の組合員を拡大することは，組合にとってもまた労働者にとってもほとんど利するところはないといわざるを得ない状況である。したがって，組合員が既存の所属組合を離れて自己の職場においてほとんど影響力をもたない別の組合に所属を変更することに対する刺激的な誘因はあまりありそうにはない。このことに加えて，労働者が新しい権利を積極的に行使しそうにない予測を補強する材料としては，80 年代以降増大している労働組合の組織合同の結果[7]もたらされている組合間の組織化競争の漸次的減少を挙げることができる[8]。

　以上述べたように，主に労働者の側の主体的条件から法改正によって使用者側に深刻な影響が直ちにもたらされることはありそうにはないといえるであろ

う。また，同時に，使用者が今回の法改正を積極的に利用することにメリットを見出すこともありそうにはないといえるであろう。

2 労働組合に対する影響

今回の法改正によって直接影響を受けたのは当然のことながら労働組合，とりわけ，TUC である。TUC は，1993 年 9 月 6 日から 10 日まで開催された第 125 回の年次大会において「労働組合の統一」と題する以下に掲げる大会決議を採択して TURERA の 14 条による法改正と対決する姿勢を明らかにしている[9]。

「　労働組合の統一

大会は，現行の TURERA に含まれる労働組合運動に対する最新の立法的攻撃を非難する。

とくに，大会は，秩序ある組合間の関係を維持するための TUC の準則を危うくする——人の権利の偽りの主張に基づいた——露骨な試みを非難する。

1979 年以降，保守党の反労働組合立法は，イギリスの労働者の権利を西ヨーロッパの最低の水準まで，そして労働法の国際条約の承認された基準を下回るまで削減している。

大会は，独立した加盟組織がそれらを結合する諸原則を支持し維持する用意がある場合には，それらを代表する何らかの中央組織のみが有効にかつ団結して活動することができると認識する。TUC の紛争諸原則並びに手続（ブリッドリントン原則）の墨守のみがイギリス労働組合運動の特異な歴史的統一を維持している。

それゆえ，すべての TUC 加盟組合が，それらの TUC への継続的加盟の拘束力のある誓約としてブリッドリントンに含まれる諸原則に対するそれらの積極的支持を認識して明瞭かつ公に誇示することが現在不可欠である。

さらに大会は，組合員の募集と組織拡大の分野において事前の合意並びに協力を促進し組合間の競争並びに対抗を減らすことを目的とする新たな組合間の準則並びに手続が緊急に必要であること——「美人コンテスト」の承認された代案が必要とされる——を再確認する。

大会は，唯一組合協定に向かう使用者指導の傾向を認識する一方で，多数組合交渉が産業の圧倒的大多数において標準でありこれまで通り妥当とすること

を承認する。

　それゆえ，加盟組合間の良好な関係並びに共同作業の仕組みを促進するブリッドリントン原則に定められた第1の原則をすべての加盟組合が厳格に順守することが不可欠である。

　使用者並びに政府からの敵対が増大する中で，以上の労働組合の統一がこれまで以上に必要である。」

　この大会決議を受けて TUC は，TURERA の 14 条が施行される前に同条の主要な攻撃目標であるブリッドリントン原則を 1993 年 11 月に形式並びに内容とも大幅に改正した[10]。とくに原則 2 は，法改正を意識して全面的に改正された。

　改正された原則 2 においては，ブリッドリントン原則を無視して組合員が所属組合を移動する結果として組合組織が不安定になることは，団体交渉構造並びに労働組合組織が継続的に存在することを危うくすることになることを確認したうえで，TURERA の規定にも関わらず「TUC のすべての加盟組合は，別の加盟組合の同意を得ることをしないで直接または間接に組合員募集のアプローチをすることによって別の加盟組合の現在の組合員または最近まで組合員であった者を加入させることを故意にかつ積極的に追求することをしないことを TUC への継続的加盟の拘束力のある誓約として承認する」と規定される。その他改正された原則 2 には組合員の所属組合の移動に関する手続を規定していた改正前の原則 3，4 および 6 の内容が盛り込まれた。その手続は，従来通りであり，TUC の加盟組合は別の加盟組合の現在の組合員またはかつて組合員であった者の加入を認める際には，別の組合にその旨を通知しなければならない。別の組合が当該の者の組合加入に反対するための正当な理由をもつ場合には，別の組合はその問題について当該の組合と合議することを要求することができる。関係組合は和解のために努めることが要請されるが，今回の改正によって和解のための努力に，故意かつ積極的な組合員の募集の結果として不服申立組合が被った収入の損失に対して補償を提供する被不服申立組合の道義的責任が新たに含まれることになった。関係組合間で和解に至らなかった場合には，当該の係争は TUC の紛争委員会に付託されることになる。

　原則 2 の改正に伴って TUC の紛争委員会の権限も拡張された。紛争委員会は，組合員の組合所属に関する紛争において不服申立組合に対する補償の水準（同組合に対して組合員が支払う拠出金の 2 年間分を超えない範囲）を裁定する

ことができることに加えて，決定を行う際に被不服申立組合に対して非難を行うことができ，特別にこの非難について総評議会または大会の注意を喚起することができる。さらに紛争委員会は，被不服申立組合の組合新聞の目立つ場所にこの非難の内容を掲載することを裁定することができる。

　以上見たように，TUC は，TURERA の 14 条が制定されたことに対して同条に迎合するのではなく，むしろ怯むことなくブリッドリントン原則を今後とも堅持することを当面の方針としている。そのために TUC は，加盟組合に対してブリッドリントン原則を遵守することを改めて確認するとともに，加盟組合間の紛争の解決を円滑に進めるための措置を講じて TUC 組織内部の団結をいっそう強化することを目指している。法改正の影響は，TUC に関しては改正の目的とは逆に作用しているといえるであろう。

　他方，TUC に加盟していない労働組合を含めた個々の労働組合にとっての法改正の影響は，組合の組織拡大に関する方針のとり方によっては組合間の組合員獲得競争が活発化することになりうる。その結果，労働運動の力の弱体化をめざしている政府にとっては全体として組合員が増加するという危険が伴う可能性がある。しかし，一般的に未組織労働者を組合に組織するよりも別の組合の組合員を組織するほうが容易であるので，この可能性は小さいであろうといわれている[11]。むしろ，別の組合の組合員を引き抜く，いわゆる組合員の「横取り」（poaching）が横行する可能性の方が大きいであろう。それゆえ，TUC 内部ではこの「横取り」に対しては，個々の組合員が提起した訴訟の負担を覚悟してブリッドリントン原則に従って組合間の紛争を処理することができたとしても，TUC に加盟していない組合による「横取り」に対してどのように対処するのかが TUC ひいては労働運動全体の課題になるであろう。

　労働組合が，労働運動内部の紛争を解決するためにその労力の多くを費消して，使用者との関係に費やす労力を少なくすることは，使用者と対抗して労働者の利益を代表する労働組合の本来的任務から逸脱することにほかならない。そのような逸脱によって労働組合の影響が弱まることは，集団的労使関係制度そのものの衰退につながることになりかねない。そうなることは，政府にとっては願ってもないことに違いない。その意味においては，法改正によって労働組合に対して突きつけられた課題は，ブリッドリントン原則を堅持することだけにとどまらず，労働運動全体の利益を展望した労働組合の統一した組織化活

動を将来において展開することを追求してゆくことであるといえるであろう。

1） IPM, Comments on the Department of Employment's Green Paper on Industrial Relations in the 1990s, 1991, p.2.
2） CBI, Indutrial Relations in the 1990s: CBI Response to the Green Paper 1991, 1991, para.12.
3） EEF, Department of Employment Green Paper-Industrial Relations in the 1990s. The EEF's response, 1991, para.26.
4） Bob Simpson, op.cit., p.188.
5） EETPU が TUC から除名された事件については、早川征一郎「イギリス労働組合運動の転換局面と諸問題──炭鉱争議後の新たな動向と問題点」『社会政策叢書』編集委員会編『社会政策叢書第 13 集・転換期に立つ労働運動』（啓文社、1989 年）87 頁、前掲注(11)の拙稿 61-2 頁参照。
6） Bob Simpson, op.cit., p.188.
7） たとえば、ホワイトカラーの組合員の獲得をめぐって互いに争って TUC の紛争委員会に何度も事件を付託した ASTMS（科学・技術・管理職組合）と TASS（AUEW（合同機械工組合）の技術・管理・監督者部門）は、1988 年に合同して MSF（管理、科学・金融組合）を結成した。また、ブリッドリントン原則の違反をめぐる紛争を繰り返してきた印刷工の組合である NGA（全国写植組合）と SOGAT（写植および関連職業組合 82 年）は、1991 年に合同して GPMU（写植・新聞・報道機関組合）を結成した。Sid Kessler and Fred Bayliss, Contemporary British Indutrial Relations, MacMillan, 1992, pp.142-6.
8） 最近の TUC に報告された加盟組合間の組織化をめぐる紛争の件数は次の通りである。（ ）内はそのうちの紛争委員会に付託された件数である。資料出所は、各年度の TUC の年次大会報告書（TUC Report）である。
1988／89 年　61（8）
1989／90 年　53（5）
1990／91 年　49（7）
1991／92 年　41（4）
1992／93 年　23（1）
9） TUC Report 1993, TUC, p.493.
10） 改正された原則 1 の内容は、大部分改正される前と同じであり、加盟組合に対して組合間紛争の和解に努めることを勧告する。改正された原則 3 の主な内容は、改正される前の原則 5 の内容と唯一組合協定並びに組合員資格協定に関する改正される前の原則 1 の注(e)の内容から成り、組合の組織化活動に関係する。改正された原則 4 の内容は、改正される前の原則 7 および 8 の内容であり、TUC が組合間紛争を処理する間に公認または非公認の争議行為を禁止する。
11） Bob Simpson, op.cit., p.192.

まとめ

　政府が主張するように，ブリッドリントン原則が労働者個人の団結選択の自由よりも組合間の組織的秩序の安定を優先する結果をもたらすとしても，イギリスの多くの労働組合は，ブリッドリントン原則を通して個々の組合員の不満を抑えることによって失うもの以上に多くのものを組織の安定によって得ることを追求してきたし，今後ともその方向を目指そうとしていることには変わりはないといえる[1]。

　TURERA の 14 条による労働組合から排除または除名されない一般的な権利の導入は，ブリッドリントン原則による労働者個人の利益と労働組合の集団的利益との衝突の伝統的な集団主義的解決方法を放棄して，それに代えて労働組合の団結権に優先する労働者個人の団結権を一方的に保障することを目指している。このように新たな段階に入ったイギリスの団結権の保障のあり方が集団主義的な労働組合による規制と衝突・矛盾することは当然であり，労働組合にとっては従来の組織のあり方を堅持するうえで過重な負担を強いられる危険を背負うことになる。そうすると，労働組合に対する個人の権利を強化することによって労働組合の集団主義的規制力が弱まる結果になるということが，団結権の保障のあり方として合理的に説明することができるのか根本的に問われなければならないであろう。そして，その問題は究極的には労働組合の現代社会における存在意義にまで行き着くであろう。そこでは，集団主義的規制力をほとんど持たない労働組合——そのようなものが果たして労働組合といえるかは別として——が労働組合の理想的モデルとして想定しうるのかが問われることになるであろう。

　ともあれ，いずれにしても，労働組合ないし労働法における個人と集団との関係に対する法的規制のあり方を考えるうえで，イギリスの TURERA の 14 条によって導入された団結権の保障の新たなあり方の今後の動向は注目に値するであろう。この動向の追跡については，他日を期したいと思う。

1）　政府の緑書は，TUC 加盟組合の内の 2 大組合，TGWU と AEU の指導者によるブリッドリントン原則に対する見直し発言を法改正を主張する補強材料としている。HMSO, op.cit., para.6.8. しかし，他方では，ブリッドリントン原則の運用に関する実証的研究は，同原則が労働組合の組合員募集活動並びに組織化活動を規制するための指針として，そして組合間紛

争を解決するための手続として依然有効であることを主張している。 Jane Elgar and Bob Simpson, The TUC's Bridlington Principles and Inter-Union Competition 1974-1991, Centre for Economic Performance Discussion Paper No.160, London School of Economics, 1993.

〈資料〉　TUC ブリッドリントン原則

　以下に訳出したのは，TUC のブリッドリントン原則（組合間の関係を統括する TUC 原則）と「加盟組織間の紛争における TUC 紛争委員会の役割」と題された付属文書である。資料の出所は，TUC, TUC Disputes Principles and Procedures 1993 Edition, 1993, TUC である。

組合間の関係を統括する TUC 原則(TUC PRINCIPLES GOVERNING RELATIONS BETWEEN UNIONS)

前文

　以下の原則，手続並びに付属規程はともに全加盟組織の TUC への継続的加盟の拘束力のある誓約として全加盟組織によって承認される。それらはかかる組織または TUC によって法的に強行可能な契約として意図されてはいない。原則は本文と注を含み両者は同等の地位と効力をもつとして一緒に読まれることになる。

原則 1

　各組合は頻繁に接触する組合との共同の有効な協定を開発することを検討するものとする。とくに以下のことを開発する。
（a）　個々の争点を解決するための手続
（b）　勢力範囲，組合員の合意された転籍並びに給付の権利，組合員証の承認および仕事の境界に関する特定の取り決め
　組合員と役員が既存の協定の条件並びに紛争の回避と解決のために合意された手続を順守することの重要性を十分に認識することを組合はさらに保障するべきである。
　組合間の対立を回避するために手続を確立することを検討することに付け加えて，労働組合構造の将来の要に影響するかもしれないその他の加盟組合との理解を開発することをも組合は検討するべきである。

原則 1 の注

（a）　個々の争点を解決するための手続は通例 2 組合間にあり，すべての組合員を対象とし 2 組合間で起きるあらゆる争点を処理することができる。手続は未解決の争点が手続の地区，地方および全国のレベルを通して処理されると通常規定する。手続の最後の段階が合意に至ることなく尽くされた場合には手続はさらに第三者（たとえば，TUC によって指名される重要人物）による仲裁を規定することができる。かかる協定は，組合間の関係を見直しいっそう綿密な有効な取り決めを促進するために共同の常設委員会を設置することもできる。
（b）　以下に関する特定の取り決めは，通例 2 組合間にあるが，とくにそれが労働

組合の組織に関する勢力範囲に関係する場合には幅広い基礎に基づくことができる（たとえば，共同交渉機関の労働組合の側の多くの組合の間において）。
　（Ⅰ）　勢力範囲（労働組合の組織と代表）
　（Ⅱ）　合意された組合員の転籍と給付の権利
　（Ⅲ）　組合員証の承認
　（Ⅳ）　仕事の境界
（ｃ）　助言と援助：TUC はかかる協定並びに手続を起草するうえで組合を援助し，さらに労働組合の構造に影響する幅広い理解を援助し，要請があるならば組合間の会合を喜んで準備する。
（ｄ）　合同：相互に頻繁に接触する加盟組合間の合同は一般的に労働組合の組織を強化する望ましい方法であり，そこで TUC は合同を考える組合に対して喜んで助言並びに援助を提供する。
　加盟組合は非加盟組合との合同を考える場合には利害関係をもつその他の加盟組合と協議するべきである。不同意の場合には関係するどの加盟組合も助言と調停を求めて TUC に問題を付託することが自由であるが，関係するすべての加盟組合の間で合意されない限り紛争委員会による裁定はない。
　加盟組合はむろん，合同について他の組合によって行われる投票のあらゆる点に介入しないことが良好な労働組合の慣行事項であることを認識する。
　原則2
　安定して合理的な労働組合の構造が確立され維持されることが労働組合の個別の利益そして運動の利益になることを労働組合は長年承認してきた。合意された規則と手続なしに組合員が組合から組合に移動することの結果として組織が不安定になることは，団体交渉構造並びに実際には個々の事業所または企業もしくは被用者の階層内部の労働組合組織が継続して存在することを危うくする可能性がある。
　TURERA 1993 は，運動全体にわたる組織の不安定可能性を創出する。組合員資格を対象とする同法の規定は以下の効果をもつ。
　組合員資格の申請者が組合の規則を満たさない場合を除いて同人の加入許可を拒否する組合の権利の否定。
　非常に限られた事情を除いて個人を組合員資格から排除する組合の権利の排除。
　TUC 紛争委員会裁定の結果として組合が組合員を排除することの違法化。

　同法の規定にも関わらず TUC のすべての加盟組合は，別の加盟組合の同意を得ることをしないで直接または間接に組合員募集のアプローチをすることによって別の加盟組合の現在の組合員または最近まで組合員であった者を加入させることを故

意にかつ積極的に追求することをしないことをTUCへの継続的加盟の拘束力のある誓約として承認する。

各組合は別の組合の過去または現在の組合員資格に関するTUCの模範様式に沿って質問をその組合員資格申請様式に含めるものとする。

申請様式における不可欠の質問は以下の通りである。

あなたは現在またはかつて他の組合の組合員でありまたはあったか。あなたが現在またはかつて組合員でありまたはあった組合の名前をその組合の支部の名前と一緒に提出しなさい。

現在のまたは過去の組合員資格が指摘されたすべての場合において，申請が行われた組合は，名前，階層および場所を示す書面において現在のまたは以前の組合に直ちに伝えるものとする。その結果，組合はすでに行っていない場合に当該個人とその問題について討議することができる。

いつ，いかなる理由によっても組合がそれの現在のまたは以前の組合員の募集に反対することに正当な理由がある場合には，組合間の会合のための紛争規則並びに期限に従って組合はその問題を討議するための他の組合との討議を要請することができる。

関係組合間の会合では合意によって対立を解決するためにあらゆる努力が行われる。解決の努力は，組合員の故意かつ積極的な募集の結果として不服申立組合が被った収入の損失に対する補償を当該組合に提供する被不服申立組合の側の道義的義務を含む。組合間で合意に至らない場合には，係争はTUCに付託される。

原則2の注

（a） 組合が頻繁に接触する場合には，組合員の通信が向けられるべきである適切なレベルについて組合は相互に助言するべきである。

（b） 原則2の第3段落の「最近」の語は，先行する52週間加盟組合に拠出した申請者に適用されると通常理解されるものとする。しかしながらこれは単に指針として意図されており，従前の組合員資格が知られているすべての場合に通知が現在のまたは以前の組合に行われる場合には多くの困難が回避されることになることを組合は認識するべきである。

（c） 多くの加盟組合は所定の期間滞納している組合員を排除する規則をもつ。しかしながら，そのような規則をもつ組合はそのように滞納している個人は組合の事項に参加する権利を有する組合員ではもはやないとみなすにもかかわらず，個人が協議並びに合意なしに別の組織によって故意かつ積極的に募集された場合に，組合は関心をもつ理由がないことをそれは必ずしも意味しない。

（d） 他の組合の組合員が労働争議に参加している期間中に労働組合の全国並び

にローカルの役員の双方は，他の組合の利益について発言したりまたは不利に行動することは差し控えるべきであることは一般的に理解されるべきである。労働争議に参加しようとする組合が，そのことによって組合員が影響を受ける見通しがある他の組合に情報を伝えることに注意するならば多くの困難は回避されることができる（TUC 規約の 11 条を見よ）[1]。

原則 3

別の組合が雇用される労働者の多数をもち労働条件を交渉する労働者の階層または諸階層についてその組合との取り決めがない限り，どの組合もいかなる事業所または企業においても組織化活動を開始しないものとする。かかる事情において組合は，使用者にアプローチすることをしないとともに確立された組合の地位を直接または間接に危うくする効果をもつ使用者の発議に対応しないものとする。

いずれかの事業所または企業において労働者の階層または諸階層に関して別の組合が組合員数の低い水準をもち協約がないまたは協約が廃れかかっていると組合が考える事情において，組織化活動を開始することを希望する組合は，組織化活動を開始する前に（または別の組織の利益に関心を向けるや否や）他の組織と協議するものとする。合意に至らない場合には，事案は一方の組合によって TUC に付託されるべきである。

唯一交渉権または組合員資格協定を締結する際には組合は，影響を受けるその他の組合の利益を尊重し，かかる協定の起草においてそれらの地位を考慮するべきである。

関係するその他の組合との事前協議と合意による場合を除いて，別の組合が既存の承認または交渉の権利を剥奪されることになる譲渡または所有権の変更もしくはその他の理由を含むあらゆる事情において，どの組合も唯一交渉協定，組合員資格協定その他のいかなる協定も締結しないものとする。合意に至ることができない場合には，事案は TUC に付託されるべきである。

別の組合の組織的弱さを理由にそれの継続する承認および交渉取り決めが脅かされると組合が考えるならば，組合は遅滞なくその組織との協議を行うべきである。合意に至ることができない場合には，事案は TUC に付託されるべきである。

・事前通知―唯一組合協定

唯一組合協定の締結過程にある組合は，討議の最初の段階で紛争規則 A に示されたように可能な限り多くの詳細と一緒にその事実を TUC 書記長に通知するべきである。

・ノー・ストライク条項と仲裁

承認協定を締結する際に組合は，争議行為を行う労働組合の基本的民主的適法な

権利をとくに排除するまたは排除することを目的とする協定を締結してはならない。これは，当事者の一方または双方の要請において振子その他の仲裁を用いることを組合に差し控えさせることを意味しない。組合員の募集に先立って彼らに協議しないで争議行為を行う労働組合の基本的民主的適法な権利を排除するまたは排除することを目的とする協定を組合は締結してはならない。争議行為を行う基本的民主的権利を排除する手続が主張される事情に直面する場合には，組合は最も早い機会にTUCと協議するべきである。

・国内投資

国内投資権限に関してTUC，STUC，ウェールズTUCまたはTUC地方協議会によって運用されるTUC総評議会によって承認されたあらゆる手続に協力することを組合は期待される。

・労働条件の一般的水準

実質的要素に意味をもつ承認協定を締結する際に，組合は，関係会社との協定の項目ですでに存在するまたは承認された取り決めを通して設定された雇用条件の一般的水準を尊重し，それらを危うくすることを回避するためにすべての可能な措置を講じるべきである。

本原則によって直接または間接に対象とされるすべての組織的事案において，対立が発生したまたは発生しうる場合には，関係する組合はその他の組合が考慮されるべき主張の理由をもたないと一方的に決定しまたはそのような方法で行動しないものとする。かかる事情においては，TUCが事案を検討するまでに組合は使用者と協定またはその他の取り決めを締結しないものとする。

原則4

組合間紛争の場合において（労働組合員資格，労働組合承認並びにまたは交渉権，仕事の境界もしくはその他のあらゆる困難に関する）TUCがその係争を検討する時間をもつまでに公認のまたは授権されない労務停止もしくはストライキ以外の争議行為は行われないものとする。関係する組合または諸組合は組合員が通常の労働を再開するための即時かつ精力的な措置を講じる義務を負う。

加盟組織間の紛争におけるTUC紛争委員会の役割（THE ROLE OF TUC DISPUTES COMMITTEES IN DISPUTES BETWEEN AFFILIATED ORGANISATIONS）

紛争委員会（以下，委員会―訳者注）の基本的アプローチは，関係するすべての当事者に受け入れられることができる，恒常的または仮の性格の如何を問わない解決を得ることを追求することである。事情によって恒常的または仮の解決の条件は，

公式の裁定または勧告を伴うことができ，またはそれらにおいて具体化されることができる（紛争規則Rも見よ）[2]。

原則4に関して公認または非公認の労務停止もしくは労務停止以外の争議行為が行われるべきではないと委員会が認定する場合には，委員会は関係する組合または諸組合に対して労働の再開を得るために精力的な措置を講じることを要求する。

組合員資格に関する事件を検討する際に（原則2），不服申し立てられた募集が故意に積極的で合意なしであったか否か，たとえば，別の組合の組合員に対する直接または間接に授権された如何を問わないで発議を行ってアプローチを行ったかを委員会は考慮するものとする。不服申立組合は不服申し立てられた活動の証拠を提供するものとする（紛争規則Ⅰの1条a項ないしf項）。関係する組合員の見解も追求されることができる。

委員会の見解において不服申し立てられた募集が故意に積極的であり合意がなく，そして結果として不服申立組合が実害を被ったならば，組合間で合意に至ることができない場合には，委員会は不服申立組合に対する財政的補償の水準の問題について裁定することができる（それは不服申立組合に対する拠出の2年分の損失を超えないものとする）。事件の事情に応じて委員会は，被不服申立組合を非難することもでき，とくにこれにたいして総評議会並びにまたは大会の注意を喚起することができる。委員会は，決定するならば，被不服申立組合がそれの新聞の最も目立つ場所に非難の条件を印刷することを裁定することができる。委員会は，決定に至るうえで前項のいずれかを組み合わすことができる。

承認に関係する事件を決定する際に（原則3）委員会は，以下の要素を考慮するものとする。

（a）別の組合または諸組合の参入に反対する組合自身が過半数の組合員を確保するまたは維持することを試みた努力，この期間に獲られた組織化の程度，かかる努力が行われた期間，その組合が遭遇した困難の程度並びに原因，およびその組合が過半数の組合員並びにまたは交渉権を確保するまたは維持する展望

（b）事業所または企業もしくは産業における既存の団体交渉またはその他の代表制度

（c）参入を求める組合が過半数の組合員並びに交渉権を確保することを試みるために行った努力およびこれに関する成功の展望

（d）どの組合も紛争の主題である労働者を代表して交渉するための協定をもたない事情においては，関係する労働者の意見を考慮するものとする

唯一交渉権または組合員資格協定に関係する事件では（原則3の第3段落並びに第4段落）いずれの裁定においても委員会は，既存の産業慣行と協定並びに関係労

働者の意見およびその他のあらゆる実質的要素を十分に考慮するものとする。
　原則3の条件の内部で係争に関する裁定を下す際に委員会は以下を行うことができる。
　被不服申立組合に対して非難を発すること。承認／交渉の権利および組合員数の損失を通して不服申立組合が被った実害に関する被不服申立組合に対する補償的解決を裁定すること（不服申立組合に対する拠出の2年分の損失を超えないものとする）。被不服申立組合に対してそれの組織化活動を止めることを要求すること。不服申し立てられた行動について総評議会並びにまたは大会の注意を特別に喚起すること。
　その決定において委員会は，前項のいずれかを組み合わせることができる。

注
　1）　TUC規約の11条（労働争議）
（a）　加盟組織とその使用者との間並びにまたは1つの加盟組織と別のとの間において，授権を受けていない規約違反の労務停止を含む問題が発生し，とくにその問題が直接または間接に多数の労働者に関係する場合には，加盟組織はその問題について総評議会に情報を伝える義務を負うものとする。総評議会または事務局長は（必要であると考える場合には），加盟組織並びに直接または間接に影響を受けるであろう組織すべてに可及的速やかにその情報を普及するものとする。
（b）　総評議会の一般的方針は，関係する加盟組織によって要請されない限り，当該の問題が影響を受ける職業に存在する交渉機構の方法によって円満に解決されることに対して何らかの影響がありうる展望がある限り総評議会または事務局長は介入しないものとする，というものである。
（c）　しかしながら，加盟する労働者のその他の団体が労務停止に巻き込まれる，または彼らの賃金，労働時間その他の雇用条件が危うくされる事態が発生している，または発生しそうである場合には，総評議会または事務局長は，関係する組織の代表者に協議することを要求することによってその問題を調査し，（場合に応じて）争点の公正な解決を実行するために自己の影響力を行使することができる。これに関連して，総評議会または事務局長は，関係する各組織にその問題に関するそれの見解を提出する機会を与えて争点に関する事実を確認しながら，自己の検討した意見を提出し，それに基づいて関係する組織に助言することができる。関係する組織がかかる援助または助言を拒否する場合には，事務局長は総評議会に対して，総評議会は大会に対してそれに基づいて滞りなく報告するものとし，または総評議会は規約の13条b，c，dおよびh項に基づいて当該組織を処理するものとする。
（d）　総評議会が本条c項に基づいて問題に関係して介入し，関係する組織が総評

議会の援助並びに助言を受け入れる場合で,そして総評議会の努力にも関わらず使用者の方針がストライキまたはロック・アウトによる労務停止を余儀なくする場合は常に,総評議会は,争議の事情が正当化するように見えるようなあらゆる精神的並びに物質的支援を関係する組織のために組織するための措置を直ちに講じるものとする。

2) 紛争規則（REGULATIONS GOVERNING PROCEDURE IN REGARD TO DISPUTES BETWEEN AFFLIATED ORGANISATIONS）R

紛争委員会の基本的アプローチは,すべての紛争当事者に受け入れられる,恒常的または仮の性格の如何を問わない,和解を得ることを追求することである。そして紛争委員会は,それが適当であると考えるような勧告をいつでも行うことができる。しかし,紛争委員会が必要であると考える場合は常に,委員会は裁定を行うことができる。紛争を決定する際に紛争委員会は,労働組合運動の利益並びに TUC の宣言された原則または方針を一般的に尊重するものとするが,とくに時々の総評議会によって改正されて大会によって採択される組合間の関係を統括する原則によって指導されるものとする。

3) 紛争規則 I

紛争委員会の事務局長は,不服申立組合に対して（それがすでに行っていない場合には）不服申立の明細を準備することを要求するものとする。

1 故意かつ積極的な合意を得ていない組合員の募集が申し立てられた事件で,組合が不服申立を行うことを希望する場合には,事件に関係する限り以下の細目が提供されるものとする。

(a) 関係する者の名前,彼らの職場,および彼らの職階または職種
(b) 不服申立組合への加入の日付
(c) 拠出が支払済の日付
(d) もしあるならば,拠出の滞納
(e) もしあるならば,脱退の書簡
(f) もしあるならば,故意かつ積極的な募集を申し立てる証拠（書簡,リーフレットその他）

通常の場合,すべてこれらの細目が事務局長の手元に入るまでは紛争委員会による審査は行われない。

第五章　イギリスにおけるチェック・オフ制度とその法的規制

はじめに

　労働者の賃金から組合費相当額を使用者が控除してその額を一括して労働組合に引き渡すいわゆるチェック・オフ制度は，組合費の徴収を確実に確保する制度として労働組合の組織並びに活動を保障する意義を担っていると評価することができる。イギリスのチェック・オフ制度についてもその評価は基本的にあてはまり[1]，後述するように，同制度はイギリスの労使関係において定着した制度になっている。

　イギリスにおいては1970年代まではチェック・オフ制度に対する法的規制は，ほとんど問題とされなかった。わずかに，労働者の賃金の保護の面で1831年トラック法（Truck Acts）の適用の有無が問題になったにすぎなかった。ところが，1979年以降の保守党政府によって展開されている労使関係法改革の下でチェック・オフ制度そのものに対する法的規制が導入されるようになった。労働組合による集団的規制に対する労働者個人の権利の保護を標榜する保守党政府にとっては，とくに労働者個人のチェック・オフに対する授権が重要な関心事であった。そのような保守党政府の政策を具体化した1993年労働組合改革・雇用権利法（Trade Union Reform and Employment Rights Act 1993, 以下，TURERAと表記する）[2]の15条は，従来の1992年労働組合・労働関係（統合）法（Trade Union and Labour Relations (Consolidation) Act 1992, 以下，TULRCAと表記する）の68条を全文改正して，労働者個人の書面による3年以内の授権のないチェック・オフをすべて違法とすることを規定している。

　このような労働者個人の意思のみにチェック・オフの適法性の根拠を収斂させることにも，保守党政府の個人主義的労使関係法政策が如実に現れていることを見ることができる。その意味では，今回のTURERAの15条によるチェック・オフに対する法的規制は，労働者個人の利益に一方的に偏した極端な規制の方法であると考えられる。そのような特徴をもつイギリスの法制度であるが，

おりしもわが国のチェック・オフをめぐる判例[3]においても労働者個人のチェック・オフに対する授権の効力が問題になっているところでもあるので，両国間の協約法制の違いにも関わらず，以下においてはわが国のチェック・オフをめぐる議論の参考に供するためにイギリスにおけるチェック・オフ制度に対する法的規制を検討することを試みたいと思う。

---

1) Royal Commission on Trade Unions and Employers'Associations 1965-1968 Report, Cmnd.3623, para.719.
2) TURERA の全体の内容については，本書第三章参照。
3) たとえば，エッソ石油事件・最1小判平5.3.25，労働判例650号6頁。

一　イギリスにおけるチェック・オフ制度の実態

1　イギリスにおけるチェック・オフ制度の普及状況

　チェック・オフは，イギリスにおいて現在最も普及した組合費の徴収方法である。雇用省等によって行われた「職場労使関係調査（WIRS）」[1]によると，チェック・オフは1980年代を通して一貫して高い普及率を示した。1984年には肉体労働者または非肉体労働者を問わず組合員がいる職場の74％にチェック・オフが存在することが報告された。1990年には相当する数値は73％であった。使用者によって労働組合が承認されている職場ではその数値はさらに引き上がって，83％を示した。

　全般的には，組合が承認されている職場においてチェック・オフの普及が伸びている傾向が認められる。とくに，チェック・オフが以前相対的に普及していなかった組合組織率の低い職場，たとえば民間の製造業部門において普及が伸びている。1984年には組合組織率が50％に満たない承認された組合のある職場のおよそ5分の3がチェック・オフ制度をもったが，1990年には4分の3が同制度をもった。他方，組合組織率が50％を超える職場ではチェック・オフの普及は安定している。組合組織率が50％から89％である同様な職場においては，84年と90年の双方ともそれの約83％がチェック・オフ制度をもち，組合組織率が90％以上である同様な職場では，両年とも約90％が同制度をもったと報告された。

　国際的に比較してみても，イギリスはチェック・オフが最も普及している国の1つに数えられる[2]。ヨーロッパ諸国においては，チェック・オフが法律で禁止されるフランス[3]とチェック・オフが特定の産業または職種に限定されて普及するドイツ，ベルギー，オランダおよびスイスの各国を除いてチェック・オフは一般的に知られた組合費の徴収方法である。チェック・オフはイギリスを含む9カ国においては最も普及した方法であり，とくにキプロス，イタリア，ノルウェーおよびポルトガルの4カ国ではその他の方法を全面的に排除して普及している。その他の，オーストリア，アイルランド，マルタ，スウェーデンおよびイギリスではチェック・オフは最も普及した方法であり，その他の組合

表1　肉体労働者の組合費の支払方法の種類（1990年）

%

	全事業所	民間製造業	民間サービス業	公的部門
組合の代表者が徴収する	8	18	5	1
組合員が組合事務所または支部集会で支払う	5	5	4	6
組合員が組合事務所宛に郵送する	1	3	1	＊
組合員の銀行口座から直接組合に支払う	4	2	5	5
使用者が組合員の賃金から控除して組合に支払う	89	80	90	95
無回答	1	＊	0	1

出所）Worlplace Industrial Relations in Transition, Table.4.5
注1）＊は0.5％未満。
　2）複数回答が可能である（表2も同様である）。

表2　非肉体労働者の組合費の支払方法の種類（1990年）

%

	全事業所	民間製造業	民間サービス業	公的部門
組合の代表者が徴収する	4	11	2	4
組合員が組合事務所または支部集会で支払う	＊	＊	＊	＊
組合員が組合事務所宛に郵送する	6	7	1	7
組合員の銀行口座から直接組合に支払う	25	15	29	24
使用者が組合員の賃金から控除して組合に支払う	79	85	73	80
無回答	1	＊	0	1

出所）Worlplace Industrial Relations in Transition, Table.4.6

費の徴収方法は主に補助的にまたは特定の部門もしくは集団についてのみ用いられる。

　イギリスにおいてはチェック・オフ以外にも普及率は高くはないが多様な組合費の徴収方法が用いられている。1990年のWIRSによると（表1，2参照），肉体労働者ではチェック・オフの次に普及している方法は組合の代表者が組合員から徴収する方法であり（8％），その次は組合員が組合の事務所または支部会議で支払う方法（5％），そして組合員の銀行口座から直接組合に支払う方法（4％），組合員が郵送により組合事務所宛に送金する方法（1％）と続いた。他方，非肉体労働者では2番目に普及している方法は銀行口座から直接組合に支

払う方法であり（25%），それから組合員が郵送により組合事務所宛に送金する方法（6%），組合の代表者が組合員から徴収する方法（4%）と続いた。

　上の調査結果が示すように，とくに非肉体労働者の間で銀行口座払いの方法がチェック・オフに次いで普及していることが注目される。この傾向の背景には，被用者の間で銀行口座を有する者の数が増加していることと一部のホワイトカラー労働組合が使用者側の承認を必要としない組合費の徴収方法を選択する方針を推進していることがあると指摘されている[4]。

2　イギリスにおけるチェック・オフの意義

　上に見たように，チェック・オフはイギリスにおいて最も普及した組合費の徴収方法であるが，そのようなチェック・オフの存在は労働組合の財政にとってどのような意義があるのであろうか。いうまでもなく，労働組合の活動を支えるためには財政的基盤の確立が不可欠であり，労働組合が外部勢力からの支配を受けることなく自主的に運営されることを担保するためにも労働組合は独立した自前の財政を確立しなければならない。それゆえ，組合員は相互に組合費を拠出しあって組合の財政を支えなければならない。そのことから当然に，組合費収入は労働組合の収入の大部分を占めることになる。

　イギリスにおいては平均して組合費収入は組合総収入の約82%を占めている[5]ので，組合財政にとって組合費収入の浮沈は決定的に重大である。しかも，80年代以降の組合員数の減少傾向の中で，組合費収入の基盤そのものが不安定になっている。各組合は，組合費収入の水準を維持するために努力している。こうした意味を持つ組合費の70%以上がチェック・オフによって徴収されている。その意味では，イギリスの労働組合の財政はチェック・オフに大きく依存しているといえる。したがって，チェック・オフの存在は，組合費を徴収するための時間と労力の節約をイギリスの労働組合にもたらす以上に労働組合の財政にとってその運命を左右する重大な鍵を握っているといっても過言ではないように思える。

---

1) Neil Millward, Mark Stevens, David Smart and W.R.Hawes, Workplace Industrial Relations in Transitio: The ED/ESRC/PSI/ACAS Surveys, Dartmouth, 1992, pp.124-7.
2) Trade Union Membership Contributions and the Check-off, European Industrial Relations Review 232, May 1993, pp.22-31.

3） 労働法典 L.412-2 条 2 項。
4） たとえば，Bifu（銀行・保険・金融組合）は，組合員の 98％が銀行口座を持っている点で特異であるが，企業内従業員組織（staff association）との組織的競合関係から使用者に依存するチェック・オフを拒否して，組合員の銀行口座から直接組合費を組合に支払う方法を組合員に奨励している。 The "Check-off" Challenge, IRS Employment Trends 545, I.R.R.R. October 1993, pp.12-6.
5） 1992 年の労働組合の総収入は 6 億 2300 万ポンドであり，そのうち組合費の収入は 5 億 1780 万ポンド（約 83％）であった。 Annual Report of the Certification Officer 1993, p.14. 1993 年の労働組合の総収入は 6 億 1600 万ポンドであり，そのうち組合費の収入は 4 億 9880 万ポンド（約 81％）であった。 Annual Report of the Certification Officer 1994, p.17.

二　賃金の保護とチェック・オフ

1　1986年賃金法

　チェック・オフは，労働者の賃金から使用者が組合費相当額を源泉徴収することから労働者の賃金の保護と関係することになる。そのことは，わが国において労働基準法24条1項の労使協定の要件のチェック・オフ協定に対する適用の有無をめぐる議論にも反映されている。イギリスにおいては1831年トラック法 (Truck Act 1831) その他のトラック法の賃金保護規定によってチェック・オフが無効とされるか否かについて，チェック・オフを同法の下で適法とする判決が下されていた[1]。

　1980年代に入って，保守党政府は，労働組合員の労働組合の政治基金に対する拠出を制限する一環として，組合員の賃金からのチェック・オフに規制を加えた。1984年労働組合法の18条（同条は，現在TULRCAの86条である）は，組合員が組合の政治基金に拠出する義務を免除されること，または同基金に拠出することに反対することを書面によって組合に通知したことを書面によって使用者に証明する場合には，使用者は同基金への拠出額に相当する額を組合員の賃金から控除してはならないと規定した。この時点では，政府の主要な関心は労働組合の政治活動の規制であり，チェック・オフに対する法的規制は，派生的問題にすぎなかったようである。

　その後，従前のトラック法を廃止して制定された1986年賃金法 (Wages Act 1986) が，現行法としてチェック・オフを規制することとなった。すなわち，同法1条1項は，賃金からの控除が法令または労働者の契約のいずれかの妥当な規定によって授権される場合，あるいは，労働者がその控除を行うことに書面による合意または同意を事前に与えている場合を除いて，使用者が労働者の賃金から控除することを違法とする。同条5項は，控除がチェック・オフ制度に従って行われる場合には同条の控除に対する一般的な制限は適用されないと規定するが，その適用排除は，チェック・オフ制度が労働者の書面による合意または同意を得た場合，あるいは，その制度が労働者の事前の書面による合意または同意を得た契約に含まれる条件に基づいて設立される場合に限って認め

られる。したがって，チェック・オフ制度が右の5項の要件を満たさない場合には，1項の一般原則が適用される結果，使用者が控除を行う前に労働協約のチェック・オフ規定の写しを労働者に与える，または同規定の存在並びに効力について事前に労働者に書面によって通知することによって労働協約のチェック・オフ規定が個々の労働者の雇用契約に編入されることを通して労働者の契約の妥当な規定になることからチェック・オフは授権を与えられることになる。いずれにしても，賃金法の下では労働者が個別にチェック・オフについての書面による承諾を事前に使用者に対して与えていなくても，チェック・オフは同法の下で適法と認められることができる[2]。

2 チェック・オフと労働協約

イギリスにおいて労働協約は，協約締結当事者がとくに協約が法的効力を有することを意図しない限り，法的効力を有しないとみなされる[3]。現実にもほとんどの労働協約は法的効力を有しないので，協約条件そのものの個々の労働者に対する法的拘束力自体は問題にはならない。そこで，一般的には協約条件が個々の労働者の労働条件になるためには，協約条件が労働者の雇用契約に編入されることを通して雇用契約の条件になるとする理論構成がとられる。この協約条件の雇用契約への編入は，労働者が協約締結当事者である労働組合に所属するという単なる事実から自動的に行われるわけではない。一般的には協約条件の内容が編入にとって適切であるか否かの実質的判断並びに労働者に対する通知等が行われたか否かの手続的判断が必要である。チェック・オフ協定に関していうと，労働者の賃金に関わる事項であるので労働者の雇用契約に編入されることになるとしても，前述したように事前に使用者による労働者に対する書面による通知が行われることが必要である。

以上のような労働協約と雇用契約との関係からすると，一旦チェック・オフ協定が雇用契約に編入されたとしても，労働者は雇用契約の変更としていつでもチェック・オフに対する授権を取り消すことが自由にできる。トラック法の下のチェック・オフに対する労働者の授権の取消の問題を扱った Williams v Butlers Ltd[4] においては，労働者にこの授権を取り消す自由があることが認められた。もっとも同判決では，労働者がこの授権の取消を直接使用者に通知するのではなく労働組合を通して使用者に通知することしか認めない条件をチェッ

ク・オフ協定につけることも適法であると判断された。しかし，この条件が労働者を拘束するためには，それが労働協約から雇用契約に編入されたことが積極的に証明されなければならないことが指摘された[5]。

---

1) 1831年法の3条は，賃金の全額を労働者に支払う義務を使用者に課した。

　Hewlett v Allen [1894] A.C.383においては，労働者の要請によって労働者の賃金から控除される金員が使用者によって保有されるのではなく第三者に手渡される場合には（本件の場合には，疾病・事故クラブへの拠出であった），この控除はトラック法の下で適法である判断された。

　Penman v Fife Coal Co.Ltd. [1936] A.C.45においては，控除が適法であるためには，控除された金員の受領者が使用者から独立しているべきであることが指摘された。

　Williams v Butler Ltd. [1975] I.C.R.208においては，Hewlett v Allenを引用して組合による取消が行われるまでチェック・オフによる組合費の控除の継続は適法であると判断された。

2) Simon Honeyball, A Guide to the Employment Act 1988, Butterworths, 1988, pp.52-3; Gareth Thomas, The Trade Union Acts 1992 and 1993, Sweet & Maxwell, 1994, para.19-39.

3) TULRCAの179条。

4) [1975] I.C.R.208.

5) Mark R.Freedland, Legality of Check-off Agreements (1975) 4I.L.J.241; Richard Kidner, Trade Union Law, 2nd ed., Stevens, 1983, p.58.

三　1988 年雇用法 7 条

　前述したように，1986 年賃金法によって労働者の賃金の保護の観点からチェック・オフに規制が加えられたが，労働協約が締結されてチェック・オフが運用される場合には，同法による規制が実質的な意味を持たないことは明かである。そこで，保守党政府は，まずチェック・オフ制度の濫用を防止するために労働者個人の意思を実質的に発動させる仕組みを立法化することを考えた。そのために，1988 年雇用法（Employment Act 1988）の 7 条（同条はその後，TULRCA の 68 条となった）がチェック・オフそのものを規制するために導入された。

　同条の下で労働者が自らの組合員資格が組合の了解の下に終了したこと，または特定の日に組合から脱退することを意図していることを使用者に対して証明することによって労働者はチェック・オフを停止する権利を与えられた。すなわち，このいずれかのことが証明される場合には，使用者は当該労働者の組合員資格が終了した日から同人についてチェック・オフを行ってはならない義務を負った。ただし，使用者は労働者によるこの証明の真偽を確認する義務を負わなかった。使用者は，当該労働者と労働組合との間に組合員資格の終了をめぐって争いがあることを知りえたとしても，同労働者との関係においてはチェック・オフを停止する義務を負った。また，使用者は，チェック・オフが停止されたことを労働組合に通知する義務を負わなかった[1]。同条の違反に対しては，労働者は違法に控除された金額の返還を求めて労働審判所に対して不服申立を行うことができた。

　1988 年雇用法が制定される前においても同法が制定された後においても，組合員でなくなった労働者が継続して賃金からチェック・オフをされることが横行していることを示す証拠はない。それにもかかわらず，保守党政府は同法の 7 条の規定だけでは不十分であると考えた。1991 年に発表された緑書「1990 年代の労使関係」（Industrial Relations in the 1990s）[2] において政府は，現行法制の下では労働協約が締結された結果として組合員は自らの意思とは無関係にチェック・オフ制度に組み込まれることになり，チェック・オフを止める唯一の方法は組合を辞めることしかなく，これは法律上の変則状態（anomaly）で

あるとの認識を示した[3]。とくに，この変則状態の具体例として，合同機械工組合（AEU）が1991年5月に週35時間労働の実現をめざした争議行為を支援するための300万ポンドのストライキ基金を設立するために全組合員に10ペンスのストライキ賦課金を課すとする決定を行ったことが引用された。AEUのほとんどの組合員はチェック・オフを通して組合費を徴収されていたので，ストライキ賦課金のほとんどはチェック・オフを通して徴収された。このことは，「AUEの組合員がこのストライキ賦課金の徴収に強く抗議し，仕事を危険に曝すことになるであろう争議行為に反対したとしても，この賦課金が組合費の一部として自動的に賃金から控除されることを防ぐことは，組合から脱退することを除いてはできない」[4] ことを意味した。

政府は，組合費（組合費として徴収される特別な賦課金のすべてを含む）が賃金からチェック・オフされることについて，個々の組合員が自ら決定する権利を持つべきであると考えた。政府の考えでは，フランスにおけるようにチェック・オフを法律でもって禁止することまでいかないとしても，労働者が明示の同意を与えないでチェック・オフを強制される理由はなかった[5]。

そこで，政府は，法を改正して，労働者が書面によりチェック・オフ制度に明示の同意を与えていない場合には，使用者が組合費を賃金から控除することを違法とすることを提案した。この書面による意思の確認は，少なくとも12か月毎にチェック・オフを継続する意思の有無について行われ，そのような確認がない場合には，チェック・オフによる組合費の賃金からの控除は違法とされる[6]。さらに，ストライキ基金のための義務的な拠出金として組合費が増額される場合を念頭において，組合費の額の変更について，労働者が書面により右の変更を明示的に要請しない限り，使用者が引き続き労働者の賃金から組合費を控除することを違法とするべきであるとする主張にも根拠があるとされた[7]。

1） Gareth Thomas, op.cit., para.52-82.
2） HMSO, Cm.1602. 邦訳，古川陽二「英政府緑書『1990年代の労使関係』（1）（2・完）」沖縄法学22号（1993年）124頁，同23号（1994年）81頁。
3） Ibid., paras.6.24-5.
4） Ibid., para.6.26.
5） Ibid., para.6.27.
6） Ibid., para.6.28.
7） Ibid., para.6.29.

四　TURERA 15 条

　1991 年の緑書の提案を実現するために，TURERA の 15 条が制定された。同条は，「授権されていないまたは超過した組合費の控除を受けない権利」の表題の下に，従前の TULRCA の 68 条を全面的に改正して，チェック・オフ制度に対する本格的な法的規制を導入した。
　改正された 68 条の下で，労働者の使用者と労働組合との間に「組合費控除協定」（subscription deduction arrangements）が存在する場合には，使用者は，控除が労働者によって授権されない限り労働者の賃金から組合費が控除されないこと，並びに右の控除される額が許容される額を超えないことを保障しなければならない[1]。組合費の控除が授権されるためには以下の要件を満たさなければならない。

1　労働者が控除を授権する文書に署名して日付を入れること[2]。
2　この授権が控除の行われる日に有効であること[3]。すなわち，この授権が控除の行われる日より 3 年以内に与えられており，かつ，労働者がこの授権を書面によって取り消していないこと[4]。

　改正される前の 68 条の下では，労働者がチェック・オフを停止する権利を有する場合は労働者の組合員資格が終了する場合に限定されたが，今回の改正によってこの限定は取り除かれた結果，使用者は，労働者の授権を取り消す内容の文書を受け取った場合には，合理的に実行可能な限り当該労働者の賃金から組合費が控除されないことを保障しなければならない[5]。
　控除される額は，「許容される額」，すなわち，組合費控除協定に従って支払われることができる額を超過してはならない[6]。組合費の額が増額されて許容される額も増額される場合には，その増額と新しい組合費についての書面による「適切な通知」が最低 1 か月前に労働者に与えられない限り，使用者はこの増額された額を適法に控除することはできない[7]。ただし，組合費の増額が労働者の賃上げのみを理由とする場合，たとえば，組合費が賃金の固定した比率に基づくような場合には，この通知の要件は適用されない[8]。もっとも，控除が行われる基準となる比率の数値が変更される場合には，これは通知されなければならない[9]。

さらに適切な通知の内容には，労働者が使用者に対する書面による通知によっていつでもチェック・オフを取り消すことができることを労働者に伝える旨が含まれなければならない[10]。

　上に見たように，使用者は労働者の授権がない限り控除を行うことはできないが，労働者の控除に対する授権は，労働者に対して組合費控除協定を維持または継続する義務を使用者の側に発生させるものではないことがとくに明記される[11]。

　以上の68条に規定された内容は，組合費控除協定の当時者間に存在するその他の協定の下で行われる組合費の控除に付け加わるいかなる控除（たとえば，ストライキ基金または政治基金に対する拠出金）にも等しく適用される[12]。

　68条の違反に対する救済措置については，新たに規定された68A条において規定される。労働者が68条に違反して控除を受けた場合には，この控除を受けた日（複数の控除に関係する場合には，最後の控除を受けた日）から3か月以内に労働者は労働審判所に対して不服申立を行うことができる[13]。この期間内に不服申立を提出することが合理的に実行可能ではないと労働審判所が確信する場合には，審判所が合理的と考える期間が延長される[14]。労働審判所が不服申立を認容する場合には，審判所はその旨の宣言を行い，使用者に対して違法に控除された額を払い戻すことを命令することができる。労働者に払い戻される額は，控除が授権されなかった場合には，控除された額全額であり[15]，控除が許容される額を超過した場合には，その超過した額である[16]。控除が授権されていないまたは許容される額を超過することと並んで所定のその他の制定法の要件の違反を含む場合には，審判所または裁判所によって支払われることを命じられる額の合計は，要件の1つに関して支払を命じることができる最高の額を超えることはできない[17]。所定のその他の制定法の要件は，次の通りである[18]。

1　1978年雇用保護統合法（Employment Protection (Consolidation) Act 1978）の8条（賃金細目説明書）または9条1項（固定された控除に関する常備説明書）所定の明細書を与えないで控除を行わない要件。
2　1986年賃金法1条1項所定の授権されない控除を行わない要件。
3　TULRCAの86条1項（労働者が政治基金に対して拠出しないことを選択した場合）または90条1項（政治基金の廃止）所定の特定の事情において

政治基金に対する拠出金の控除を行わない要件。

そのほかに，チェック・オフそのものに対する直接的な規制ではないが，TURERA の 15 条による TULRCA の 68 条の改正と同時に TURERA の 16 条によって TULRCA の 65 条 2 項が改正された結果，労働組合が個人に対して統制処分を課すことが不当とみなされる行為のなかに，チェック・オフ協定に従って組合費を賃金から控除されることに同意しないことまたは同意を取り消すことが含まれることになった。これによって，労働者は使用者との関係のみならず労働組合との関係においてもチェック・オフを拒否する自由を実質的に保障されたといえる。

1) 68 条 1 項。
2) 同条 2 項 a 号。
3) 同項 b 号。
4) 同条 3 項。
5) 同条 4 項。
6) 同条 5 項 a 号。
7) 同項 b 号。
8) 同条 6 項。
9) 同条 8 項。
10) 同条 7 項。
11) 同条 9 項。
12) 同条 10 項。
13) 68 A 条 1 項 a 号。
14) 同項 b 号。
15) 同条 2 項 a 号。
16) 同項 b 号。
17) 同条 3 項。
18) 同条 4 項。

五　法改正に対する対応

1　労働組合の対応

　TURERA の改正された68条並びに68A条は、1993年8月30日に施行された[1]。法改正の影響を直接受ける労働組合の側は、法改正の影響を極力最小限度に抑えるための措置を講じることを余儀なくされた。

　ナショナルセンターの TUC は、この法改正に対して効果的に対処することができなければ、組合員数の減少を招くことになるとの認識を示した[2]。それを受けて、TUC の総評議会は、新しい法的規制に対する効果的な対処の方法を開発することを慎重に検討することを進めた。まず、組合費収入の水準を維持することが TUC にとっての最優先課題であることが確認された。そのうえで、加盟各組合がそれぞれの固有の事情を検討したうえで、新しい法的規制に対処するために最も適切な方法を採用することが必要であると考えられた。ここでは、必ずしもチェック・オフに固執することが強調されたわけではなく、たとえば、組合員の銀行口座から直接組合に組合費を支払う直接借り方記入（direct debit）の方法のようなチェック・オフに代わり得るその他のあらゆる方法を検討することが必要であるとされた。

　具体的な取り組みとして総評議会の事務局には、組合員数を維持する、または可能ならば組合員を拡大するための計画を企画して実行する加盟組合を援助するために担当部署が設けられた。さらに、1993年9月の TUC の第125回の年次大会の直後にショップ・スチュワード等の職場代表者と組合役員を対象にして、法改正の内容を説明し労働者の書面による授権の集め方やチェック・オフ以外の組合費の徴収方法への転換を訓練するための学習会が開催された。これらの取り組みは、ジョン・モンクス事務局長の就任1年目の最優先課題として位置づけられた。

　各個別労働組合のレベルでの法改正に対する対応は、それぞれのチェック・オフに対する依存の度合いが異なっているので一様ではない。総じて多数の職場に組合員が拡散して点在する組合やローカルのレベルにおいて非専従の組合代表者が存在しない組合にとってチェック・オフに依存する度合いが高いので、

法改正について USDAW（商店・配達・関連労働者組合）は，「職場における問題を解決することを試み，新しい組合員を募集するためにもっと有効に活用することができる時間の恐ろしいほどの浪費」であると考え，同様に NUCPS（公務員・公共職員全国組合）は，「追加の署名を求める法規定は，組合も使用者も望まない官僚制がいっそう重層化することになる」との認識を示した[3]。

　NUCPS は，1988 年に結成されてから 92 年までに 1 万人の組合員の減少を経験し，千人の組合員の減少は，同組合にとって年間 10 万ポンドの損失をもたらすと見積もられた。同組合の 1992 年法の年次報告は，「賃金からの組合費の控除のための協定に干渉する政府の立法提案は，収入の徴収を妨害することを目的とする」と述べた[4]。同じく組合員の減少に直面した MSF（製造業・科学・金融組合）の同年の年次報告は，「チェック・オフ協定に関する政府の立法のような外在的圧力は，侵害的効果を持つことができるにすぎない」と認識した[5]。

　組合員の減少は組合費収入の減少を結果するので，一般的に組合費収入にその大部分を依拠している組合財政にとって組合員の減少傾向は深刻な影響を与えている。この組合員の減少傾向に加えて，法改正によってチェック・オフの円滑な運用が妨げられることは，チェック・オフに依存する度合いが高い労働組合にとって組合費収入の減少傾向にさらに拍車がかけられることを意味する。そこで，組合の側では，チェック・オフ制度を維持するために労働者の授権を確保することを追求しているが，組合の側の法改正に対する対応はこれにとどまらない。とくに大規模な組合の間では今回の法改正を契機として使用者の協力に依存するチェック・オフ制度をこのまま維持するのか，それともそれに代わり得る方法を採用するのかについての検討が開始された。

　たとえば，NUM（全国鉱山組合）は，1980 年代から争議中に使用者側からチェック・オフ制度を撤廃するとする脅しを何度も受けた経験から従来直接借り方記入を普及させる方針をとっており，今回の法改正がその方針のために新鮮な刺激を提供し，同組合にそれ自体の組織構造を再検討することをせまるものであると認識している。法改正が職場の現場にいる組合員に対してさらに緊張を加えるものであるとしても，同組合の代表者は，それは組合員と直接接触することを促進するので悪いことではないとの認識を示している[6]。

　AEEU（合同機械・電気組合）も直接借り方記入方式を普及する運動に取り組んでいる。同組合は，この方式が金員を即座に獲得することができるので組

合費を徴収する最も効率的な方法として位置づけている。同組合が組合員に対して書簡を送る場合には常に，直接借り方記入の様式が同封される。さらに直接借り方記入方式を通して組合費を支払う組合員には組合費の割引が用意されている[7]。

　MSFは，14の地方センター毎に専従役員並びに非専従代表者を対象とするチェック・オフに関する訓練講座を開催した。その後，同組合は直接借り方記入方式を普及するための運動の一環として全組合員を対象とする直接郵送行動に取り組んだ[8]。

　NUCPSは，全国的な規模の運動ではなく5つの支部を対象にしたパイロット・プロジェクトに取り組んでいる。このプロジェクトの目的は，直接借り方記入方式に対する組合員の反応を計ることと組合本部によって準備された小冊子の効果を試験することにある。同組合の5つのパイロット支部の組合員には，チェック・オフに対する脅威を説明し，直接借り方記入方式への変更を組合員に奨励する特別の小冊子が銀行委任様式を添付されて郵送された。組合の地方の組織者は，支部の会議においてこの小冊子の内容を組合員に徹底することに取り組んだ[9]。

　上に見たように，各個別労働組合のレベルでは，法改正に対応するためにそれぞれの組合がおかれた状況に照らして組合費を確実に徴収するのに最も適した方法を模索することが行われている。とりわけ，チェック・オフに代わり得る組合費の徴収方法として直接借り方記入の普及が追求されているが，組合員の間での銀行口座等の普及の程度や組合員個々人の経理能力の相違を反映してチェック・オフから直接借り方記入への転換は，一様に順調に進んでいるとはいえないようである[10]。

2　使用者の対応

　チェック・オフ制度は使用者の協力が不可欠であるので，今回の法改正が使用者の側のチェック・オフに対する姿勢にどのように影響を与えるのかが法改正の効果を評価するうえで決定的に重要であると考えられる。TURERAの15条が施行される前の1993年7月24日にブリティッシュ・レイルは，各組合とのチェック・オフ協定を終了したが，これ以外に使用者側のチェック・オフを放棄する目立った動きは当面のところないようである。むしろ，逆にUCATT（建

表3 チェック・オフを見直した理由

	数	%
TURERA に対する使用者側の対応を見直す	42	84
TURERA に関する組合側のアプローチ	8	16
チェック・オフの負担の見直し	3	6
組合によるチェック・オフに対する要求	1	2
組合によるチェック・オフ料金の引き下げ要求	1	2
使用者側の組織再編の見直し	1	2
新しい組合承認協定の一部	1	2
使用者側のチェック・オフ料金の検討	1	2

出所）Employers' Policies and Attitudes Towads Check-off, Table.4.2.
注1）回答総数は50である。
　2）複数回答が可能である。

設関連職業・技師組合）が報告するように，建設業においては労使双方が協力してチェック・オフに対する法的規制を遵守する負担を軽減する方法を開発している[11]。

　サセックス大学のマンパワー研究所によって行われた調査によっても，使用者の側が法改正を契機としてチェック・オフを放棄するのではなくて，改正された法を遵守するために必要な既存の制度の見直しを行ったうえでチェック・オフの継続をはかっている傾向が認められる[12]。この調査の回答者の4分の3近くが1993年の間にチェック・オフ協定の何らかの点について見直しを行ったと回答した。それらの見直しを行った事例のうちの84％において見直しの唯一のまたは主要な目的は，使用者が希望したTURERAを遵守することを確実にすることであった（表3参照）。そのほかに見直しが行われた事例の16％では，組合の側が，TURERAに対する使用者側の対応の提案がどのように表現されたのかを明瞭にするために見直しを要求した。結局，見直しを行った経営組織のほとんどすべてが，TURERAを考慮してそれを行ったことになる。それらの見直しのうちのおよそ3分の2は，公式に労使共同で行われたかまたは組合代表者を交えて行われた。およそ3分の1は，使用者側単独で行われた[13]。

　また，チェック・オフ協定の見直しを行ったかまたはそれを計画しているかとは無関係に，将来において同協定を変更することを予定しているか否かにつ

表4 チェック・オフ協定に関する実際のまたは予定される提案

	全体数	全体%	民間	公的	千人未満	千人以上	製造業	サービス業
継続	57	84	93	70	77	91	100	74
大きい変更を予定	7	10	7	20	17	6	0	18
不明無回答	4	6	*	10	7	3	0	8

出所) Employers' Policies and Attitudes Towads Check-off, Table.4.4.
注1) 回答総数は68である。
 2) 継続は，TURERAによって要求される変更以外の変更がないことを意味する。
 3) 大きい変更は，TURERAによって要求される変更を超える変更を意味する。
 4) *は1％未満である。

表5 チェック・オフ協定を維持する理由

	数	％
現行の協定に満足している	43	75
TURERAとの調整が容易である	29	51
労使関係を乱すことを希望しない	20	35
静観する	1	2
その他	13	23

出所) Employers' Policies and Attitudes Towads Check-off, Table.4.5.
注1) 回答総数は57である。
 2) 複数回答が可能である。

いて質問したところ，回答者の84％は，TURERAを遵守するための調整を除いて同協定が変更されないで継続することを予定していた（表4参照）。回答者の10％だけが，TURERAの要件を遵守することを超えてチェック・オフ協定に大きな変更を加えることを予定した。大規模の民間製造業企業では同協定は，変更を受けないで継続するであろうと予測されたが，総じてサービス業において，そしてとくに公的サービス業において変更が行われることが予測された[14]。

さらに，将来においてもTURERAの要件を除いてチェック・オフ協定に変更を加えることを予定していないと回答した回答者に対して同協定の現状について尋ねたところ，75％は現状に満足していて変更する理由を持たないと回答した（表5参照）。回答者の51％は，彼らの現行の協定がTURERAの要件を満たすことが容易であるので，同法を遵守するために同協定の基本的な規定を

変更する必要はないと回答した。そして，回答者の35%は，労働組合との確立された関係を乱すことに対するためらいを示した。以上から見ると，チェック・オフ協定を継続する使用者の決定は，当座しのぎのものではなく，長期的に維持されるものであると考えられる[15]。

　他方，TURERA の要件を遵守することを超えてチェック・オフ協定に大きな変更を加えることを予定すると回答した回答者は 7 人であったが，主要にはそのような変更はチェック・オフ協定を運営することに付随する負担に関係する。3 人の回答者の場合には，労働者の有効な委任を特別に準備することを組合に要求することが決定された。それによって使用者は TURERA を順守する委任による指示を承認するだけであって，この遵守を保障することは関係組合の責任になることが予定された。別の 2 人の回答者の場合には，それぞれチェック・オフ協定の運営を引き受けるために負担金を導入することと負担金を引き上げることが決定された。そして別の 2 人の回答者の場合には，チェック・オフを完全に放棄することが考えられたが，そうすることの最終的な決定は行われず，使用者側の内部において勧告されるにとどまった[16]。

　上の 7 人の回答者に対して彼らの決定に影響を与えた最も重要な要因は何かを尋ねたところ，半数以上が TURERA を遵守することの困難またはそれに伴う費用負担が決定における重要な要因であると回答した。これらの回答者にとっては，TURERA を遵守するために必要とされる変更の規模が現行のチェック・オフ協定に対して何らかの重要な変更をもたらすと認識されたが，そのような認識の客観性については，何分回答数が少ないので，調査においては断定することができないと報告された[17]。その他の重要な要因としては，使用者側の内部の考慮が指摘された。職場における組合の代表権，ひいては組合の交渉力を減らす機会が決定における重要な要因であるとする回答が唯一あった。

　また，変更を予定している回答者に対して組合側の対応として予想されることは何かを尋ねたところ，7 人のうちの 6 人は，組合は銀行口座から組合費を支払うことを組合員に説得する措置を増やすかまたは導入することによって何らかの変更を補うことになると考えた。チェック・オフの運営負担金の引き上げを予定する回答者は，組合の側の対応が容易にその額を支払うことであることを期待し，話し合いによってそうなることを予想した。2 人の回答者は，労使関係の緊張や組合の側の不服が増えることを想定したが，別の 2 人の回答者

は，組合の側が変更を受け入れてあきらめることを予見した。いずれにしても，回答者は計画された変更の結果組合の側から深刻な反応が起きることを予想していなかった[18]。

なお，回答者のうちの 10 人（チェック・オフ協定を有する回答者の 15％）だけが，組合がチェック・オフからその他の組合費の徴収方法に転換する場合に組合に対して何らかの援助を提供した，またはそうすることを企図していた[19]。

次に，CBI（イギリス産業連盟）が，組合が組織された 318 の企業について行った調査からも同様な結果が得られた[20]。調査対象の 24 の企業（7.5％）がチェック・オフを運営していないと回答し，そのうちの 3 企業（総数の 1％にも満たない）が TURERA の直接の結果としてチェック・オフを放棄したと回答した。

9 割を超える企業が，TURERA に対応してチェック・オフ協定をすでに見直した。チェック・オフを維持するための最も重要な理由は良好な労使関係を維持すること（40％）であり，次に重要な理由は組合員に関する情報を入手できること（18％）であった。9 割の企業が，労働組合がチェック・オフの便宜供与を利益であると認識していることを指摘した。

74％近くの企業は，TURERA による法改正は組合員数に影響しないと考えたが，23％の企業は，組合員数は減少すると考えた。製造業とサービス業とでは認識に大きな相違があり，サービス業では 4 割の企業が組合員数の減少を予測したが，製造業では 2 割をわずかに下回った。両部門において多くの企業は，組合員の減少はわずかであろうとの付帯意見をつけた。

この調査を受けて CBI の雇用問題担当理事のロビイ・ギルバートは，次のように述べた。「これらの結果は，企業が組合費を徴収するための有効で便利な仕組みであるとチェック・オフ制度を認識することを証明する。同制度は良好な労使関係を維持するとともに組合員に関する情報を入手するために重要であり，そして同制度は，それがなければ職場での徴収を通して失われることになる時間を節約することを助ける。」[21]

以上の 2 つの調査を見る限りでは，今回の法改正は今までのところは，使用者の側にチェック・オフから離脱する契機を提供してはいないといえる。とくに使用者の側にチェック・オフに対する大きな不満もないので，チェック・オフに対する多数の労働者の授権を得ることができないという事態が発生しない

限り，使用者の側からチェック・オフを放棄することは当面のところ考えられそうにないであろう。

1) ただし，1年間の経過措置が講じられて，従来労働者がチェック・オフに関する書面による授権を使用者に対して行っていない場合には，労働者が同授権を取り消すことを書面によって使用者に通知しない限り，1年間は同授権が行われたとみなされた（TURERAの付則9の2条）。
2) TUC, TUC Report 1993, p.13.
3) IRS Employment Trends 545, op.cit., p.12.
4) Ibid.
5) Ibid.
6) Ibid., p.13.
7) Ibid.
8) Ibid., p.16.
9) Ibid.
10) たとえば，AEEUの組合員の90％は，依然としてチェック・オフを利用している。UCATTの組合員の2％，MSFの組合員の7％だけが直接借り方記入を利用している。Ibid., pp.14-6.
11) Ibid., p.13.
12) J.Atkinson and J.Hillage, Employers' Policies and Attitudes Towards Check-off, Institute of Manpower Studies, 1994. この調査は，使用者がチェック・オフ制度を考察する文脈を見直すことと，チェック・オフに対する使用者の方針，実際的取扱いおよび姿勢における最近の並びに展望される発展を確認することを目的として行われた。調査は，1994年の1月から4月にかけて行われ，質問表への回答とそれを補充する面接調査および電話面接調査の方法がとられた。電話面接調査の69人の回答者のうちでまったくチェック・オフを運用していないと回答したのは1人だけであった。回答者のうちの98％が肉体労働者について，74％が事務職員について，そして28％が管理職についてチェック・オフ制度を有していた。
13) Ibid., pp.24-5.
14) Ibid., p.26.
15) Ibid., p.27.
16) Ibid., pp.27-8.
17) Ibid., p.28.
18) Ibid., pp.28-9.
19) Ibid., p.29.
20) CBI, News Release, 3 January 1995.
21) Ibid.

まとめ

　TURERA の 15 条によるチェック・オフ制度に対する規制の強化は，たとえば，労働者のチェック・オフに対する授権の有効期間の導入に見られるように，労働者個人の権利の保護を目的とすると表面的には理解することができる。しかし，イギリスにおけるチェック・オフ制度の運用の実情に照らしてみると，はたして同条による同制度に対する規制を必要とするほどに労働者の権利が侵害されている，または労働者に対する法的保護に欠けている事態が生じているとは考えられない。

　労使間にチェック・オフ協定が締結されているとしても，労働者は使用者に対するチェック・オフの授権をいつでも自由に取り消すことができることは，その旨の立法規定が存在しないとしても，雇用契約法上認められている。その意味では，労働者がチェック・オフから離脱するためには労働組合から脱退する以外に方法はないとする法律上の変則状態についての 1991 年の緑書の指摘は，必ずしも法制度の現実を正確に反映していないように思える[1]。労働者が組合員ではなくなったにもかかわらず継続してチェック・オフを受けるような濫用を防止するためには，改正される前の TULRCA の 68 条が規定していた保護の内容でも十分であると考えられる。

　そうであるとするならば，今回の法改正の真の目的は，チェック・オフを拒否する労働者個人を保護するというよりはむしろチェック・オフ制度の運用に伴う負担を重くすることによって同制度の運用を困難にすることを通して労働組合の組合費の徴収を困難にし，ひいては組合の財政状態を不安定にすることにあるといえるであろう。チェック・オフの実際の運用並びにそれに関係する法制度からみて，イギリスにおいてチェック・オフが重大な法的争点であるとは思われない。それにもかかわらず保守党政府がチェック・オフに対する法的規制を強化する措置を講じたのは，政府がチェック・オフの法的問題の側面よりもむしろそれの実際的な効果の側面を重視したからにほかならないと考えられる。その意味において，TURERA の 15 条による TULRCA の 68 条の改正は，保守党政府による労働組合運動に対する抑圧政策のなかで決して小さくはない役割を担っているといえるであろう。政府の思惑どおりにチェック・オフ制度が衰退することは当面のところ予測することはできないにしても，その制度の

命運の鍵を握るのが労働者のチェック・オフに対する授権の更新であることからすれば，その更新を確保することが労働組合に課せられた最大の課題であることに変わりはないといえるであろう。

1） 議会における法案の審議において，ウェッダバーン卿が，チェック・オフ協定を終了させる唯一の方法が，労働者が労働組合を脱退することであるとする見解の根拠となる判例や法規を示すことを求めたところ，ウェイクフィールド雇用副大臣は，見解の相違であって，多くの方法があるとしても，唯一の適法な方法は組合を脱退することであり，それを政府は是正しようとしているという答弁を繰り返した。 Hansard (HL) 26.4.93 Cols.43-4.

第六章　ニューレイバーとイギリス労働法改革の課題と展望

はじめに

　昨年（1997年）の5月1日に行われた総選挙において、イギリス労働党は地滑り的勝利を収めて、18年ぶりに保守党から政権を奪還した。ブレア首相が率いる労働党政権の下で、イギリスの労働法改革が将来的にどのように行われるのかは、サッチャー元首相によって行われた大胆な法改革を経験した後だけに、イギリス国内はもとより国際的にも注目されるところである。ただし、その際に注意しなければならないことは、労働党自身がすでに政権に就く前から指摘してきたことであるが、将来的に予定される労働法改革は、法を前保守党政権による改革が行われる前の状態、すなわち1974年から79年までの前労働党政権時代に制定されたいわゆる「社会契約立法」の状態に単純に戻すことではないことである。このことは、とくに集団的労働法の場面において、サッチャー政権によって制定された労働組合を規制する立法的枠組みを基本的にはブレア労働党政権が今後とも継承していくことを意味している。

　さて、本年（1998年）の5月21日に将来の労働法改革の方向性を示す基本的文書である白書「職場における公正」（Fairness at Work, Cm 3968）（以下、白書という）がようやく公表されるに至った。この白書の公表は永らく待望されていたが、その内容は労使関係の当事者双方を必ずしも十分に満足させるものとはなっていないようである。そこで本稿では、この白書の分析を通して、現代のイギリス労働法が抱える課題を整理するとともに、これらの課題を解決することを目標として将来的に展開されることが予測されるイギリスにおける労働法改革を展望することを試みたいと思う。

一　労働法改革の基本的方向

　最初に，白書が提案する改革の内容の具体的な検討に入る前に，白書がめざす改革の基本的方向を確認しておこう。これは，端的にブレア首相による白書の序文において指摘されている。すなわち，「白書は，職場における保護の最低基準の欠如と過去の法律への復帰との間の途を進む。」[1]と。このことは，後述の白書の具体的な提案において明らかになるように，将来的に予測される労働法改革が前保守党政権下において制定された法律をそのまま継承するものではなく，また，前保守党政権時代より以前の前労働政権下において制定された法律を復活させるものでもないことを示している。

　白書においては，労働法改革がなぜ必要であるのかについては，次のように説明される。政府は，その目標をイギリスが将来いっそう繁栄し，その繁栄が社会全体に普及することができるようになることに置いている。そのような繁栄を達成するためには，国内および世界市場におけるイギリスの競争力を強化することが不可欠である。政府は，この競争力を強化するために3つの戦略をたてる[2]。第1は，強い市場の創造である。そこでは，競争の刺激が革新と企業活動の最盛を促すことになる。第2は，現代的企業の奨励である。現代的企業とは，従業員の強さと責任を開発し，それらに頼り，建設的な事業関係においてそのすべてのパートナーと協働し，そして企業内外からの新しい理念に対して開放されている企業を指す。第3は，進取な国の創造である。そこでは，新しい理念が開花し，個人も企業も自身を開発するために必要とされる危険を冒すことができると考えている。

　政府は，これらの戦略を展開する上において被用者と使用者との間の個別的ないし集団的関係のあり方が重要な役割を果たすと考えている。すなわち，政府によると，これらの関係が適正に発展し，管理されるならば，企業はその業績と収益，そして国の繁栄を増大させる最良の機会を持つことになる[3]。このように政府は，競争力を強化する戦略目標を達成するための政策プログラムとして企業活動のための現代的な枠組みを創造することを策定し，労働法改革はそのプログラムの中に組み込まれることになる。

　政府が白書においてめざすことは，イギリスの柔軟で効率的な労働市場にお

いて，職場における強力なパートナーシップの発展が職場における公正を向上させる最善の方法として活躍することができる枠組みを提示することである。ただし，この枠組みは，労働法の改革だけにとどまらず，公正が第二の天性であって競争力を支える文化をすべての事業や組織において育成することを援助することを目的とする。このような文化が育成されるならば，法律条文が達成することができる以上に積極的な使用者と被用者との関係が招来されることになる[4]。

　この枠組みは，3つの主要な要素によって構成される[5]。第1は，被用者の基本的な公正待遇の提供である。第2は，職場における集団的な代表についての新たな手続である。そして第3は，家庭と職場における責任の間の衝突をより少なくして人々が男女ともに労働することをより容易にするとともに家族生活を豊かにする政策――「家族にやさしい（family-friendly）政策」――である。これらの要素は，それぞれ白書における政府の提案の骨子を形作っている。

　他方，白書における提案は，欧州連合（EU）の社会政策の発展の影響を受けている。前保守党政権は，EUの社会政策の発展に関与することに否定的ないし消極的であったが，労働党政権は，むしろ逆に選択的離脱を放棄してEC社会憲章（The Community Charter of Fundamental Social Rights of Workers）を受け入れて新EU条約（アムステルダム条約）に調印するなど（1997年10月2日），EUの政策の発展に積極的に貢献しようとする姿勢を示している[6]。とくに，政府によると，全世界的規模の市場が出現する以前に欧州において発展した社会的モデルの一部分は，競争力と両立し難くなっていることから，現代世界においてイギリスにとって正しいと政府が考え，EU全体の経済改革に関する議論を促進するはずであるモデルを開発することを，政府は現在めざしている[7]。したがって，将来において，イギリスの労働法とEUの社会政策が相互にますます影響しあいながら発展することが予測される。以下においては，順次これらの提案に即して検討を加えることにする。

1） Fairness at Work, p.3.
2） Ibid., at para 1.3.
3） Ibid., at para 1.5.
4） Ibid., at para 1.8.
5） Ibid., at para 1.9.
6） 1997年9月23日，欧州委員会は，欧州労使協議会指令（European Works Councils Direc-

tive No.94/45/EC）および親休暇指令（Parental Leave Directive No.96/34/EC）の適用をイギリスに拡張する指令案を採択した。23.9.97 COM（97）final.
7) Fairness at Work at para 1.10.

二　個人のための新たな権利

　政府は，個人の雇用に関する権利が競争力並びに労働市場に関する政策において重要であることを指摘する。政府によると，「個人の公正待遇は，責任と競争力を増大させ」，「柔軟性と適応能力——双方とも競争力にとって重要である——は，基本的最低基準によって支えられることが必要である。」[1] しかしながら，「現行の個人の権利は，現代の労働の世界を完全には反映していない。」[2] そこで，個人の雇用に関する権利を見直すことが必要になるが，白書を公表する前に政府は，一部の分野においてすでに幾つかの措置を講じている。これらの措置には，1998年全国最低賃金法（National Minimum Wage Act 1998），1998年公益開示法（Public Interst Disclosure Act 1998）[3]，および1998年雇用権利（紛争解決）法（Employment Rights（Dispute Resolution）Act 1998）が含まれる。これらの措置に加えて，政府は個人の雇用に関する権利を拡充するために以下の提案を行う。

1　政府による提案

（1）　不公正解雇のための補償の裁定に対する上限の廃止

　白書は，労働審判所が不公正解雇を認定する場合には，個人は適正な救済を受けるべきであるにもかかわらず，審判所はほとんど再雇用命令を命じないし，実際に裁定される多くの補償額が現行の制限を大きく下回っていて，補償の制限の存在は一部の被害者がその損害を十分に補償されることを妨げていることを指摘する。「適正な補償が裁定されることの予測はさらに，使用者に適切な任意のシステムを設けることを促すべきである」が，「現実の条件において着実に低下している不公正解雇の補償に対する現行の最高水準はそのような刺激を提供しない。」[4] そこで政府は，不公正解雇のための補償の裁定に対する上限（現行1万2000ポンド）を廃止することを提案する（ただし，1万2000ポンドは，解雇によって合理的に見て被用者が被った出費と解雇がなかった場合の被用者の得べかりし利益を補償することを目的とする補償裁定の上限額として設定されている。そのほかに，被用者の先任権または職の喪失を補償することを目的とし，被用者の年齢，勤続年数および週給に基づいて算出される基礎裁定が行

われる。基礎裁定の上限額は，現行6600ポンドである。）白書は，すでに実施された性差別訴訟におけるそのような廃止は，訴訟事件数の有意な上昇を招いておらず，人種差別訴訟における廃止は，訴訟事件数を引き上げたが，それは相対的に少数であることを指摘する。

(2) 法定裁定並びに支給に対する上限引き上げへの年間物価スライド制の導入

現行の補償の裁定の限度の多くは，毎年見直されなければならないことが法律上規定されている[5]。この見直しは，長時間かかり，費用がかさむわりには，一般的に予測できる結果を出している。そこで，政府は，最高限度率を伴う年間物価スライド制をこの限度の見直しに導入するための立法を提案する。ただし，この物価スライド制は，前述の政府が限度そのものを廃止することを提案する不公正解雇のための補償の裁定には適用されない。

(3) 不公正解雇に対する保護のための資格付与期間の2年から1年への短縮

現行では，被用者が不公正解雇を申し立てるためには，2年以上の勤続期間が必要である[6]。政府によると，経済活動がいっそう活発になって転職の頻度が高まっているので，現行の期間は長すぎる。この期間が短縮されるならば，被用者が転職することを抑制されることが減り，転職によって保護を失うことも減るので，いっそう柔軟な労働市場が促進されることが助けられ，より多くの使用者が良好な雇用慣行を導入することを受け入れて，いっそう責任のある，より生産的な従業員を促進するはずであり，その結果，競争力と公正との間により良いバランスが達成されると政府は考えている。使用者側からは，採用時において行われた誤りが重い負担を伴わないで矯正されることを認めるためには長い期間が必要である，と主張された。しかし，政府は，現行の期間はそのような誤りを矯正するために必要とされるものよりも長いと考えている。そこで，政府は，恣意的な解雇に対する保護を増やすためにも，不公正解雇に対する保護のための資格付与期間を1年に短縮することを提案する。

2 検討課題

政府は，以上の提案に加えて，その他の多くの検討課題を白書において提起して，それらに関する意見を求めた。

(1) 不公正解雇のための付加裁定並びに特別裁定に対する限度の存否

　政府は，不公正解雇のための付加裁定並びに特別裁定に対する現行の限度を維持するべきか否かを検討している。現行では，使用者が復職または再雇用命令の条件を完全に遵守しない場合に，審判所は付加裁定を行うことができる[7]。特別裁定が行われることができる場合は，被用者の解雇理由が以下のいずれかの場合である。(a)労働組合員である，または組合員ではない，もしくは組合活動を行った[8]，(b)安全衛生を根拠に特定の種類の行動を行った，(c)年金基金の受託者としての役割を果たした，(d)剰員整理または営業譲渡に関する労使協議においてその他の被用者を代表した，または代表する候補者であったこと[9]。付加裁定並びに特別裁定には，最高限度と最低限度があるので，白書では，「何ら損失を被らないで裁定を受け取ることが可能である」が，「上限は誰かが正当な役割または権利を行使することに対する抑止力として働くことがある」[10]と指摘された。さらに政府は，特別裁定に加重的損害賠償を導入することを検討した。

(2) 期間の定めのある契約にある被用者の権利放棄の可否

　白書は，イギリスでは85万以上の人々が期間の定めのあるまたは定められた職務のための契約を締結し，その内の約16万人の契約期間は，2年を超えていることを指摘する。現行では，期間の定めのある契約について，2年以上の場合には剰員整理手当に関して[11]，1年以上の場合には不公正解雇に関して[12]，それぞれ被用者が自己の権利を放棄することが認められている。政府は，真正な期間の定めのない契約の利用が使用者に対して有益な柔軟性を提供することを認めつつも，一部において被用者が期間の定めのある契約を承認することや期間の定めのない職務のために自己の雇用に関する権利を放棄することを押しつけられている，と指摘する[13]。

　そこで，政府は，この問題を解決するために3つの選択肢を提示する。すなわち，(a)被用者に権利放棄の利用を制限することを奨励することによって最良の慣行を促進する，(b)権利放棄を剰員整理手当に限定する，(c)権利放棄の完全な禁止である。政府は，(a)は無節操な使用者に対する歯止めにはならないと考えるが，他方(c)は誠実な使用者のための有益な柔軟性を排除することになると考える。結局，政府としては，不公正解雇についての権利放棄を禁止するが，

剰員整理手当についての権利放棄は認める立場を支持している。

(3) 「ゼロ時間契約」の濫用を防止するための措置の可否

白書は，イギリスにおいて約20万の人々が「ゼロ時間契約」の下で労働していることを指摘する。「ゼロ時間契約」とは，白書によると「特定の時間を指定しない，すなわち人に対して，いかなる時間または特定の時間に要求することができる」[14]ものとして定義される。政府は，この契約が使用者に対して最大限の柔軟性を提供し時々の収入を希望する人々に適合することを認めつつも，この契約が濫用される可能性を指摘する。白書の例示では，理論的には被用者は退出時刻を記録することを要求されるので静止時間中は賃金を失う可能性があるが，使用者の施設を離れることはできない。さらに待機中であることは，たとえ労働をしなくても収入が得られるとしても，給付請求をするうえで困難を伴うことになる。

政府としては，この契約が事業活動に提供する柔軟性を維持することを希望しつつ，全国最低賃金法とEC労働時間指令の国内での実行策である1998年労働時間規則（Working Time Regulations 1998）[15]によって濫用の一部に対して重要な基本的保護が提供される，と予測している。そこで，政府は，「ゼロ時間契約」の濫用を防止するために追加の措置を講じるべきか否か，そしてもしそうであるならば，労働市場の柔軟性を損なわないでこの方向に前進する方法についての意見を求めた。

(4) 現行の雇用保護の権利の対象範囲の拡大の可否

政府は，労働市場において柔軟性を増大することをめざすが，それは公正と組み合わされなければならず，使用者と被用者の双方の利益において，労働パターンと契約の双方における柔軟性の増大が労働立法において反映されなければならない，と指摘する[16]。具体的には，全国最低賃金法と労働時間規則において適用対象者を雇用契約の下で雇用される者だけに限定しないで，それ以外に他人のために労働する者（たとえば，大多数の家内労働者や派遣労働者）も含まれることになった[17]。ただし，真正に自営である専門職または自己の責任で営業する者は，適用から除外される。政府は，現行の雇用保護の権利の一部または全部の対象範囲をさらに拡大するために法改正が必要であるか否かを検

討している。併せて,職業紹介業・労働者派遣業（employment agencies）に対する規制についても検討された。

---

1) Fairness at Work at para. 3.1.
2) Ibid.
3) 同法は,使用者の詐欺,犯罪および危険な行為等を内部告発する労働者を解雇その他の不利益処分から保護することを目的とし,1998年7月2日に国王の裁可を受けた。
4) Ibid., at para. 3.5.
5) 1996年雇用権利法（Employment Rights Act 1996）（以下,ERAという）120条2項,124条2項,125条7項,1992年法労働組合・労働関係（統合）法（Trade Unions and Labour Relations (Consolidation) Act 1992）（以下,TULRCAという）159条,Employment Protection (Increase of Limits) Order 1995, SI 1995/1953.
6) ERA 108条1項。
7) ERA 117条。
8) TULRCA 157条,158条。
9) ERA 118条3項。
10) Fairness at Work at para. 3.7.
11) ERA 197条1項。
12) ERA 197条3項。
13) Fairness at Work at para. 3.11.
14) Ibid., at para. 3.14.
15) 同規則は,1998年10月1日から施行された。
16) Fairness at Work at para. 3.17.
17) 全国最低賃金法54条3項は,ERA 230条3項と同様に,「労働者」を次のように定義する。
「雇用契約,または,明示のものか黙示のものか,あるいは（明示の場合に）口頭によるか書面によるかを問わないその他の契約を締結し,またはそれらの契約に基づいて労働する者（あるいは,雇用終了後においては,それらの契約に基づいて労働した者）。その他の契約とは,それの他方当事者の地位が,その労働する者によって引き受けられる専門職または事業の依頼人または顧客の契約上の地位によらない場合に,その者が他方当事者のために個人的に労働するまたはサービスを提供することを引き受ける契約をさす。」

三　集団的権利

1　職場における集団的代表

　白書は,「個人の権利は効果的な労働関係の不可欠な支えを提供する」[1]と述べて, 使用者の側での被用者が職場における公正待遇と人並みの労働基準を期待する権利を有することの承認と, それに対する被用者の側での勤勉に労働し雇用契約上の義務を履行するために自己の能力の最善を尽くす責任を負うことの承認を通して, 良好な労働関係が形成されると理解する。しかし, 白書は,「個々の雇用契約が常に対等なパートナー間の合意であるわけではない」[2]と指摘して, 職場における公正の面ですべての被用者の公正代表には基本的な正当性が認められるとする。この職場における個々人の集団的代表は,「被用者が公正待遇を受けることを保障する最良の方法になることができ」,「良好なコミュニケーションを含む重要な事業目的を達成することを援助することができる」[3]と, 白書は認識する。そこで, 白書においては, 情報と協議の向上が労使の集団的合意の第1の目的であると確認され, これらはすべての企業において重要であるが, 大規模な多国籍企業においてとくに必要であると指摘される。

　以上の理由から政府は, EC 規模の企業における情報, 協議および従業員参加の要件についての最低基準を定める欧州労使協議会指令（European Works Council Directive No.94/45/EC）のイギリスへの適用拡大を歓迎する。政府は, 1999年12月までに同指令の国内での施行を実現することを約束する。しかし, 政府は, 1国内においてのみ操業する企業に対する同指令の適用について,「それは, 補足性とは調和し難く, 多くの諸国における既存の慣行を横断する上で利益をもたらさない」[4]として, 反対する。

　白書は, 被用者を代表する主要な手段として労働組合の存在を高く評価する。白書によると,「労働組合は, 使用者と被用者のために効果的なパートナーシップをいっそう容易に作り上げる任務を担うことができ」,「多くの労働組合は現在, 柔軟で技能を有し意欲的な従業員を開発するために経営と協働することに非常に強力に焦点を当てている」ので,「労働組合は公正待遇のための勢力になるとともに革新とパートナーシップに向かう推進手段になりうる。」[5]

このように白書は，労働組合の存在意義を認めるが，労働組合は任意的組織であるべきであると主張し，労働組合に加入するか否かは被用者個人の自由に委ねられるべきであるとする。白書によると，「クローズド・ショップの廃止は，正当化されて存続することになる1980年代の多くの労働法改革の1つであった」とされて，「クローズド・ショップへの復帰はない」[6]と明言される。そのほかに，ピケッティング・二次的争議行為の規制，争議行為前投票と争議行為の通知，非公認争議行為の規制，特定の組合役員の選挙，自己の選択で労働組合に加入する権利および不当な統制処分を受けない権利も存続することになる。しかし，80年代の労働法改革のすべてが是認されるわけではない。一例として，チェック・オフについて被用者が3年ごとに授権を再び行う要件は，事業に負担をかけて使用者に人気がないので，廃止された[7]。

2　組合承認

　政府は，労使代表制が成功する鍵は労使が自主的に相互合意に至ることにあることを強調する。しかし，政府は，労使が合意に至らない結果，被用者が職場における代表を実現できない状態を放置するわけではない。政府は，適切な最低労働基準を設定することの一環として，脆弱な者のために職場におけるいっそう多くの保護と保障を提供することを目的として，関係する労働者の過半数が希望する場合に代表と承認を提供するための立法を提案する。政府が法定組合承認制度を導入しようとする基礎には，被用者が自己の利益が労働組合の声を通して最良に守られると考える場合に，経営はこの希望に応えることによって進歩し，経営およびその他の組織は，被用者の実質的な集団の希望を無視する間は変革と競争力のための成功するパートナーシップを確立する展望を持たない，という政府の考えがある。

　法定組合承認制度は，かつて前労働党政権時代の1976年から80年までの短期間に存在したが，実質的にほとんど機能しなかった[8]。それゆえ，政府は，同じ轍を踏まないために，「経営も被用者も，労働組合が最終的に承認されるか否かにかかわらず，招来の関係を損なうことになりうるにすぎない，敵対の可能性がある長引く不一致からは進歩しない」[9]として，法定組合承認制度は，紛争解決を促進しなければならないことを強調する。政府が提案する新たな法定組合承認制度は，以下の特徴を持つ。

(1) 労働組合によって開始される手続

　新たな法定組合承認制度においては，20人を超える被用者を雇用する企業において承認されることを希望する1または複数の独立労働組合[10]が，承認を求めている被用者の集団（交渉単位）を指定する公式の書面要請を使用者に対して提出することによって手続が開始される。現行では，使用者は，独立労働組合ではない労働者の団体を任意に承認することを自由にできるが，新たな制度が施行された後も使用者はこの自由を継続して保有する。しかし，独立労働組合ではない労働者の団体は，法定組合承認手続を開始することはできない。

　新たな制度は，20人以下の被用者を雇用する小規模企業には適用されない。この理由について，白書は，「多くの小規模企業において，雇用関係は個別的レベルのみならず個人的レベルにおいて運営される。これらの事情において，労働組合承認に関する法定要件は不適切になる。」[11]と指摘する。

(2) 期限の厳格化

　法定組合承認の手続のあらゆる段階には，極めて厳格な期限が設定される。これは，従前の法定組合承認制度の下の手続に期限が付されなかった結果，手続が不当に引き延ばされた経験を反映する。

　使用者は組合からの承認要請を受け取ってから14日以内に回答しなければならない。使用者が承認要請に同意するならば，公式の手続は終了する。使用者が，たとえば組合が提案する交渉単位が適切ではないことを理由に承認要請に同意しないが，組合との交渉を続ける意欲がある場合には，使用者と組合は，最長28日間合意に至ることに努めることになる。使用者が14日以内に回答しない，または承認要請を拒否して，組合との交渉を拒否する場合には，組合は，14日経過後直ちに，再編されて補強された中央仲裁委員会（CAC）[12]に対して申請することができる。さらに，使用者と組合が合意に至らずに前の28日が経過した場合にも，組合はCACに対して申請することができる。ただし，使用者が組合の承認要請に対して回答してから14日以内に助言・調停・仲裁局（ACAS）の援助を求めることを無条件で提案するが，組合が拒否する場合には，CACは申請を受け付けない。

(3) 自主的な合意の奨励

法定組合承認の手続は，可能な場合にいつでも承認の対象範囲や程度について当事者が自主的な合意に至ることを奨励する。手続の様々な段階において，当事者は，ACASによる斡旋を利用することができる。

当事者が以下の問題について合意に至らない場合には，CACが決定する。

(a)労働組合が承認することを追求する被用者の間で合理的な支持を持つか否か

政府によると，これによって取るに足らない申請を排除することができる[13]。組合は，承認請求を開始することができる前に被用者の間で「基礎的な支持」を持つことを最初に示すことを要求される。手続案は，この段階で示されなければならない支持の設定された水準または比率を指定しないで，合理的な支持の「一見明白な」証拠の有無をCACが検討する，と規定するにすぎない[14]。たとえば，合理的な支持の証拠とは，「組合員数の記録または十分な数の被用者によって署名された請願」[15]の形態をとることになる。政府は，これらの問題に関するCACのための指針を関係当事者との協議を経て起草することを約束する。

(b)適切な交渉単位とは何か

組合によって提案された交渉単位（組合がそのための承認を求めている被用者の集団）について労使が一致しない場合には，CACは，効果的な経営のための必要性，既存の交渉制度および企業内の細分化された単位を回避することの望ましさ等を含む規準を適用して判断する。白書は，「使用者は自己の選択する方法でその事業を組織することが自由でなければならないのでそうすることが自由である」[16]と述べる。

(c)合意されたまたはCACが決定した交渉単位の十分に多数の被用者が承認を支持するか否か

投票が投票者の過半数および有権者の最低40％が承認に賛成することを示す場合に，CACは承認を裁定する。この数値は，立法が当面の間施行された後に見直される結果，機能できないことが証明される場合には，改訂されることができる。

(d)使用者と労働組合との間の交渉において遵守されるべきである手続

使用者が組合を承認するならば，両当事者は，団体交渉を行うことについて合意を形成することに努めることになる。しかし，承認またはCACの宣言に

対する使用者の同意の日から3か月経過しても労使が合意に至らない場合には，組合は，「不履行手続協定」(default procedure agreement) の適用を CAC に対して申請することができる。CAC は，当初使用者と組合との間を斡旋することに努めるが，その事情において CAC が合理的であると考える期間が終了しても CAC が当事者との合意に至ることができない場合には，CAC は両当事者を法的に拘束する団体交渉手続を課すことができる。この団体交渉手続は，最低，賃金，労働時間および休暇を対象とする。訓練が対象に含まれるべきか否かに関して，政府は，意見が対立するとして，さらに意見を求めている[17]。

　使用者または組合は，他方当事者が法的拘束力を持たない承認協定の条件を遵守しないと考えるならば，その協定が法定承認手続の発効する以前に締結されたか，または法定承認手続と無関係に締結されたか，もしくは CAC の承認宣言の後に締結されたかを問わず，「不履行手続協定」の適用を CAC に対して申請することができる。CAC は，そのような申請を受け取ると，使用者に通知して，当事者が合意に至ることを努めるために1か月を認める。それでも当事者が合意に至らない場合には，CAC は，前述の場合と同様な団体交渉手続を課すことができる。

　この「不履行手続協定」は，最終的に労使双方を法的に拘束することになる点で，労働協約はそれ自体，原則として法的拘束力を持たないとすることを前提としてきた[18] イギリス労使関係の伝統から大きく逸脱することになるので，根本的な変革の1つとして注目すべきである。

(4) 承認投票と使用者の義務

　CAC が実施する承認投票は，争議行為前投票と同様に[19] 資格を有する独立した立会人によって管理される。投票は通常，交渉単位の決定から21日以内に行われる。使用者は，組合が有権者である被用者に対して合理的なアクセスを有することを保障することを要求される。政府は，この合理的なアクセスが実際に意味することについて使用者と組合が理解することを助けるために，法定行為準則を起草することを ACAS に求める予定である。承認または組合員資格に対する賛成または反対運動を行う被用者は，解雇その他の処分から保護される。投票は，職場において，または郵便で行われる。立会人が，使用者並びに組合との協議を経て，不当な干渉の危険がないことを確信する場合には，投票は職

場で行われる。そうでない場合には，投票は郵便で行われる。使用者は，有権者である被用者の氏名，そして郵便投票の場合にその住所を立会人と組合に提供する義務を負う。交渉単位に所属する被用者は，合理的に実行可能な限り投票する権利を保障される。投票に要する費用は，使用者と組合とで折半して負担する。

(5) 組合間紛争の排除

白書は，従前の法定組合承認制度において経験された問題に対処するために，承認をめぐる組合間紛争に新たな法定組合承認制度が巻き込まれないための措置を講じる。複数の組合が，被用者の同一のまたは重複する集団に関する合理的な支持をもって競合する承認申請を行う場合には，CACはそのような申請に関するすべての作業を停止する。競合するまたは重複する申請が撤回されて，単独組合または共同して活動する複数組合が単独の承認申請を行う場合には，承認手続は再開されることができる。また，CACが，別の組合が関係する被用者の一部または全部に関してすでに承認されている証拠を持つ場合には，CACは承認申請を検討しない。

(6) 自動的承認

被用者が実際にすでに労働組合員である場合には，組合承認に関してより簡素な手続が適用される。CACは，組合から，そして使用者が希望する場合には使用者から提出される適切な証拠を慎重に検討した結果，交渉単位に所属する被用者の過半数が承認を申請する組合の組合員であることを確信する場合に，承認の宣言を発する。

(7) 承認取消

白書は，組合承認の取消に関して，組合承認と大体同様な手続を提案する。政府は，この承認取消の手続が正確にどのように機能するべきかに関して意見を求めている。

(8) 承認または承認取消のための申請の更新

労働組合が交渉単位についての承認を申請したが認められなかった場合に

は，CACは，最初の申請に関する宣言の日から3年以内に同一のまたは実質的に同じ交渉単位に関するその組合による承認申請を受け付けない。同様に，CACは，承認の宣言または承認取消の申請の棄却から3年以内には，承認取消の申請を受け付けない。

3 その他の提案

白書は，組合承認問題以外に集団的労働法の改革のための多くの提案を行う。

(1) 公認争議行為参加者の不公正解雇に対する保護

現行では，公認争議行為に参加した被用者が全員解雇されて，3か月以内にその中の誰も再雇用されない場合には，被用者は不公正解雇を申し立てることはできない[20]。政府は，この現行制度は不満足で非論理的であると考える。そこで，政府は，適法に組織された公認争議行為に参加したことを理由に解雇された被用者は，審判所に対して不公正解雇を申し立てる権利を有するべきであることを提案した。

政府は，審判所のシステムやACASへの不必要な負担を回避する簡素で実行できる方法で右の権利を実現することを検討している。そこで，政府は，解雇が公正であるか否かを決定するために適用されるべきである基準，集団訴訟の可能性のような手続的側面，そして補償は均一であるべきか，またはその他の不公正解雇のように個別的に計算されるべきかに関して，意見を求めた。

しかし，白書は，現行の非公認争議行為に参加して解雇された被用者に不公正解雇を申し立てる権利を否定する立場[21]を変更することを提案しない。また，争議行為が公認であるが，違法に組織された場合（たとえば，争議行為前投票の有効性に影響する何らかの技術的な違反を理由にして），現行の指名解雇に関する規定[22]が継続して適用されるべきであるか否かに関して，白書は沈黙している。

(2) 組合員資格等を理由とする除外による違法な差別

貴族院は，Associated Newspapers Ltd v Wilson および Associated British Ports v Palmer and others[23] において，使用者が労働協約で定める労働条件とは異なる労働条件を合意しない被用者について賃上げを行わなかったことは，

組合員資格等を理由とする違法な差別[24]には当たらない，と判断した。政府は，このような不作為は，個人が労働組合に加入するか否かを自由に選択することを保障することに反し，企業が組合を承認する場合に重要である組合の代表者と被用者との効果的な対話に被用者が参加することを抑止することになると考える。そこで，政府は，組合員であること，組合員ではないこと，または組合活動を理由とする不作為によって差別することを違法とすることを提案した。

(3) ブラック・リストの禁止

現行では，組合員資格等を理由とする採用差別は禁止されている。これに加えて，政府は，組合員のブラック・リストの作成，保管および利用を禁止することを提案した。

(4) 争議行為前投票と通知に関する法と行為準則の簡素化

政府は，争議行為前投票と通知に関する法と行為準則の現行規定[25]は，不必要に複雑で厳格であるので，労働組合と組合員が自己の権利と責任を理解することを困難にして，紛争を招いていると考える。そこで，政府は，これらの法と行為準則を簡素化することを計画し，これがどのように実行されるべきかに関する意見を求めた。

政府がとくに問題とするのは，特定の場合に労働組合が投票有権者の氏名を使用者に知らせなければならないことである[26]。一部の組合員は所属する組合が自己の氏名を使用者に開示することを希望しないことから，政府は，労働組合はその組合員の氏名を開示することを強制されるべきではないことに賛成する。そこで，政府は，使用者に対する組合の通知が関係する被用者の集団またはカテゴリーを合理的に実行可能な限り正確に依然として確認するはずである場合には，組合は組合員の氏名を使用者に知らせる必要はないことを明確にするための法改正を行うことを計画した。

(5) 被用者の伴われる権利

雇用における懲戒処分および手続に関するACASの行為準則は，懲戒処分手続において被用者がその選択する労働組合の代表者または同僚の被用者に伴われる権利を有するべきであると勧告する[27]。政府はこの勧告を法律化すること

を考え，苦情処理手続および懲戒処分手続において被用者がその選択する同僚の被用者または組合の代表者に伴われる権利を創設することを提案した。これは，労働組合またはその他の被用者が希望しない場合に，被用者に伴うことを義務づけるものではない。しかし，同僚の被用者に伴う被用者は，解雇その他の処分から保護される。

(6) 労働組合員の権利のためのコミッショナー並びに違法争議行為に対する保護のためのコミッショナーの廃止

前保守党政権は，労働組合に対する提訴を促進するために，労働組合員の権利のためのコミッショナー（Commissioner for the Rights of Trade Union Members，以下，CRTUM という）と違法争議行為に対する保護のためのコミッショナー（Commissioner for Protection Against Unlawful Industrial Action，以下，CPAUIA という）の2つの機関を創設した。しかし，CRTUM は，毎年平均9人の申立人を援助するのにとどまり，CPAUIA は，過去に1人しか援助せず，結局それも提訴するに至らなかった。そこで，政府は，両機関は非効率的で満足の行くものではないと考え，両機関を廃止して，CRTUM が現在保有している援助を提供する権限のほとんどを含む申立の審査権限を認証官（Certification Officer）に移管することを提案した。

(7) 剰員整理ならびに営業譲渡に関する情報と協議

剰員整理が計画される，または営業が譲渡される場合の情報と協議を規制する新しい仕組み，そして営業が譲渡される場合の雇用の保護に関して，政府はすでに協議を行った[28]。これらの問題に関する現行法規定が広範に批判されたことを受けて，政府は，将来において使用者は承認された労働組合またはそれがない場合に独立した被用者の代表者に情報を伝えて協議を行ういっそう明確な義務を負うことになる方向で，法改正を行うことを計画した。

(8) 訓練のための基金

政府は，職場における労使のパートナーシップが発展し，普及することによってイギリスにおける労働関係の文化が変容をせまられることを期待しており，むしろその変容をもたらすことを積極的に推進することを目標とする。しかし，

職場における労使のパートナーシップの経験がイギリス国内に普及し定着するためには，労使双方の理解を得ることが不可欠である。そこで，政府は，すでに行っている企業における成功事例の調査・研究に付け加えて，職場におけるパートナーシップを援助し発展させるための経営者と被用者の代表者の訓練に寄与するために基金が利用できるようにすることを提案した。

---

1) Fairness at Work at para. 4.1.
2) Ibid., at para. 4.2.
3) Ibid., at para. 4.3.
4) Ibid., at para. 4.5.
5) Ibid., at para. 4.7.
6) Ibid., at para. 4.8.
7) 1998年6月23日から施行された命令（Deregulation (Deduction from Pay of Union Subscriptions) Order 1998 SI No.1529）による。
8) 1975年雇用保護法（Employment Protection Act 1975）（以下，EPA という）11条ないし16条。山下幸司「企業内団交促進政策と組合承認問題」蓼沼謙一編『企業レベルの労使関係と法』（頸草書房，1986年）79頁以下参照。
9) Fairness at Work at para 4.13.
10) TULRCA 6条ないし9条に基づいて，認証官（Certification Officer）は，任意の労働組合登録簿に登録されている組合に独立労働組合である旨の認証を与えたり，その認証を取り消すことができる。
11) Fairness at Work at para. 4.17.
12) CAC は，EPA 10条によって創設され，現在は TULRCA 259条ないし265条に規定される。この機関は，委員長（通常は法律家）のほか，労使代表の委員によって構成される。
13) Fairness at Work at para. 4.18.
14) Annex I to Fairness at Work (iii).
15) Ibid.
16) Fairness at Work at para. 4.18.
17) 労働党の以前公表された政策文書は，訓練を対象に含めていた。Labour Party, Building Prosperity-Flexibility, Efficiency and Fairness at Work, 1996, p.5.
18) TULRCA 179条1項。
19) TULRCA 226条。
20) TULRCA 238条。
21) TULRCA 237条。
22) TULRCA 238条。
23) [1995] IRLR 258.
24) TULRCA 146条。
25) TULRCA 226条ないし235条, Code of Practice: Industrial Action Ballots and Notice to Employers (1995)。
26) TULRCA 226A 条によると，労働組合は，有権者となる者の使用者となると合理的に考えられるすべての者に対し，投票実施の書面による予告を投票の7日以上前に与えなければならず，それには組合が有権者となると合理的に考えられる，当該使用者の被用者の記述がある結果，使用者が当該被用者を容易に識別できなければならない。

27) ACAS Cosde of Practice 1: Disciplinary Practice and Procedures in Employment (1977) para. 10(g).
28) Employers' information and consultation rights on transfers of undertakings and collective redundancies: public consultation (URN 97/988).

四　家族にやさしい政策

1　長時間労働の規制

　政府は，イギリスの競争力を増大させるためには，可能な限り人々の才能を最高に発揮させて，就労を希望する人々に可能な限り多くの就労の機会を保障することが重要であると考えている。他方，政府は，労働者の労働に対する責任と家族に対する責任とが往々にして衝突することがあることに注意を向ける。白書は，大なり小なり多くの成功している現代的企業は，家族を支援する文化と実践を採用していることを指摘する[1]。たとえば，そのような企業は，親が子どもとより多くの時間を過ごすことを認めるために労働時間や在宅就労について柔軟に対応したり，家族が危機である場合にタイム・オフを提供したり，あるいは子育てのための便宜を供与したり，保育に要する費用を被用者に支給したりしている。これらの企業は，それらが投資の対象としていて，かつ，それらが依拠しているスタッフを維持することがいかに重要であるかを知っている。政府は，経営におけるこのような家族にやさしい文化を支援し補強することを希望している。そこで，政府は，すべての親が労働と家庭生活とのバランスをより良くとることができることを保障することを支援するために，立法的措置を講じることを約束した。世帯収入を引き上げる措置に付け加えて，政府は，過剰に長い労働時間を短縮することと親がより柔軟に対応できるようにすることに優先して取り組んだ。

　具体的施策としてすでに全国最低賃金法と労働時間規則が制定されているが，これらに加えてさらに政府は，ECパートタイム労働指令（EC Part-time Work Directive No.98/23/EC）[2]を2000年4月までに実行することを約束した。白書は，同指令は，パートタイム労働者に対する差別を排除し，パートタイム労働に対するアクセスを増やすので，親並びに男女が労働と家庭生活を結合させるための助けとなるようなより上質なパートタイムの職とより多くの選択を提供する，と指摘する[3]。

2　親休暇指令の実行

政府は，労働と家庭生活とのより良いバランスをとることを保障するために，1999年12月までにEC親休暇指令（EC Parental Leave Directive No.96/34/EC）を実行することを約束した。そのために政府は，一連の新たな措置を提案するとともに，親のための既存の権利を見直すことを行った。

(1)　出産休暇の延長

現行では，女性被用者は，14週の出産休暇の権利[4]と最長18週の出産手当の権利[5]を有する。これは，使用者と被用者双方ともに混乱を招いており，多くの被用者にとっては，2つの期間をあわせることが有利になる。そこで，政府は，出産休暇を18週に延長することを提案した。

また，現行では，女性被用者は，6か月間継続勤務した後に出産手当の権利を取得し，2年間継続勤務した後に延長された出産休暇（最長，出産した週を含めて29週）の権利[6]を取得する。親休暇指令は，親休暇の権利を取得するために1年までの資格付与期間を認める[7]。政府は，これらの資格付与期間が，実行可能な限り1つにされるべきであると考える。そこで，政府は，延長された出産休暇と親休暇の権利のための資格付与期間を1年とすることを提案した。

(2)　親休暇の権利の保障

政府は，男女について3か月間の親休暇の権利を提案する。この権利は，実親のみならず，養親にも適用される。また，政府は，親休暇指令に則して[8]，被用者が病気の子どもを看護するまたは家族の危機に対処することを支援するために，勤続期間を要件としない，緊急の家族的理由のための無給のタイム・オフの権利を提案した。これらの権利を行使することは，解雇その他の処分から保護される。

親休暇指令は，親休暇の消化に関して柔軟な姿勢をとる[9]。たとえば，単一のブロックとしてまたは年間の許可として，フルタイムまたはパートタイムによって，子どもの満8歳の誕生日までの間にまたは子どもの誕生時もしくは養子縁組時において，あるいは使用者と被用者との間で合意された個別の取り決めに基づいて，親休暇は消化することができる。政府は，可能な限り使用者と

被用者は，彼ら自身の事情に最も良く適合する取り決めを結ぶことを奨励されるべきであると考える。しかし，政府は，被用者がその親休暇を完全に消化しない以前に転職する場合に発生するような特殊な問題を処理するためには，立法が必要であると考えている。政府は，立法作業を進めるために，親休暇の消化方法について白書で示された選択肢についての意見を求めた。

(3) 休暇期間中の雇用契約の継続

現行では，雇用契約が法定出産休暇の14週間の間継続することは明確であるが，それを超えて休暇をとる女性被用者の契約上の地位について法が沈黙するために，混乱と訴訟が惹き起こされている。親休暇指令は，親休暇中の契約上の地位を立法において明確にすることを要求する[10]。そこで，政府は，雇用契約は，解雇または退職によっていずれか一方の当事者により明示的に終了されない限り，出産または親休暇の全期間中継続することを立法に規定することを提案した。

(4) 復職する権利の保障

現行では，出産休暇から職場復帰する女性被用者は，元の職に復帰する権利を有する。ただし，元の職に復帰することが実行可能でない場合には，女性被用者に等しい雇用条件を持つ適合的な代替職が提供されなければならない。親休暇指令は，被用者に親休暇後に復職すること，または適合的な等しい職が保障されるべきであることを要求する[11]。そこで，政府は，親休暇にも出産休暇の場合と同様な復職する権利を保障することを提案した。

(5) 出産休暇通知の要件の簡素化

女性被用者は，出産休暇の通知を使用者に与えなければならないが，現行の通知に関する要件は複雑であるので[12]，政府は，簡素化することができると考えている。そこで，政府は，出産休暇通知に関する要件を簡素化する方法についての意見を求めた。

(6) 小規模企業特有の問題

白書は，被用者が長期の休暇を消化することに小規模企業が対応しきれてい

ない現状を指摘する。EC指令は，出産または親休暇に関する指令の要件が小規模企業について適用を免除されることを認めないが，小規模企業について特別の規定が定められることを認める[13]。政府は，大小すべての使用者の需要を満たすために親休暇指令を実行するうえで十分な柔軟性を保障することを希望する。そこで，政府は，親休暇指令を遵守するために提案された権利を保障するうえで小規模企業が直面することになる困難並びにその困難を軽減するための方法についての意見を求めた。

1) Fairness at Work at para. 5.3.
2) この指令は，パートタイム労働に関する EC 指令（No.97/81/EC）の適用をイギリスに拡大するものである。
3) Fairness at Work at para. 5.5.
4) ERA73条。
5) 1992年法社会保障拠出給付法（Social Security Contributions and Benefits Act 1992）165条。
6) ERA79条1項。
7) Annex to EC Parental Leave Directive, II Clause 2.3 (b).
8) Ibid., Clause 3.
9) Ibid., Clause 2.3 (a).
10) Ibid., Clause 2.7.
11) Ibid., Clause 2.5.
12) 女性被用者は，出産休暇を開始するときより3週間以上前に通知を与え，出産予定週を，要請があれば医学的証明を添えて，通知しなければならない（ERA 74条，75条）。14週の出産休暇が終了する前に女性被用者が復帰することを希望する場合には，7日の通知を与えなければならない（ERA 76条）。女性被用者が，延長された出産休暇の権利を有するが，法定出産休暇の終了後復帰する場合には，復帰予定日より3週間以上前に通知を与えなければならない（ERA 80条）。
13) EC設立条約（ローマ条約）(Treaty Establishing the European Community) 118a条2項は，「この（EC）指令は，中小規模の企業の設立および発展を抑制する行政的，金融的および法的制限を課すものであってはならない。」と規定する。

五　改革のスケジュール

　政府は，白書において提案された幾つかの措置を実行し，それらが定着するためには時間がかかるとして，追加の立法を想定していない。政府によると，白書は単なる将来の立法計画にとどまらず，労働の分野での政府の原則の声明である。それは，中長期のパートナシップの発展のための青写真，すなわち持続するモデルのための青写真を提供する原則である。そして，その原則の最前線には，職場における公正と競争力が手を携えて進み，一方は他方を補強しなければならないという考えがある。政府は，その考えは白書において政策に適用してきた基本的原則であるとして，今後新たな提案が欧州その他から行われる場合にもこの原則を適用することを継続するとしている[1]。

　労働党政権は，前保守党政権とは異なり，選択的離脱を放棄してEC社会憲章を受け入れて，新欧州連合条約（アムステルダム条約）に調印する（1997年10月2日）など，EUの社会政策のイギリス国内への適用に対して積極的な姿勢を示している[2]。こうした立場をとる政府が，白書において示された基本的原則の適用の将来について前述のように述べたことからすると，政府は，将来予想されるEUの社会政策の発展に対してイギリス国内においてこの基本的原則に基づいて十分対応してゆくことができるという展望を持っている，と考えられる。

　白書は，政府による提案とその他の多くの課題についての意見を求め，意見の提出期限は，1998年7月31日とされた。政府は，関係する方面との協議を経た後，白書で対象とされたすべての分野に関して速やかに行動を開始し，必要に応じて最も早い機会に立法化することを計画した[3]。

---

1) Fairness at Work at para. 1.11.
2) EC社会憲章をめぐる動向については，前田充康『EU拡大と労働問題』（日本労働研究機構，1998年）285頁以下参照。
3) Fairness at Work at para. 6.3.

六　イギリス労働法改革の今後の課題

　上に見たように，白書においては，労働法改革の具体的な政府による提案が行われるとともに，多くの残された課題が指摘された。白書の内容について，労使関係の当事者は，必ずしも全面的に歓迎しているわけではない。とくに，労働組合の側にも不満が残っている。そこで，最後に，白書に対する労使関係の当事者の意見を素材として，白書における提案が抱える問題点と指摘された課題を検討することを通して，イギリス労働法改革の課題について整理することにしたい。

1　個人の権利の保障

(1)　不公正解雇に対する保護および補償

　個人の権利の保障の分野において，まず，不公正解雇からの保護のための資格付与期間を現行の2年から1年に短縮することおよび不公正解雇のための補償の裁定の上限の廃止に対して，CBI（イギリス産業連盟）は反対する。CBIは，これら2つの提案が結合することによって，不必要な訴訟が増え，場合によっては嫌がらせ訴訟の危険が発生すると指摘する[1]。とくに，補償の裁定の上限の廃止は，雇用審判所の処理事件数，訴訟費用および訴訟期間を相当引き上げる結果となり，それはとくに小規模企業に対する負担となる，と指摘される[2]。CBIは，代案として，補償裁定の上限を現行の1万2000ポンドから4万ポンドに引き上げることを提案した[3]。

　これに対してTUC（労働組合会議）は，白書による個人のあたらな権利の提案は，従来基本的な雇用における保護を否定された数百万の労働者に重要な新たな権利を保障することになることを意味するとして，非常に歓迎する[4]。TUCは，不公正解雇の保護のための資格付与期間を短縮する提案を重要な前進として歓迎するが，使用者が資格付与期間より短い雇用契約を利用することによって義務を免れる余地が依然としてあるとして，政府がさらに同期間を短縮するために行動することを期待する[5]。TUCは，被用者は雇用の初日から税金と国民保険料を支払い，雇用契約上の義務を遵守しなければならないので，公正の視点から，被用者の雇用の権利は，雇用の初日から保護されるべきである

と主張する。そこで，TUCは，不公正解雇の保護のための資格付与期間と明確に連動する解雇の書面による理由のための資格付与期間，および剰員整理手当のための資格付与期間を短縮すること，さらに雇用明細書のための2か月の資格付与期間を廃止することを主張する[6]。

TUCは，1995・96年の不公正解雇のための平均裁定額が2499ポンドに過ぎず，これは一般的に補償の形態としては全く不適切であり，もはや不正な使用者に対する抑止力として効果がないと主張して，補償裁定の上限を廃止する提案を支持する[7]。他方，TUCは，白書では基礎裁定のための週給金額に対する制限を維持するか否かが明確ではないことを指摘して，そのような制限の維持に対して反対する[8]。TUCは，労働法の違反のためのすべての補償が上限を外されるべきであると考えるが，法定裁定並びに支給の限度額への物価スライド制の導入を歓迎する。収入の損失を部分的に反映するために，裁定額を算定する際に利用される指数は平均収入指数であるべきであることを，TUCは主張する[9]。さらに，TUCは，付加裁定および特別裁定における上限の廃止，そして特別裁定のための加重的損害賠償の導入を支持する。

ACASの理事会は，不公正解雇の申立の資格付与期間を1年に短縮する提案が，新規採用者を徹底的に試験することができる十分な時間を依然として使用者に提供し，募集，選抜，および採用のためのいっそう健全な基盤を持つ手続を採用することを奨励するはずである，と考えている。さらに同理事会は，不公正解雇のための裁定の上限を廃止する提案が，企業内の健全な手続が必要であることを強調し，いっそう良好な雇用方針とその実践を採用するための刺激を提供することができる，と指摘する[10]。

(2) 被用者の伴われる権利

次に，懲戒処分手続および苦情処理手続において被用者が組合の代表者等によって伴われる権利の保障について，CBIは，懲戒処分手続において被用者にこの権利を保障することを承認するが，その権利を苦情処理手続において保障することには反対する。その理由としてCBIは，苦情処理の用語は実際に広範な特定されない状況を対象とするものとして使用されており，苦情処理手続にこの権利を適用することは，とくに小規模企業に実質的な負担をかける可能性があることを指摘する[11]。したがって，CBIは，懲戒処分手続に関する現行の

ACASの行為準則を単に法律化する提案を支持する。

これに対して，TUCは，労働組合の役員は職場と雇用審判所の双方において個人の権利に関して組合員に対して助言し，組合員を代表することを主張して，この権利を保障する提案を歓迎する[12]。

(3) 被用者の権利の放棄

期間の定めのある契約にある被用者の権利の放棄について，CBIは，期間の定めのある契約が使用者にもたらす重要な柔軟性は排除されるべきではないと考え，期間の定めのある契約にある被用者は，期間の満了において自己の職が剰員整理の対象となることを当初から知っているので，剰員整理手当を請求するべきではないと主張する[13]。これに対して，勤続1年後は，どの被用者も不公正解雇を請求することができるべきである。したがって，CBIは，権利放棄条項の利用を剰員整理手当に限定する政府が支持する選択肢は賢明であると考え，それを支持する。

TUCは，BBC v Kelly Phillipsにおける控訴院判決[14]が，そのような権利放棄条項が1年未満の期間の定めのある契約が更新される場合にも契約に含まれることを認めたために，事態が悪化していることを指摘する[15]。TUCは，権利放棄条項の利用を剰員整理手当に限定する政府が支持する選択肢に賛成しない。剰員整理についての義務を回避するために権利放棄条項を認めることが，真正な使用者に柔軟性を提供するために必要である，とTUCは考えない[16]。TUCによると，剰員整理は勤続期間に基づくので，被用者が多くの権利を与えられる見通しはなく，彼らが十分な剰員整理手当を取得することになる時点まで被用者の契約が継続して更新される場合に，彼らは実際には恒常的被用者であるので，剰員整理手当の権利を与えられることになる[17]。現行の最低2年間の期間の定めのある契約において剰員整理手当についての権利放棄条項を認めていることの唯一の存在理由は，その結果2年以上の短期契約または2年以上継続する継続的短期契約を使用者は利用することができ，依然として剰員整理手当を支払う義務を免れることができることである。このような搾取は，職場における公正の概念とは両立することができず，被用者が雇用を保障するために法定の雇用の権利を放棄することを認める規定はイギリス労働法にあってはならない，とTUCは主張する[18]。また，TUCは，関係する職務が真正に短期である場合

に期間の定めのある契約の利用が限定されるべきである，と考えている[19]。

(4) ゼロ時間契約

ゼロ時間契約について，CBIは，使用者の側に労働を提供する義務がなく，被用者の側に労働を承諾する義務がない場合には，ゼロ時間は両当事者に利益をもたらすと考える。CBIによると，ゼロ時間契約の濫用の可能性は，被用者が労働を実行するために使用者の施設に待機することを要求される「中断時間」(down time)に関係する。しかし，この種の深刻な濫用の可能性は，すべてのそのような「中断時間」に適用される全国最低賃金の導入によって一掃されることになる。したがって，政府が追加の措置を講じることが必要であると考えるならば，CBIは，認識される濫用に取り組む際には，労使双方にとって相互に有益な柔軟性が取り除かれないことを主張する[20]。

TUCは，労使の真正な相互合意によって労働時間を指定しないことは合理的であることを承認するが，そのような場合にも，たとえば5時間以上20時間未満というような上限と下限が設定されるべきであり，その結果被用者は最低一定の収入を伴うコア時間を保障されるが，特定の時間を超えて労働することを強制されるべきではなく，被用者が労働することを予定されない時間についての合意に関する規定もあるべきである，と考える。さらに，TUCは，被用者は労働しないときに使用者の施設にとどまることを義務づけられるべきではなく，労働していない時間について適切な給付を請求することができるべきであり，被用者が使用者の施設にとどまることを義務づけられる場合には，当然最低賃金を下回らない通常の賃金がその時間について支払われるべきである，と主張する[21]。

ゼロ時間契約については，その契約上の仕組みとそれに基づいて行われている労働の実態についてほとんど知られていない。数少ない調査結果[22]から，男性よりも女性の方が多くゼロ時間契約に基づいて働く傾向にあり，派遣労働者の多くがそのような契約において労働している。重大な事実として，調査された使用者の大多数は，被用者を法定の保護から排除するためではなく，主として需要の変動に対応するためにゼロ時間契約を利用している。TUCは，この事実から，そのような被用者を保護するためにゼロ時間契約の規制が導入される場合に，使用者の柔軟性に関する関心は必ずしも影響を受けない，と考える。

そこで，TUC は，政府はゼロ時間労働契約の利用を規制するべきであり，それはより一般的に労働者の雇用上の地位の見直しの一環として追求されるべきである，と主張する[23]。その際に，ゼロ時間契約に基づいて雇用される労働者について信頼できる情報が欠けているので，政府は法規を起草する以前に調査を委任するべきである，と TUC は考える。

　白書において政府は，全国最低賃金法や労働時間規則の施行によってゼロ時間契約の濫用の可能性が部分的に抑制されることになるとの展望をもつ。全国最低賃金法は，最低賃金の適用対象である時間労働の定義を規則に委ねる。公表された全国最低賃金規則案（Draft National Minimum Wage Regulations）は，「労働者が時間労働を行うために職場において利用可能である，並びに労働者が時間労働のために利用可能であることが要求される時間は，かかる労働が提供される如何を問わず時間労働であるとみなされる」と規定する（3 条 1 項）。ただし，労働者に取り決めによって認められた職場での睡眠時間は，労働者が実際に労働する場合にのみ時間労働であるとみされる（同項）。他方，労働時間規則は，労働時間を次のように定義する（2 条 1 項）。(a)使用者の指揮監督下において労働者が労働している並びにその活動または職務を遂行している期間，(b)労働者が関係する訓練を受けている期間，(c)関係する合意の下で労働時間規則のために労働時間としてみなされる付加的期間。これらの規則において労働時間が右のように定義されることによって，ゼロ時間契約の濫用が部分的にも抑制されることになるか否かは不明である。むしろ，白書の提案のほかに，ゼロ時間契約を規制する措置を検討する余地が残されていると考えられる。

(5)　雇用の権利の拡大

　現行の雇用に関する権利の適用対象範囲を拡大することについて，CBI は，政府が意図する拡大範囲が明らかではないとして，それの明確化を要求するが，使用者との真正な雇用関係を持たない者に対する雇用に関する権利の保護のいかなる拡大にもまったく反対する[24]。雇用に関する権利は，偽りのない商事契約または真正の自営業者に適用されるべきではなく，被用者でも自営業者でもない労働者の第 3 のカテゴリーを創造することは，膨大な混乱と定義上の困難を招くことになる，と CBI は考える。

　TUC は，政府がこの問題に関して協議することを約束したことを歓迎する。

TUCによると，ERAにおける被用者の定義は非常に狭すぎる結果，臨時労働者，多くの派遣労働者，海底油田等の労働者，聖職者，登記所の職員，および実際に自分自身以外の誰かのために労働しているいわゆる自営業者を排除する。この分野における判例法は，現在混乱していて確定しておらず，内国歳入庁，社会保障省および現行の労働保護法によって使用される定義に食い違いがある。TUCは，労働者の有意の部分を基本的保護から排除することは変則，かつ不公正であり，すでに差別禁止立法において採用されていることから，他人のために労働する者はすべて，すべての法定の労働保護の対象とされるべきである，と主張する[25]。さらに，TUCは，使用者の定義を見直すことも必要であると指摘する[26]。

2　集団的権利の保障

(1)　法定組合承認制度

① CBIの主張

　集団的権利の保障について白書が提起した最大の争点は，法定組合承認制度を導入する問題である。CBIは，法定組合承認制度に元々反対であるが，この制度が導入されるならば，それは機能しなければならない，と主張する[27]。そして，法定組合承認制度は，将来の労使関係の中心的項目よりもむしろ「最後の手段としてのバックネット」として理解されるべきである，と CBI は考える[28]。

　（ア）複数組合請求

　まず，CBIは，複数組合が共同して承認を請求することを認める白書の提案が，企業と被用者の関係にとって有害であるとの懸念を表す。その理由として，複数組合が承認請求のために共同するようになると，組合間の対抗が発生する見通しがあること，最近の労使関係の顕著な向上が唯一組合協定の締結の結果であると指摘され，新たな組合承認の傾向も唯一組合協定に見られること，自動的承認が導入されると，過去に協働したことがない多くの組合が単一の請求を提出することを促される結果，交渉制度に混乱を招き，使用者の全般的な被用者との関係に関する戦略をことごとく破壊することを招くことになることが挙げられる[29]。そこで，CBIは，唯一組合のみが法定組合承認手続を開始することができることを主張するが，政府を説得することができない場合に，以下のことを提案した[30]。(a)交渉単位は，共同承認請求を準備するために人為的に

つくらないことが肝要であり，「効果的な経営」の必要性が，絶対でなければならない。(b)使用者は，所定の単位に関する唯一交渉を主張することができるべきであり，これは，交渉を必要以上に官僚的にせず時間を浪費しないために肝要である。(c)共同承認請求が成功する場合には，不履行協定は，共同して活動する複数組合が同協定のすべての面において共同して活動することを継続しなければならない旨の規定を含むべきである。(d)承認投票を要求することができる前の支持の程度に関して，CAC（中央仲裁委員会）は，各組合が関係する交渉単位において20％の組織率を有する場合にのみ請求の開始を認めるべきである。これは，投票に先立ち，各組合が提案される交渉単位内おいて合理的な支持を享有することを示し，共同請求が成功しそうにない場合に手続の利用を妨げることにもなるはずである。

　（イ）小規模企業

　CBIは，20人以下の被用者を雇用する小規模企業の適用免除について，この免除は，零細企業が不当に負担を課されないことを最低限度保障することになると考えるが，雇用される被用者数の基準が低すぎるので，50人以下に引き上げるべきである，と主張する[31]。

　（ウ）期限

　CBIは，被用者間で真剣な協議が必要である，または交渉において解決が困難な問題がある場合に，提案された期限が機能するには短すぎると考える。そこで，CBIは，以下のことを提案した[32]。(a)交渉が誠実に行われる限り期限を特定することに利点があるとは考えられないが，政府が期限を要求する場合には，交渉単位に関する任意の交渉について最低3か月が認められるべきである。(b)CACが交渉単位を決定するためには，最低1か月が認められるべきである。

　（エ）組合に対する支持

　交渉単位についての承認を求める労働組合は，承認投票において支持を獲得することができることを見通せる支持の合理的な水準を持たなければならないとする政府の見解を，CBIは歓迎する。CBIによると，組合に対する支持は，組合員数によって明確に示されるとともに，CACが安定した基盤において手続を行うことを可能にするために容易に数量化できることが決定的に重要である。なぜならば，組合が唯一の問題に基づいてご都合主義的な請求を行って，長期の被用者による支持を得ない持続できない承認を得ることになる状況を回

避することを使用者は切望しており，CACにとって，安定して活動し，使用者，組合または裁判所との起こりうる衝突を回避するために活動に関する指針が絶対的に必要であるからである。そこで，CBIは，以下のことを提案した[33]。(a)単一組合は，請求を開始することができる前に，当該交渉単位に所属する被用者の最低20％を前12か月間組合費完納済みの組合員として継続して組織していることを証明することを要求されるべきである。(b)複数組合による請求の場合，各組合が20％の組織率を有する場合にのみCACは請求手続を開始することを認めるべきである。(c)組合員数の水準が変動する場合に，CACは所定の企業の組合員数の最新の記録を検証する権利を有するべきあり，検証できない場合には，CACは取るに足らないものとして申請を自動的に却下するべきである。

　(オ)　交渉単位

CBIは，交渉単位の決定については使用者の意見が絶対であるべきであると考える。なぜならば，これが当該の経営が効果的に操業することができる唯一の方法であるからである。そこで，CBIは，立法に定められた規準に沿って使用者が交渉単位を決定するべきであり，組合が異議のある場合には，CACに対する審査請求権が認められるべきである，と提案した[34]。その際に，白書が交渉単位の決定に際してCACに対して効果的経営の必要と交渉単位とが両立する可能性をとくに考慮することを要求する点が完全に遵守されることがきわめて重要である，とCBIは考える。

　(カ)　自動的承認

CBIは，交渉単位に所属する被用者の過半数が承認要請する労働組合の組合員である場合に承認が自動的に与えられることに反対する。CBIによると，CBI加盟企業の被用者の有意の数は，団体交渉における代表以外の理由で組合員になっている。たとえば，組合員に対する保険の割引や貸付のような財政的誘因がある。他方，被用者が組織率の高い職場から組合のない職場に移動した際にも転職その他の個人的理由から組合員資格を維持するという強い伝統がある。それゆえ，自動的承認の提案の効果は，現実には組合加入または組合員資格の維持の結果に対する個人の選択を排除することになる。また，自動的承認は，労働者集団に効果的な協議を提供しないし，使用者は自己のために労働組合による交渉を行うことを希望するか否かを表明することを保障されるべきである。そこで，CBIは，政府がこの提案を撤回しないならば，以下のことを提案した[35]。

(a)労働組合の法定承認に関して被用者による投票が常に行われるべきである。(b)単一組合が過半数の組織率を有しても，使用者が承認に対する支持に疑義がある場合には，使用者は，関係する被用者の協議を行い，投票の可否に関して決定することを CAC に対して要求することができる，あるいは，使用者が費用を負担する被用者による投票を要求することができるべきである。(c)複数組合が併せて過半数の組織率を有する場合には，投票後に法定承認が与えられるべきである。(d)被用者が前 12 か月間継続して組合費完納済みの組合員である場合にのみ，自動的承認は与えられるべきである。(e)自動的承認の場合には，使用者は，組合員数の記録に関する年次の独立した検査の権利有すべきであり，組織率が 50％を下回ったならば，使用者は，承認取消投票を要求する自動的権利を有するべきである。

　（キ）承認投票

　承認投票の実施について，CBI は，以下の点を主張する[36]。白書は，交渉単位の決定の日から 21 日以内に投票を実施するべきであると提案するが，被用者の勤務形態によってその期間内に全員に投票する機会を与えることが困難な場合もあるので，柔軟に対応するべきである。承認に対する賛成または反対の運動について，有給のタイム・オフの権利は認めるべきはない。また，CBI は，白書が公表される以前には，投票における有権者の過半数の支持が必要であると主張した。しかし，CBI は，投票者の過半数，かつ，有権者の最低 40％の賛成の提案を承認し，この多数の定義の問題は決着済みであると主張する[37]。

　（ク）不履行手続協定

　不履行手続協定は，ACAS（助言・調停・仲裁局）のような専門機関からの助言を受けて立法において詳細に定められるべきであることを，CBI は非常に支持する。起草する際に，不履行手続協定が条件を押しつけられる可能性を全く認めるべきではないことを政府は考慮するべきである。さらに CBI は，CAC が望ましいと考える場合に，不履行手続を修正する権限を有することを支持しない。使用者が団体交渉事項の範囲外であると考える経営の領域に組合が関与するべきであると CAC が宣言することを，使用者は非常に心配している。そこで，CBI は，政府が提案するように，不履行手続は賃金（年金を除く），労働時間および休暇に限定されるべきであると考え，訓練は法定団体交渉事項には適していないと考える[38]。しかし，組合の関与が効果的な訓練を促進することに

役立つことができる有益な方法も多くあると考えられる。そこで，CBI は，代案として，法定承認の後に組合は訓練の問題に関する情報並びに協議に関する権利を有するべきであることを提案した[39]。

（ケ）承認取消

承認取消について，CBI は，法定承認に続いて法定承認取消のプロセスの利用が互恵的な基盤において発展させられるべきであると考える。CBI は，自主的協定が労使の前進のために最良の方法であり，法定のプロセスは労使関係の既存の自主的システムのバックネットとして見られるべきであるとする政府の見解に同意するが，使用者は，任意の承認取消の選択肢を持たない場合には，任意の承認協定を締結することをためらうことになると考える。自主的協定が使用者によって打ち切られた場合に法定承認のプロセスを労働組合は利用することができるので，その組合に対する支持が現実に低下していることを使用者が確認する場合にのみ，使用者は承認取消を一方的に請求することになる。この点は，すでに 1997 年 12 月に法定組合承認に関する CBI と TUC の共同声明によって合意されている[40]。そこで，CBI は，以下のことを提案した[41]。①法定承認取消のプロセスは，法定承認のプロセスを反映するべきである。②企業が任意承認協定を締結している場合には，爾後の承認取消は，法定のプロセスの外部にとどまり，現状のまま継続することができるべきである。

② TUC の主張

TUC は，労働者に職場での発言権を保障し，労使関係に対するパートナーシップ・アプローチを促進するために法定組合承認制度の導入が必要であるとする白書の見解を支持し，同制度の導入を歓迎する。しかし，TUC は，自主的合意に至ることが不可能である場合に，法定のバックネットを提供することが法の役割であると考え，組合承認制度において労使の合意を追求することを目的とする白書の提案を支持する。加盟組合の調査から多くの使用者が組合承認の制度について交渉することに積極的であることはすでに明らかであるので，TUC は，相対的にほとんどの事例が法定承認手続のすべての段階を経ることはない，と予測する[42]。白書が提案する制度について，改善するべき点が 2 つある，と TUC は考える。

(ア) 承認投票の要件

改善するべき点の1つめは、投票における40%の有効要件である。この要件は、団体交渉を促進する基準としては厳しすぎ、不合理な障害を置くことは、紛争を解決することを助けることにはならない、とTUCは指摘する[43]。かねてよりTUCは、単純多数決の採用を主張してきたが、持続可能な団体交渉のための基盤があることを保障するために、最低限度の投票有効要件が必要であることを承認する。40%の基準は、恣意的であり、総選挙において政府やほとんどの議員が獲得した票の比率よりも高いので、TUCは、より合理的で機能することができる基準を設定することを要求する。この点につき、TUCは、白書がこの基準を見直すことを約束することに注目する。

(イ) 小規模業

改善するべき点の2つめは、小規模企業に対する適用免除である。TUCは、この適用免除によって500万人を超える労働者、民間部門の労働者の4分の1以上が組合承認の権利を否定される結果になるとして、それに反対する[44]。TUCは、たとえば21人の被用者を雇用する企業においては、9ないし8票の賛成で組合が承認されることになる一方で、被用者が20人の企業でたとえ20人全員が組合員であっても、そこでは組合承認の権利が認められないことは変則であると指摘する[45]。小規模企業に対する適用免除は、小規模企業が集中する印刷、建設、電気下請、農業、道路運送等の産業に偏った影響を及ぼすことになる。統計によると、女性労働者の32%は、20人未満の被用者を雇用する事業所で労働するが、男性は24%にとどまる。16歳から19歳までの年少労働者の40%が、同等の規模の事業所で労働する。そして、パキスタンないしバングラディッシュ出身の労働者の圧倒的多数が、小規模企業で雇用される。以上から、小規模企業を適用除外とすることは、白書が最大の影響を及ぼすことが期待される労働者集団の最も脆弱な集団を排除する結果となる。雇用審判所の統計によると、圧倒的多数の申立が、小規模企業の被用者からなされている。TUCは、審判所に被告となって登場する企業の多くにおいて労働組合が承認されていないことは、偶然の結果ではないと指摘する[46]。TUCは、承認された組合の存在は、使用者と被用者の関係を改善し使用者に従業員管理問題についての法定義務を遵守させることを保障することを助ける、と主張する。TUCは、政府が労使関係に対する新たなアプローチ、すなわちパートナーシップを促進

することを歓迎し，そのアプローチは，大規模企業と同様に小規模企業にも妥当すると考える。小規模企業は，重要，かつ成長する経済部門であり，現在の柔軟な労働市場において人々は労働生活の過程で幾度かの転職を予期しなければならないことから，労働する企業の規模の如何を問わないで人々は同一の権利を有することを期待するべきであり，かつその権利を保障されるべきであり，小規模企業で働く労働者は二流の市民として扱われるべきではない，とTUCは主張する[47]。現行において，小規模企業に対する雇用の権利の適用免除は，ほとんど存在しない。1995年障害者差別禁止法（Disability Discrimination Act 1995）（以下，DDAという）には，被用者20人以下の企業に対する適用免除規定がある[48]が，政府は，その廃止を検討している[49]。剰員整理について，「20人以上の被用者が剰員整理される場合に限り90日以内に労働組合は使用者と協議する権利を保障される」[50]が，政府は，その制限を外して，剰員整理される者の数と無関係に使用者が情報を提供して協議する義務を負うことを復活させることを提案した[51]。こうしてみると，法定組合承認制度に適用免除を認めることは，その他の制度における改革を提案する政府の姿勢と矛盾することになる。TUCは，とくに零細企業において組合承認のための投票が負担になることを認識しており，小規模企業の場合には多数の組合員数を提示することによる自動的承認がとくに適切な手続となる，と考えている。

　（ウ）組合に対する支持

　白書の組合承認に関するその他の提案については，TUCは歓迎する。労働組合が承認要請を提出する際に，一定の支持または組合員数が条件とされないことは，非常に歓迎される。そして，TUCは，CACが考慮する承認申請組合に対する合理的な支持を画定する方法について政府がさらに協議をすることを約束することに注目する。この点につきTUCは，手続のこの段階では組合員の氏名がCACに内密にされるべきであると主張する[52]。

　（エ）交渉単位

　白書の交渉単位の定義に関する提案も，TUCの主張を反映するものとして非常に歓迎される。そしてTUCは，CACが交渉単位を決定する際に考慮する要素に，関係する労働者の希望を含めるべきである，と考える。

　（オ）期限

　白書が承認手続の多様な段階に明確な期限を設定することを提案することに

つき，TUC は，承認に関する紛争が可能な限り迅速に解決されることは良好な労使関係にとって有益であるとして歓迎するが，当事者が交渉したが 28 日間で合意に至らなかった場合に，CAC がさらに 28 日間の猶予を認めることについては疑問を呈する。

　（カ）団体交渉事項

　団体交渉事項に訓練を含めるべきか否かに関して，TUC は，訓練に労働組合を関与させることは，使用者並びに労働者から技能水準を引き上げるための誓約を引き出すことを助け，政府の競争力を増大させて生涯学習を普及させる目標を達成することを助けるとして，訓練を含めることが不可欠であると考える。TUC によると，使用者に訓練に投資することを奨励する労働者集団からの突き上げの圧力を生み出すこと，経営の発議のための労働者集団の信頼と誓約を生み出すこと，被用者の学習という目的と並んで訓練を経営に定着させることを確実にすることによって訓練の成功を保障することにとって，労働組合は不可欠である。TUC は，訓練に組合を関与させることは訓練の質と量に付加価値を加えることになるとして，訓練を団体交渉事項に含めるための立法は，最良の慣行がより多くの職場に普及されることを可能にし，組合代表者が訓練のための自己の責任を果たすことを認める法的枠組みを確立することになると指摘する[53]。そのほかに団体交渉事項に含められるべきであるものとして，TUC は，職域年金と男女の機会均等の問題をあげる。

　（キ）承認の実現

　承認の実効性の確保について，効果的な実現の仕組みと救済が法定組合承認制度の成功にとってきわめて重要であると TUC は考えるが，組合が CAC に対して不履行手続を申請するために 3 か月間待たなければならないことは不合理であるとして，TUC は，2 か月に短縮することを提案する[54]。さらに，TUC は，不履行手続の下で労使が合意に至らなかった場合の救済措置について白書が沈黙することを問題とする。この点につき，TUC は，使用者が組合の主張について交渉を拒否する場合には，組合は単独で仲裁を申し立てる権利を有するべきであると主張して，有意義な交渉が行われない場合に，何らかの救済が利用できることを保障するためにさらなる検討が必要であると考える。

　（ク）承認取消

　承認取消の手続について，TUC は，公式の承認取消手続が存在することは，

パートナーシップを謳う白書の精神に反すると考える。法定組合承認制度の下でCACによる交渉単位の決定が存在する場合には，現行のように使用者が組合の承認を自由に取り消すことは認められなくなる。そこで，TUCは，承認取消手続に関して以下のように提案した[55]。組合承認がCACによって宣言された場合にのみ，承認取消手続は適用されることができる。新しい制度が定着することを認めるために，承認宣言から3年以内に使用者は承認取消を申請することを認められるべきではない。使用者がCACに対して承認取消を申請する場合には，承認申請する組合に適用されるのと同一の手続要件が適用されるべきである。TUCは，承認投票における40％の有効要件に反対するが，承認取消の問題は現状を変更することに関するので，40％の基準が適用されるべきであると主張する。

③　ACASの主張

ACASの理事会は，前労働党政権時代の法定組合承認制度の下での経験に照らして，CACが一方申立の法定仲裁の分野において豊富な経験を有し，柔軟で仲介的な方法で活動する労使関係の実務家および専門家の経験に依拠することから，CACを法定組合承認手続の決定機関とする提案を非常に歓迎する。さらに同理事会は，法定承認と自主的斡旋とを分離することを歓迎し，法定承認手続全般を通してACASによる斡旋を利用することができることに注目する。

ACASの理事会は，法定承認手続に期限を設けることは正しいと考えるが，期限の時期について追加の意見を述べることを希望しない。また，同理事会は，承認申請手続の初期の段階においてほとんど根拠のない公式の申請を排除するための白書の提案を支持する。

最後にACASの理事会は，承認に関する指針を策定することについて，方法と法的権威との混同が混乱を起こす可能性があり，事実それは逆効果になると考える。同理事会は，立法に交渉手続のモデルを定めることは適切ではないと考える。ことに，現実にそれが修正されることを同理事会は懸念する。そこで，同理事会は，承認の複雑さに着目して，そのような指針が単一のACASの行為準則に含まれることが望ましいと考える。しかし，それに向けての複雑な作業には困難が伴うことが予想されるので，政府との追加の協議において成功する合理的な展望がみえるならば，ACASは承認に関するすべての争点を包括する

一層広範な行為準則に同意することになる[56]。

(2) その他の集団的権利
① CBI の主張
　組合承認問題以外の集団的権利の保障について，以下の点を CBI（イギリス産業連盟）は指摘する。ストライキ参加者の不公正解雇請求権について，CBI は，ストライキ参加者の解雇の公正さは，争議行為自体が正当化されるか否かに照らしてではなく，確立された規準のみに照らして評価されるべきであることを立法は明記しなければならない，と考える。さらに立法は，争議行為が所定の期間持続した後に使用者が合理的に，かつ公正にストライキ参加者を解雇することができる適合的なプロセスを明確に確立するべきである。そこで，CBI は，以下のことを提案した[57]。一旦被用者が，争議行為への追加の参加が解雇を結果することになりうることを使用者によって通知された場合には，必要ならばその通知期間の終了時に使用者が解雇することは公正になるべきである。適合的な通知期間は，28 日になりうる。

　組合員資格等を理由とする不作為による差別を違法とする政府の提案について，CBI は，法が組合員資格に関係する差別に関心を持つことを継続し，団体交渉に全く関係しない限り，この提案に反対しない[58]。というのは，法が団体交渉に関係することは，労働協約が適用されない単位において労働する被用者に対して個別の雇用条件を提案する使用者の能力を損なうことになるからである。

　争議行為前投票と通知に関する現行法と行為準則について，CBI は，政府と異なる認識を示す。使用者の大多数は，現行制度が実際に明確で十分に機能すると考える。投票後に争議行為を開始するための 28 日の通知期間を拡大することは，紛争の可能性を拡大する効果を持つことになるので，賛成を得られない，と CBI は考える。使用者による労働組合に対する訴訟の 4 分の 3 は，投票並びに通知に関する規定に関係すると主張する白書で言及された研究について CBI は不知である。別の研究は，3 分の 1 近くの数値をあげ，1980 年から 96 年の間にそのような差止命令の申立は 62 件しかなかったと指摘する[59]。それゆえ，仮にその期間中に数千の争議行為前投票が行われたとしても，困難が経験された比率は取るに足らないものである。さらに，CBI は，投票が関係する被用者の意見の正確に反映することを継続することを保障することが不可欠であると考

え，投票に参加する者の氏名を知る権利がないと，投票の過程が不正に改変されないことが確実であることを保障する新たな仕組みが導入されない限り，そのような確実性が保障されないと考える。使用者が関係する被用者の集団またはカテゴリーしか知らない場合には，使用者は誰から賃金を控除するかが分からなくなるので，この分野での改正が争議行為に参加している被用者を知る使用者の権利に影響を及ぼすべきではない，とCBIは主張する[60]。

そのほかに，CBIは，法定組合承認制度の下では，承認を要求する争議行為には免責は適用されるべきではないと考え，そして組合員のブラック・リストの禁止に同意する。

② TUCの主張

TUCは，そのほかの集団的権利の保障について，以下の点を指摘する[61]。適法な争議行為に参加したことを理由とする解雇に不公正解雇の保護が与えられることは歓迎される。解雇理由が適法な争議行為に参加したこと以外の理由であることを証明する立証負担は使用者が負うべきであり，同理由による解雇は，労働組合員であること等を理由に自動的に不公正になる解雇の表に含まれて，特別裁定が補償されるべきである。組合員に対する差別について，現行のTULRCAの146条と152条は組合員資格の有無並びに組合活動を対象とするが，採用差別に関する同法の137条が，組合員資格の有無しか問題としないのは矛盾であるので，従前の組合活動を理由とする差別も同条の対象とするべきである。争議行為前投票に関する法律と行為準則を簡素化することは歓迎される。とくに，投票有権者の氏名を通知する要件の廃止は歓迎される。さらに，使用者に対する投票の通知の要件が廃止されるべきであり，投票の28日間の有効期間を超えて争議行為が再開される場合の通知要件に関して，法は明確化されるべきである。その他，ILO条約に従ってイギリスにおいて争議権の保障がなされるべきである。懲戒処分および苦情処理手続において個人がその選択する同僚の被用者または組合の代表者に伴われる権利の保障の提案は，とくに歓迎される。組合の代表者は，そのような手続において個人の代わりに発言する権利を保障され，代表者の権利は，企業の規模または組合の承認の有無と無関係にあらゆる場合に保障され，そして同僚の被用者ではない組合役員にも拡大されるべきである。この個人の伴われる権利の保障は，現行法が個人に組合に加入

する権利を保障するが，職場で問題が起きた場合に個人が組合のサービスを要求する権利を保障しないという法の重大な間隙をふさぐものとしての意義を有する。CRTUM と CPAUIA の廃止は歓迎されるが，CRTUM の権限が認証官に移管されるべきではない。とくに，組合に対する訴訟に資金提供する権限は，問題の解決にはならず，公的基金の濫用であり，争議行為前投票または争議行為の授権に関する権限は，認証官を労使紛争に不可避的に巻き込むことになる結果，認証官に不必要な役割を与えることになる。

③ ACAS の主張

ACAS の理事会は，雇用関係の文化を変革するための政府の提案に注目し，職場におけるパートナーシップを開発し雇用の実態を現代に即応するものにする計画を歓迎する。とくに，同理事会は，そのようなパートナーシップを開発するうえで経営者と被用者の代表者を訓練するための基金を創設する提案が，有益な前進であると考え，政府との追加の協議において，訓練提供者としての活動その他における ACAS のサービスの利用方法について積極的に探求することを約束する。

さらに同理事会は，争議行為前投票に関する法定手続と行為準則を簡素化する政府の提案を歓迎し，そのような行為準則を改訂する作業を引き受けることをすすんで申し出る。そのほかに，同理事会は，組合員資格等を理由とする不作為による差別を違法とする提案，組合員のブラック・リストを禁止する提案，そして CROTUM と CPAUIA を廃止して労働の権利を扱う機関を簡素化する提案を歓迎し支持する[62]。

3 家族にやさしい政策

(1) CBI の主張

CBI は，親休暇指令の実行は重大な問題であり，使用者は同指令の広範な意義を徹底して分析しなければならないので，政府に対して十分で詳細な協議を要求した。CBI によると，とくに多くの小規模企業にとっては，親休暇や緊急な家族的理由のためのタイム・オフの提供を一貫して発展させることは困難または不可能であるので，同指令の実行については最小限度のアプローチをとることがイギリスの企業にとって決定的に重要である[63]。

親休暇について，CBIは，以下の点を指摘する[64]。3か月の親休暇の権利は，施行日またはその後に勤続1年以上である実親または養親にのみ与えられるべきである。親休暇は，子どもの満5歳の誕生日まで，すなわち義務教育の開始までに取得されるべきである。これにつき，CBIは，子どもが8歳になるまでに休暇を取得するべきであると親休暇指令が定めることが，加盟国における公教育の開始年齢の相違を反映することに政府の注意を促す。イギリスにおける施行日以前に誕生した子供のために休暇を請求する遡及的権利は，認めるべきではない。そうしないと，5歳の誕生日が近い子どもを持つ親からの休暇の請求が殺到して，企業の効果的な運営に非常に支障を来すことになる。施行日に就学前の子どもをすでに持つ被用者に無給の休暇を与えるか否かは，使用者の裁量に委ねるべきである。3か月の休暇の定義を明確にする必要があり，これは12労働週であるべきである。休暇の取得方法と時期については，使用者と被用者との間の合意が優先されるべきである。使用者に対する支障を最小限にする，親休暇の権利行使を保障する最も賢明な方法を検討するためには，さらに時間を必要とする。

　親休暇の資格を有する親が，使用者に対して権利を保有することを証明する簡便な方法を持つことは不可欠であるが，親休暇を請求する被用者が実際に子どもの親であること，または被用者がその子どものために真正な養育責任を負うか否かを証明するのは，使用者ではない。親休暇の権利の証明について，出産の権利の取得のための医学的証明や子どもの誕生または養子縁組における親としての登録に関する現行の制度が参考になる。親休暇の請求には，6か月の通知が要求されるべきである。これは，現行の出産休暇の通知期間よりも長い。というのは，実際には使用者は被用者が出産休暇をとる意思を事前に十分に承知するが，このことは必ずしも親休暇の場合には当てはまらない。したがって，使用者が親休暇の権利行使を合理的に調整するために，被用者は事前に十分に休暇の計画を立てる責任を負うべきである。

　雇用契約は，親休暇並びに出産休暇の間継続するべきであるが，休業期間中は特定の給付は継続しないことを規定する差別的ではない条項が雇用契約に含まれることができる場合にのみ，このことは認められる。必ず有給休暇とする，または手当を支給することは，親休暇指令の最低限の要件に違反し，企業に重大な負担を付け加えることになるので，認められない。親が同一のまたは同等

の職に復帰する権利を有するべきであるとする政府の提案は,支持される。

　緊急な家族的理由のための休暇の権利は,被用者に濫用される危険がある。1998年6月に,スウェーデン政府が永続している緊急な家族的理由のための休暇の権利の違法な行使を抑制するために新たな法律の制定の必要を認めたことは注目に値する。ほとんどのイギリスの使用者は,有給を含む特別休暇(compassionate leave)を提供するが,新しい権利が事情の如何を問わずに毎年取得されると理解されることが問題である。そこで,CBIは政府に対し,緊急な家族的理由のための休暇が無給であることを明確にすることと,「家族」と「緊急」を法律において綿密に定義することを要求した[65]。さらに,CBIは,この休暇は12か月間に最大3日まで取得することができるようにすべきである,と主張する。

　CBIは,出産に関する規則の明確化並びに簡素化およびそれらの規則と新たな親休暇の権利等を併せて1本化する立場を支持するとともに,現行14週の出産休暇を拡大して出産手当の18週にあわせることに賛成する。しかし,出産手当の現行の払戻制度は,維持されるべきである[66]。

(2) TUCの主張

　TUCは,白書の家族にやさしい政策の提案を温かく歓迎し,自主的な家族にやさしい施策を支援するために法的枠組みが必要であるとする白書の見解に賛成する。EC労働時間指令について,TUCは,同指令の完全な実行は家族にやさしい雇用政策のいかなるパッケージにおいても不可欠な要素であるとして,政府に同指令の早期実行を促した。同様にECパートタイム労働指令について,TUCは,政府に対して協議を促す。同指令はパートタイム労働を男女にとっていっそう価値のある魅力的なものにすることができ,賃金その他の契約条件におけるパートタイム労働者に対する差別を違法にする機会を提供する,とTUCは評価する[67]。そしてTUCは,イギリスにおいてパートタイマーの40%が20人未満の被用者を雇用する事業所で働いている現状に照らして,同指令が小規模企業に対する適用免除を規定しないことに注目し,同指令の下でパートタイマーの権利が効果的に保障されることを希望する。

　TUCは,親の権利の保障を実現することめざす政府の計画を非常に歓迎する。出産の権利の保障に関するTUCの主張の一部は,白書に反映される。すなわち,法定出産休暇の18週への延長,勤続1年後の拡大された出産休暇の権

利の取得,および拡大された出産休暇期間中の雇用契約の継続である。これらに加えて,以下の改革を TUC は提案した[68]。(a)女性が出産予定週から6週以内に妊娠に関連する疾病で休業する場合には,出産休暇が自動的に開始するべきではないこと。(b)収入と無関係にすべての女性に出産手当の権利が与えられるべきであること。(c)一旦女性が使用者に自己の妊娠を通知するならば,彼女が与えなければならない通知およびその通知を与えなければならない日付に関し書面で被用者に伝える責任が使用者に移転するべきであること。被用者が記載し適切な段階において使用者に与えるために利用することができる通知のモデル様式をすべての使用者が所持するために指針が発せられるべきであること。一般的に通知の要件は,女性が復職するという前提に基づいて制定されるべきであること。(d)拡大された出産休暇の終了後傷病を理由に復職することができない女性には,契約上の傷病手当を含むすべての契約上の権利が与えられるべきであること。(e)使用者は,合理的に実行可能な限りパートタイムまたは柔軟な労働時間の要請に積極的に対応する義務を負うべきであること。

　TUC は,親休暇指令に対する白書の積極的な対応を歓迎する。とくに,同指令の最低限の規定を実行することに加えて,政府が,養親にも親休暇を認め,親休暇期間中雇用契約が継続することを明確にすることが歓迎される。親休暇制度の実施について,TUC は以下のように提案した[69]。親休暇のための資格付与期間は,一般的に在職期間が短縮化する傾向を反映するために,1年より短縮される必要がある。親休暇の実際の取得は個々の職場における協定に委ねられるべきであるが,個々の労働者がそれぞれの個別的事情に従って選択する権利を有することが前提されるべきであるので,使用者は,操業条件を考慮に入れて被用者に適した形態と時間において自己の権利を行使する被用者による合理的な請求を拒否しないことが期待される。現行では出産休暇のための書面による通知期間は,休暇の開始前21日であるが,短い休暇期間には短い通知期間が適している。子ども1人につき8歳になるまで最大3か月の休暇が保障されるが,休暇を完全に消化する前に転職する被用者は,残余期間の権利を次の使用者に対して請求することができ,従前の使用者は,すでに消化された休暇についての情報を次の使用者に開示する義務を負う。無給の親休暇は,多くの者にとって観念的な権利であるにとどまり,片親および父親が取得することを思いとどまらせることになるので,親休暇が有給であることは不可欠である。

TUCは,政府が男性に親休暇を取得するように派手な広告等を通じて積極的に奨励することを期待する。

緊急な家族的理由のための休暇は,1年につき1週の完全有給とするべきである,とTUCは主張する[70]。この理由には,子どもの看護または老人介護の準備のために一時的に職場を離れることが含まれることが明確にされるべきである。そのほかに親休暇につき,子どもが8歳になるまでに親の地位が変更する場合や同性の両親の権利保障について検討する課題がある[71]。また,TUCは,親休暇とは別に父親休暇が必要であるとして,すべての父親と同性の両親に子どもが誕生するときの前後10日間の有給休暇の権利を保障するべきである,と主張する[72]。

---

1) CBI, The Confederation of British Industry Response to Fairness at Work The Government White Paper, 1998, p.21.
2) Ibid.
3) Ibid., p.20.
4) TUC, TUC response Fairness at Work White Paper, 1998, para. 7.
5) Ibid., para. 16.
6) Ibid.
7) Ibid., para. 8.
8) Ibid.
9) Ibid.
10) ACAS, The Letter to Mr Ian McCartney, MP, Minister of State for Trade and Industry, 29th July 1998, p.2.
11) CBI, pp.24-5.
12) TUC, para. 7.
13) CBI, p.23.
14) [1998] IRLR 294.
15) TUC, para. 18.
16) Ibid., para. 20.
17) Ibid.
18) Ibid., para. 22.
19) Ibid.
20) CBI, p.23.
21) TUC, para. 23.
22) Katherine E.Cave, Zero Hours Contracts: A Report into the Incidence and Implications of Such Contracts, University of Huddersfield, 1997.
23) TUC, para. 27.
24) CBI, p.24.
25) TUC, para. 28.
26) Ibid.

27) CBI, p.6.
28) Ibid., p.5.
29) Ibid., pp.6-7.
30) Ibid., p.7.
31) Ibid.
32) Ibid., p.8.
33) Ibid., p.9.
34) Ibid., p.11.
35) Ibid., p.12.
36) Ibid., p.13.
37) Ibid.
38) Ibid., p.14.
39) Ibid., p.15.
40) 古川陽二「組合承認制度の復活と従業員代表委員会制度の改革」労働法律旬報1427号（1998年）23頁，28頁参照。
41) CBI, p.16.
42) TUC, para. 31.
43) Ibid., para. 34.
44) Ibid., para. 38.
45) Ibid.
46) Ibid., para. 44.
47) Ibid., para. 39.
48) 同法7条1項。
49) 政府は，1998年12月1日から，DDAを15人以上の被用者を雇用する使用者に適用することを決定した。Department for Education and Employment press release, 8.9.98.
50) TUC, para. 42. TULRCAは，使用者は，20人以上の被用者を解雇する場合には，その90日以内の一定期間に協議しなければならず（188条1項），1つの事業場で100人以上の被用者を剰員整理解雇する場合には，90日以上前に，その対象となる被用者の「適切な代表者」と協議しなければならず，それ以外の場合には，30日以上前に協議しなければならない（188条1A項）と規定する。被用者の適切な代表者とは，独立労働組合の代表者に限らず，その被用者のあらゆる適切な代表者を意味する（188条1B項，196条1項）。
51) Department of Trade and Industry Employment Relations Directorate, Employees' Information and Consultation Rights on Transfers of Undretakings and Collective Redundancies: Public Consultation（URN 97/988），1998.
52) TUC, para. 48.
53) Ibid., para. 60.
54) Ibid., para. 63.
55) Ibid., para. 67.
56) ACAS, pp.3-4.
57) CBI, p.24.
58) Ibid., p.18.
59) Gregor Gall and Sonia McKay, Research Note: Injunctions as a Legal Weapon in Industrial Disputes, BJIR, 34: 4 December 1996, pp.567-82.
60) CBI, p.19.
61) TUC, paras. 69-92.

62) ACAS, pp.2-3.
63) CBI, p.26.
64) Ibid., pp.26-8.
65) Ibid., p.29.
66) Ibid.
67) TUC, para. 95.
68) Ibid., para. 97.
69) Ibid., paras. 99-105.
70) Ibid., para. 106.
71) Ibid., para. 104.
72) Ibid., para. 108.

第七章　イギリス 2004 年雇用関係法の制定と労使関係法改革の展望

はじめに

　2004 年雇用関係法（Employment Relations Act 2004）は，2004 年 9 月 16 日に国王の裁可を受けて，同年 10 月から 2005 年 10 月にかけて順次施行された。同法が規定する内容は，非常に広い範囲に及ぶが，その主たる柱は，集団的労使関係法と労働組合の権利に関係する。それは，同法の主たる制定の意図が，1999 年雇用関係法（Employment Relations Act 1999，以下，ERA 99）の見直しに基づいて，ニューレイバーを標榜する労働党政府による労使関係法改革をさらに推進することにあったからである。ERA 99 の中心的内容は，イギリスにおいて 19 年ぶりに復活した使用者による労働組合の法定承認手続であった。この法定承認手続が労使関係に定着するかどうかが，労働党による政府労使関係法改革の将来を占う試金石ともいうべき役割を担うと考えられる。おりしも，2005 年 5 月 5 日に行われた総選挙において勝利した労働党は，史上初めて連続 3 期政権の座につくことになった。そこで，以下においては，2004 年雇用関係法の制定の意義と今後の労使関係法改革の展望について検討を加えたいと思う。

一　1999年雇用関係法の見直し

1　1999年雇用関係法

　ERA 99は，雇用法の枠組みを設定した。その中で最も重要な側面は，21人以上の労働者を雇用する組織についての団体交渉目的の組合承認のための法定手続であり，それは，組合員が過半数存在する場合，または有権者の少なくとも40％が承認を支持する場合の自動的承認を含んだ。他方，適法な争議行為に参加した労働者が不公正解雇を申し立てる権利，組合員資格を理由とする差別に対する追加の保護が含まれ，組合員資格を理由とする不作為により使用者が差別することが禁止され，組合員資格を理由とするブラック・リストを禁止する規則を制定する権限が導入された。争議行為に関する投票と通知の要件が変更され，家族に関係する雇用の権利に新しい権利と変更が導入され，特定の懲戒処分と苦情処理の審査において同伴される労働者の新しい権利が導入された。

　1992年労働組合・労働関係（統合）法（Trade Unions and Labour Relations (Consolidation) Act 1992，以下，TULRCA）の附則A1（以下，附則）の第一部が規定する承認のための手続は，以下の通りである。

　第1段階——労働組合は使用者に対し承認を求めて書簡を送る。そのプロセスは，使用者に対する組合の書簡を送ること，承認を要求すること，そして関係する労働者の交渉単位を確認することにより開始される。要求が有効であるために，使用者は，関連する使用者と一緒に，21人以上の労働者を雇用しなければならない。

　使用者は回答する期間を持つ。使用者が組合（または複数の組合）を自主的に承認することに同意する場合には，法定承認手続は終了したとみなされる。しかしながら，附則の第2部の下で当事者はそのような合意がCAC（中央仲裁委員会）による承認のための合意として宣言されることができる。これは，自主的な合意が合意されるプロセスのどの段階でも自主的な合意に適用される。その代わりに，使用者が交渉することに同意する場合には，当事者は議論を結論するための時間を持つ。当事者は援助することをACAS（助言・調停・仲裁局）に要求することができる。使用者が交渉することを拒否するまたは組合の

書簡に回答しない，もしくは交渉が合意に達しない場合には，組合はCACに対し承認を申請することができる。

　第2段階——CACに対する労働組合による申請。CACは，多くの規準に対して，申請を承認するかどうかを決定する定められた期間を持つ。これらの規準は，提案された交渉単位の労働者の少なくとも10％が組合（または複数の組合）の組合員である要件を含み，CACは，交渉単位の労働者の過半数が承認を支持する見込みがあると確認しなければならない。

　第3段階——交渉単位の合意または決定。組合の申請が受理される場合に，当事者はすでにそうしていないならば交渉単位を合意する期間を持つ。当事者が単位を合意しない場合には，CACがそれを決定する。そうする際に，CACは多くの事項，とくに単位が効果的な運営と一致する必要を考慮に入れなければならない。組合と使用者間で合意されたまたはCACにより決定された交渉単位が申請時に組合により当初提案された単位と異なる場合には，CACは新しい交渉単位に関して承認基準を再適用しなければならない。

　第4段階——承認を裁定するかどうかの決定。交渉単位が設定されたならば，CACは組合（または複数の組合）が自動的に承認されることを宣言するか投票を実施するかを決定しなければならない。交渉単位の労働者の過半数が組合員であるとCACが確信する場合には，附則の22条4項に掲げられる理由のいずれかにより投票が実施されることをCACが宣言しない限り，CACは承認を宣言しなければならない。

　第5段階——承認投票。組合が（または複数の組合）交渉単位において多数の組合員を持たない場合には，または多数の組合員にもかかわらず，投票がなお実施されるべきであるとCACが決定する場合には，投票が実施される。投票の実施のCACの通知の直後の期間に組合，または当事者が合同で投票が実施されることを彼らが希望しないことをCACに伝えない限り，CACは投票を行う有資格独立人（Qualified Independent Persons, QIPs）を任命する。CACはまた投票の様式，すなわち職場，郵便，またはこれらの方法の結合を決定しなければならない。投票期間中使用者は投票に協力する一般的義務を負う。

　加えて使用者は，投票期間中に交渉単位の労働者に組合（または複数の組合）がコミュニケーションをすることを認めなければならない。法定行為準則が適用される。使用者はまた交渉単位の労働者の氏名と住所をCACに提供しなけ

ればならない。投票の費用は当事者により等しく負担される。投票の結果が組合の申請が投票者全員の過半数，または有権者の少なくとも40％により支持されることである場合に，CACは，交渉単位を代表して団体交渉目的で組合（または複数の組合）が承認される宣言を発しなければならない。それ以外の組合は承認されない。

　第6段階——団体交渉の方法。CACの承認の宣言の後，当事者は彼らの団体交渉を行う方法について合意に達する期間を持つ。当事者が方法に合意しない場合には，彼らは援助を求めてCACに申請することができる。依然合意がない場合には，CACは交渉方法を特定する。

　CACが特定した方法は，あたかもそれが当事者間の契約であるように執行することができる。他方，当事者がそのような方法をその後遵守しないといずれかの当事者が考える場合には，当事者は裁判所から特定履行命令を求めることができる。

2　政府による1999年雇用関係法の見直し

　2002年7月11日，政府はERA 99の見直しを通知した。見直しのための付託条件は以下の通りであった。

　「政府は建設的な雇用関係のための永続的で十分な根拠を構築するために労働市場を改革した。いろいろな種類の措置により，イギリスの労働市場は雇用の高い水準を達成し公正と柔軟性を結合させている。

　1998年の白書『職場における公正』(Fairness at Work)[1]でなされた誓約に沿って，政府は1999年雇用関係法の法定組合承認および承認取消手続の機能を見直すつもりである。その再検討は，同法のその他の機能も見ることになる。」[2]

　組合，使用者グループその他との非公式な議論の後で，DTI（通商産業省）は，2003年2月27日に協議文書（Review of the Employment Relations Act 1999）を公表した。協議文書に対する意見の提出は，は2003年5月22日に締め切られ，総計で71の意見が提出された。

　政府によるERA 99の見直しの目的は，「同法により導入された雇用立法の多様な変更が柔軟で公正な労働市場を支援する政策目標を達成する上で効果的であったかどうかを評価し，完全雇用，生産的職場および職場における公正な基準を促進する政府の目標を促進すること」にあった。

評価の認定の基本は，ERA 99 は十分に機能していることであった。「同法は，効果的な経営と一致する方法で職場の雇用基準を改善し，生産性を向上させている。同法は，法的確実性を促進し，雇用関係の全般的環境を良くしている。」[3] したがって，政府は，ERA 99 に小さな調整を施すことに止めることを提案した。

(1) 法定承認

　組合承認は，2002 年 12 月までに，CAC が 52 の承認を裁定した一方で，法定手続に頼ることなく，1998 年以降 1,000 の承認協定が自主的に締結され，それらのうちの 70 以上が，法定手続が導入されてから締結された[4] ので，政府は，全般的に法定手続は成功したと考えた。しかし，それでもなお，政府は多くの点での改正が必要であることを指摘した。

① 交渉単位の決定

　政府は，交渉単位を決定するための法定規準を根本的に変更する必要を認めなかったが，組合の提案に対する使用者の意見と逆提案が，組合の提案が法定規準と一致するかどうかを決定する際に考慮に入れられることを明確にするために条文規定を明瞭にすることを提案した。

② 関連使用者

　組合は，関連使用者における 21 人以上の労働者に基づいて法定承認を申請することができるが，交渉グループは 1 の使用者のみに関係しなければならなかった。この点につき，政府は，交渉単位が関連使用者を横断して拡大されることを認めることに関して意見を募集した。

③ 投票方法

　ERA 99 では，厳格な規準が満たされる場合に限り，承認のための郵便投票は実施されることができる。労働者が投票日に欠勤することがよく起きることから，労働者が出勤できない場合に郵便により投票することを認めることが提案された。さらに，「効率性と安全性が合理的な疑いがないと証明される場合に」電子投票の仕組みを可能とすることも提案された。

④　アクセスの方法

　ERA 99では，組合は，CACにより命じられた承認投票の期間中に限り提案された交渉単位の被用者にアクセスする権利を有した。この点につき，政府は，アクセスする方法に改善の余地があると認識し，よりいっそう早い段階で郵便によりアクセスすることを組合に認めることを提案した。さらに，政府は，Eメールのような電子情報伝達手段にまでアクセスの方法を拡大することを検討した。

⑤　年金

　年金は労使間の熱心な話題であるが，ERA 99が掲げる中心的な交渉項目である賃金，労働時間および休日には含まれなかった。しかし，「賃金」の下で年金が交渉の対象になるかどうかについて混乱が生じる可能性があった。政府は，年金が交渉項目に含まれないとして，この点を明瞭にすることとした。しかし，さらに政府は，承認協定の典型的な事例が，年金が交渉項目に含まれることであるという証拠がある場合には，変更があり得ることを提案した。

⑥　交渉項目の上乗せ

　ERA 99では，掲げられた中心的な交渉項目が対象とされていない場合に，組合は既存の承認協定に上乗せすることができた。しかし，政府は，交渉項目の1または複数が対象とされない場合に承認協定に上乗せができるのであり，交渉項目のどれも対象とされてない場合には上乗せはできないことを明確にするために条文の規定を改正することを提案した。

⑦　CACへの協力

　自主的な承認と法定承認の双方について，CACは，提案された交渉単位における組合の組織率，その交渉単位の労働者が承認に賛成投票する見通しを初めとする多くの判断基準が充足されることを保障しなければならない。そこで，CACは，使用者と組合が提供することを拒むかもしれない信頼できるデータにアクセスすることが必要になる。政府は，このことが遅滞の原因となった多くの事例に注目して，組合と使用者の双方にCACによる組合員数の検査に協力する一般的義務を課すことを提案した。

⑧　労働者の情報

　政府は，交渉単位について交渉する期間中に提案された交渉単位の労働者の詳細をCACに対して提供することを使用者は要求されるべきであると提案した。さらに，政府は，交渉単位を交渉するための20日間は，可及的に速やかに協定が締結されるように交渉を次の段階に移行させるためにCACにより短縮されることができることを提案した。

⑨　組合員資格

　組合費を割り引かれている，または組合費が無料である組合員を組合員として算定するべきかどうかを使用者が問題にした幾つかの事例をCACは引用した。そこで政府は，このような人々のグループの地位と意思決定の目的のために彼らがどのように扱われるかについて意見を募集した。

⑩　組合員の請願

　多数の見通しの判断基準，すなわち提案された交渉単位のほとんどの労働者が組合承認に賛成投票するであろうこと，を証明するために，組合員の請願がよく集められる。この請願のための型はないが，その様式と表現は，事案を検討する際にCACにより考慮に入れられることができる。そこで政府は，請願内容を検討するためにCACが利用することができる指針をつくるべきかどうかを尋ねた。

⑪　使用者の同一性の変更

　たとえば，営業譲渡により使用者の同一性が変更する場合に，政府は，CACが新しい使用者をあたかも元の使用者であるかのように扱うことを提案した。

　政府は，以上の点で変更を行うことを提案したが，政府が変更を行わないとした点には以下のものが含まれた。法定承認のためには21人以上の労働者の規準が適用される。組合は，提案された交渉単位において少なくとも10％の組織率を持たなければならず，労働者の多数が承認に賛成する見通しが必要である。自動的承認のための規準はそのままである。承認のためには，交渉単位の全労働者の40％が承認に賛成投票しなければならない。

　他方，政府は，以下の諸点についての要求を拒否した。訓練と平等を含める

ために中心的交渉な交渉項目を拡大すること。ストライキに参加した労働者の解雇が自動的に不公正である8週間を拡大すること。使用者の公式の承認を要求した後CACに対して申請を行わなければならない期間に期限を導入すること。組合がCACに対する申請を取り下げることができる期間に期限を導入すること。承認申請が失敗した後同じまたは実質的に同じ交渉単位についての追加の申請を禁止する3年間を変更すること。新しい上訴のプロセスを設置すること。

(2) 労働組合法

ERA 99は，労働組合と組合員に関係する法規定を改正したが，政府は，彼らに影響する多くの改正を提案した。まず，政府は，差別的行為の目的が「被用者の全部または一部との関係の変更を促進すること」である場合に，使用者が組合員を差別することを適法とするUllswater改正（TULRCA 146条3項）を削除することを提案した。第2に政府は，労働協約の文脈の内部で個別化された契約を締結する使用者の自由と責任に関する法を明瞭にすることを提案した。第3に，組合のブラック・リストの作成，普及および利用を禁止する規則の最終案が提案された。第4に，争議行為に関する書面による通知を使用者に提供することを組合に要求する法を簡素化することが提案された。第5に，投票の実施および組織における小さな偶発的過失が，投票結果に影響しない場合に，裁判所がそのような過失を無視することができる事情を改正することが提案された。最後に，補償が審査を対象とすることが認められる事情に関する法を明瞭にし，同伴される権利に関する裁決に対して雇用控訴審判所に控訴することを認めるために法を拡大することが提案された。

(3) 制度的枠組み

政府によるEAR 99の見直しは，労働組合と団結権に関係する制度上の機関の構成，機能，運営に関する規定を検討した。そのような機関とは，CAC，ACAS，労働組合員の権利のためのコミッショナー，違法な争議行為に対する保護のためのコミッショナーおよび認証官である。

① CAC

CACは，ERA 99により付託された職務を遂行するうえで卓越した働きをしていると認定され，CACを対象とする規定に変更の必要はないと判断された。

② ACAS

ERA 99により行われたACASの一般的職務の変更は問題を惹き起こしていないので，追加の変更は必要ないと判断された。

③ コミッショナー

ERA 99による労働組合員の権利のためのコミッショナーと違法な争議行為に対する保護のためのコミッショナーの廃止後に問題が起きたことは知られていないので，それらを再設置することは計画されなかった。

④ 認証官

事件を却下する雇用審判所の権限と同様な権限を認証官に与えること，認証官の審査への出席費用を対象とする条文を明瞭にすること，そしてそのような支出を償還するかどうかに関する広範な裁量を認証官が有することを明確にすることが提案された。

---

1) 同白書については，本書第六章参照。
2) DTI, Review of the Employment Relations Act 1999, para.1.2, www.dti.gov.uk/er/erreview.htm.
3) Ibid., para.1.13
4) Ibid., para.1.14

二　2004年雇用関係法第一部——組合承認

　2004年雇用関係法（以下，法）の1条ないし21条は，ERA 99により導入された法定承認手続の実効性を向上させることを目的とする。

1　適切な交渉単位

　ERA 99の下で労働組合が団体交渉目的のために適切な交渉単位を提案しているかどうかを決定する際に，CACがどのような役割を果たすべきかについて若干の混乱があった。すなわち，CACは組合により提案された交渉単位に単に諾否を与えるだけでよいのか，それともCACはその他の代案を検討することができるのか。

　この点につき，法1条は，TULRCAの附則A1（以下，附則）の11条2項と12条2項を改正し，CACの任務は，組合により提案された交渉単位の適切さを検討することであることを明確にした。附則の11条において，CACは，適切な交渉単位について適切な期間（20労働日）内に当事者が合意に至ることを援助することに努めなければならない。

　法2条は，附則の18条を改正し，上記のような合意に当事者が至る合理的な展望がないとCACが考える場合には，適切な期間を早期に終了させる権限をCACに与えた。この改正により，CACは手続の次の段階に移動することが自由になった。

　法3条は，附則に新しい18A条を挿入した。同条は，CACが組合による承認申請を受理することを決定したならば，組合が提案した交渉単位の労働者のカテゴリー，彼らの職場および各職場の労働者の数のリストを，組合とCACに対し，5労働日内に提供することを使用者に要求する。18A条3項は，使用者がその当時作成する情報について，提供される情報が合理的に実行可能な限り正確であることを保障することを使用者に義務づける。18A条4項は，組合とCACに提供されるリストが同じであることを要求する。当事者が適切な交渉単位を合意することができない，または，使用者が18A条の新しい義務を遵守しない場合には，CACは，組合が提案した交渉単位が適切であるかどうかを決定しなければならない。

法4条は，附則の19条を改正し，CACが上記のような決定を行う際に考慮に入れなければならない項目のリストに項目を付加した。この改正により，CACは，使用者が適切であると考える交渉単位についての使用者の意見を考慮に入れなければならなくなった。この改正の意図は，R v CAC and another ex parte Kwikfit［2002］IRLR 395における控訴院の判決を無効とすることにあった。同事件で控訴院は，附則には使用者が別の提案を行うための公式の規定がないので，CACは組合の提案のみを検討しなければならず，CACがそれを適切と認定したならば，CACは追加の検討を行う必要はない，と判断した。
　新しい19A条は，組合により要求される場合に，3条により挿入された新しい18A条の下で要求される情報を使用者が提供しない場合には，20日の交渉期間の満了前に交渉単位を決定することにCACが移行することを認める。これにより，使用者が交渉単位の合意を援助することができる情報を提供しない場合には，組合は交渉単位の決定への移行を要求しプロセスの不必要な遅滞を防ぐことができると期待された[1]。

2　労働者への組合の早期のアクセス

　ERA 99の下では，労働者が彼らを代表して組合が団体交渉を行うことを希望するかどうかを労働者に尋ねるために投票を実施する必要があるとCACが決定した場合にのみ，附則26条の下で使用者は，労働者に対する合理的なアクセスを組合に与え，労働者の氏名と自宅住所を投票実施者に与える義務を負った。
　法5条は，附則に新しい19C条ないし19F条を挿入し，組合が非常に早期に労働者に対するアクセスを有することを規定した。19C条の下で組合承認の最初の申請がCACに対して行われた場合，組合は，「当初の期間中」，すなわちCACが自ら交渉単位を決定する，または投票の実施を認めるまでの間に，組合と関係する労働者との間のコミュニケーションを取り扱う適格な独立した者（19C条6項は，適格な独立人を法定の承認と承認取消の投票を行う有資格独立人（QIPs）のために命令により特定された条件を満たすまたはその命令において実際に指名される者と定義する。）の任命をCACに申請することができる。19D条の下で使用者は，この独立した者に労働者の氏名と自宅住所に関する情報を与えることを要求される。19E条の下でこの者は，組合からの情報を関係する労働者に渡さなければならず，これに関する費用は組合が負担することになる。

19F条の下で使用者が上記に関する義務を履行していないとCACが確信する場合には，CACは最初に，使用者の不履行を是正するために特定の措置を講じることを使用者に要求する「是正命令」を行うことができる。使用者が是正命令に従わないで適切な交渉単位がすでに確立されている場合には，CACは，その交渉単位において労働者を代表して団体交渉を行う権利を有するものとして組合が承認されるという宣言を直ちに発する権限を有する。CACがその後投票を実施することを決定する場合には，使用者は同じ情報を提供する必要はないが，その交渉単位の被用者の異動について投票を行うために任命される者に情報を伝えなければならない。

3 新しい投票規則

法6条は，附則A1の22条4項と87条4項を改正した。

改正前の22条4項は，組合が交渉単位の労働者の50％以上を組合員に持つ場合に附則第一部の下でCACが承認投票をしなければならないかどうかを決定する際にCACが適用しなければならない3つの規準を示した。22条4項b号に示されるこれらの規準の第2は，「交渉単位内の有意の数の組合員が彼らを代表して組合が団体交渉を行うことを希望しないことをCACに伝える」場合に投票が準備されることを要求した。CACはそのように伝えられたかどうかを評価する必要があるが，それが受け取る情報が関係する労働組合員の真正の意見を反映するかどうかを評価する権限を与えられていなかった。6条1項は22条4項b号を置き換えて，CACが受け取る証拠の信用性を評価する権限をCACに与えることにより有意の数の組合員が彼らを代表して組合が交渉を行うことを希望しないかどうかを判断する際にCACにより多くの裁量を与えた。

6条2項は，附則第3部の下で合意されまたは決定された新しい交渉単位に関してCACが投票を準備しなければならないかどうかをCACが決定することになり，新しい交渉単位の労働者の50％以上が組合員である場合を扱う附則の87条4項に同じ変更を行った。

法7条は，附則の24条を改正した。交渉単位の労働者が彼らを代表して団体交渉を行うために組合が承認されることを希望するかどうかを決定するために投票の実施を準備することをCACが意図することを22条3項または23条2項の下でCACが通知する場合に24条は適用される。

24条5項は，組合のみでまたは組合と使用者が共同で彼らが，CACが投票を準備することを希望しないことを通知できる期間として10労働日以内を規定した。7条は，24条5項を新しい24条5項，6項および7項と置き換えて，承認に関する自主的合意に達することに努めるより多くの時間を当事者に与えるために両当事者の要求で通知期間を拡大する能力をCACに与えた。

4　その他の改正点

（1）　職場投票に欠席する労働者のための郵便投票

法8条は，附則の25条と117条を改正した。CACが組合承認に関する投票を実施することを準備する場合に25条は適用される。25条4項は，CACの選択に左右され，職場，郵便，またはこれらの方法の結合により投票は行われなければならないことを規定した。CACの投票様式に関する決定は以下を考慮に入れなければならない。投票が職場（複数）で行われたならば投票が不公正または不正行為により影響される見込み，費用と実行可能性およびCACが適切と考えるその他の事項。

CACは，特別の要素がこれを適切としない限り，投票が郵便と職場投票の結合により行われることを決定しないことができる。117条は，承認取消に関する投票の場合にこれらのことを規定した。

8条は，労働者が投票日に彼らに特有の理由で職場に出勤することができない場合に職場での投票を割り当てられる労働者が郵便で投票することを認めるためにこれらの条文の規定を改正した。

8条1項は25条に6A項を挿入した。投票は全部または一部が職場で行われなければならないとCACが決定する場合に，6A項は個人として彼ら自身に関係する理由（たとえば疾病，休暇等）により職場で投票することができない労働者が郵便で投票することを認めるために準備がされることを要求することをCACに可能にした。

8条2項は117条に8A項を挿入し，承認取消に関する投票の全部または一部が職場で行われなければならないとCACが決定する同様な事情において郵便投票を認めた。

1項と2項により挿入された条文は一緒になって，職場投票で投票する労働者が郵便投票を受けることになるその条文に従って，CACが準備することのみ

を理由に投票が結合投票になると考えられるべきではないことを明らかにする。

(2) 投票を伝えられた使用者の付加的義務

法9条は，投票が要求されることを附則の25条9項の下でCACにより伝えられた使用者に新しい義務を課した。改正前，そのように伝えられた使用者は，3つの義務を遵守しなければならなかった。第1の義務は，投票に関係して，組合と投票を行うために任命された者に一般的に協力することである。第2の義務は，投票の目的を労働者に伝え，関係する問題について彼らの支持と意見を求めることを組合に可能にするのに合理的なような交渉単位の労働者に対するアクセスを組合に与えることである。第3の義務は，交渉単位の労働者の氏名と自宅住所をCACに対し提供し，労働者が交渉単位を離れるまたは加入する際にその情報を最新のものにすることである。

9条3項は，4A項ないし4E項を挿入することにより附則の26条を改正した。4A項と4B項は，上記の3つの義務に付加して2つの新しい義務を導入した。26条4A項は，その申出がその事情において合理的ではない限り，交渉単位の労働者全員またはいずれかに関係する会合に出席しないことを誘致する効果を持つまたは効果を持つ見込みがあるそのような労働者に対し申出を行うことを抑制する使用者に対する第4の義務を課した。26条4B項は，その労働者が関係する会合に出席または参加したことあるいはその労働者がそのような会合に出席または参加することを意図することを指摘したことを唯一のまたは主な理由として処分するまたは処分すると脅すことをしない第5の義務を使用者に課した。

26条4C項は，「関係する会合」を合理的なアクセスを提供する使用者の義務に関して達せられたアクセスの合意を遵守してまたは附則の27条の下で(使用者がその義務の1つを遵守していないとCACが確信する場合)CACの命令の結果として組織され，その合意または命令の条件の下で問題の労働者が出席することを認めることを使用者が要求される会合であると定義する。

26条4D項は，以下の場合に使用者は附則の26条3項の下の第2の義務(組合に合理的なアクセスを提供する)を遵守していないことを明確にすることによりその義務に関して規定する。

○使用者またはその代表者を伴わないで行われる組合と交渉単位の労働者と

の会合の要求を使用者が不合理に拒否する。
○使用者またはその代表者が招待されないのにそのような会合に出席する。
○使用者がそうすることがその事情において合理的ではない限り，使用者が会合で行われたことの記録その他を伝えることを求める。
○使用者がそうすることがその事情において合理的ではない限り，使用者がその進行を記録するまたは伝えられることを求めない約束を与えることを拒否する。

4D項は，26条3項の下の第2の義務の一般性に影響しない。使用者の行動が26条4D項で定められるものではない場合でさえ使用者はその義務を遵守しない可能性があると指摘される[2]。

26条4E項は，第4と第5の義務は労働者に新しい権利を付与しないことを明らかにするが，労働者が持つその他の権利に影響もしないことは明らかである。

9条4項は，ACAS（TULACA 199条1項の下のそれの権限の下で）と国務大臣（同法203条1項a号の下の権限の下で）が，使用者の第2と第4の義務に関する行為準則を発することができることを規定した。

9条6項ないし10項は，組合の承認取消の申請に基づく投票を伝えられた使用者の義務を扱う附則の118条と119条に同じ効果を持つ改正を行った。

(3) 承認投票に関する不公正行為

法10条は，附則に27A条ないし27F条を挿入した。

27A条は，投票が実施されることを25条9項の下でCACにより伝えられた各当事者が不公正行為を利用することを抑制することを要求する。27A条2項は，投票の結果に影響する目的で当事者が以下のいずれかを行う場合に当事者は不公正行為を利用すると規定する。

○交渉単位の労働者が特定の方法で投票するまたは投票に欠席することに同意することと引き換えにその労働者に金銭を支払うまたは金銭的価値を与えることを申し出る。
○投票者に結果を特定する申出を行う（27A条3項参照）。
○交渉単位の労働者にどのように投票する意図かまたは実際に投票したのか，もしくは投票することを意図するかどうかを示すことを強制するまたは強制することを試みる。

○労働者を解雇するまたは解雇すると脅す。
○労働者を懲戒処分するまたは懲戒処分すると脅す。
○労働者にその他の不利益を被らせるまたは被らせると脅す。
○交渉単位の労働者に対する不当な影響力を行使するまたは行使することを試みる。

　27A条3項は，「結果の特定の申出」を，組合が承認される権利を有するまたは有しないとのCACによる宣言に反映されるような投票の結果に左右される金銭を支払うまたは金銭的価値を与える申出と定義する。しかしながら，その後発生したことまたはCACの宣言の結果として行われたことに左右される申出，すなわち，CACの承認裁定から結果する団体交渉の結果は，「結果の特定の申出」として類型化されていない。

　27A条4項は，同項が労働者に新しい権利を付与しないことを明確にするが，労働者の持つその他の権利に影響しないことも明らかである。

　27A条5項は，ACASと国務大臣がTULACA 119条1項と203条1項a号の下のその権限にそれぞれ従って本項の目的のために行為準則を発することができると規定する。

　27B条は，当事者，すなわちCACにより投票を伝えられる組合または使用者が別の当事者が不公正行為を利用すると考える場合に，当事者はCACに不服を申し立てることができると規定する。その不服申立は，投票において票が投じられることができる最後の日から1労働日以内（または投票が1日で行われる場合に投票から1労働日以内）に行われなければならない。CACは，不服申立が十分に根拠を持つかどうかを決定するために10労働日，またはその期間を拡大する理由を含む当事者に対する通知においてCACが特定することができるようなより長い期間を与えられる。27B条4項の下で，以下の2つの条件が双方とも満たされる場合に不服申立は十分に根拠を持つ。

○不服を申し立てられた当事者が不公正行為を利用したとCACが認定する。
○不公正行為の利用が交渉単位の労働者の投票の意図（彼がどのように投票するかまたは彼が投票するかどうかの面で）または投票行動（彼がどのように投票したかまたは彼が投票したかどうかの面で）を変更したまたは変更する見込みがあったとCACが確信する。

　27B条6項の下でCACが不服申立を検討するようになるときに投票が未だ開

始しない場合には，決定期間の終了後の日付までCACは投票を延期することができる。そうする場合に，CACは通知によりこれを当事者と有資格独立人に伝えなければならない。

　27C条ないし27F条は，不服申立は十分に根拠を持つというCACによる決定の結果について規定する。27C条2項は，そのような事情で不服申立が十分な根拠を持つとの宣言を発することをCACに対し要求する。

　27C条3項，27C条4項および27C条6項は，不公正行為の影響を緩和することを当事者に要求する1または複数の是正命令を発するCACの裁量的権限を規定する。当事者がそのような命令を遵守しない場合，27D条の下で承認を裁定する（当事者が使用者の場合）または組合の承認の申請を拒否する（当事者が組合の場合）権限がCACに付与される。27D条はさらに，使用者により行われた不公正行為が暴力の利用または組合役員の解雇を含む場合，あるいはCACが追加の不公正行為について使用者に対し第2の宣言を行う場合には，CACが承認を裁定すると規定する。同様に，組合が暴力または組合役員の解雇を含む不公正行為に責任を負う場合，あるいは組合が追加の不公正行為を犯したと認定される場合に，CACは組合の申請を拒否することができる。

　27C条3項b号は，不公正行為が行われた場合に追加の投票を準備するCACの裁量的権限を規定する。27E条は，法10条2項により行われた29条の改正とともに，当初の投票が完了していない場合にはそれを取り消し，またはその結果を開示しないで完了された当初の投票を無効とするCACの権限を規定する。27D条の下でCACが承認を裁定するまたは組合の申請を拒否する場合にも投票を取り消すまたは結果を開示しないで無効とするこれらの権限は行使されることができる。27F条は，どのようにCACが追加の投票を組織するべきであるかを規定し，この追加の投票に関する当事者の義務を定める。要件は，当初の投票に適用されるのとほとんど同じである。主な相違は，(i) CACが追加の投票を実施することを意図することを通知された後，投票が実施されることを当事者が希望しないことをCACに伝えるために当事者に5労働日が与えられること，そして(ii)投票の費用は双方の当事者により平等に負担される必要はなく，それにより不公正行為を犯した当事者に費用の全部または大部分を支払うことを要求する余地をCACに提供することである。

(4) 合意が賃金，労働時間および休日を対象としない場合の申請

法11条は，「中心的交渉」課題の1または複数が従前に存在した合意に含まれない場合に組合はCACに申請することができることを明確にした。

組合が承認されるとCACが宣言する場合に，それは賃金，労働時間および休日に関する団体交渉についてである。ただし，当事者は合意によりこれを変えることができる。これらの3つの項目は，団体交渉のための「中心的」課題とみなされる。附則の35条と44条の下で，申立組合が提案される交渉単位の労働者のいずれかを対象とする労働協約の下ですでに承認され，その協約が賃金または労働時間もしくは休日を対象とする場合には，CACに対する承認の申請は許可されることはできないまたは無効である。しかし，TULRCRにおいてこれらの条文の意味について混乱があった。既存の協約が賃金，労働時間または休日のいずれも対象としない事情においてCACは申請を受理することができるのみであることをそれらの条文は意味すると主張された。別の意見は，労働協約が賃金，労働時間および休日の1または複数（しかし全部ではない）をすでに有効に対象とする場合に申請は許可されることができると主張した。11条は，そのような事情において，労働協約が賃金，労働時間および休日の全部をすでに有効に対象としない場合にCACに対する組合の申請は許可されることができると規定する。したがって既存の労働協約がそれらの項目の1または2しか，もしくはどれも対象としない場合にはCACは申請手続を進めることができるが，協約が3つすべてを対象とする場合には，そうではない。

(5) 交渉の仕組みを終了させる使用者の通知

法12条は，使用者が，CACによる法定承認の従前の宣言の結果である交渉の仕組みが効力を持つことを停止することを希望する旨の附則の99条の下の使用者の通知を扱う附則の第4部の規定を改正した。使用者が，関連使用者と一緒に13週間に平均して21人以上の労働者を雇用したと考え，CACの承認裁定から3年が経過した場合に，そのような通知を与えることができる。CACは，そのような通知が99条3項の要件を遵守するかどうかを決定しなければならない。これら要件は以下の通りである。

○通知が交渉の仕組みを確認する。
○通知が当該の13週間を特定する。

○通知がそれの与えられる日を述べる。
○通知が所定の13週間が終了する日の翌日から5労働日以内に与えられる。
○通知が，使用者が，関連使用者と一緒に所定の13週間に平均して21人以上の労働者を雇用したことを述べる。
○通知が，それが与えられた日の翌日から少なくとも35日後の日に交渉の仕組みが効力を持つことを停止することを述べる。

　通知が上記の要件を遵守する場合に，使用者により特定された13週間がCACによる承認の宣言の日から開始する3年間の満了の日またはその後に現実に終了したかどうか，そして使用者と関連使用者が所定の13週間に平均して21人以上の労働者を雇用したことが正しいかどうかを決定することをCACに求めて，附則101条の下で組合がCACに申請を行わない限り，交渉の仕組みは述べられた日に効力を持つことを停止する。CACが組合によるこの申請を受理する場合に，CACは決定されるべきである問題に関する意見を提出することを組合と使用者に認めて，問題についての決定に至らなければならない。CACが使用者の通知は正しくCACの宣言から3年間が経過したと決定する場合には，交渉の仕組みは終了日に効力を持つことを停止する。CACが使用者の通知はCACの宣言から3年以内に与えられた，またはその通知は正しくないと認定する場合には，使用者の通知はあたかもそれが与えられなかったかのようにみなされる。

　改正前，使用者の通知に対抗する101条の下の組合による申請に先立つ3年以内にCACが，101条の下で組合による，または交渉の仕組みが効力を持つことを停止するべきであることの106条，107条，112条または128条の下で使用者または労働者もしくは複数の労働者による申請を受理し，そして2つの申請が同じ交渉単位に関する場合には，その申請はCACにより受理されることができなかった。したがって，交渉の仕組みを停止する使用者の通知に対抗することに組合が成功するまたは組合が従前の3年以内に不承認投票に勝利した場合に，99条の下の使用者による追加の申請に組合は対抗することができず，それによりCACにその意見を提出する機会を持たないで組合の承認が取り消されることが認められた。

　12条は，従前の関係する申請，すなわち組合による対抗する申請あるいは使用者または労働者複数による交渉の仕組みを終了させる申請は，101条の下の組合による申請を不許可にしないと規定することによりこの変則状態を是正す

る。同条はさらに，使用者または労働者による組合の承認を取り消すことに成功しなかった申請または通知は，その後3年間追加のそのような申請を不許可にすると規定する。

12条4項は99A条を挿入し，関係する申請または同じ交渉単位に関係する以前の通知が，現在の承認取消通知が与えられる日より前の3年以内に与えられ，その関係する申請がCACにより受理されたまたはその通知が99条3項を遵守するとCACが決定した場合には，99条の下の使用者により与えられた承認取消通知は無効であると規定する。関係する申請は，106条，107条または128条の下で使用者により行われる承認取消申請あるいは112条の下の労働者による申請である。

12条6項は，101条4項と5項に含まれた使用者の通知に対応する組合の申請に対する上記の障害を除去し，交渉の仕組みを終了する使用者の通知に対抗する組合の能力に対する制限を排除した。

12条7項は103条に新しい3A項を挿入し，99条の下の使用者による承認取消申請が，106条，107条，112条および128条の下の使用者または労働者による承認取消申請の許可可能性を決定するあるいはたとえ申請がその他の目的のために与えられるとみなされなくても，99条の下のその後の通知の有効性を決定する目的で与えられるとみなされることを保障した。

12条8項は附則の109条，113条および130条を改正した結果，106条，107条，112条および128条の下の使用者または労働者による承認取消申請があり，申請の日より前の3年以内にCACが99条3項を遵守すると決定した99条の下の通知が与えられた場合には，CACは承認取消申請を受理してはならないことになった。

12条9項は，106条，107条，112条および128条の下の承認取消申請の日より前の3年以内の101条の下の組合による申請がその後の申請を不許可にしないことを保障した。

(6) **承認取消投票に関する不公正行為**

法13条は，承認投票期間中の不公正行為に関する附則に119A条ないし119I条を挿入した。とくにそれらの規定は，不公正行為を抑制する当事者の義務を創設し，どのように不公正行為の不服申立が処理されるかを示し，そして

附則の 117 条に従って実施された組合の承認取消投票に関して不公正行為の不服申立に十分に根拠があるとする CAC による決定の結果を規定した。

13 条は，不公正行為を定義すること，承認取消投票の設置に対する不公正行為を犯す当事者に対する結果に同じまたは非常に類似する規定を適用する 10 条と極めて類似する。新しい 119 G 条ないし 119 I 条は，労働者が組合の承認を取り消す申請を行い，CAC が投票を準備する場合に適用される規定を付け加えた。承認投票および使用者による申請における承認取消投票では，当事者は組合と使用者だけであるが，そのような投票で不公正行為を犯す可能性がある当事者は労働者，組合使用者であるので，付加的規定が必要であった。119 G 条は，これらの場合に 119 D 条に規定される救済（使用者に対する承認取消申請の却下，組合に対する交渉の仕組みの効力停止の宣言）を適用しない効果を持つが，119 A 条ないし 119 C 条および 119 E 条ないし 119 F 条で示される不公正行為を対象とするその他の規定を適用する。

119 H 条は，特定の事情において，112 条の下で申請に関して投票が実施される場合に生じる特有の救済を規定する。組合が不公正行為の影響を緩和する是正命令を遵守しない場合には，組合の承認は取り消されると CAC が宣言すると同条は規定する。不公正行為が暴力の利用または組合役員の解雇を含む場合あるいは組合が第 2 の不公正行為を犯したと CAC が宣言する場合には，組合は承認を取り消されると同条は同様に規定する。申立労働者が 1 または複数の不公正行為を犯した，暴力の利用または組合役員の解雇を含む不公正行為の責任を負う，あるいは是正命令を遵守していない相当する状況において，組合の承認を取り消す労働者の申請は拒否されると宣言する権限が CAC に付与された。使用者が 1 または複数の不公正行為を犯した，暴力を利用したまたは組合役員を解雇した，あるいは是正命令を遵守していない場合には，使用者は投票に関係するすべての追加のキャンペーン活動を停止するべきであることを CAC は命じることができる。119 I 条は，そのような命令が，不公正行為を緩和することを使用者に要求する是正命令に付加して，県裁判所命令（イングランドとウェールズ）または執行官命令（スコットランド）と同じように組合または申立労働者により裁判所を通して執行されることができると規定する。119 I 条はさらに，投票の運営を援助するために 118 条で示される 3 つの義務を使用者が履行しないことを是正するために CAC が使用者に発することができる 119

条の下の命令に関して同じ執行の仕組みを設けた。

(7) 費用の請求に対する訴え

法14条は，附則に165A条を挿入した。同条は，投票の実施について有資格独立人からまたは関係労働者に対する情報の送付について任命された者からの費用の請求に対する組合または使用者の訴えの権利を規定する。

165A条は，19E条3項（情報送付の費用），28条4項（承認投票の費用），または120条4項（承認取消の投票の費用）の下の請求の受領者は，それを受領してから4週間以内に雇用審判所にその請求に対して訴えることができる。請求された額が過大過ぎる，または特定の受領者により負担される費用の持分として特定された額が過大であることが証明されない限り，雇用審判所は訴えを退けなければならない。

165A条6項は，訴えが認容される場合に，審判所はその請求を是正しなければならず，是正された請求はあたかもそれが最初の請求であったかのような効力を持つと規定する。165A条7項は，訴えが取り下げられるまたは決定されるまで費用の請求は執行できないが，そのとき以後それは執行できると規定する。

(8) TULR（C）Aの附則A1を改正する権限

法15条は，附則の166条を改正した。改正前の166条は，附則の22条と87条のいずれかが不満足な効果を持つとCACが国務大臣に伝える場合には命令によりこれらの条文を改正する国務大臣の限られた権限を規定した。

15条は，CACにそうすることを要求された場合に，附則の規定を改正する一般的な権限を国務大臣に与えることにより，166条の範囲を拡大した。15条2項は，166条1項と2項を置き換えて新しい166条2A項と2B項を挿入した。新しい166条1項と2項は，附則の規定が不満足な効果を持ち改正されるべきであるとCACが考えるならば，CACが国務大臣に規定を改正することを要求すると規定する。国務大臣は，規定が附則を改正するその他の権限が適用されるものである場合にその権限を行使することにより，または166条2項b号の新しい権限を行使することにより問題を是正することを追求することができる。

2A項は，国務大臣がCACにより指摘された方法のみならずいかなる方法で

も附則を改正する裁量を持つことを明確にした。2B項は，CACからの意見の必要なしに附則を改正する，2項a号に規定された権限を行使することができることを明確にした。

15条は，特定のまたは一般的な権限によるかにかかわらず，附則の改正は，両院により承認される命令の方法によらなければならない166条の要件を変更しなかった。

(9) 労働者とのコミュニケーションの方法

法16条は附則に新しい166A条を挿入した。166A条1項は，166A条が19D条2項，26条4項，または118条4項のいずれの規定に関しても適用されると規定する。これらの条文は，組合により情報が送られる目的または承認もしくは承認取消に関する投票の目的で労働者の氏名と自宅住所を使用者が提供することを要求する。

166A条は，労働者の自宅の住所に付加して，情報がいかなる方法によってでも送られることができる住所または番号を含む所定の種類の住所を使用者はCACに与えなければならないことを規定する命令制定権限を国務大臣に与えた。そのような命令は制定法的文書により作成され両院により承認されなければならない。本条に含まれる権限は，郵便と並んでその他の方法（たとえば，Eメール）によりコミュニケーションまたは投票が行われることを可能にする労働者の住所を使用者はCACに与えなければならないことを国務大臣が規定することを可能にする[3]。

(10) 不公正行為—投票通知前の期間について規定する権限

法17条は，附則に166B条を挿入した。同条は，所定の期間中に所定の不公正行為を利用することを使用者と組合に禁止する国務大臣の命令制定権限を規定する。166B条は，附則の下で特定の種類の適用に関して不公正行為として特定される行為を利用することを使用者と組合が禁止されることを命令により国務大臣は規定することができると定める。そのような命令は，この禁止が適用される所定の期間を示すこともできる。

166B条2項は，禁止される行為が利用される状況を扱う附則の既存の規定の効果を修正する規定を含む，禁止された行為の利用の結果について命令は規

定することができると規定する。166B条3項は，国務大臣による命令がCACに任務を付与することができると規定する。116B条4項は，TULR（C）Aの119条1項の下のACASの権限と同法203条1項a号の下の国務大臣の権限のいずれかまたは両方を命令に定められる規定に関して行為準則を発することに拡大する規定を命令は含むことができると定める。

(11) 合同の効果について規定する権限その他

法18条は，附則に169A条，169B条および169C条を挿入した。169A条は，組合によりまたは組合に関して附則の目的の下でまたはそのために何かが行われ，その組合が合同するまたはその業務の全部または一部を譲渡する場合について国務大臣が規定する命令制定権限を規定する。たとえば，そのような命令は，承認裁定が行われた組合が別の組合と合同した場合に承認裁定に起きることを特定することができる。「業務の譲渡」の用語は，従前組合の一部であった部分がそれ自体組合になる結果により組合が分裂する場合をも対象とする。169A条2項は，本条の下の命令が合同された組合，または業務が譲渡された組合が，独立の認証を持たない場合について規定することができる効果を持つ。

169B条は，労働者のグループによりまたはそれに関して附則の目的の下で何かが行われ，そのような労働者のいずれかの使用者が営業譲渡その他の理由によりもはや彼らの使用者ではない場合について国務大臣が規定する同様な命令制定権限を規定する。169C条は，169A条または169B条の下の命令が両院により承認されなければならないことを規定する。

(12) 交渉単位における組合員資格と雇用についての情報

法19条は，附則に170A条を挿入した。同条は，使用者，組合および申立労働者に対し，附則の下でCACの決定を伝えることを助けるための所定の情報をCACの事件管理者に与えることを要求するCACの権限を規定する。同条はさらにそのような情報を処理し利用するうえでのCACのプロセスを定める。

170A条1項は，附則の下のCACの任務のいずれかを行使することをCACに可能にするまたは援助するためにそうすることが必要であるとCACが考える場合に，CACはその権限を行使することができると規定する。

170A条2項と3項は，CACが使用者，組合または申立労働者に以下のこと

についての所定の情報をCACの事件管理者に伝えることを要求することができると規定する。
　○所定の交渉単位の労働者
　○そのような労働者の間の組合員資格
　○そのような労働者の過半数が彼らを代表する組合の承認を支持する見込み
　○そのような労働者の過半数が交渉の仕組みが終了することを支持する見込み

170A条5項は，CACからの要求の受領者は，所定の期間内に，その者が保有する限りの量の所定の情報を提供しなければならないと規定する。170A条6項は，CACの事件管理者は，彼に提供された情報から報告を準備しこれをCACに提出しなければならないと規定する。170A条8項の下で事件管理者は，この報告の写しを使用者，組合および，適切な場合には申立労働者に与えなければならない。

170A条7項は，使用者，組合または労働者が要求を遵守しない場合には事件管理者の報告がこの不遵守を述べなければならないこと，そしてCACは関係する当事者に不利な推定を引き出すことができると規定する。

(13)　団体交渉の対象の「賃金」その他の事項

法20条は，附則に171A条を挿入した。承認に関するCACの宣言は，賃金，労働時間および休日に関する団体交渉についてである。171A条1項は，附則の目的のために，「賃金」の定義は，職域または個人年金制度の労働者の構成員資格，その制度の下の彼の権利，あるいは彼の使用者のそれへの拠出に関係する事項を含まないことを明確にした。

171A条2項ないし4項は，賃金，労働時間および休日の「中心的」交渉事項に年金に関する事項を付加するために附則の関係する部分を，命令により改正することを国務大臣に認めた。171A条5項は，団体交渉事項として年金を含むことは附則の下ですでに裁定された承認の宣言と団体交渉の方法に関して効力を持つとみなす命令を認めた。171A条7項は，同条の下の国務大臣による命令は両院により承認されなければならないと規定する。

5 ACASの新しい権限——投票と組合員資格の識別のためにACASにより要求される情報

法21条は，TULRCAに新しい210A条を挿入した。210A条の1項と2項は，ACASが労働争議の解決をもたらす目的のために援助を与えるその任務を行使していて，その争議が承認争議である場合に，争議の当事者は関係する労働者の投票を実施するまたは彼らの組合員資格を確認することをACASに対し共同で要求することができる効果を持つ。

210A条の4項は，そのような要求が行われた場合，ACASは，争議に関係する労働者についてそれが特定するような情報を，所定の期間内にそれに与えることを争議の当事者に要求する権限を持つと規定する。ただし，同条5項の下で争議の解決をもたらし投票の当事者の要求に従うためにACASを援助するためにそれの任務を行使することを可能にするためにこれが必要であるとACASが考える場合にのみ，ACASはその権限を行使することができる。

210A条の6項は，ACASからの要求を受け取る者は，所定の期間内にその者が保有するだけの量の所定の情報を提供しなければならないと規定する。210A条の7項は，投票を行うまたは組合員資格を確認するACASへの要求はいつでも争議の当事者により取り下げられることができ，これが行われる場合に，ACASは投票を行うまたは組合員資格を確認するための追加の措置を講じるべきではないと規定する。210A条の8項の下で，当事者が6項を遵守しない場合にも，ACASは追加の措置を講じることを要求されない。210A条の9項は，ACASは新しい条文の下で行われた要求に従うことを要求されないことを規定する。

210A条の10項において，承認争議に関して「当事者」は，その争議に関与する使用者，使用者団体および労働組合のそれぞれを意味すると定義される。「承認争議」は，TULRCAの218条1項a号ないしf号に規定されるいずれかの事項に関する交渉，協議またはその他の手続において労働者を代表する労働組合の権利についての使用者または使用者団体による承認に全部または一部関係する，使用者と労働者との間の労働争議を意味すると定義される。

---

1) Explanatory Notes to Employment Relations Act 2004, www.opsi.gov.uk/acts/en2004/2004en24.htm, para.44.

2) Ibid., para.72.
3) Ibid., para.112.

三 2004年雇用関係法第2部——争議行為法

1 ERA 99による改正

　ERA 99は，争議行為投票と組合が使用者に与えることを要求されるその投票と争議行為の通知に関係するTULRCA 226条ないし235条に多くの改正を行った。イギリスでは，争議行為を組織する労働組合は，制定法の免責規定がないと，コモンロー上契約違反の誘致の民事的違法行為により責任を負うことになる。TULRCAは，特定の条件が満たされる場合に，それが満たされなければ発生する法的責任から組合を保護する。これらの1つは，組合員を争議行為に参加すること誘致する前に，組合は，参加することに誘致する見込みがある組合員の秘密投票を適正に実施しなければならないことである。その他の条件は，組合は，関係する使用者に投票と争議行為の書面による事前通知を与えなければならないことである。一般的に，「投票の通知」は，投票する権利を有すると組合が考える被用者を識別しなければならず，「争議行為の通知」は，争議行為に参加することに誘致することを組合が意図する被用者を識別しなければならない。

　ERA 99の見直しと協議のプロセスは，同法による改正の後でTULRCAのこれらの規定は一般的に十分に機能していたことを認めた。しかし，National Union of Rail, Maritime and Transport Workers v London Underground Limited事件控訴院判決［2001］EWCA Civ 211は，投票と争議行為の通知において与えられることが要求される情報が提供されるべき方法についての困難を際立たせた。同判決では，組合は旧式の中央コンピューターに組合員の情報を保有し，一部の組合書記は多様な質の彼ら独自の記録を保有していたので，関係する労働者の数，カテゴリーまたは職場に関して組合が保有する情報を組合が通知に含めることを義務づける226A条5A項a号と234A条5A項a号を組合は遵守しなかったと判断された。さらに，National Union of Rail, Maritime and Transport Workers v Midland Mainline Ltd事件控訴院判決［2001］EWCA Civ 1206は，組合が争議行為投票において投票権を与えることを要求される組合員に関して明確さが欠けていたことを指摘した。同判決では，組合が通知におい

て言及した組合員のうち，実際には組合が異動したことを知らなかった組合員と組合費滞納を理由に組合の方針により投票から排除された組合員が投票しなかったので，これら2つのカテゴリーの組合員は，争議行為に参加することに誘致されると組合が投票時に考えることが合理的である組合員として投票権を与えられるべきであったことから，組合は227条1項に違反したと判断された。

2　争議行為に関して投票する被用者についての情報

法22条は，「投票の通知」に含まれることを要求される情報を特定するTULRCA 226A条を改正した。

226A条は，争議行為投票を行う組合に対し，投票権を有することになる組合員を雇用すると組合が合理的に考える各使用者に，組合が投票を実施することを意図することと投票日を述べる通知を提供することを要求する。改正前の同条の規定では，通知はさらに，使用者が計画を立て，組合が投票を意図する被用者が情報に注意することを助ける組合が保有する情報を含むことを要求され，そして組合が関係する被用者の数，彼らの労働のカテゴリーと職場についての情報を持つ場合には，それらの情報を含むことを要求された。その通知は，投票開始日の少なくとも7日前に使用者により受け取られなければならなかった。そのうえ，組合は，投票開始日の少なくとも3日前に関係する各使用者が投票用紙の見本を受け取ることを保障しなければならなかった。

22条は，組合が提供することを要求される情報を変更することにより226A条の要件を簡素化した。この変更の理由は，これにより同条の規定が明確になることが望ましいことであった[1]。

新しい22条2F項は，関係する使用者に投票用紙の見本を提供する要件に関して規定するが，その要件に実質的な変更を行わなかった。

22条3項は，改正前の226A条2項c号を置き換えた。新しい226A条2項c号iは，組合が通知に含めることを要求される情報は，4項により挿入される新しい2A項と2B項においてそれぞれ定められるリストと数値そしてその数値がどのように得られたかの説明を含まなければならない。新しい226A条2項c号iiは，影響される被用者の一部または全部がその賃金から使用者が組合費を控除する被用者である場合に，通知は，2項c号iに定められるリスト，数値および説明，または新しい2C項に定められる情報を含まなければならない

と規定する。その意図は，組合が提供しなければならない情報を特定し，使用者が計画を立て，投票する者が情報に関心を向けることを助けることになるものに照らして与えなければならない情報を決定する組合の必要を無くすることにより，226A条に改正前に存在した不確実性を減らすことである。それらの規定はさらに，チェック・オフにより組合費を支払う組合員について通知で言及することにより，226A条の下の義務を履行することを組合に認める。

4項は，226A条に新しい2A項ないし2I項を付加した。新しい2A項と2B項は，新しい2項c号と一緒に，改正前の226A条2項c号と3A項により与えられることを要求された情報を変更した。

新しい2A項の効果は，通知は，「関係する被用者」(すなわち，投票において投票権を有すると組合が合理的に考える使用者の被用者)が所属するカテゴリーのリストと彼らが働く職場のリストを含まなければならないことである。

新しい2B項の効果は，通知は，関係する被用者の総数，新しい2A項に従って与えられるカテゴリーのリストにおけるそれぞれのカテゴリーにおける被用者の数，そして新しい2A項に従って与えられる職場のリストにおけるそれぞれの職場で働く者の数を示す数値を含まなければならないことである。

新しい2C項は，2項c号iiにより認められるような通知が，その賃金から使用者が組合費を控除する被用者に関係する情報を提供する場合に遵守されなければならない要件を定める。その効果は，そのように提供された情報が関係する被用者の総数，関係する被用者が所属する被用者のカテゴリーとそのようなカテゴリーのそれぞれにおける被用者の数，関係する被用者が働く職場とこれらの職場のそれぞれで働く者の数を使用者が容易に推定することを可能にしなければならないことである[2]。

新しい2D項は，組合が提供するリストと数値は組合が保有する情報に照らして合理的に実行可能な限り正確でなければならない新しい要件を定める。

新しい2E項において，組合の目的のために情報が文書(電子文書を含む)で保有され，組合役員または組合の被用者に保有されるまたはその支配下にある場合にのみ情報は組合に保有されるとみなされる。その効果は，支部役員またはその他の非専従の組合代表により保有されるにすぎない情報は，2D項の目的のための組合保有とはみなされないことである[3]。

新しい2G項は，改正前の226A条3A項b号が通知に関係する被用者を名指

しすることを要求しないことを保障することにより同号の内容を繰り返し定めた。

新しい2H項は,「関係する被用者」を投票において投票権を有すると組合が合理的に考える被用者を意味すると定義する。

新しい2I項は,被用者に関係して「職場」を定義し,226A条をいっそう正確なものにした。被用者が働く職場は,1組の施設において働く被用者に関してはそのような施設であり,その他の被用者に関してはその雇用が密接な関係を持つ施設である。

22条5項は,同項により取って代わられる226A条の改正前の項,3項ないし3B項を削除した。

3 争議行為投票の投票権

法23条は,TULRCA227条1項を改正した。この改正により,組合が争議行為投票に投票権を与えなければならない組合員は,争議行為に参加することを組合により誘致されると組合が考えることが合理的である者全員であることが明確にされた。この結果,たとえ組合により参加することを誘致されなくても参加することになる組合員に組合はそのような権利を与えなくてもよいことに対する疑いが払拭されてMidland Mainline事件で発生した問題が解決された[4]。

4 投票権を与えられない組合員の誘致

法24条は,TULRCA232B条を改正し,同法の62条に新しい規定を挿入した。

ERA 99により改正される前のTULRCAの下で,組合が投票権を有する者の決定において些細な誤りを犯した,または投票権を与えることを要求されるすべての人に投票用紙を送らなかった場合に,投票全体が無効になる可能性があった。

ERA 99は,232B条を挿入し,そのような誤りが偶然であり規模において投票の結果に影響する見込みがない限りそれらは無視されると規定した。同法はまた,232A条を挿入し,投票権を与えられるべきであるが与えられなかった組合員を争議行為に参加することに誘致した組合が法的責任に対する保護を失う事情を定義した。232B条における偶然の不履行の免除は,明示的に232A条の

第七章 イギリス2004年雇用関係法の制定と労使関係法改革の展望 313

目的に言及しなかったが，P (a minor) v National Association of Schoolmasters/ Union of Women Teachers [2003] 2 AC 663 においてそれでもなお貴族院は，事案の事実に基づいてそれは間接的に適用されると判断した。

24条1項a号は232B条を改正し，組合がTULRCAの要件を遵守しないことが偶然の不履行の免除により対象とされ，その不遵守が別段232A条の不遵守を結果することになる場合に，後者の不遵守も無視されることを保障した。その主な効果は，組合が争議行為に参加することに誘致することを意図する有意でない人数を偶然投票させなかった場合に，組合は，彼らを争議行為に誘致することを理由に訴訟に対する保護を失わないことである。この改正の意義は，TULRCAに明示的に規定することによりP v NASUWTの貴族院判決を確認したことである[5]。

24条1項b号は232B条の起草の誤りを是正した。230条2B項は，商船員が争議行為投票に投票権を有し乗船中またはグレート・ブリテンの外にある場合には，彼らが投票することを可能にする特別な仕組みが適用される効果を持つ。232B条は230条2B項に言及するべきであったがその代わりに230条2A項に言及した。その誤りはP v NASUWTにおいて確認された。

24条2項はTULRCA 62条2項に新しい項を挿入した。62条は，組合員が争議行為に参加することに誘致される見込みがあるまたは誘致され，そしてTULRCA 226条ないし234条に規定される特定の投票要件が違反された場合に組合員に対して訴訟を提起する権利を与える。新しい項の効果は，その違反が組合員にそのような訴訟を提起する権利を与える要件のリストに232A条を含めることである。

5　争議行為通知に含まれる被用者についての情報

法25条は，「争議行為投票通知」に含まれることを要求される情報を特定するTULRCA 234A条を改正した。

改正前の234A条は，組合員を雇用すると組合が合理的に考える各使用者に対し，誰が提案された争議行為に参加することに誘致されるかということを通知することにより与えることを組合に要求した。通知は，行為が継続的であるか非継続的であるかを意図されるかどうかを述べなければならず，最初の場合に，行為が開始することを意図される日付，そして2番目に，行為が行われることを

意図される日付を与えなければならない。

　同条の下で，通知はさらに，使用者が計画を立て，組合が誘致することを意図する被用者が情報に注意を向けることを助ける組合が保有する情報を含むことを要求され，組合が関係する被用者の数，彼らの労働と職場のカテゴリーについての情報を持つ場合には，これらの情報を含まなければならなかった。その通知は，争議行為が行われることが意図される最初の日から少なくとも7日前に使用者により受け取られなければならない。

　25条は，組合が提供することを要求される情報を変更することにより234A条の要件を簡素化した。使用者に投票通知を与える要件に関係する22条により行われたものと類似するその変更は，234A条の規定を明確にするために再編した。

　25条2項は，234A条の改正前の3項a号を置き換えた。新しい3項a号(i)は，組合が通知に含めることを要求される情報は，3項により234A条に挿入された新しい3A項と3B項でそれぞれ規定されるリストと数値を含まなければならないと規定する。同規定はまた，通知は数値がどのように到達されたかの説明を含まなければならないことを規定する。新しい3項a号(ii)は，影響される被用者の一部または全部が，その賃金から使用者が組合費を控除する被用者である場合に，通知は，3項a号(i)に規定されるリスト，数値および説明，または新しい3C項に規定される情報を含まなければならないと規定する。その意図は，組合が提供しなければならない情報を特定し，使用者が計画し，争議行為に参加することに誘致することを組合が意図する者が情報に注意を向けることを助けるものに言及して与えられなければならない情報を組合が決定する必要を除去することにより，改正前の234A条にあった不確実性を減らすことである[6]。その規定はまた，通知においてチェック・オフされる組合員に言及することにより組合が234A条の下の義務を果たすことを認める。

　25条3項は，234A条に新しい3A項ないし3F項を付け加えた。新しい3A項と3B項は，新しい2項a号と一緒になって，改正前の234A条の3項a号と5A項により与えることを要求される情報を変更した。新しい3A項の効果は，「影響される被用者」，すなわち，争議行為に参加することに誘致されると組合が合理的に考える使用者の被用者が，属するカテゴリーのリストと彼らが労働する職場のリストを通知は含まなければならないことである。新しい3B項の

効果は，影響される被用者の総数，新しい3A項に従って与えられるカテゴリーのリストのそれぞれのカテゴリーのおける彼らの数，同項に従って与えられる職場のリストにおけるそれぞれの職場で労働する彼らの数を示す数値を通知は含まなければならないことである。

新しい3C項は，3項c号(ii)により認められるように，通知が，3項a号(ii)において認められるようにその賃金から使用者が組合費を控除する被用者である影響される被用者に言及する場合に満たされなければならない要件を定める。その効果は，このように提供される情報が影響される被用者の総数，影響される被用者が属する被用者のカテゴリーとそのようなカテゴリーのそれぞれにおける影響される被用者の数，そして影響される被用者が労働する職場とこれらの職場のそれぞれで労働する彼らの数を使用者が容易に推定することを可能にしなければならないことである[7]。

新しい3D項は，組合が提供するリストと数値は組合が保有する情報に照らして合理的に実行可能な限り正確でなければならばいという新しい要件を定める。

新しい3E項は，情報が組合目的のために文書（電子文書を含む）で保有され，組合役員または組合の被用者の保有にあるまたはその支配にある場合にのみ，情報は組合に保有されるとみなされる効果を持つ。その効果は，支部役員または組合のその他の非専従代表者によってのみ保有される情報は，3C項を適用するにあたり組合保有とはみなされないことである[8]。

新しい3F項は，改正前の234A条の5A項b号の内容を繰り返し，同条が影響される被用者を名指しすることを通知に要求しないことを保障した。

25条4項は，234A条の5項を改正した。この項は，原則として通知により対象とされる被用者を定義し，争議行為に参加することへの組合による誘致が通知により対象とされる事情を定めた。改正前，対象とされる被用者は「影響される被用者」であるが，この用語は，誘致される者に関する組合の合理的な考えに依拠し，したがって5項におけるそれの使用は，不正確な結果を招いた。4項は，対象とされる被用者が通知に特定されるカテゴリーに該当し職場で雇用される者であるという明確で客観的である基準を採用した[9]。

25条5項は，234A条の改正前の5A項を新しい5B項，5C項および5D項と置き換えた。

新しい5B項は，通知のために「被用者の通知されたカテゴリー」と「通知

された職場」を定義する。被用者の通知されたカテゴリーは，通知にリストされた被用者のカテゴリー，または通知が3C項に規定される情報を含む場合に，使用者が通知を受け取る当時，影響される被用者の一部または全部が属する被用者のカテゴリーであることが通知から使用者が容易に推定できる被用者のカテゴリーを意味する。通知された職場は，通知にリストされた職場，または通知が3C項に規定される情報を含む場合に，使用者が通知を受け取る当時，影響される被用者の一部または全部が労働する職場であることが通知から使用者が容易に推定できる職場を意味する。

新しい5C項は，「影響される被用者」が争議行為に参加することに誘致されると組合が合理的に考える被用者を意味すると定義する。

新しい5D項は，被用者との関係で「職場」を定義し，226A条の新しい2I項と同様に，234A条をいっそう正確なものにした[10]。

6　ストライキを行う被用者のための保護

(1)　改正前の状況

法26条ないし28条は，TULRCA 238A条により被用者に与えられる保護を増やす規定を定める。ERA99により挿入された同条は，被用者が適法に組織された争議行為（保護される争議行為）を行うことを理由に解雇される場合に被用者の保護を規定する。保護される争議行為の開始後の8週間，または被用者の争議行為への参加が8週間以内に終了した場合にこの期間以降，もしくは使用者が組合との争議を解決するための合理的な手続を取らない限り，その期間の終了前に被用者の参加が終了しなかった場合にこの期間以降，この理由による被用者の解雇を同条は不公正にする。同条は，合理的な手続が取られたかどうかを決定する際に考慮されなければならない多くの事項を掲げる。これらは，使用者または組合が，調停者または仲介者の任務を利用する申出を拒否したかどうかを含む。法の注釈は，雇用審判所に係争された事件（Mr J Davis v Friction Dynamics）において2つの問題が提起されたと指摘した[11]。第1の問題は，保護される争議行為を行う被用者がその最中にロック・アウトされた場合に238A条はどのように適用されるのかであった。第2の問題は，使用者が調停過程に完全に従事したか，または同条の要件を遵守するために単にその過程を通過しただけなのかであった。

(2) 保護される争議行為を行う被用者がロック・アウトされる場合の解雇

26条は，TULRCA 238 A 条に規定される保護される期間の長さと範囲を変更することにより同条におけるストライキをする被用者の保護を改正した。26条は，期間を8週から12週へ拡大し，そしてその期間の長さを決定する際に「ロック・アウトされた」日数を無視することを規定した。同条による改正の結果として，ロック・アウトが行われなかった争議行為の開始以降84日が経過するときその期間は実際に終了することになる。たとえば，ロック・アウトが2日行われた場合に，保護の総期間は86日になる。

26条2項は238 A 条に「保護される期間」を導入した。

26条3項は，ロック・アウトが行われる場合に保護の期間を延長する効果を持つ4つの新しい項，7 A 項ないし7 D 項を238 A 条に挿入した。新しい7 A 項は，「保護される期間」のすべての長さは，「延長期間」を加えた「基本期間」に等しいと定める。

新しい7 B 項は，基本期間を保護される争議行為の初日から始まる12週と定義する。新しい7 C 項は，延長期間を定義する。それは，基本期間内または延長期間内に行われたロック・アウトを被用者が受けた各日当たり1日ずつ基本の12週を越えて保護のすべての期間が拡大されることを意味する。

新しい7 D 項は，たとえロック・アウトがその日において有効であるとしても保護される争議行為の期間は開始することができることを保障する。

(3) 解雇の日

法27条は，「解雇の日」を238 A 条において解雇が行われる各場所において「解雇が行われる」の表現と置き換え，「解雇の日」の表現を238条5項により238条の目的のために定義されるのと同様に定義することにより，238 A 条を改正した。その効果は，238 A 条の目的のために「解雇の日」は以下を意味することである。

○被用者の雇用契約が通知により終了される場合に使用者の通知が与えられた日。

○その他のいかなる場合には，終了の発効日。

その効果は，238 A 条が通知を伴う解雇に関して適用される場合に，通知期間が満了するときではなく，通知が与えられるときに解雇は行われるとみなさ

れることを保障することである[12]。

(4) 保護される期間の終了後の解雇

法28条1項は，238A条に新しい6項e号を挿入し，使用者が組合との争議を解決するために合理的な手続を取ったかどうかを評価する際に審判所がとくに考慮しなければならない新しい事項を導入した。そのような事項を考慮しなければならない義務は，調停者または仲介者の任務が利用されることを当事者が承認した場合に，適用される。事項自体は，2項がTULRCAに挿入した新しい238B条に規定される。

新しい238B条の2項ないし5項は，使用者と組合が調停者または仲介者の任務が利用されることに同意した場合に彼らが取るべきである手続的行為を規定する。使用者と組合が規定された行為を行ったかどうかの問題は，審判所がとくに考慮しなければならない事項である。

28条2項は，第1の事項を示し，調停または仲介の会議に使用者および組合を代表して「適切な者」が出席したかどうかである。6項の下で，適切な者は，使用者の場合，使用者を代表して問題を解決する権限を持つ者，または問題の解決に関して自らに勧告することをそのような者により授権された者である。組合の場合，「適切な者」は，組合を代表して問題を調停または仲介において処理する責任を負う者である。

28条3項は，第2の事項を示し，使用者と組合が会議を設定する準備おいて調停者または仲介者に協力したかどうかである。

28条4項は，第3の事項を示し，使用者と組合が，行うことを調停者または仲介者と合意した行動を行ったかどうかである。7項の付加的要件は，そのような行動が適宜の方法で行われたかどうかである。

28条5項は，第4の事項を示し，使用者と組合が当事者のすべてが参加する会議で彼らに出された合理的な質問に回答したかどうかである。この様式は，いずれかの当事者が質問に回答を与えることを拒否する権利を有すべきである場合があることを認識する。

28条の8項と9項は，審判所が238A条6項e号において言及される事項を検討しているときに調停者または仲介者が審判所に与えることを要求される証拠に制限を置く。これらは，とりわけ，いずれかの当事者により調停者または

仲介者に渡された機密情報は当事者の同意なく審判所に開示されてはならないことを規定する。

1） The Queen's Printer of Acts of Parliament, Explanatory Notes to Emloyment Relations Act 2004, para.141.
2） Ibid., para.147.
3） Ibid., para.149.
4） Ibid., para.154.
5） Ibid., para.158.
6） Ibid., para.165.
7） Ibid., para.167.
8） Ibid., para.169.
9） Ibid., para.171.
10） Ibid., para.175.
11） Ibid., para.177.
12） Ibid., para.184.

四　2004 年雇用関係法第 3 部——労働組合員の権利

1　独立労働組合の組合員資格等に関する誘致と不利益取扱い

　改正前の TULRCA の 146 条と 152 条の一般的効果は，被用者の組合員資格または非組合員資格を理由にもしくは「適切なときに」組合活動に参加することを理由に使用者が被用者を不利益に取扱う（146 条）または彼らを解雇する（152 条）ことを違法にすることであった。

　2002 年 7 月，欧州人権裁判所は，Wilson & the National Union of Journalists, Palmer, Wyeth & the National Union of Rail, Maritime & Transport Workers, Doolan & others v United Kingdom 事件（nos.30668/96, 30671/96, 30678/96）[2002] IRLR 568 の判決を下した[1]。同裁判所は，労働組合が被用者のグループの条件についての団体交渉目的で使用者により承認される場合に，イギリスの労働組合法は，そのグループの被用者に集団的代表を迂回しその代わりに個々の被用者と使用者との間の交渉により彼らの条件を設定することを説得するために使用者が彼らに誘致を提供することを妨げないことにおいて，同法は欧州人権条約 11 条（結社の自由）と矛盾すると結論した。イギリス政府は，この判決を支える原則は，Wilson and Palmer 事件における事実を超えて拡大し多くのその他の比較できる事情に適用できると判断した。そこで，法 29 条ないし 32 条の目的は，これらの規定が Wilson and Palmer 事件における事実のみならず比較できると政府により考えられるその他の事情をも取扱うことを保障することである[2]。

（1）　組合員資格または活動に関係する誘致

　法 29 条は TULRCA に新しい 145 A 条ないし 145 F 条を挿入した。新しい 145 A 条の 1 項は，使用者の唯一または主な目的が特定のことを行うことまたは行わないことに労働者を誘致することである場合に使用者による申出をされない権利を労働者に与える。そのことは，（ア）独立した労働組合の組合員ではないまたは組合員になることを追求しないこと，（イ）「適切なとき」に独立した労働組合の活動に参加しないこと，（ウ）「適切なとき」に労働組合のサービスを

利用しないこと,そして(エ)労働組合の組合員であることまたは組合員になることである。

この権利の内容はすべて新しいが,(ア),(イ)および(エ)は TULRCA 146 条にすでに規定される不利益取扱いを受けない権利により対象とされる事項を反映する一方で,組合のサービスを利用することに関する(ウ)は完全に新しいものであった。

新しい 145 A 条の 2 項は,1 項により与えられる権利のために「適切なとき」を定義する。法 30 条と 31 条により改正された TULRCA 146 条 2 項で使用される定義に基づくその定義の効果は,労働者の労働時間外,または使用者と合意された取り決めもしくは使用者が与えた同意に従って,労働者がそうすることが認められる場合に労働時間中に,労働者が組合活動に参加するまたは労働組合のサービスを利用する場合に,組合活動に参加することと組合のサービスを利用することに関係する権利が適用されることである。

新しい 145 A 条の 3 項は,「適切なとき」の定義に使用される「労働時間」を定義する。労働時間は,労働者がその下で労働する契約により労働することを要求される時間を意味する。

新しい 145 A 条の 4 項 a 号は,「労働組合のサービス」を独立労働組合の組合員資格によりその組合による労働者が利用できるサービスを意味すると定義する。4 項 b 号は,労働組合のサービスを利用する労働者の言及は,「彼が組合員である独立労働組合により彼を代表して問題を提起することへ同意すること」を含み,そこで彼の組合が問題を提起することに同意する労働者が組合のサービスを利用するとみなされることを保障する。

新しい 145 B 条は,同様な申出がその他の労働者に対してなされ,その申出を行う使用者の唯一または主な目的が,労働者の条件が組合と交渉した労働協約により決定されない,またはもはや決定されないことを保障することである場合,使用者からの承認を求めるまたは承認された独立労働組合の組合員である労働者に申出が行われない新しい権利を与える。

新しい 145 B 条の 1 項と 2 項は,団体交渉目的で使用者により承認されたまたは承認を求める独立労働組合の組合員である労働者は,(ア)その申出の彼の承諾が,同様な申出のその他の労働者の承諾と一緒に,労働者の条件が,組合によりまたは組合を代表して交渉された労働協約により決定されない,または

もはや決定されない結果（「禁止される結果」）を持つ場合，そして（イ）申出を行う使用者の唯一または主な目的がその結果を達成することである場合，使用者により申出を行われない権利を持つと定める。

　新しい145 B条の3項は，その申出が同時に労働者になされたかどうかは新しい権利の効力に重要ではないことを定める。

　新しい145 B条の4項は，労働協約により雇用条件が決定されることは，新しい145 A条，または法により改正された146条もしくは152条の目的のために労働組合のサービスを利用するとみなされないと規定する。このことにより，新しい145 A条と145 B条との衝突の可能性が排除され，新しい145 A条，146条，152条の解釈における一貫性が保障される[3]。

　新しい145 C条は，新しい145 A条と145 B条における権利の侵害による審判所手続の提起のための期限を定める。新しい145 C条のa項は，申出がなされた日，または申出が一連の同様な申出の一部である場合，その最後がなされた日から3か月以内に申立が提出されない限り，審判所は申立を検討しないと規定する。しかし，同条のb項は，申立が通常の3か月以内に提出されることが合理的に実行可能ではないと審判所が確信する場合に，審判所がその後に提出された申立を検討することを認める。

　新しい145 D条は，新しい145 A条と145 B条の下で申立が雇用審判所によりどのように検討されるかに関して規定する。新しい145 D条の1項と2項は，新しい145 A条または145 B条の下の申立において申出を行う唯一または主な目的が何であるかを証明するのは使用者であると規定する。

　同条の3項は，使用者が申出を行ったかどうかまたは彼がそうした目的か何かを決定する際に，審判所は，争議行為の組織またはそのような行為の脅しにより使用者にかけられた圧力を考慮に入れない，そしてあたかもそのような圧力がかけられなかったように問題は決定されると定める。3項の表現は，146条の下の不利益取扱いの訴えに関係する対応する規定である148条2項に基づく。

　新しい145D条の4項は，新しい145 B条に違反すると申立てられる申出にのみ関係する。申出を行う使用者の唯一または主な目的が禁止された結果を達成することであるかどうかを決定する際に，審判所により考慮に入れられる事項は，（ア）申出がなされたときに団体交渉のために組合と合意した仕組みを使用者が最近変更した，または変更することを求めた，もしくは利用することを希

望しなかった，（イ）申出がなされたときに団体交渉のために組合が提案した取り決めを締結することを使用者は希望しなかった，または（ウ）申出が特定の労働者にのみなされ，彼らの高い業績水準を理由に特定の労働者に報いるまたは彼らの使用者にとっての特別の価値を理由に彼らを維持することが唯一または主な目的で申出がなされたことを示す証拠を含まなければならないことを同項は要求する。

新しい145E条は，145A条と145B条により与えられる新しい権利の1つへの侵害があると雇用審判所が認定する場合に適用される救済を定める。

新しい145E条の1項と2項は，審判所が申立に十分に根拠があると認定する場合に，その趣旨の宣言を行い申立てられた申出に関して労働者に対して使用者により支払われる裁定を行うと規定する。同条3項は，労働者に支払われる裁定は2500ポンドの固定額であるが，2002年雇用法第3部の規定の下で減額または増額することができると規定する。

新しい145E条の4項は，承諾された145A条または145B条に違反する申出に関係する。4項a号は，その後労働者が条件を変更することに同意することを申出の承諾がもたらした場合，使用者は変更する合意を強行するまたはその誘致を構成した支払われた金額もしくは移転されたその他の資産を取り戻すことはできないと規定する。

4項b号は，申出の承諾が労働者の雇用条件の変更を結果した場合，新しい145A条または145B条は，使用者または労働者によるその変更の執行を不能にしないと規定する。

改正前の146条の下で，不利益取扱いの理由が労働組合の組合員資格または非組合員資格もしくは労働組合の活動に参加することである場合に使用者により不利益取扱いを受けない権利を被用者はすでに保障されていた。法30条により改正された146条は，「労働組合のサービス」を利用するまたは新しい145A条または145B条に違反してなされた申出を承諾しないことを理由に不利益取扱いを受けない権利を規定する。

新しい145E条の5項は，新しい145A条と145B条により与えられた権利も新しい145E条に含まれる救済もTULRCA146条または149条により労働者に与えられる権利を侵害しないことを明らかにする。このことにより，新しい145A条または145B条の下で違法である申出を承諾しないことを理由に不

利益取扱いを受ける労働者は，146条と新しい145A条または145B条の双方の下で雇用審判所に申し立てることができることが保障される。労働者の事情に関係する双方の条文の下で労働者が訴えることができることは，彼の申出の拒否が財政的に喪失する結果を彼に招くことにならないことを意味する[4]。それはまた，145A条または145B条に違反する申出を承諾する労働者の誘因が減ることを意味する。

　新しい145E条の6項は，149条の下で補償を確定する際に，申立人が145A条または145B条に違反する申出を承諾するまたは承諾しないことにより彼の損失に貢献した，あるいは申立人がそのような違反に関して裁定を受け取ったまたは受け取る権利を有することを理由に減額は行われないことを規定する。

　新しい145F条は，解釈に関するそしてその他の補足規定を定め，法の30条と31条により改正されたTULRCA151条を模範とする。新しい145F条1項は，「労働組合の組合員であるまたはそれになる」の表現は，その組合の特定の支部または部門の組合員あるいは組合の多くの特定の支部または部門の1つの組合員であるまたはになることを含むと規定する。

　新しい145F条2項は，1項と一致して，「労働組合の活動に参加する」と「労働組合の組合員資格により組合により利用できるサービス」の表現は，組合の特定の支部または部門あるいは組合の多くの特定の支部または部門の1つの活動に参加することとそれにより利用できるサービスを含むことを保障する。このことにより，関係するのが組合自体よりもむしろ組合の支部である場合に新しい145A条により与えられる権利が適用されることが保障される[5]。

　新しい145F条3項は，145A条ないし145E条の目的のために「労働者」と「使用者」の意味を定義する。「労働者」は，雇用契約の下で，あるいは，専門職の依頼人ではない契約の他方，当事者のために労働またはサービスを行うまたは個人的に遂行するその他の契約の下で，もしくは，雇用が上記の契約の下ではない場合に，軍隊を除く政府省庁の下でまたはそれを目的とする雇用において労働するまたは通例労働する個人として定義される。

　145A条ないし145E条が規定された結果，145A条ないし145B条により与えられた権利を持つ労働者は，彼がなお労働者である間にその権利の侵害に関して申立を提起しないとしてもその申立を提起することができる。「使用者」は，労働者が労働を提供する者，または元の労働者の場合には，労働者が労働

を提供した者と定義される。

新しい145F条4項は，145A条ないし145E条により個人に与えられた権利の侵害の救済は，TULRCAの第3部に従って雇用審判所への申立の方法により行われ，それ以外では行われないことを規定する。

(2) 組合員資格を理由とする不利益取扱いに対する保護の拡大等

組合員資格または活動に関係する理由による不利益取扱いについて規定するTULRCA 146条は改正前，被用者，すなわち，雇用契約の下で労働している個人，または，雇用が終了した場合は，労働していた個人にのみ権利を与えた。

法30条，146条により与えられる権利を「労働者」に拡大した。30条8項は，145A条ないし145E条の目的で使用されるのと同じ「労働者」と「使用者」の定義を151条に挿入した。

30条1項ないし5項は，146条を改正し，「被用者」を「労働者」に置き換え，個人が労働者であり，被用者ではない場合に関係して同条が適正に働くことを保障した。

30条6項は，146条に新しい5A項を挿入し，労働者，すなわち，146条1項，2C項または3項に規定される労働者が，被用者であり彼が被る不利益取扱いが解雇である場合に，同条は適用されないことを規定する。その理由は，被用者が146条に規定される理由に相当する理由により解雇される場合に，TULRCA 152条[6]の下で彼は不公正解雇を訴えることができるようになったからである。

(3) 組合のサービスの利用または誘致の拒否を理由とする不利益取扱い

法により改正される前のTULRCA 146条の一般的効果は，不利益取扱いの理由が独立労働組合の組合員資格，いかなる組合の非組合員資格または適切なときに独立労働組合の活動に参加することである場合に，被用者は使用者による不利益取扱いを受けない権利を保障されることであった。法31条は146条を改正し，30条により改正された151条に定義されるように「労働者」が不利益取扱いを受けない権利を保障される理由を付加した。

31条2項は，146条1項を改正し，「適切なときに」労働者が労働組合のサービスを利用することを妨害するまたは抑止するあるいはそうすることを理由に

労働者に不利益を課す目的で使用者により行われる行為（故意の不作為を含む）により労働者が不利益を受けない権利を保障する。

31条3項は146条2項を改正し，同条にすでに含まれる「適切なとき」の意味を「労働組合のサービスの利用」にまで拡大した。その結果，ここで使用される「適切なとき」の定義は，29条により挿入された新しい145A条2項で使用されるものと同じものになった。

31条4項は，146条に新しい2A項ないし2D項を挿入した。

新しい2A項a号は，「労働組合のサービス」は，労働者の組合員資格により独立労働組合により労働者に利用させることができるサービスを意味すると定義する。2A項b号は，労働組合のサービスの労働者の利用の表現は，「彼が組合員である独立労働組合による彼を代表して問題を提起することへの同意」を含むと規定し，そこで彼の組合が問題を提起することに同意する労働者は組合のサービスを利用するとみなされることを保障する。

新しい2B項は，独立労働組合が組合の組合員である労働者を代表して，彼の同意にかかわらず，問題を提起する場合，それを理由に彼に不利益を課すことは，組合のサービスを利用することを理由に彼に不利益を課すとみなされると規定する。

新しい2C項は，29条により挿入された新しい145A条または145B条の下の労働者の権利を侵害する労働者の申出の不承諾を理由に使用者による不利益取扱い（故意の不作為を含む）を受けない権利を労働者に保障する。

新しい2D項は，145A条または145B条に違反する申出を承諾したならば労働者に与えられたであろう利益を労働者が与えられない場合に，その利益を使用者が彼に与えないことは，なお彼を不利益に取扱うとみなされると規定する。このことにより，このようにみなされる労働者が，彼の権利を侵害する申出を行うことのみならずその申出に含まれる利益を彼に与えないことから結果する不利益取扱いについて雇用審判所に申し立てることができることが保障される[7]。

31条5項は，146条の下の申立の検討に関するTULRCA 148条3項ないし5項を廃止した。同条3項ないし5項は，被用者が使用者による行為または故意の不作為により不利益を被る場合に，使用者の目的が「被用者のすべてのまたは何らかの階層との関係の変更を促進する」ことであるならば，これは146条の対象とされない効果を持った。この表現は，被用者の雇用条件が労働協約の

下で決定される権利を放棄することに被用者を誘致する目的で使用者が申出を行う場合，すなわち Wilson and Palmer 事件で生じた状況を対象とし，したがって146条はその状況において被用者に保護を与えないことを意味した。

31条6項と7項は，労働組合の活動に参加することに関係する151条1項の一部を新しい151条1A項と置き換え，146条ないし150条の「労働組合の活動に参加すること」と「労働組合の組合員資格により組合により利用させることができるサービス」の表現が，組合の特定の支部または部門あるいは組合の多くの特定の支部または部門の1つの活動に参加することとそれにより利用させることができるサービスに関係することを保障する。このことにより，146条ないし150条におけるこれらの表現に与えられる解釈が，新しい145F条により29条により挿入された新しい145A条ないし145E条においてそれらに与えられる解釈と一致することが保障される[8]。

31条8項は，ERA 99の17条を廃止した。17条は，別段適用される労働協約の条件と異なる条件を含む個人的契約を締結することを拒否することを理由とする解雇と不利益取扱いから労働者を保護するために規則を制定する国務大臣の権限を規定した。同条は結局施行されないで，31条と32条に取って代わられた。

(4) 組合のサービスの利用または誘致の拒否を理由とする解雇

法32条は，組合員資格または活動に関係する理由による解雇に関するTULRCA 152条を改正した。152条の一般的効果は，解雇の理由または主たる理由が独立労働組合の組合員資格，労働組合の非組合員資格または適切なときに労働組合の活動に参加することである場合に被用者を解雇することを自動的に不公正にすることである。32条は，152条を改正し，被用者の解雇を自動的に不公正にする理由を付加した。

32条2項は，152条1項を改正し，被用者の解雇の理由が，彼が適切なときに労働組合のサービスを利用したまたは利用することを提案したこと，あるいは新しい145A条または145B条に違反してなされた申出を彼が承諾しなかったことである場合に，被用者を解雇することを自動的に不公正にする。

32条3項は，152条2項を改正し，同条にすでに規定される「適切なとき」の意味を労働組合のサービスの利用にまで拡大する。その結果，ここで使用さ

れる「適切なとき」の定義は，新しい145A条2項で使用されるのと同じものになった。

32条4項は，152条に新しい2A項と2B項を挿入した。新しい2A項a号は，「労働組合のサービス」を独立労働組合の組合員資格により組合により被用者に利用させることができるサービスを意味すると定義する。2A項b号は，労働組合のサービスの被用者の利用の表現は，「彼が組合員である独立労働組合による彼を代表して問題を提起することへの同意」を含むと規定し，彼の組合が問題を提起することに同意する被用者が組合のサービスを利用しているとみなされることを保障する。

新しい2B項は，独立労働組合の組合員である被用者を解雇する理由または主たる理由が，彼の同意にかかわらず，組合が彼を代表して問題を提起したことである場合に，被用者は組合のサービスを利用することを理由に解雇されたとみなされると規定する。

32条5項と6項は，労働組合の活動に参加することに関係する152条4項を「労働組合の活動に参加すること」と「労働組合の組合員資格により組合により利用させることができるサービス」の152条の表現が，組合の特定の支部または部門あるいは多くの特定の支部または部門の1つの活動に参加することとそれにより利用させることができるサービスに関係することを保障する新しい5項に置き換えた。このことにより，152条のこれらの表現に与えられる解釈が，31条により改正された151条により146条ないし150条において，そして新しい145F条により，29条により挿入された新しい145A条ないし145E条において表現に与えられた解釈と一致することが保障される[9]。

2 労働組合からの排除と除名

(1) 改正前の状況

TULRCA 174条は，個人が労働組合から排除または除名されない権利を規定する。とくに，174条2項d号は，排除または除名がその「行為」に「完全に帰せられる」場合に，組合は誰かをその行為を理由に排除または除名することができると規定する。しかし，同条4項は，特定の行為は2項d号の目的のための「行為」として考慮されないと規定する。この行為は以下の通りである。

○労働組合の現在または以前の組合員資格。

○特定の使用者によるまたは特定の場所での現在または以前の雇用。
○政党の現在または以前の党員資格。
○組合による統制処分が不当であるとみなされる行為（TULRCA 65条）。

排除または除名がこのリストの行為に部分的に帰せられる場合に，当然の結果としてそれは174条に違反することになる[10]。

TULRCA 176条は，違法な排除または除名のための救済を規定する。その規定の下で，雇用審判所が違法に排除または除名されたと判断する個人は，その後補償を申し立てることができる。個人が加入許可または再加入許可された場合には，申立は雇用審判所に対して行われなければならない。しかし，個人が加入許可または再加入許可されなかった場合には，申立は雇用控訴審判所に対して行われなければならない。これらの後者の場合，最低補償裁定（2004年2月から5900ポンドに設定）が適用される。

(2) 行為に帰せられる労働組合からの排除または除名

法33条は，TULRCA 174条を改正し，同条に規定される権利の侵害のための救済を規定するTULRCA 176条の規定を変更した。これらの改正は，労働組合が，政党の活動に参加することを全部または主として理由に個人を排除する権利を有することを明らかにし，排除または除名が主として政党の党員資格に帰せられると審判所が考える場合に，新しい補償の仕組みを導入した。それは，その他の行為の場合にについては法改正を行わなかった。

33条2項は，174条2項d号を改正した。それは3つの効果を持つ。第1に，排除または除名が完全に行為に帰せられ，行為が「排除される行為」でも「保護される行為」でもない場合に，組合は自由に排除または除名することができる。第2に，排除または除名がある程度まで，しかし全部または主としてではなく「保護される行為」に帰せられる場合に，組合は自由に排除または除名することができる。第3に，排除または除名が「排除される行為」に何らかの程度帰せられる場合に，組合は排除または除名することができない。「排除される行為」が組合の決定の唯一，主なまたは副次的な理由である場合，そして「保護される行為」が唯一または主な理由である場合，当然の結果として排除と除名は違法になる。

「排除される行為」と「保護される行為」は，174条に改正された4項と新し

い4A項と4B項を挿入した33条3項に定義される。「排除される行為」は改正された4項に定義される。改正前の174条4項に規定された「排除される行為」は，「行為」の定義に該当しない政党の党員資格以外の種類の行為を含んだ。「保護される行為」は，新しい4A項において政党の党員であること，または党員であることを止めること，あるいはかつて党員であったこと，または党員であることを止めたこととして定義される。新しい4B項は，あらゆる種類の政治活動は「保護される行為」の定義に該当しないことを明らかにすることによりこの定義を制限する。

　33条4項は，違法な排除と除名のための救済に関するTULRCA176条に4つの新しい項を挿入した。176条の新しい1A項は，申立が174条の下で十分に根拠があると審判所が宣言する場合，排除または除名が「保護される行為」に主として帰せられる場合において排除または除名が主としてそのように帰せられることを述べる追加の宣言を行うと規定する。

　新しい1B項は，これらの宣言の双方ともが行われた場合に関係し，審判所が追加の宣言を行うことを規定する。排除または除名が帰せられるその他の行為が，組合の規則または組合の目的に反する行為から全部または主として構成されることが審判所に明らかである場合に，審判所はその趣旨の宣言を行う。

　新しい1C項は，1B項の目的にとって，申立人が組合の規則または目的に反する行為のときに組合員であったかどうかは重要ではないことを規定する。

　新しい1D項は，問題の申立人の行為のときに，申立人が問題の目的を識別することが合理的に実行可能であったことを組合が証明しない限り，1B項b号による宣言は行われないと規定する。同項はまた，申立人が行為のときに組合の組合員ではなかった場合，問題の目的は公衆の一員が識別することが実行可能でなければならず，申立人が行為のときに組合員であった場合，問題の目的は組合員が識別することが合理的に実行可能でなければならないと規定する。

　33条5項は，176条3項a号に結果的な変更を行った。

　33条6項は，裁定される補償の水準に関する176条6項に2つの新しい項を挿入した。新しい6A項は，176条の下で補償の申立が行われた日に，個人が組合に加入許可または再加入許可されなかった場合には，審判所は補償において現行の最低限度（5900ポンド）を下回る裁定を行なわないと規定する。新しい6B項は，新しい1A項と新しい1B項の双方に規定される宣言を審判所が

行った場合にこの最低限度は適用されないと規定する。

　33条7項は，174条と176条における個人の行為の言及は，同条が施行される前に行われた行為への言及を含むと規定する。

（3）　雇用控訴審判所に対してもはや行われない申立

　法34条は，TULRCA 176条を改正し，違法に排除または除名された個人が，補償の申立を行うときに組合に加入許可または再加入許可されていない場合に，彼の補償の申立は雇用審判所に対して行われ，以前のように，雇用控訴審判所（EAT）に対してではないことを規定する。同条はさらに，不当な統制処分のための救済に関係するTULRCA 67条に相当する変更を行い，その管轄権の下の補償のすべての申立も雇用審判所に対して行われることが要求されることを規定する。

1）　この判決については，拙稿「海外労働事情⑭イギリス，賃上げと引き換えの団交権放棄に違法判決」労働法律旬報1543・1544号（2003年）88－91頁参照。
2）　The Queen's Printer of Acts of Parliament, op.cit., para.193.
3）　Ibid., para.203.
4）　Ibid., para.215.
5）　Ibid., para.218.
6）　法32条は，新しい145A条または145B条に違反する組合のサービスの利用または申出の拒否を理由とする解雇を対象とするために改正を行った。
7）　The Queen's Printer of Acts of Parliament, op.cit., para.232.
8）　Ibid., para.234.
9）　Ibid., para.242.
10）　これらの規定は，過激政党から組合員に潜入している政治活動家の問題を扱うときに組合に困難をもたらした。最近の関係する事件 Aslef v Mr.J.Lee（UKEAT/0625/03/RN）では，控訴人組合が British National Party の党員である被控訴人を地方議会選挙への立候補等の活動を理由に除名したことにつき，労働組合が組合員を除名することを174条4項a号(ⅲ)が禁止するのは，政党員であることまたはそれを止めることに限定され，除名の理由が排他的に政党員としての組合員の活動であり，その政党員資格そのものではない場合には，組合は組合員を除名することができ，そのような活動はその組合員の組合員資格に関連する必要はないと判断して，控訴を認容し，事件を雇用審判所に差し戻した。また，Mr.C.Potter v UNISON（UKEAT/0626/03/RN））では，British National Party の党員である控訴人が，被控訴人組合に対する侵害行為，差別的行為，白人優位または人種的憎悪の促進を政策または目的とするファシスト組織の活動への参加・奨励を理由に同組合を除名され，その後の再加入申請を従前の除名を理由に拒否されたことにつき，EAT は，組合側に174条の違反はないと判断して，控訴を退けた。

五　2004年雇用関係法第3部——労働者と被用者のその他の権利

1　不公正解雇の資格付与期間と上限年齢の不適用

法35条はTULRCA 154条を，基準を変更する新しい154条と置き換え，組合員資格または活動に関係する理由による解雇または剰員整理のための選抜に関する152条と153条における申立てられた違反の雇用審判所への申立に関係する1996年雇用権利法の108条1項と109条1項により規定される資格付与期間と上限年齢を不適用にする。同条は，被用者が勤続1年未満であるまたは上限年齢を超えている場合を含み，労働組合に関係する理由による不公正解雇または剰員整理のための選抜のすべての申立において解雇理由を証明する証明責任は使用者にあること規定する。

2　国家安全保障——雇用審判所の権限

法36条は1996年雇用審判所法（Employment Tribunals Act 1996）の10条6項（国家安全保障の問題を含む事件に関する手続規則）を置き換え，同項により与えられる権限は，国王雇用手続のみならず国家安全保障問題が危険である場合にいかなる手続にも適用されることを明らかにする。この権限は，審判所に対してそうすることが申立てられたかどうかにかかわらず，国家安全保障問題が生じる場合に審判所が特別審査の仕組みを発動すると規定する。

3　同伴される権利

法37条と38条は，懲戒処分と苦情処理審査において「同伴される権利」に関係する法を改正した。

ERA 99は，特定の懲戒処分と苦情処理の審査に出席することに招致されるまたは要求される労働者が10条3項に掲げられる人々のカテゴリーに該当する同伴者（同僚の労働者または特定の労働組合の役員）により同伴されることを認める使用者の法定義務を導入した。「同伴者」は，審査に出席し，しかし労働者を代表して質問に回答しないで，審査の間労働者と協議することを認められた。

(1) 同伴者の役割の明確化

37条は，ERA 99の10条を改正することにより懲戒処分の審査における同伴者の役割を明確にした。新しい2A項，2B項および2C項は，改正前の2項を置き換えた。新しい2A項は，同伴者が改正されない3項の人々のカテゴリーに該当する限り労働者が同伴者を選ぶことを使用者は認めなければならないことを繰り返し定める。

新しい2B項は，使用者が審査において同伴者が行うことを認めなければならないものを拡大した。2B項a号は，（ア）労働者の主張を提出する，（イ）その主張を要約する，そして（ウ）その審査において表明されたあらゆる意見に対して労働者を代表して回答するために同伴者は審査に出席することができると規定する。2B項b号は，同伴者は審査の間労働者と協議することができるERA 99の規定を繰り返し定める。同伴者はかくして1回を超えて審査に出席することができ，表明された意見に回答する権利を有することになった。

新しい2C項は，同伴者が労働者を代表して質問に回答すること（a号），同伴者が出席することを労働者が希望しないことを指摘する場合に出席すること（b号），または使用者がその主張を説明するまたはその他の者がその寄与を行うことを妨害する方法で権限を行使すること（c号）を認めることを使用者は要求されることはないと規定する。

37条2項は，ERA 99の11条の同伴される権利への言及は，2A項と2B項に規定される拡大された意味に言及することを規定する。

37条3項は，ERA 99の12条に新しい3A項を付加した。労働者が別の労働者の同伴者として審査に出席する場合に，労働者に同伴する行為に関してのみならず，新しい2B項の下で認められるように，審査に出席するまたは出席することを求めることに関して不利益取扱いと解雇から労働者は保護されることを同項は明らかにする。

(2) 雇用控訴審判所の管轄権の拡大

法38条は，ERA 99の見落としを是正した。1996年雇用審判所法21条1項は，雇用審判所からの控訴にEATが管轄権を有することを定め，雇用審判所が管轄権を有する法律または規則のリストを掲げるが，そのリストにERA 99はなかった。そこで，同項はERA 99の11条の下の訴えに対する控訴を審査す

る管轄権を与えず，ERA 99自体もそのような管轄権を与えなかった。この見落としにより，Refreshment Systems Ltd (t/a Northern Vending Services) v Wolstenholme [2003] UKEAT 0608-03-2710 では，控訴人会社の解雇手続において同僚被用者の同伴を拒否された控訴人に ERA 99の11条違反を理由に500ポンドの補償を裁定した雇用審判所の裁決に対する控訴についての管轄権を EAT は辞退することになった。38条は，EAT が同伴される権利に関する雇用審判所の裁決に対する控訴を審査する管轄権を持つことを規定した。

4 個人に権利を与える規定が制定される方法

法39条は，ERA 99 の23条に技術的改正を行った。

23条は，欧州連合法を実施する所定の法律と副次的立法に含まれる雇用の権利を持たない個人にその権利を命令により付与する権限を国務大臣に与える。改正前の同条の文言では，命令はその権利を付与する立法を改正する規定の手段によりこれらの結果を達成することのみが許され，権利が問題の個人に適用すると単に定める規定（1人立ちしている規定）の手段によるのではなかった。新しい5A項と5B項は，1人立ちしている規定の利用によるか雇用の権利を与える立法を改正することにより，命令はその権利を拡大することができることを規定する。

5 陪審に関する被用者の保護

法40条は，被用者が陪審を務めるまたはそうするために召集されることを理由に，解雇，またはそれ以外に不利益に取扱われる被用者を保護する法を改正した。

40条1項と2項は，1996年雇用権利法に新しい条文（43 M 条）を挿入した。新しい条文は，被用者が陪審に召集されるまたは陪審で欠勤したことを理由に被用者が不利益取扱いを受けない権利を持つと規定する。不利益取扱いは，被用者の雇用契約が欠勤期間中に被用者が有給である権利を与えない限り，そのような欠勤期間中に報酬を支払わないことを含まない。40条3項は，1996年法に新しい条文（98 B 条）を挿入した。新しい条文は，被用者が陪審に召集されたまたは陪審で欠勤したことを理由に被用者を解雇することは不公正であると規

定する。被用者が欠勤した場合に使用者の企業が実質的な損害を被る見通しがあったこと，使用者がこのことを被用者に知らしめたこと，そしてそれでもなお被用者は陪審の務めから免除されること，または彼の務めが延期されることを，適切な役職者に申請することを不合理に拒否しまたは行わなかったことを使用者が証明する場合に，同条は適用されない。

　40条4項と5項は，1996年法の105条に規定される，剰員整理を理由に被用者を解雇することが不公正である，すなわち同じ事情のその他の者が解雇されない場合の理由のリストに98B条を付加した。

　40条6項は，1996年法の108条3項に規定される，不公正解雇の訴えを提起することができる前の1年の資格付与勤続の要件の例外のリストに98B条を付加した。

　40条7項は，1996年法の109条2項に規定される，「通常の定年退職年齢」またはそれ以外で65歳に達した被用者がもはや不公正解雇の訴えを提起することができない準則の例外のリストに98B条を付加した。

　40条8項と9項は，TULRCAの237条と238条を改正した。237条は，非公認争議行為を行っている間に解雇された被用者は，不公正解雇を申し立てる権利を持たないと規定する。238条は，公認争議行為に参加するまたはロック・アウトに巻き込まれた間に解雇された被用者は，参加するまたは巻き込まれるその他の被用者の一部が解雇されない，あるいは全員が解雇された場合に彼は再雇用の申出をされないでその他の一部はされるならば，不公正解雇を訴える権利を持つのみであると規定する。40条8項と9項は，これらの規定の適用免除のリストに98B条を付加した。

6　弾力的労働

　法41条は，弾力的労働についての法律規定を利用する者に不公正解雇の標準資格付与条件の特定の適用免除を拡大するために法を改正した。同条はさらに，1996年雇用権利法に挿入された弾力的労働規定が同法のその他の部分で正しく相互参照されることを規定する。

　1996年雇用権利法の104C条は，被用者が解雇され，その理由または主たる理由が，被用者が弾力的労働を申請したまたは申請することを提案した，80G条の下で権利を行使したまたは行使することを提案した，80H条の下で使用者

を提訴した,あるいはそのような提訴をする理由を与える事情の存在を申し立てたことである場合に,被用者は不公正に解雇されたとみなされると規定する。

41条の1項と2項は,TULRCAの237条と238条の適用免除のリストに104C条を付加した。したがって,弾力的労働に関係する理由のために解雇された被用者は,公認または非公認争議行為に関与しているにもかかわらず不公正解雇を申し立てることができることになった。

41条4項は,1996年雇用権利法の105条に新しい7BA項を挿入する。同項は,被用者が剰員整理に選抜され,彼の選抜の理由または主たる理由が,104C条に定められるものの1つである場合に,これは不公正解雇とみなされることを規定する。

41条5項は,不公正解雇を提訴することができる前の1年の資格付与勤続の要件の適用免除の,1996年雇用権利法の108条3項に含まれるリストに104C条を付加した。弾力的労働を要求する権利の資格付与するために,被用者は,その他の資格付与する要素に付加して,26週の継続雇用を持つことのみを必要とする。この項は,104C条に規定される不公正解雇に対する保護が弾力的労働を要求する資格のあるすべての被用者に適用されることを保障する[1]。

41条6項は,「通常の定年退職年齢」または65歳に達した被用者は,不公正解雇をもはや提訴することができない準則の適用免除の,1996年雇用権利法109条2項に含まれるリストに104C条を付加した。この項は,104C条に規定される不公正解雇に対する保護が年齢にかかわらず被用者に適用されることを保障する[2]。

7 情報提供と協議

法42条は,国務大臣が被用者または彼らの代表が規則に定められる事項に関して使用者により情報提供され協議される権利に関する規則を制定することを可能にする。この権限により制定される規則は,欧州共同体において被用者に情報提供し協議するための一般的枠組みを設定する情報提供と協議に関するEC指令(Directive 2002/14/EC of the European Parliament and of the Council of 11 March 2002 establishing a general framework fro informing and consulting employees in the European Community)を実施する。

同指令は2002年3月11日に制定され,加盟国は,2005年3月23日までに

同指令を実施することを要求された。指令の1条は，その目的は，欧州共同体において被用者の情報提供と協議の権利のための最低要件を設定する一般的枠組みを設定することであると定める。実際的準備は，決定する加盟国に委ねられた。通商産業省は2002年7月に討論文書 High Performance Workplaces: The role of employee involvement in a modern economy を公表した。討論はさらに指令の要件がどのように施行されるべきかについてCBI並びにTUCとの間で行われた。CBIとTUCは，実施の枠組みに合意し，その合意に基づき，協議文書 High Performance Workplaces: Informing and Consulting Employees が，提案された制度に関する広範な公衆からの意見を求めるために2003年7月7日に出された。EU指令を実施するために通例使用される1972年欧州共同体法の2条2項の下の権限は，協議文書で提案された規則のすべての側面を対象とするほど十分に幅広いと考えられないので，42条1項は規則を制定する一般的な権限を規定することになった[3]。

　42条2項は，1項の下で制定される規則は，規則が適用される使用者について規定しなければならないと定める。42条2項a号は，これらの規定は，使用者の企業に雇用される被用者の数を含む要素に照らして規則は使用者の企業に適用されると規定すると定める。b号は，規則は，企業における被用者の数が計算される方法を規定することができると定める。c号は，規則は，異なる日付から異なる規模の企業に適用されることができる効果を持つ。

　指令の3条は，加盟国は，最低50人の被用者を雇用する「企業」または最低20人の被用者を雇用する「事業場」（「企業」と「事業場」は2条で定義される）に実施立法を適用する選択肢を持つと規定する。いずれの場合でも雇用される被用者の数を計算する方法を決定するのは当該加盟国である。規則案は50人以上の被用者の企業に適用されることになる。

　指令の10条は，企業または事業場に雇用される被用者の数に左右され2008年3月23日までに段階的に指令を実施することを特定の加盟国に認める経過規定を定める。通商産業省は，この減損を利用し，当初2005年3月から150人以上の被用者の企業に，2007年3月から100人から149人の間の被用者の企業に，2008年3月から50人から99人の間の被用者の企業に規則が適用されることを計画した。

　42条4項a号は，規則が，規則から発生する紛争を解決する管轄権を雇用審

判所が持つことを規定し，EATに管轄権を与えることを規定する。この権限は，規則の下の個人の権利の保護に関して利用されることを目的とする[4]。

　42条4項b号は，国務大臣が中央仲裁委員会（CAC）に任務を与えることを可能にし，これは，規則のいっそう一般的な規定の下の紛争を解決することをCACに認めるために利用されることを目的とする[5]。4項c号は，規則が投票の実施を要求するまたは授権することができると規定し，4項d号は，(ア)1996年雇用権利法(とくに雇用における不利益取扱いを被ることからの保護に関係する第5部，不公正解雇に関する第10部，雇用の特定の種類に関係する第13部)，(イ)1996年雇用審判所法（雇用審判所と雇用控訴審判所に管轄権を与える）および（ウ）TULRCAの規定を規則は改正する，または類似の規定を適用することができると規定する。

　42条5項は，指令の要件を実施し，関係する事項を処理するために必要であるあらゆる付加的規定を制定するのは国務大臣の権限であると規定する。

　42条7項と8項は，規則は確認的決議手続に服する制定法的文書により制定されることを規定する[6]。

1）　The Queen's Printer of Acts of Parliament, op.cit., para.284.
2）　Ibid., para.285.
3）　Ibid., para.291.
4）　Ibid., para.295.
5）　Ibid., para.296.
6）　2005年4月6日に，2004年被用者に対する情報提供・協議規則（Information and Consultation of Employees Regulations 2004 SI 2004/3426）が施行され，150人以上の被用者を有する組織の被用者は，組織内の問題について情報を提供され，協議を行う権利を保障されることとなった。100人以上の被用者を有する組織については，2007年4月から，そして50人以上の被用者を有する組織については，2008年4月から，それぞれ同規則は適用されることになる。同規則が定める要件を適用させるためには，使用者自身が発議するか，または組織内の被用者の最低10％（最低15人ないし最高2500人の制限に服する）が使用者に対し要求しなければならない。この新しい規則は，使用者と被用者が彼らの固有の事情に適した情報提供と協議の仕組みについて合意することを奨励することを目的とするので，同規則は，許容されるそのような仕組みの対象事項，方法，時期や頻度について規定することをしていない。情報提供と協議の仕組みについて労使が合意に至らない場合には，EU指令に基づく標準規定が適用されることになる。これらの規定は，使用者に対し，組織の活動と経済的状況について被用者の代表に情報を提供し，雇用問題および労務管理または被用者との契約関係における重要な変更に関して被用者の代表と協議することを要求する。この規則に関する詳細な情報については，www.dti.gov.uk/er/consultation/proposal.htm 参照。

第八章　イギリス 2008 年雇用法の制定と労使関係法改革の展望

はじめに

　イギリスの 2008 年雇用法（Employment Act 2008）は，2008 年 11 月 13 日に国王の裁可を受けて，同日以降，順次，段階的に施行された。同法は，労働党政権が制定した最後の重要な労使関係立法として位置づけることができる。

　同法が制定された目的は，大きくは 2 つある。1 つは，2002 年雇用法（Employment Act 2002）により 2004 年 10 月から施行された個別労使紛争に関する法定紛争解決手続を廃止して，それに代わる新たな紛争解決の仕組みを導入することである。もう 1 つは，ASLEF v UK[1] において，欧州人権裁判所が，1992 年労働組合・労働関係（統合）法（Trade Union and Labour Relations（Consolidation）Act，以下，TULRCA）174 条が結社の自由を保障する欧州人権条約 11 条に違反すると判断したことを受けて，同条の改正を行うことである。

　2008 年雇用法は，23 か条からなる。1 条ないし 7 条は，職場における紛争解決に関係する法改正を定める。8 条ないし 14 条および 18 条は，1998 年全国最低賃金法（National Minimum Wage Act 1998，以下，NMWA）の下の全国最低賃金の執行関係する法改正等を定める。19 条は，TULRCA 174 条と 176 条の改正を定める。

　同法は，基本的にイングランド，ウェールズならびにスコットランドに適用される。ただし，8 条ないし 14 条で改正される NMWA は，北アイルランドにも適用される。もっとも，同法による法改正は，スコットランドと北アイルランドに権限移譲された事項，具体的には農業労働者の最低賃金には適用されない。

　サッチャーならびにメージャー両保守党政権下で制定されたいわゆる反労働組合立法の完全撤廃をめざす勢力から見ると 2008 年雇用法による法改正は，満足のゆくものではなく，むしろ新たな混乱を労使関係に持ち込む懸念があると評価される[2]。他方，労使関係に過度の法律主義を持ち込んだと批判された法定紛争解決手続の廃止は，イギリス労使関係の伝統的なボランタリズムへの回

帰を示す動きとして注目される。いずれにせよ，2008年雇用法の制定による法改正がイギリスの労使関係に及ぼす影響は，決して小さくはないと考えられる。そこで，以下では，2008年雇用法により行われた主要な法改正を検討することを通して，今後のイギリスにおける労使関係法改革の方向を展望してみたいと思う。

---

1) ［2007］IRLR 361.
2) Georgina Hirsch, John Usher and Shubha Banerjee, The Employment Act 2008: an IER critique and guide, The Institute of Employment Rights, 2008, iv.

一　職場における紛争解決

1　2008年雇用法制定の背景

　2002年雇用法は，29条ないし33条と附則2ないし4において，雇用審判所への訴えの数とコストを削減することを目的とした法定の職場紛争解決手続（以下，法定手続という）を導入した。法定手続は，2004年10月に施行され，使用者により提起される懲戒処分と解雇の問題，そして被用者により提起される苦情処理問題を処理するために職場で遵守されなければならない強制的3段階プロセスを定めた。これらのプロセスはそれぞれ，他方当事者に対する問題の書面による通知と，当事者双方の間での会議の開催，そして適切な場合における申立の提起を要求した。さらに，使用者または被用者がそれぞれ最低限の法定手続を利用しない場合，10％ないし50％の間で補償裁定額を増やすまたは減らすことを審判所に要求した（31条）。苦情処理手続を初めて開始してから28日間経過しないで被用者が審判所に訴えを提起することは禁止された（32条）。

　法定手続が導入されたとき，政府は，その運用と影響を2年後に見直すことを約束した。その約束に基づいて設置されたMichael Gibbonsを座長とする見直し作業は，2007年3月に見直しの結果を報告した。その報告，Better Dispute Resolution: A Review of Employment Dispute Resolution in Great Britain (DTI March 2007 URN 07/755) は，法定手続は，原則として正しいが，それの強制的性質の結果，予期せぬ結果を招いたと結論した。

　同報告によると，法定手続は，非公式によるならばいっそう上手に処理できる紛争を公式化する効果を持った。適切な手続に従わないことによる法的制裁を理由に，紛争を解決するための可能な最善の方法を見出すよりもむしろ手続が正しく行われることを保障することに当事者は焦点を当てる傾向にあった。非公式に解決されることができた多くの問題が法定手続の結果として激化して，不釣り合いな労務管理の時間が費消された。

　また，法的助言がプロセスの早期に追求され，事件ごとにいっそう多くの弁護士が関与する時間が要求されるという相当な量の逸話のような証拠があった。とくに，苦情処理手続を開始する苦情の書簡を被用者が書く必要が，法的

助言が追求される引き金になったように見えた。

　見直しの報告は，解雇以外に剰員整理と有期契約の期間満了ような広い範囲に解雇手続が適用される事実に批判的であった。小規模企業にとって，法定手続の申立の段階は，同じ管理者が当事者双方の審査を行わなければならないことにより，不必要な負担がかけられた。大規模な同一賃金の要求のような複数の申立人による要求において，プロセスは要求のそれぞれについて完遂されなければならなかった。多くの場合に，懲戒処分と苦情処理の問題は同時に提起され，法定手続の2つの系統がどのように機能するべきかが明らかではなかった。

　以上から，見直しの報告は，労使紛争の多様性と複雑さから，承認できないほど複雑にならないですべての事情に取り組むことに成功することができる手続を計画することは実行不可能であると結論した。そこで，同報告は，懲戒処分と苦情処理の双方の法定手続が廃止されるべきであることを勧告した。

　政府は，協議文書，Success at Work: Resolving Disputes in the Workplace (DTI March 2007 URN 07/734) において，この勧告に関する意見を求めたうえで，法定手続を完全に廃止することを決定した。

2　法定紛争解決手続の廃止

　2008年雇用法（以下，法という）1条は，2002年雇用法29条ないし33条と附則2ないし4を削除し，法定手続を完全に廃止した。同条は，2009年4月6日に施行された。

　法2条は，法定手続が2004年10月に導入されたと同時に，1996雇用権利法（Employment Rights Act 1996, 以下，ERA）に挿入された98A条を削除した。同条は，使用者が法定手続を完遂しない場合には，解雇は自動的に不公正であると規定した。同条はさらに，解雇に関するその他の手続，たとえば就業規則等に従うことが解雇の決定に何ら影響を及ぼさない場合には，そのような手続を使用者が遵守しないことを審判所は無視することができると規定した。同条が削除された結果，不公正解雇事件における手続違反の問題の処理は，2004年10月以前の状態に戻された。すなわち，この問題の処理は，判例法理に委ねられる。リーディング・ケースのPolkey v AE Dayton Services Ltd[1] の貴族院判決によると，解雇は，純粋に手続上の理由で不公正になりうるが，そのような事情において，仮に正しい手続が遵守されたとしても解雇は行われたであ

ろう見込みを反映するために，審判所は，基礎裁定以外の支払われる補償裁定額を削減または排除するべきである。

3 法定行為準則

法3条は，1条による法定手続の廃止を受けて，法定の権限の下で発給される紛争解決のための手続に排他的にまたは主として関係する行為準則を遵守することを関係当事者に奨励する代わりの仕組みを提供する。TULRCAの第4部，第3章の下で，国務大臣とACAS（助言・調停・仲裁局）は，国会の承認を受ける行為準則（法定行為準則）を発給することができる。TULRCA 207条は，法定行為準則は，法的に拘束しないにもかかわらず，証拠として認められることができ，雇用審判所により考慮に入れられることができると規定する。

3条は，勧告された行為準則に従うインセンティブを提供するために，TULRCAに新しい207A条と附則2Aを挿入する。これらの規定は，職場の紛争解決に関係する行為準則を不合理に遵守しないことを理由に裁定を変更する裁量を雇用審判所に与える。関係する行為準則は，紛争の解決のための手続に排他的にまたは主として関係するものであることから，TULRCAの下で発給された既存の6つの準則のうち，法が施行されるのに合わせて改訂された懲戒処分と苦情処理手続に関するACAS行為準則のみがそのような定義に該当することになる。

使用者が関係する行為準則を不合理に遵守していないと雇用審判所が判断する場合，審判所は，公正かつ公平であると考えるならば，25％まで被用者に対する裁定額を増やすことができる（207A条2項）。他方，被用者が関係する行為準則を不合理に遵守していないと雇用審判所が判断する場合，審判所は，公正かつ公平であると考えるならば，25％まで被用者に対する裁定額を減らすことができる（207A条3項）。これらの裁定の調整は，使用者が正確な雇用条件の書面を与えないことを理由に2002年雇用法38条の下で裁定が行われる前に，行われるべきである（207A条5項）。また，調整は，寄与過失による減額の前に行われるべきである（法3条4項により改正されたERA 124A条）。不公正解雇の事件では，行為準則の違反による調整は，補償裁定についてのみ行われ，基礎裁定には行われない。

新しい附則2Aは，3条により対象とされる管轄権を掲げる。掲げられた管

轄権は，本質的に不公正解雇，剰員整理手当，差別および違法な懲戒処分の訴えのすべての範囲の事件を対象とする。これらは，審判所への訴えの圧倒的多数を占める。

4 ACAS 行為準則

(1) 新しい行為準則

ACAS は，懲戒処分・苦情処理手続に関する新しい行為準則[2]を法定手続に基づく版と置き換え，2008年雇用法により法定手続が廃止された2009年4月6日に施行した。

新しい準則は，旧版のものよりも非常に短く，8頁しかない。これは，部分的に，法定手続の廃止が法をいっそう単刀直入なものにした事実を反映する。他方で，協議に対応して，ACAS は，簡潔で理解しやすい原則に基づいた準則をつくる意識的な努力も行ったといわれている[3]。その結果は，確かに簡潔であるが，それと引き換えに困難な状況を処理する使用者を援助するものは準則にほとんどないともいわれる。準則は基本的な指導を提供するが，それの勧告は，ほとんどの有資格の人事管理の実務担当者には，むしろ明白な内容とみなされることになると考えられる。準則は，最大の可能性のある状況の範囲を対象とし，非常に小規模な企業にも非常に大規模な企業にも等しく適用可能であることを必要とするので，勧告は一般的ものになる傾向がある。

それでもなお，新しい準則が持つ意義は，十分にあると考えられる。すなわち，法定手続が廃止された後，多くの解雇と懲戒処分の場合において，公正さの一般的判断基準として準則を参照することが必要になる。確かに準則の違反そのものは，自動的に解雇を不公正にはしないにもかかわらず，審判所が，法定手続の代わりに，準則を非常に関係する要素としてみなすことになると十分に予測される。

他方で，ACAS は，「職場における懲戒処分と苦情処理：ACAS の指導[4]」を作成し，準則と同時に2009年4月6日に施行した。この文書は，職場の懲戒処分と苦情処理の問題の処理に好事例の助言を提供することにより準則を補完することを目的とするが，準則とは異なり，雇用審判所はそれの内容を考慮に入れることを法的に要求されることはない。しかし，この文書が職場の労使関係に及ぼす実際的影響は，無視することはできないと考えられる。

(2) 一般的な勧告

　行為準則は，懲戒処分と苦情処理の問題の公式の処理に関係するにもかかわらず，その前文において，「多くの潜在的な懲戒処分または苦情処理の問題は非公式に解決されることができる」ことと「落ち着いた言葉がしばしば要求されるもののすべてである」ことを指摘する[5]。また，非公式な問題解決が可能ではない場合，問題を解決することを援助するために独立した第三者が検討されるべきであることを前文は指摘する。そのような第三者は，当該問題に関与していない限り，使用者の組織外の者である必要はなく，内部の仲介者でもかまわない。しかし，一部の問題の場合には，外部の仲介者が適切になる。

　行為準則は，懲戒処分と苦情処理の問題を公式に処理するほとんどの場合に適用することができる公正さの基本的要件を定める。さらに行為準則は，ほとんどの場合における合理的行動の基準を提供することを目的とする。

　行為準則の序において，使用者の規模が何であれ，懲戒処分と苦情処理の問題は公正に処理されることが重要であることが強調される[6]。これに関しては，以下の多くの要素がある。

　第1に，問題は迅速に処理されるべきである。

　第2に，使用者と被用者は，一貫して行動するべきである。

　第3に，使用者は，事実を証明するために必要な調査を行うべきである。

　第4に，使用者は，問題の根拠を被用者に伝えて，何らかの決定が行われる前に主張を提出する機会を被用者に与えるべきである。

　第5に，使用者は，公式の懲戒処分または苦情処理の会議において被用者に同伴されることを認めるべきである。

　第6に，使用者は，行われた公式の決定に対して申立を行うことを被用者に認めるべきである。

　以上の要素は，イギリス法において，私的な団体内部において公正な審査と弁明の機会を保障することを要請する自然的正義の原則の内容を確認するものと評価することができる。

(3) 懲戒処分問題の処理

　懲戒処分問題は，非行または勤務成績不良を含む。たとえ懲戒処分問題が別の能力評価手続の下で使用者により処理されるとしても，行為準則が示す公正

さの基本原則は，必要な調整を受けつつも，なお遵守されるべきである。しかしながら，行為準則は，剰員整理を理由とする解雇の手続または有期契約の更新拒絶には適用されない。

① 事件の事実の立証

　行為準則は，懲戒処分の会議が開かれる前の合理的な調査の重要性を強調し，非行の場合に，実行可能なところで，さまざまな人々が調査と懲戒処分の審査を行うべきであると定める。調査が被用者との会議を含む場合，この会議は，それ自体いかなる懲戒処分も招くべきではないと定められる。賃金の支払い停止が必要であると考えられる場合，停止は可能な限り短くされるべきであり，見直しを受けるべきであると定められる。使用者は，賃金の支払い停止は懲戒処分ではないことを明確にするべきである。

　応答する必要がある懲戒処分事件があると調査が指摘する場合に，使用者は書面でこれを被用者に通知するべきである。この通知は，懲戒処分会議において事件に応答する準備をするために十分な情報を被用者に与えるべきである。「何らかの証言を含む書面による証拠の写しを通知とともに提供することが，通常，適切になる」[7]と行為準則は定める。無署名の証拠または使用者が証拠を機密として扱うことを希望する事情については，行為準則には定めはない。通知はさらに，懲戒処分会議の時間と場所の詳細を与えて，同伴される権利を被用者に伝えるべきである。

② 被用者との会議の開催

　行為準則は，「被用者に主張を準備する合理的な時間を認める一方で，不合理な遅滞なく会議は開かれるべきである」[8]ことを除いて，会議の時間についての特定の勧告を行わない。

　行為準則は，使用者と被用者ならびに選ばれた同伴者は，会議に出席するための「あらゆる努力」を行うべきであると定める[9]。被用者が十分な理由なしに懲戒処分会議に出席することに「一貫して不熱心または不能である」[10]場合には，使用者は利用できる証拠に基づいて決定を行うべきである。しかしながら，行為準則は，「一貫して」により意味されるものについてそれ以上詳細には語らない。被用者が欠席の十分な理由を持つ場合，たとえば長期の傷病のよう

な場合について，行為準則は定めていない。

　会議において，使用者は被用者に対する不服申立を説明し，集められた証拠に基づいて会議を進行することを行為準則は想定する。被用者は，質問し，証拠を提出し，関係する証人を呼ぶための合理的な機会が与えられるべきである。使用者が証人を呼ぶ要件はなく，使用者が呼んだ証人に直接に反対尋問する機会が被用者に認められるべきであるとの指摘は，行為準則にはない。しかし，被用者が希望する場合に証人を呼ぶことができることを行為準則は，明確に勧告する。証人がいずれかの側により呼ばれる場合，関係当事者は，そうする意図があることについて事前に通知を与えるべきである。

③　被用者の同伴される権利

　行為準則は，懲戒処分審査において労働者の選ぶ労働組合役員または同僚により同伴される労働者の1999年雇用関係法（Employment Relations Act 1999）10条所定の権利を説明する。すなわち，懲戒処分会議が，公式の警告の発給，その他の懲戒処分，または申立の審査での警告もしくはその他の懲戒処分の確認のいずれかの結果を招く可能性がある場合に，労働者は同伴される権利を有する。しかし，行為準則は，同伴される要求は合理的なものでなければならないことを強調する。「その存在が審査を偏向させる者により同伴されることを労働者が主張することは，通常，合理的ではない」[11]と行為準則は定める。また，施設において適合して意欲的である者が利用できる場合に，遠隔地からの者により同伴されることを労働者が要求することは合理的ではないとされる。

　同伴者は，労働者の主張を提出し要約するために審査に参加すること，会議で表明された意見に労働者の代わりに応答すること，そして審査の間に労働者と協議することを認められるべきである。しかし，労働者がそうすることを希望しないまたは使用者がその主張を説明することを妨害する場合には，同伴者は，労働者の代わりに質問に応答する，審査に参加する権利を有しない。

④　適切な処分の決定

　会議の結果が，非行が確認されるまたは被用者の業務遂行が満足のゆくものではなかったと認められることである場合，行為準則は，被用者に警告書を与えることが「通例」であると定める[12]。追加の非行の行為または一定期間内に

業績が改善しないことは，通常，最終警告書を招く。もっとも行為準則は，深刻な状況において，直ちに最終警告書に至ることが適切であることを承認する。

　警告は，非行または勤務成績不良の性質と要求される行為の改正または業績の改善を期限付きで示すべきである。被用者は，警告が有効である期間を告げられるべきであるが，行為準則は，警告が画定した期間存続することをとくに要求はしない。行為準則は，警告が実際に有効であるべき期間について勧告を行わない。

　警告はまた，追加の非行の見込まれる結果，たとえば解雇に言及するべきである。行為準則は，重大な非行の場合には初犯により即時解雇という結果を招くことにもなりうるとしながらも，そのような場合であっても公正な手続が常に遵守されるべきであることを強調する。

⑤　申立の機会の保障

　行為準則は，被用者が行われた処分が不当であると考える場合，被用者は決定に対して申立を行うべきであると定める。その際，被用者は，使用者に対し書面で申立の理由を与えるべきである。申立は，不偏に，そして可能な場合はいつでも，従前にその事件に関与しなかった管理者により処理されるべきである。

⑥　特別な事件

　行為準則は，懲戒処分の面で2つの「特別な事件」に言及する[13]。懲戒処分が労働組合の代表である被用者に対して検討されている場合，行為準則は，その被用者の同意を得て，早い段階で組合の専従役員と問題が議論されるべきであることを指摘する。行為準則はさらに，被用者が刑事犯罪で起訴されるまたは有罪宣告される場合，これは，通常，それ自体で懲戒処分の理由にはならないと定める。使用者は，起訴または有罪宣告が被用者の職務を行う適性，使用者，同僚および顧客との関係に及ぼす影響を検討することが必要である。

(4)　苦情処理の問題

　行為準則は，次に，苦情の処理のための枠組みを示す。苦情の定義は非常に広い。行為準則は，苦情は「被用者が彼らの使用者に生じる懸念，問題または不服」であると定める[14]。苦情に関する行為準則の定めは非常に短く，その代

わりに，とくに同伴される権利に関するように，懲戒処分審査に関する定めの部分を単純に反復する。指摘されるテーマの1つは，苦情処理の各段階が「不合理な遅滞なく」行われるべきであることである。しかし，行為準則は，不合理として考えられる遅滞の程度については定めない。

① 使用者に対する問題提起

行為準則は，非公式に苦情を解決することが可能ではない場合，苦情の主題ではない管理者に被用者は問題を公式に，そして不合理な遅滞なく提起するべきであると定める。これは，書面で行われ，苦情の性質を示すべきである。

② 被用者との会議の開催

被用者が苦情とそれがどのように解決されるべきであると考えているかを説明することを認められる公式の会議を，使用者は，次に手配するべきである。必要である調査のために会議を延期することに検討が与えられるべきである。行為準則は，苦情処理の会議について，懲戒処分の審査について行った労働組合の役員または同僚労働者に同伴される権利の説明を繰り返す。

③ 適切な行為の決定

会議に続いて，使用者は，仮にある場合には，行われる行為を決定してこれを書面で被用者に伝えるべきである。被用者は，結果に不満である場合に申立を行うことができることを告げられるべきである。

④ 申立の機会の保障

苦情処理の場合の申立の処理に関する行為準則の勧告は，懲戒処分の申立に関して行われたものと本質的に同じである。

⑤ 懲戒処分と苦情処理が重複する場合

被用者が懲戒処分の処理の過程で苦情を提起する場合，苦情を処理するために懲戒処分の処理は一時的に中断されることができると，行為準則は定める。しかし，いつこの選択が適切であり，いつそうではないかについて行為準則は定めない。苦情と懲戒処分の事案が関係する場合，行為準則は，双方の問題を

同時並行的に処理することが適切であると定める。

⑥　集団的苦情

行為準則は，労働組合またはその他の職場の代表により代表される複数の被用者のために提起された苦情に適用されないと定める。これらの苦情は，組織の集団的苦情処理のプロセスに従って処理されるべきである。

(5)　新しい行為準則の実際的影響

新しい行為準則は，大規模な使用者が直面する手続の困難な点を明確にすることをほとんどしていないようにみえる。他方で，行為準則は，使用者に驚くようなまたは面倒な要件を課してはいないともいうことができる。人事管理の専門知識のない社主やその他の現場管理者により問題が処理されるような人事管理部のない非常に小規模な使用者に，行為準則は非常に利用されるようになると予測される。しかし，大規模使用者は，規則的に行為準則を参照する必要性を感じそうにはないと考えられる。

そこで，新しい行為準則の発給は，その遵守を確保するために懲戒処分と苦情処理に関する方針をとくに慎重に見直すことを行うことを使用者に要求することにはならないと予測される。要するに，廃止された法定手続を遵守する手続は，ほぼ確実にACASの行為準則を遵守することになる。むしろ使用者にとって必要なのは，行為準則が定める非常に一般的な公正さの原則を拡張し，行為準則で取り組まれていないいっそう困難な手続上のポイントの一部を扱うことになる今後の判例法の展開に警戒することであると指摘される[15]。

5　無審査による審判所手続

1996年雇用審判所法（Employment Tribunals Act 1996, 以下，ETA）7条3A項は，雇用審判所が無審査で事件を審判することを授権されることができると規定する[16]。この広範な権限は2002年から施行されたにもかかわらず，利用されてこなかった。雇用審判所におけるすべての事件は，全員参加の審判所または審判長単独の審査において審判されていた。

法4条は，ETAに7条3AA項と3AB項を挿入し，無審査による審判のための雇用審判所手続は，手続のすべての当事者がそのプロセスに書面で同意す

ることを保障しなければならないことを定める。同条はさらに，審判所は無審査により懈怠裁決を出すことを継続することができ，これらの事情において当事者の同意は要求されないことを保障する。すなわち，被申立人が手続に答弁を提出しないもしくは事件を争わない場合にのみ無審査により事件が審判されることができる。被申立人が答弁を提出したがそれが審判所により承認されなかった場合，被申立人は答弁を提出していないとみなされる（7条3AB項）。

6 審判所手続の提起前の調停

ETA 18条3項は，人が審判所手続を提起することができると主張するが，未だにそうしていない状況における調停に適用される。同項は，その手続を提起することになる者，または手続が提起されることになる使用者が，調停を要求した場合，もしくは両当事者が要求した場合，ACASの調停官は，紛争の解決を調停することを試みる義務を負い，あるいは一方当事者のみが要求する場合，勝訴の合理的な展望があると調停官が考える場合にそうすると規定した。

法5条2項は，18条3項を改正し，調停を提供するか否かのACASの調停官の決定の理由を正当化することを調停官に要求しないで審判所手続前の紛争を調停する裁量的権限を上記の義務と置き換える。改正の意図は，調停の要請が調停に利用できる資源を超過する場合にACASが事件に優先順位をつけることを可能にし，勝訴の展望がない場合に審判所手続前の紛争に調停を提供する義務からACASを解放することにあった[17]。

ETA 18条5項は，ERA 111条の下の不公正解雇の訴えができることを人が主張するが，未だ行われていない場合，ACASの調停官は，あたかもその訴えが行われたように行動し，ERA 18条4項に規定されるように，調停の専門家の役割として，解雇された被用者のために復職または再雇用もしくはその代わりに付加的補償を保障することを試みなければならないと規定した。法5条3項は，その義務を廃止し，審判所手続前の紛争においてそのような復職または再雇用を追求する裁量的権限に代えた。

7 審判所手続の提起後の調停

ETA 18条2A項は，雇用審判所規則が調停と和解の機会を認めるために，固定した期間，雇用審判所の審査の延期を規定する場合，ACASの調停する義

務はその延期の間継続するが,それ以降は裁量的権限になると規定した。ETA 19条2項は,雇用審判所規則が18条2A項において定めるように規定する場合,延期の満了後調停の作業は撤回されることができる可能性を当事者は通知されることをそのような規則はさらに規定しなければならないことを規定した。

法定手続の見直し作業は,固定した調停期間の満了後ACASは和解に至るうえで援助を提供することを要求されないことは関係当事者が承知していたにもかかわらず,紛争は一般的に早期に解決されていないと結論した[18]。

そこで,法6条は,ETA 18条2A項と19条2項を廃止し,雇用審判所が結論を出すまで雇用審判所事件におけるACASの調停する任務は,その手続を通して存続する効果を持つことになった。

8 財政的損害の補償

(1) 賃金からの違法な控除または授権されない賃金の支払い

ERA 13条1項と15条1項は,使用者は労働者の賃金からの授権されない控除を行うことはできないと規定し,ERA 18条1項と21条1項は,授権される控除の制限を規定する。これらの規定のいずれかが違反される場合,労働者は,ERA 23条1項の下で雇用審判所への訴えの方法により救済の権利を有する。

ERA 24条は,23条1項の下で行われた訴えに十分に根拠があると雇用審判所が認定する場合,審判所はその旨の宣言を行い,控除または支払いの額を労働者に支払うまたは場合に応じて返すことを使用者に命じることができると規定する。

しかし,ERA 23条と24条で利用できる救済は,不払いまたは授権されない控除または支払いから生じる損害のための補償には及ばなかった。たとえば,付加的な銀行手数料または利息の賦課である。違反した使用者を退職した元の被用者がそのような損害のために別個の訴えを行うことは可能であるが,1994年雇用審判所管轄権拡張(イングランド・ウェールズ)命令(Employment Tribunals Extension of Jurisdiction (England and Wales) Order 1994)等により債務不履行による訴訟の一部として県裁判所においてのみ提起することができる。

法7条は,ERAに新しい24条2項を挿入し,授権されない控除または支払いの額の支払いもしくは返還に付け加えて,使用者の懈怠の結果として労働者が被った財政的損害を反映するために補償の支払いを行うことを使用者に命じ

る権限を雇用審判所に与える。審判所は，事情のすべてにおいて適切であるような額を算定することになる。これは，労働者が彼らの損害を完全に補償されることを可能にし，別の県裁判所への訴えを行う必要をなくすことにより，雇用関係が終了した者のための損害回復のプロセスを簡素化することを目的とする[19]。

(2) 剰員整理手当の不払い

ERA 163条は，被用者の剰員整理手当の権利または剰員整理手当の額に関する問題は，雇用審判所に付託されて決定されるものとすると規定する。

法7条は，ERA 163条に新しい5項を挿入し，被用者が剰員整理手当の権利を有すると雇用審判所が認定する場合，剰員整理手当の不払いに帰すことができる財政的損害を労働者に補償するために付加的支払いが行われることを審判所は使用者に命じることができると規定する。

法7条により改正された補償の対象は，使用者の懈怠により労働者が被った財産的損害に限られ，慰謝料は含まれない。

---

1) ［1988］AC 344.
2) ACAS, Code of Practice 1, Disciplinary and Grievance Procedures.
3) Darren Newman, New ACAS code of practice on disciplinary and grievance procedures, IRS Employment Review No.913, 12/01/2009.
4) ACAS, Discipline and grievances at work: the ACAS guide.
5) ACAS, Code of Practice 1, Disciplinary and Grievance Procedures, Foreword.
6) ACAS, op.cit., para.4. ただし，行為準則は，「関係する事件を判断する際に，雇用審判所は，使用者の規模と資源を考慮に入れることになり，そしてすべての使用者がこの準則で示された措置のすべてを講じることがときには実行可能ではないこともある」（ACAS, op.cit., para.3）と定める。
7) ACAS, op.cit., para.9.
8) ACAS, op.cit., para.11.
9) ACAS, op.cit., para.12.
10) Ibid.
11) ACAS, op.cit., para.15.
12) ACAS, op.cit., para.18.
13) ACAS, op.cit., paras.29 and 30.
14) ACAS, op.cit., para.1.
15) Darren Newman, op.cit.
16) 本項は，1998年雇用権利（紛争解決）法（Employment Rights (Dispute Resolution) Act 1998）2条により挿入された。
17) Employment Act 2008, Explanatory Notes, 2008 c 24, para.29.
18) Michael Gibbons, Better Dispute Resolution, para.3.20.
19) Employment Act 2008, Explanatory Notes, para.39.

二 全国最低賃金

全国最低賃金制度は，1997 年に政権に就いたときの労働党の旗艦政策であった。この制度は，保守党による早晩，破綻するであろうとの予測を打ち砕いて，1998 年 4 月 1 日の施行から 10 年以上経過して定着している。それゆえ，労働党と保守党の間に依然として何らかの相違があることを証明する最高の試金石の政策として存続するといわれている[1]。

2008 年雇用法は，全国最低賃金を執行する制度に多くの改正を行った。

1 遅配賃金の支払い

法 8 条は，最低賃金を支払われていない労働者に対する未払い額の算定方法を変更した。従来，1998 年全国最低賃金法（National Minimumu Wage Act 1998，以下，NMWA）17 条は，問題の賃金参照期間に労働者に実際に支払われた額と全国最低賃金の率で労働者に支払われたならば支払われたであろう額との差を「付加的報酬」として労働者は受け取る権利を有すると規定した。これについて，政府は，遅配が購買力を失わせていることを考慮に入れていないとして，労働者が全国最低賃金を支払われないことにより実質的に損害を受けないことを保障するために，遅配額のいっそう公正な算定方式について協議を行った[2]。

8 条は，NMWA 17 条を改正して，全国最低賃金の遅配が期間を通して未払いである場合に，遅配が未払いである期間の長さを考慮に入れるために，従来よりも増額された付加的報酬が労働者に支払われることを目的とする。改正された 17 条 1 項は，従来の付加的報酬の算定方式で算定された遅配，すなわち，参照期間に労働者が実際に受け取った報酬と同期間に全国最低賃金率で使用者が労働者に支払ったならば労働者が受け取ってであろう報酬との差額（17 条 2 項），または新しく導入された別の算定方式で算定された遅配（17 条 4 項）いずれかの高い方が，同条の下で労働者が権利を有する遅配であると規定する。

別の算定方式は，公式 $(A/R1) \times R2$ で表示される。そこでは，A は，従来の算定方式により労働者が受け取る額である。R1 は，賃金参照期間に労働者に関して支払われることができる最低賃金の率である。R2 は，遅配が認定された日に適用される全国最低賃金の率である。この 17 条の改正により，その期間に最

低賃金より少なく支払われた労働者が，支払われなかった賃金参照期間に適用される率に基づくよりもむしろ，労働者の事件が決定された日に適用される最低賃金率に基づいてこれについて補償されることを認められるようになった。8 条はさらに，1948 年農業賃金法（Agricultural Wages Act 1948）に同様な改正を行った（6 項）[3]。

労働者が賃金参照期間に関して権利を有する遅配の全額を支払われる場合，労働者は，その賃金参照期間に関する遅配について追加の権利を有しない（17条 5 項）。労働者が 17 条の下で未払いの遅配の一部を支払われる場合，17 条 2 項または 17 条 4 項のいずれかの下で算定された遅配のいずれか高い方についての労働者の権利は，その額まで減額される（17 条 6 項）。

2　不足払い通知

法 9 条は，全国最低賃金の執行に関する新しい制度を導入した。9 条 1 項は，NMWA に新しい 19 ないし 19 H 条を挿入し，既存の執行ならびに制裁通知を新しい単一の不足払い通知に置き換えた。

従来，執行官は，使用者に労働者に対し遅配を支払うことを要求する執行通知を発給することができた。執行通知の送達から 28 日以内に使用者が同通知を完全に遵守することをしない場合には，執行官は，労働者のために遅配を回復する訴訟を提起することができ，国務大臣に制裁金を支払うことを要求する制裁通知を発給することができた。各労働者に関する制裁金は，使用者が執行通知を遵守しなかった各日について全国最低賃金率の額の 2 倍に等しい額であった。使用者は，執行通知または制裁通知に対する不服を雇用審判所（北アイルランドでは労使審判所）に対して申し立てることができた。

（1）　遅配の不足払い通知

置き換えられた NMWA 19 条は，使用者が適切な率で 1 または複数の労働者に支払っていないと執行官が考える場合，執行官は 28 日以内に，17 条の下で規定された新しい算定の下で支払われる遅配の額を支払うことを使用者に要求する通知を送達することができると規定する（1 項と 2 項）。その通知は，新しい 19 条の施行前に生じた期間に関する遅配を支払うことを使用者に要求することができるが，通知の送達日の前 6 年を超える期間に関する遅配を通知に含

めることはできない（6項と7項）。

(2) 制裁金

重要な変更は，この不足払い通知が国務大臣に対し制裁金を支払うことを使用者に要求しなければならないことである（新しい19A条）。19A条は，不足払い通知の送達から28日以内に国務大臣に対し制裁金を支払うことを同通知は使用者に要求しなければならないと規定する（1項）。ただし，国務大臣が，命令により，制裁金が科されない事情を特定する場合を除く（2項）。支払われる制裁金の額は，新しい制度の施行後の期間に関して未払い総額の50%である（19A条5項）。制裁金は，最低100ポンドで5000ポンドを超えてはならない（19A条6項と7項）。使用者は，28日以内に遅配を支払うことにより制裁を回避することはできない。しかしながら，通知が送達されて14日以内に遅配全額に制裁金の半額を加えて使用者が支払う場合，制裁金の残りは放棄される（19A条10項）。

(3) 制裁金の停止

制裁金は，最低賃金を支払わないことによるNMWA 31条の下の訴追に代わるものである。新しい19B条により，訴追が行われる場合，制裁金は停止され，訴追が成功するならば撤回される。訴追が進まない，または有罪を伴わないで終了する場合，制裁は「制裁再生化通知」により再生される。

(4) 不足払い通知に対する申立

不足払い通知に対抗することを希望する使用者は，雇用審判所（北アイルランドでは労使審判所）に申し立てることができる（19C条）。その申立は，通知から28日以内に提起されなければならない。使用者は，3つの主要な理由の1つまたは複数に基づいて申し立てることができる（1項）。第1は，通知に示された日において，通知に指名された労働者に未払いの遅配はなかったこと，すなわち，使用者は同法を遵守したことである（4項）。雇用審判所がこの理由の下で申立を認める場合，審判所は通知を取り消さなければならない（7項）。第2は，労働者に金額を支払うことの通知の要求が正しくなかったことである。すなわち，その特定の労働者に支払われる予定の金額はなかった，または通知で特定された金額が正しくなかったことである（5項）。第3は，19A条2項

の下の命令に特定された事情において通知が制裁金を含んだ，または通知に特定された制裁金の額が正しくないことである（6項）。雇用審判所が第2または第3の理由の下で申立を認める場合，審判所は通知を是正しなければならず，その場合，通知は審判所により是正された効力を持つ（8項）。

(5) 不足払い通知の不遵守

使用者が不足払い通知の下の要件を遵守しない場合，執行官は，雇用審判所に被用者の代わりに賃金からの違法な控除の訴えを提起するか不足払いを回復するための民事訴訟を提起することができる（改正前のNMWA20条を再規定する19D条）。制裁金は，通常裁判所において民事債務として回復されることができる（改正前のNMWA21条5項を再規定する19E条）。

(6) 不足払い通知の撤回

新しい19F条は，不足払い通知が不当に要求を含むまたは要求に欠けるもしくは特定のことにおいて正しくないと執行官が考える場合，使用者に撤回通知を送達することにより執行官が通知を撤回することを認める（1項）。通知が撤回されて，代わりの通知が発給されない場合，撤回された通知に従って使用者がすでに支払った制裁金は，利息付きで返還されなければならない（2項a号と4項）。撤回された通知に対する申立は退けられ，撤回された通知に基づいて労働者のために遅配を回復する爾後の手続を執行官は開始することはできない。もっとも通知が撤回される前に開始された手続は継続されることができる（2項b号，c号およびd号）。

(7) 代わりの不足払い通知

新しい19G条は，通知が撤回されると同時に代わりの通知を執行官が発給することを認める（1項）。代わりの通知は，撤回された通知に含まれなかった労働者を含むことはできない（2項）。この要件に違反する場合，使用者は，その通知に対申立理由とすることができる（3項）。代わりの通知は，撤回された通知の送達後であるが代わりの通知の送達前に生じた遅配を含むことができる（4項）。代わりの通知が発給された場合，新しい19条7項の遅配を含めるための6年間の制限期間は，代わりの通知の送達日ではなく最初の通知の送達日か

ら算定される（5項）。代わりの通知は，撤回された通知からの重要な相違を示さなければならない（6項）。執行官は，1件の代わりの通知を発給することができるのみである（8項）。

(8) 代わりの不足払い通知の効力

新しい19H条により，代わりの不足払い通知が発給される場合，撤回された通知に対する申立は，あたかも代わりの通知に対するように効力を持つことを継続する。使用者が代わりの通知に対し申し立てる場合，使用者は撤回された通知に対する申立を取り下げなければならない（2項）。執行官は，撤回された通知に基づいて労働者のために遅配を回復するための爾後の手続を開始することはできないが，通知が撤回される前に開始された手続は，継続されることができる（3項）。代わりの通知に含まれる制裁の遵守を評価する際に，撤回された通知に関して制裁金として使用者によりすでに支払われた金額は，考慮に入れられる（4項a号）。使用者によりすでに支払われた制裁金が代わりの通知の制裁金によりも多い場合，差額は利息付きで使用者に返還されなければならない（4項b号と5項）。

19H条は，1948年農業賃金法に同様の改正をもたらす（6項）が，スコットランドと北アイルランドにおける農業最低賃金の執行に関して効力を持たない（7項）。

3　執行官の記録の写しを取る権限

従来，NMWA 14条は，使用者が同法により保存することを要求される記録の重要な部分の写しを取る権限を執行官に認めた。法10条は，14条に小さな改正を行い，NMWAの下で保存されることを要求される記録の写しを取るために執行官がそれらの記録を持ち出す権限を持つことを規定する。

執行官は，記録のすべてが重要であるか否かを最初に決定する必要なしに，完全な記録を写すことができる（2項）。

記録が調製される場合に，執行官は写しを取る目的で記録を持ち出す権限を持つが，執行官がこの目的で記録を持ち出す場合，記録は合理的に実行可能である限り速やかに使用者に返却されなければならない（3項）。10条の改正は，スコットランドと北アイルランドにおける農業最低賃金の執行に関して効力を

持たない（4項）。

4　犯罪の審理形態と罰則

　法11条は，最低賃金を支払うことを拒否する，不正確な記録を保存するまたは執行官の業務を妨害するようなNMWA31条に定める犯罪の重さを増やした。従来，そのような犯罪は，治安判事裁判所においてのみ審理されることができ，最高の刑罰は，標準尺度の5段階を超えない罰金（5000ポンド）であった。

　11条はこれを改正し，刑事裁判所でも犯罪が審理されることができることを認める。この結果，科されることができる罰金の制限は撤廃された。審理が治安判事裁判所で行われる場合，罰金は「法定最高限度」の制限を受ける。イングランドとウェールズで5000ポンドであるが，スコットランドでは1万ポンドである。犯罪が刑事裁判所と治安判事裁判所の双方で審理されることができるようになった結果，治安判事裁判所においてのみ審理されることができる事件のための期限が開始する時を決定するための規定は廃止された（NMWA33条2項ないし5項を廃止する11条2項）。11条の改正は，スコットランドと北アイルランドにおける農業最低賃金の執行に関して効力を持たない（3項）。

5　捜査権限

　法12条は，全国最低賃金の違反を捜査する執行官である歳入・税関の権限を2007年財政法（Finance Act 2007）により対象とされるその他の歳入・税関の捜査に関するものと同等にするために拡張した。

　NMWA31条の定める犯罪に関する歳入・税関により行われる捜査に1984年警察・刑事証拠法（Poloce and Criminal Evidence Act 1984）と1989年警察・刑事証拠（北アイルランド）命令 Poloce and Criminal Evidence（Northern Ireland）Order 1989）の規定が適用される（1項）。これらの規定は，たとえば，歳入・税関が責任捜査機関であるその他の犯罪を捜査することにおいて権限が使用されるのと同じ事情において，歳入・税関の執行官が訴追命令と捜査令状を申請するまたは容疑者を逮捕することを認める。歳入・税関の通常のスコットランドの刑事捜査権限は，スコットランドにおける全国最低賃金違反の犯罪の捜査に適用される（2項）。

6　篤志労働者

篤志労働者（voluntary workers）は，全国最低賃金の適用を免除される特別な種類の労働者である[4]。そのような労働者は，慈善団体，慈善団体以外の社会貢献等を目的とする篤志団体，その収益を全部慈善団体や篤志団体の目的に充当する関係資金供与団体（associated fund-raising body）または法定団体により雇用されて，その雇用条件が，実費や実費の合理的見積もりを除く金銭の支払いと事情において合理的である生活費や宿泊費の一部または全部の提供以外の種類の手当に対する権利付与を規定しない場合にのみ，全国最低賃金の適用を免除される（NMWA 44条1項）。

法14条は，NMWA 44条を改正し，篤志労働者がその職務を遂行することを可能にするために掛かり，そして合理的にそのように掛かる費用を含めるために，全国最低賃金の権利付与を発動しないで篤志労働者に支払うことができる費用の種類を拡大した。職務の遂行に掛かる費用として，実際に掛かった費用またはそのように掛かるもしくは掛かったと見込まれると合理的に算定される費用の双方が，全国最低賃金の権利付与を発動しないで篤志労働者に支払われることができる。これは，交通費，子どもの世話の費用または特別な衣服もしくは装置の購入を対象とすることができる。

新しい44条1A項c号は，宿泊費用は篤志労働者に支払われることはできないと規定する。この改正の効力は，NMWAの下の宿泊費用についての既存の取扱いを維持することである。宿泊費用は支払われることはできないが，44条1項b号の下で雇用の事情で合理的であるようなそのような宿泊費用は，全国最低賃金の権利付与を発動しないで篤志労働者に直接提供されることができる。

7　NMWAの改正の意義と残された課題

全国最低賃金は，1997年の総選挙における労働党のマニフェストの主要な柱であり，低賃金と貧困に取り組み，搾取を減らし，賃金の切り下げ競争から被用者を保護し，社会保障制度により低所得者に加算するために必要な納税者の負担を減らし，さらに，投資と生産性を押し上げて雇用を増やすことができると主張された。保守党は，全国最低賃金の導入は，企業にとって余分な負担となり，とくに失業の増加を招くとして，これに反対した。しかし，実際には，

1999年4月1日に全国最低賃金が施行され，その後引き上げられたことは，雇用の水準または雇用が増大する速度に識別できる影響を及ぼさなかった[5]。また，イギリスの失業率は，1999年の春以降，その低下が加速され，全国最低賃金の施行とその後の引き上げは失業率に測定できる影響を及ぼさなかった[6]。全国最低賃金の施行以降，低賃金部門に雇用される労働者の総数は，増加を続けている。2009年の第24半期までの10年間で，全体の雇用労働者数が1480万人（6.1％）増加したのと比較して，低賃金部門での増加は45万4000人（5.8％）であった。その増加の大部分を占めたのは，小売り，ホテル・レストランならびに社会的介護である[7]。

　このように，全国最低賃金は，所期の目的に照らして一定の成果をあげてきたが，他方で，その執行において大きな問題を抱えていた。

　第1は，使用者に対するNMWAを遵守するインセンティブの欠如であった。改正前のNMWAの下では，全国最低賃金の支払いを要求する通知の送達後，使用者が全国最低賃金を支払わないことを継続する場合にのみ，制裁金が科されることになった。それゆえ，NMWAを遵守することを要求する最初の執行通知が使用者に発給されない限り，そしてそれが発給されるまで，多くの使用者が故意に全国最低賃金を支払わなかった[8]。

　使用者が執行通知を遵守しなかった場合，執行官は，制裁通知を発給することができた。制裁通知は，不遵守の各日につき時間当たり22歳以上の労働者の全国最低賃金率の2倍の制裁金を科した。しかし，使用者が全国最低賃金を支払わないことが初めてであることを執行官が確認する場合，執行官が次の段階の制裁通知の発給に常に進むわけではないという問題があった[9]。

　さらに問題なのは，裁判所または雇用審判所を通してのNMWAを執行する通例のプロセスに時間が掛かることにより労働者の遅配の回復が遅れることになるが，その遅れに対して利息を支払うことを要求する規定は，NMWAにはなかった。これもまた，制裁通知が発給されない限り，使用者が全国最低賃金を支払わない別のインセンティブとなった。また，NMWA違反で有罪宣告された場合も，最高刑が5000ポンドの罰金であったことも抑止力としては適切ではなかった。

　第2は，全国最低賃金の執行に利用できる資源の問題である。歳入・税関の遵守ユニットが利用できる資源は最近，増加が見られるが，それでもなお取り

組むべきである問題の規模から見ると，資源は少ないといわざるを得ない。たとえば，労働力調査での7つの最も賃金が低い部門（小売り，接客，美容，社会的介護，清掃，織物製造および警備）に35万人の使用者がいるが，遵守ユニットの執行官は，そのような部門の使用者3553人当たりに1人の計算になる。これは，平均して使用者が320年に1回執行官の訪問を受けることになることを意味する[10]。また，多くの移民労働者が就労しているインフォーマル経済の存在は，全国最低賃金の遵守の監督を極端に困難にする結果，そのような労働者の間での非常に低い賃金を放置することになっている。

このことからも明らかなように，NMWAの遵守を監督する体制には資源の面において大きな問題があり，NMWAの執行権限を強化するだけでは，全国最低賃金の遵守の実効性には限界があり，執行権限の行使を支える資源の確保が重要であることが認識される。

前述のNMWAが抱える問題に対して，2008年雇用法による改正は，どのような効果をもたらすのであろうか。

法8条により導入された未払い最低賃金額の別の算定方式は，使用者が長期間，全国最低賃金を支払わなかった場合，その期間中に全国最低賃金率が増加したならば，労働者はその増加した率で遅配全額を受け取ることを可能にするので，労働者は，法改正による恩恵を被ることになる。他方，使用者にとっては，この支払額の増加は，後述の刑事制裁の強化と結合して，NMWAを遵守することへのインセンティブを増やすことになると考えられる。

法9条による執行通知の「不足払い通知」への1本化と制裁金の未払い総額の50％への引き上げは，迅速な救済を促すインセンティブを提供することになると考えられる。

法11条によりNMWAに違反する犯罪が刑事裁判所にも起訴できるようになったことは，罰金刑の限度がなくなったことによる厳罰化と同時に，捜査の対象範囲が拡大されることを意味する。

2008年雇用法によるNMWAの改正，とくに遅配の算定方式と制裁金の増額は，改正前のNMWAの欠陥を是正する面で効果的であるということができる。しかしながら，前述したように，全国最低賃金の執行に利用できる資源と執行官の数を増やさないで，NMWAの執行権限を強化したとしても，今回の法改正の効果と影響が限られたものにとどまらざるを得ないことは明らかである。ま

た，NMWA違反を刑事訴追する戦略的政策が2006年に導入されてからこれまでの極端に少ない有罪件数（2007／8年度で3件）[11]に照らすと，今回の法改正による刑事制裁の強化も，資源の増加がない限り，所期の効果は見込まれないと考えられる。

　さらに今回の法改正において，NMWAの不遵守が横行しているインフォーマル経済に対する効果的な取組がまったくなされなかったことは問題である。そこで就労している多くの脆弱な労働者にとって，今回のNMWAの改正の効果がほとんど期待することができないことは，今回の法改正の意義を削ぐものである。今回は見送られたが，脆弱な労働者のグループに属する労働者がグループ全体のためにNMWAの遵守を請求することを認める代表訴訟の導入が，今後の課題であると考えられる。

1） Georgina Hirsch, John Usher and Shubha Banerjee, The Employment Act 2008: an IER critique and guide, The Institute of Employment Rights, 2009, p.22.
2） Consultation on National Minimum Wage and Employment Agency Standards Enforcement, DTI, May 2007, pp.4-5.
3） 農業労働者のための最低賃金は，イングランド・ウェールズについて，1948年農業賃金法，スコットランドについて1949年農業賃金（スコットランド）法（Agricultural Wages (Scotland) Act 1949），北アイルランドについて，1977年農業賃金（規則）（北アイルランド）命令（Agricultural Wages (Regulations)(Northern Ireland) Order 1977）により定められる。農業労働者の賃金は，スコットランドと北アイルランドに関する権限委譲事項であるので，7項は，1977年農業賃金（規則）（北アイルランド）命令と1949年農業賃金（スコットランド）法に関して17条の改正は影響しないものとすると規定する。
4） 篤志労働者がNMWAの適用を免除されることについては，Bob Simpson, A Milestone in the Legal Regulation of Pay: The National Minimun Wage Act 1998, Industrial Law Journal, Vol.28, No.1, March 1999, p.6を参照。
5） Goverment submissions to the Low Pay Commission on the uprating of the minimun wage in 2004, DTI URN 04/538, para.7.
6） Op.cit., paras.11-12.
7） Goverment evidence the Low Pay Commission on the economic effects of the National Minimum Wage, BIS, January 2010, p.27.
8） Georgina Hirsch, op.cit., p.32.
9） Ibid.
10） Op.cit., p.33.
11） Op.cit., p.36.

三　職業紹介業と労働者派遣業に対する規制

1　犯罪の審理形態と罰則

　従来，1973年職業紹介業法（Employment Agencies Act 1973，以下，EAA）に違反するすべての犯罪は，略式起訴を要する犯罪のみであり，それゆえ治安判事裁判所においてのみ審理することができた。略式起訴による最高刑は5000ポンドの罰金であるが，法違反を考慮した不適格性から職業紹介業を営むことを禁止された者が，その禁止を無視する場合に，業者の高い収益と比較して，上記の罰金額は，適用される罰則として有効な抑止力にはならないと，政府は考えた。そこで，政府は，EAAに違反する犯罪が刑事裁判所でも審理できるようにEAAを改正する提案について協議を行った[1]。

　法15条は，EAA 1973に違反する特定の犯罪は，刑事裁判所における起訴においてまたは治安判事裁判所による略式で審理されることができると改正した。同条の効力は，犯罪が起訴されて有罪宣告を受ける場合，裁判所が利用できる罰金を増やすことである。犯罪が刑事裁判所において審理される場合，科されることができる罰金に制限はない。

　さらに15条は，有罪宣告に基づいて治安判事裁判所により科すことができる罰金の最高限度を標準尺度の5段階を超えない罰金から「法定最高限度」を超えない罰金に改正した。現在，法定最高限度の罰金はイングランドとウェールズで5000ポンドであり2007年12月10日からスコットランドで審理された犯罪については1万ポンドに増額された。

　15条の下で，起訴または略式起訴のいずれかの方法で審理できるようになる犯罪は，以下のものである。

　第1に，EAA 3B条に基づく禁止命令の不遵守。

　第2に，EAAの下で制定された規則の違反または不遵守。現在では，EAAの下で制定された規則は，2007年職業紹介業・労働者派遣業の行為（改正）規則（Conduct of Employment Agencies and Employment Businesses (Amendment) Regulations 2007）により改正された2003年職業紹介業・労働者派遣業の行為規則（Conduct of Employment Agencies and Employment Businesses

(Amendment) Regulations 2003) に含まれる。

　第 3 に，EAA 6 条の下での職業紹介業の提供のための料金の請求または（直接または間接の）受領（改正された 2003 年職業紹介業・労働者派遣業の行為規則の下でこれが許される場合を除く）。

2　監督権限の強化

　法 16 条は，EAA 9 条の下で任命される監督官の監督権限を強化する。16 条 2 項は，EAA の遵守を保障するために職業紹介業基準監督官が監督することを合理的に要求することができる監督される施設で保有される財政記録と文書を監督官が特定して要求することを可能にするために，9 条 1 項 b 号の下で行使できる監督権限を拡大する。これは，EAA または改正された 2003 年職業紹介業・労働者派遣業の行為規則により要求されて保存される記録または文書を監督することを監督官に認める EAA にすでに含まれる権限に付け加えられるものである。

　従来，EAA 19 条 1 A 項の下で記録，文書または情報が保存されるところを監督官に伝え，合理的に実行可能である場合に，その記録，文書または情報が監督されるまたは施設において監督官に準備されることを手配することを監督される施設の誰に対しても監督官は要求することができた。16 条 4 項は，この権限を新しい権限に代えて，監督官が特定できるような時間と場所において記録，文書または情報を監督官に準備することを職業紹介業または労働者派遣業を遂行する者に書面通知により要求することを監督官はできるようになった。この改正の効力は，監督時に施設にいる，記録または文書に対するアクセスを持たない，もしくは情報を提供する十分な知識を持たないかもしれない者よりも，むしろ職業紹介業または労働者派遣業を遂行する者に要求される記録，文書または情報を準備する要件を課すことである。これにより，事業を遂行する者が記録，文書または情報を準備しなければならない場所を監督官が特定することが可能になり，監督される施設を再訪問することを必要とせず，監督官が選ぶ便利な場所で記録，文書または情報を監督することができるようになった。

　16 条 5 項は，新しい 1 AA 項，1 AB 項と 1 AC 項を EAA 9 条に挿入することにより 2 つの新しい権限を定める。職業紹介業または労働者派遣業を遂行する者が書面通知において特定された記録，文書または情報を監督官に準備しな

い場合,そして記録,文書または情報が職業紹介業または労働者派遣業の遂行の関係者または元の関係者により保存されると考える合理的理由を監督官が持つ場合,監督官は,特定できるような時間と場所で記録,文書または情報を準備することをそれらの者に書面通知により要求することができる。さらに,記録,文書または情報が,2000年金融業・市場法（Financial Services and Markets Act 2000）により定義される銀行により保存される場合,監督官は,特定できるような時間と場所で記録,文書または情報を準備することを銀行に書面通知により要求することができる。

16条6項は,同条3項とともに,EAAに従って監督される記録と文書の写しを取る権限をEAAに従って監督される記録と文書の写しならびにEAAの規定が遵守されたか否かを識別するために監督される財政記録と財政文書の写しを取る権限に置き換えた。この広範な権限は,監督官が監督することができる記録と文書の広い範囲に対応するものである。この広範な権限の下で記録または文書の写しを取るためにそれが監督された施設から監督官は記録または文書を持ち出すことができるが,記録または文書は,合理的に実行可能な限り速やかに返却されなければならない。従来のように,企業施設での複写機に頼るのではなく,記録または文書を戻す前に写しを取る目的で監督官はそれらを持ち出すことができるようになった。

16条8項は,9条の下の監督官の権限行使において監督官を妨害するまたは9条所定の要件に違反する犯罪を新たに定めた。その犯罪で有罪である者は,標準尺度の3段階を超えない罰金（1000ポンド以下）を略式有罪宣告で科されることになる。同項は,9条3項を改正し,16条により付与された新しい権限に犯罪を拡張適用する。

3 残された課題

イギリス法においては,職業紹介業と労働者派遣業との間に区別がある[2]。「労働者派遣業」（employment business,以下,EB）は,労働者を雇用し彼らに賃金を支払うことに責任を負う。EBは,末端利用者,または雇い主のために働くために彼らに被用者を供給する（EAA 13条3項）。実際には,労働者派遣業の被用者は,紹介労働者（agency worker）として混同して言及されることがある。

「職業紹介業」（employment agency，以下，EA）は，雇い主または末端利用者に求職者を供給することになる（EAA 13条2項）。雇い主は，求職者を当初から期間の定めのない契約で被用者として採用し，その供給ついて業者に費用を支払うことがある。それとは別に，紹介労働者または求職者は，一時的または有期に必要とされることがある。そのような場合には，雇い主は業者に時間当たり率に基づき費用を支払い，それの何割かが労働者に渡される。さらに，労働者と業者との間の契約は，労働者は業者の被用者ではなく業者は仕事を保証しないことを特定して定めることがよくある。ほとんどの場合，労働者と雇い主の間に契約は存在しないことになる。

　裁判例からも，紹介労働者の不安定雇用の実態を窺うことができる。James v London Borough of Greenwich[3]では，上訴人 Merana James は，数年間，職業紹介業者を通して Greenwich 特別区のために継続して働いた。上訴人と職業紹介業者との間の契約書は，「自営的雇用臨時労働者」（self-employed temporary worker）として上訴人は労働を遂行し，上訴人の労働は，上訴人自身と末端利用者との間の契約を生じないことを明示的に規定した。傷病休職後の特別区への復帰の際に，紹介業者が代わりの労働者を送ったので上訴人はもはや必要とされないと上訴人は告げられた。上訴人は，不公正解雇の訴えを提起したが，控訴院は，上訴人は紹介業者または特別区の被用者ではないので，上訴人は提訴することはできないと判断した。

　上訴人を「臨時労働者」として表現することは難しいにもかかわらず，雇用審判所は，雇用契約が黙示されるべきであるか否かを評価することにおいて支配，義務の相互性および必要性の基準を適正に適用したと控訴院は判断した。Mummery 判事は，紹介労働者の保護の欠如を巡る論争について控訴院は「十分意識している」ことを付け加えたが，その事情において「変更について意見を表明するまたは変更を発議する」のは裁判所ではないことを強調し，裁判所において職業紹介事件を扱うために費消される莫大な金額は，「代表することと政策に関する論争を追求するまたは法を改革することさえできる団体を通して」いっそう良好に費消されたかもしれないことを指摘した。この事件からは，裁判官が現実に起きていることを見ようとしても，契約書面の背後にあることまで見通すことは困難であることが窺える。

　James v Redcats Brands[4]では，控訴人 Mrs James は，全国最低賃金への

アクセスを拒否された。月曜日から金曜日まで毎朝，非控訴人は控訴人の自宅に小包を配達した。控訴人の職務は，住宅への小包を名宛人に配達することであった。会社は配達の締切を設け，特定の文書作業が行われることを要求し，ときどき監督を提供し，そしてその職務が遂行される方法に関して訓練マニュアルに示された詳細な指示を与えた。雇用審判所は，控訴人は労働者ではないと結論した。控訴人は，全国最低賃金の権利を有しなかった。控訴人は，法定傷病給与を含むその他の権利を剥奪された。控訴人の地位は，控訴人の自己責任の事業のそれであった。雇用審判所の分析は法律上誤りであると雇用控訴審判所は結論し，分析を正しく処理するために事件を雇用審判所に差し戻した。この事件は，生活のために働いて非常に少ない賃金を支払われる者が，労働者ではなくまたは被用者が享受する権利を持つ者ではないとなぜみなされるべきであるのかという根本的な問題を提起した。

Kalwak and Others v West Country Foods[5]では，ポーランドで採用された上訴人 Ms Kalwak らは，職業紹介業者 Consistent の「被用者」であるまたは「労働者」としてそれに雇用されたという主張に基づいて不公正解雇の補償その他の救済を求めて提訴した。Consistent は，食品製造工場とホテル，主に後者にスタッフを供給する業者である。West Country Foods との労働者供給の契約は，「我々［Consistent］により導入されるすべてのスタッフは，我々により雇用されるままであり，その他の仲介を通して（たとえば，自営的雇用，別の業者により直接雇用されるまたはそれを通して雇用される）貴ホテルで労働しないものとする。彼らがそうする場合には1500ポンドの制裁金が科される。」と定めた。契約はさらに，「会社は，この契約に関して労働者派遣業として行動し，労務契約または労務供給契約の下でスタッフを雇用することができる。」と定めた。

Ms Kalwak ら，2005年4月末にイングランドに来たが，当時 Consistent は，当初彼らをリバプールの住宅に収容した。彼らの契約は，彼らを「自営的雇用下請契約者」(self-employed subcontractors) と表現した。彼らが雇用の権利を持つことを防止するために，「下請契約者は，Consistent の被用者ではなく，傷病給与，休日給与または年金の権利のようなフレンジ・ベネフィットの権利は与えられない」そして「下請契約者が Consistent に労務を供給することを同意した場合，彼は彼自身でその労務を遂行するものとし，または，彼ができない場合には，彼は Consistent に伝えて，能力があり，適しておりそして十分に

経験があることを下請契約者が保証し引き受ける人員によりその労務が遂行されることを確保するものとする」と定められた。彼らはさらに,「最初の週40時間について時間あたり1人につき3.44ポンドそしてその後時間あたり4.85ポンド」を住宅の滞在のためにConsistentに費用を支払わなければならず,「人員が依頼者の施設で交番につき温かい食事を受けた場合には,最初の週40時間について時間あたり1人につき4.13ポンドをそしてその後時間あたり4.85ポンドを」支払わなければならなかった。

　以上の事実にもかかわらず,Ms Kalwakは被用者であると雇用審判所は認定したので,Consistentは,控訴した。雇用控訴審判所は,雇用審判所の認定を支持した。Consistentは,控訴院に上訴した。控訴院は,雇用審判所の審判長の判断と推論は不当に欠陥があると結論した。事件は別の審判所に差し戻されたが,Consistentが再び敗訴することにしないようにする明確な忠告を伴った。その後,本件は,裁判外で和解された。

　以上の事件から窺えることは,不安定な雇用で働いている者が,法的に雇用されているとみなされないので,全国最低賃金の請求等の問題を個人として法的に提起する見通しが立たないことである。このことから,現在は利用することが認められていない,このような脆弱な労働者のグループを代表して労働組合により提起される代表訴訟が,有効な権利救済の1つの手段であると考えられる。

　2003年職業紹介業・労働者派遣業の行為規則にも問題が残る。同規則7条の下で,正当な争議行為を妨害するために労働者派遣業が派遣労働者を供給することは違法である。しかし,労働者派遣業が,労働者が供給されている目的について知っていたことが証明されることができない場合には,それが防御になる。ストライキ参加者の職を埋めるために派遣労働者を使用者が募集することは違法ではなく,職業紹介業者がスキャブ労働者を供給することは違法ではない。実際に,職業紹介業基準監督官は,労働者派遣業からのスキャブ労働者の供給を妨げるために適宜行動することができなくなっており,彼らはこれまで訴追を行ったことがないと指摘される[6]。

　たとえば,ドーバー港での争議行為に関係する事件において,使用者は,外部の1供給者から労働者を,そして別の供給者から乗組員が乗った船舶を調達した。労働組合は,供給者が職業紹介業として行動していたか労働者派遣業と

して行動していたかを見極めることに努力した。組合は，争議行為がさらに妨害されることを阻止するために供給者に警告の書簡を送ることとならんで介入することを要求して職業紹介業基準監督官に接触した。しかしながら，職業紹介業基準監督官は，行動を取ることをしなかった[7]。

　2008年雇用法による職業紹介業と労働者派遣業に対する監督権限の強化は，積極的であると評価することができる。しかしながら，そのような監督権限が宝の持ち腐れにならないように，職業紹介業基準監督官の監督権限の行使のあり方を改善することが課題として残されている。そのことは，ひいては，不安定雇用で働いている労働者の労働条件の向上につながると考えられる。

1） Consultation on National Minimum Wage and Employment Agency Standards Enforcement, DTI, May 2007, pp.5-6.
2） しかし，関係省庁または職業紹介業基準監督官の間でも，この区別の説明が共有されていないことが指摘される。 Georgina Hirsch, op.cit., p.64, endnotes 43.
3） www.bailii.org/ew/cases/EWCA/Civ/2008/35.html.
4） UKEAT/0475/06/DM.
5） [2008] EWCACiv430　www.bailii.org/ew/cases/EWCA/Civ/2008/430.html.
6） Op.cit., p.37.
7） Op.cit., p.38.

四　労働組合の自治

1　ASLEF 事件

　法19条は，政党員資格を理由とする労働組合からの排除または除名に関する1992年労働組合・労働関係統合法（Trade Union and Labour Relations (Consolidation) Act 1992，以下，TULRCA）の174条と176条を改正した。この改正は，欧州人権裁判所により2007年2月27日に下されたASLEF v UK (Application no.11002/05) 事件判決[1]に対応して行われたものである。

　TULRCA 174条は，労働組合からの排除または除名が同条により特定される理由によるものではない限り，個人が労働組合の組合員資格から排除または除名されない権利を規定する[2]。174条2項d号は，人の「保護される行為」を唯一または主たる理由として労働組合がその者を排除または除名することを違法とする。174条4A項と174条4B項は，「保護される行為」を政党員の党員資格または元の党員資格と定義する。TULRCA 176条は，労働組合がこの権利を侵害したと雇用審判所が認定する場合の補償金の支払等の救済を規定する。

　19条による改正は，TULRCA 174条と176条に定められる「保護される行為」の概念を維持するが，特定の事情の下で政党の党員資格または元の党員資格を理由に労働組合が個人を排除または除名することを認めることとした。

(1)　ASLEF 事件の事実の概要

　申立人のASLEFは，1880年に創設された労働組合であり，イギリスの鉄道の列車運転士のほとんどを組織し，約1万8000人の組合員を有している。イギリスの鉄道ネットワークの様々な会社は，クローズド・ショップを運用していないので，運転士を含む鉄道労働者は，ASLEFまたはその他の組合に加入することまたはいずれの組合にも加入しないことが自由である。

　ASLEFの規約は，組合の目的は，労働者と使用者の間の関係を規制し，組合員と産業の福祉を保護することとならんで，「社会主義社会に向かう労働運動の前進を一般的に援助すること（規約3.1(vii)）」と「性別，性的傾向，婚姻上の地位，宗教，信条，皮膚の色，人種または民族的出自と無関係に我々の産業と

ASLEF における均等待遇に関する積極的政策を促進し，発展させ，制定すること（規約 3.1 (viii)）」であると規定する。1978 年に ASLEF の決定機関である年次代議員大会（AAD）は，規約 14 条 a 項に従って，「ファシストの活動家とグループの台頭を懸念するこの ADD が国民戦線のような政党の不愉快な政策を暴露するために精力的にキャンペーンを行うことを執行委員会に指令する」ことを決議した。

2002 年 2 月に，極右の合法のイギリス国民党（BNP，従前の名称は国民戦線）の党員である Jay Lee が，ASLEF の組合員資格を申請し，承認された。2002 年 4 月に，Lee は，Bexley の地方選挙に BNP の候補者として立候補した。2002 年 4 月 17 日に，ASLEF の役員は，Lee に関する報告を書記長に送り，Lee は BNP の活動家であり，僧侶の服装をして反イスラム教の小冊子を配布したこと，1998 年に彼は Newham で BNP の候補者として立候補したことの情報を付した。その報告は，Spearhead（BNP の雑誌）のために Lee が書いた論稿と Lee が反ナチ連盟のパンフレット配布者を執拗に妨害したこと（彼らの写真を撮る，車の番号を撮る，喉を切る仕草をする，彼の車で 1 人の女性のあとをつけて彼女の自宅の住所を表示することを含み，これらのことは警察に報告された）を記載する Bexley 人種平等協議会からのファックスを含んだ。

2002 年 4 月 19 日に，ASLEF の執行委員会は，全会一致で Lee を除名することを採決し，Lee には 2002 年 4 月 24 日付け書簡により通知された。書簡には，彼の BNP の党員資格は，ASLEF の組合員資格と両立することはできず，彼は組合の評判を落とす見込みがあり，彼は組合の目的に反すると記された。Lee は除名に対して不服申立を行い，2003 年 3 月 13 日に ASLEF 申立委員会が開かれて，彼は出席しなかったが，彼の不服申立は退けられた。

2002 年 5 月 18 日に，AAD は，「BNP または同様なファシスト組織の構成員資格は，規約 5 条の目的の下で決定されたように ASLEF の組合員資格と両立することはできない。したがって ASLEF の組合員である，または組合員資格を申請する BNP の党員は組合員から除かれるまたは組合員資格を拒否されるものとする。」と決議した。したがって，規約 4.1 条 d 項は，「ファシスト組織のような，組合の目的に正反対に対立する組織の構成員，支持者または同調者に選択してなる者は，ASLEF の組合員に加入許可されないものとする。」と改正された。その間に，TULRCA 174 条に基づいて，Lee は，彼の除名に関して

雇用審判所に提訴した。雇用審判所は，2003年5月21日に，Lee の訴えを認容した。申立人は EAT（雇用控訴審判所）に控訴したが，2004年3月10日に EAT は，1番目の雇用審判所は深刻な法の誤りを犯したと認定し，その裁決を破棄し，事件を2番目の雇用審判所に差し戻した[3]。

　174条に関する EAT の解釈は，除名された組合員の行為が政党員であるという事実ではない限り除名の正当な理由として組合はその行為に依拠することができることであった。組合は，「政党員であることまたは政党員であることを継続するために必要である」行為である行為に依拠することはできないことをEAT は認めた（UKEAT 0625 03 24002（24 February 2004）para.29）。政党員としてのまたは政党員としての権限での行為が政党員資格の概念に含まれ，そして組合が依拠することを認められない行為になるとの申立人による主張は，EAT により否認された（para.28.5）。2番目の雇用審判所は，2004年10月6日に下された裁決により Lee の申立を再び支持した。雇用審判所は，Lee の除名が174条の目的のために，BNP の党員資格の事実とは別に，彼の行為に完全に帰することができるとの申立人の主張を否認し，除名は，「主として彼の BNP の党員資格を理由にする」と判断した（para.25）。申立人は，2番目の雇用審判所の裁決に対して EAT に控訴しなかった。

　2番目の雇用審判所の裁決の結果，申立人は，それへの Lee の再加入を許可することを義務づけられた。申立人がそうすることは，それ自体の規約に違反する。申立人が Lee の再加入を許可しないと，申立人は，雇用審判所が公正かつ公平と考えるような額（現行，8600ユーロの法定最低限度に服し，上限はない）で彼に補償金を支払う責任を負うことになる。たとえ申立人が Lee の再加入を許可したとしても，雇用審判所が公正かつ公平と考えるような額である補償金（約9万4200ユーロの上限に服する）の請求を Lee が申し立てる危険に申立人は曝されることになる。Lee がそのような申立を行った形跡はなかった。

(2)　判決要旨

　申立人は，TULRCA 174条は，労働組合がそれ独自の規約に照らして行動する組合の権利に対する不必要な制限であり，それにより組合の結社の自由の権利を侵害すると主張して，イギリス政府に対する訴えを欧州人権裁判所に提起した。欧州人権裁判所は，申立人の主張を認容し，174条は結社の自由を保障

する欧州人権条約11条に違反すると判断した。判決の要旨は，以下のとおりである。

① 国内救済手続

判決は，まず，欧州人権条約35条1項所定の欧州人権裁判所への申立の前提である国内救済手続を申立人が尽くしていないという被申立人による主張に対して，EATでの審理において条約11条が174条を解釈するうえで無関係とされたのであって，申立人の側が国内救済手続において174条が条約11条に違反するとの主張を放棄したまたは欠いたとは認められないとして，被申立人の主張を退けた。

② 条約11条

判決は，条約11条が定める一般原則について以下のとおり判断した。11条の本質的な目的は，保護される権利の行使に対する公的機関による恣意的な干渉から個人を保護することである。労働組合を結成し加入する権利は，第1に国家の行動から保護する結社の自由の特別な側面である。11条2項で定められた条件に基づくことを除いて労働組合の結成と加入に国家は干渉することはできない（Young, James and Webster v UK, Commission's report of 14 December 1979, §162, Eur. Court H.R., Series B no.39, p.45）。労働組合を結成する権利は，たとえば，労働組合独自の規約を起草するそして内部の事項を管理する権利を含む。そのような労働組合の権利は，ILO 87号条約3条と5条に明示的に承認される。それらの規定は，従前の事件で条約機関により考慮に入れられた（Cheall v UK, NO.10550/83, Comm. Dec.13.5.85, D.R.42, p.178; Wilson&the National Union of Journalists and Others v UK, nos.30668/96,30671/96 and 30678/96, §34, ECHR 2002-V）。一見明白に労働組合は，運営様式と費用の支払と並んで組合員となる者が従事する専門職または職業のようなその他のいっそう実質的な規準を含む組合員資格の条件に関する独自の規約を定める自由を享有する。被用者または労働者は，制裁を受けるまたは抑制を受けることなく労働組合に加入するまたは加入しないことが自由であるべきであるので，等しく労働組合もその組合員を選択することが自由であるべきである。11条は，加入を希望する誰でも加入を許可する義務を団体または組織に課すものと解釈されることは

できない。特定の価値または理念を支持し，共通の目標を追求することを目的とする人々により団体が結成される場合，団体がその構成員に対する支配を持たないならば，団体は問題であるその自由の効果そのものに反することになる。例を挙げると，宗教団体と政党は，彼らの信条と理念を共有する者のみを含むために彼らの構成員資格を一般的に規制することができることに論争の余地はない。同様に，「自己の利益の保護のために」組合に加入する権利は，組合の規約と無関係に人が選択する組合に加入する一般的権利を与えるものと解釈されることはできない。11条1項の下の組合の権利の行使において，組合規約に従って，組合への加入許可と組合からの除名に関する問題を組合は自由に決定することが継続されなければならない。

　団体または労働組合が私的な独立した機関であり，たとえば，公的基金の受け取り，またはそれに課せられた公的義務の履行を通して，その他の検討が十分に役割を果たす場合に，権利と自由の享有を保障することにおいて国家を援助するような広範な文脈で活動してはいない場合に，この基本的前提は十分に当てはまる。

　したがって，国家が労働組合の内部事項に介入する場合，そのような介入は，11条2項の要件に従わなければならない。すなわち，「法により定められ」，1または複数の目的のために「民主主義社会において必要である」ことである。この文脈で，以下のことが留意されるべきである。第1に，この文脈での「必要」は，「有益」または「望ましい」のような表現の柔軟性を持たない（Young, James and Webster, §63）。第2に，多元主義，寛容および寛大さが「民主主義社会」の品質証明である。個人の利益はときには集団の利益に従属しなければならないにもかかわらず，民主主義は，多数の意見が常に優先することを単に意味しない。少数の公正適正な待遇を保障し支配的な立場の濫用を回避するバランスが達成されなければならない。組合に加入する個人の権利を効果的にするために，それでもなお国家は，労働組合による支配的な立場の濫用から個人を保護しなければならない（Young, James and Webster, §63）。たとえば，労働組合からの排除または除名が組合の規約に従わなかった場合，または規約がまったく不合理であるもしくは恣意的である場合，または排除もしくは除名の結果が例外的な支障をもたらした場合に，そのような濫用が起きる。第3に，条約の権利に課せられるいかなる制限も追求される正当な目的に釣り合わなけ

ればならない。第4に，さまざまな条約の権利の間に衝突がある場合，国家は公正かつ適正なバランスを見出さなければならない。最後に，競合する利益の間で公正なバランスを取るうえで，条約の遵守を保障するために講じられる措置を決定することにおいて国家は一定の範囲の評価を享有する。しかしながら，民主主義社会内部の意見が合理的に広範に異なり，民主的な政策策定者の役割が特別に重視されるべきであるという一般的な政策の分野がこれではないので，評価の範囲は，限られた役割を果たすにすぎない。

③ 本件への適用

判決は，条約11条の本件の適用について以下のとおり判断した。

本件で生じる問題は，労働組合員Leeを彼の組合である申立人により講じられた措置から保護するために国家が介入することができる程度に関係する。除名が少なくとも部分的に政党員資格により動機づけられる場合，174条は組合にそのような行為を禁止するので，本件では同条は申立人がLeeを除名することを禁止する効果を持ったことが本件の当事者により承認される。これは，上記の条件で正当化されることを要求される11条1項の下の申立人の結社の自由に対する干渉を構成した。本件の文脈で，適法性は争点ではない。Leeのような個人が不当な妨害を受けないで多様な政治的権利と自由を行使する権利を保護する目的をその法規が持ったことは争われない。決定的に重要な問題は，Leeの権利と申立人労働組合の権利との間の正しいバランスを国家が取ったか否かである。基本的な個人の権利を保護する重要性に関する政府の主張を適正に検討して，それでもなお除名の措置がいかなる有意な点においてもLeeの表現の自由の行使または彼の適法な政治的活動を侵害したと当裁判所は説得されない。Leeが組合の組合員資格の喪失自体を除き，特定の被害を被ったようにはみえない。たとえば，クローズド・ショップ協定がなかったので，彼の生計または彼の雇用条件の面で申立人により被らされた明白な被害はなかった。とくに労働組合運動の歴史的背景により，労働組合の組合員資格が使用者の濫用に対する労働者のための基本的な保護であるとしばしばみなされ，いかなる労働者も労働組合に加入することができるべきである（要するに11条2項に定められる例外に服して）という観念と何らかの共鳴を持つ事実を当裁判所は考慮した。しかしながら，申立人が指摘したように，ASLEFは，団体交渉の背景

のすべての労働者を代表し，Lee が彼の使用者による恣意的なまたは違法な行為の個人的な危険にあるまたはそれから保護されないことを指摘するものは本件にはない。バランスにおいていっそう重いのは，申立人の自己の組合員を選ぶ権利である。歴史的に，イギリスならびに欧州各国で労働組合は，政党または政治運動，とくに左派のそれに共通して加盟していたし，おそらく現在もいっそう少ない程度で加盟している。労働組合は，組合員の福祉の政治的に中立な側面に奉仕するだけの団体ではないが，しばしば社会的政治的問題に関する見解を強く抱いて，イデオロギー的である。Lee の政治的価値と理念が根本的に申立人自身のものと衝突するとの結論において申立人が誤りを犯した兆候は国内手続においてなかった。申立人がそれに付与された公的義務または役割を持つ，もしくは国家基金を利用していて，その他の広範な目的を達成するために組合員を加入させることが合理的に要求されることを指摘するものはない。

申立人が Lee の BNP の党員資格に関係しない行為にそれの理由を制限したならば国内法は Lee の除名を認めたであろうとの政府の主張に関して，申立人の Lee に対する反対は彼の BNP の党員資格に第 1 に基づいていたと雇用審判所が認定したことに当裁判所は留意する。BNP の党員として大部分 Lee により行われ，そして BNP の目的に対する彼の支持を反映した Lee の行為に純粋に依拠する口実を申立人が利用したと予測することは合理的であるとは当裁判所は認定しない。したがって，Lee が被ったと確認できる支障または申立人による濫用的もしくは不合理な行為の欠如において，バランスが適正に取られなかったこと，そして本件は承認できる評価の範囲に該当しないことを当裁判所は結論する。以上から，条約 11 条の違反があった。

④　賠償

判決は，条約 44 条 2 項に従って判決が終局となる日から 3 か月以内に，費用と支出に関して，弁済の日に適用できる比率で被申立人国の国内通貨に換算される 5 万 3900 ユーロと 3 ％の遅延利息を被申立人は申立人に支払うことを命じた。

2　174 条の改正

ASLEF 事件の背景には，BNP が労働組合を目標として除名を 174 条違反と

申し立てて，補償金を獲得することを戦略としていたことがある。British Nationalist BNP の党員向け刊行物は，ASLEF 事件の証拠とされた以下の記事を 2003 年 1 月に掲載した。「BNP の法律チームは現在，20 を下らない訴訟を訴えている。着手されている事件のすべては，最大の報酬をもたらす見込みがある最も容易な訴訟を表す……いっそう良いことに，我々の法対部は現在，BNP の党員であることを理由に組合から解雇された 4 人の活動家の事件を運営している。4 人は現在，彼らの極左組合のボスの違法な行動により非常に実質的な補償を受け取ることをめざしている。これが，最も重要である。あなたが（左翼）組合の組合員ではないならば，BNP の党員であり（いっそう良いことに）BNP の候補者として立候補することができることを地方組合の左派（彼らは常にそうである）に知らしめることにより組合から放り出されて大きな 5 桁の支払いを得ることを追求している者に……加われ。組合の左派の不平を注視して組合から放り出されることを楽しめ。あなたがこのとくに楽にもうけることを長く待つことはない。なぜならば極左の狂った者は，それがいかに高価になりうることを見出すならば我々を迫害することを直ちに止めるから……」

　ASLEF 事件判決が政党員資格を理由に組合員を除名することを禁止されることにおいて，労働組合の結社の自由の権利が侵害されたと認定したことを受けて，法 19 条 2 項は，労働組合がこれに基づいて除名または排除することができる事情を定める 4 C 項ないし 4 H 項を 174 条に挿入した。

　新しい 4 C 項が，4 A 項の下の「保護される行為」の定義をさらに制限する結果，特定の政党の党員資格が労働組合の規約または目的に反する場合，その政党に所属するまたは所属した個人を労働組合が除名または排除することが可能になった。新しい 4 D 項と 4 E 項は，関係する組合の規約ではなく「目的」が合理的に識別されなければならないことを規定する。これは，個人が政党員であるまたはあったことを理由に組合から排除される場合，排除される個人の行為のときにその個人と同じ職業，産業または専門職で働いている者により関係する目的が識別されることが合理的に実行可能でなければならないことを意味する。同じく，個人がそのような理由により組合から除名される場合，個人の行為のときに組合員により関係する目的が識別されることが合理的に実行可能でなければならない。

　新しい 4 F 項は，4 G 項の 3 つの条件のいずれかが満たされる場合，労働組

合からの除名または排除は違法のままであると規定する。3つの条件は，排除または除名する決定が組合の規約に従わないこと，その決定が不公正に行われること，組合員資格の喪失が個人に生計を失わせることまたはその他の例外的な支障を被ることを引き起こすことになることである。

新しい4H項は，4G項b号の目的のために決定が不公正に行われる事情を定める。これは，個人は，除名または排除する提案（理由を含む）の通知と意見を表明する公正な機会を与えられなければならず，組合はその意見を公正に検討しなければならいという効力を有する。

19条3項は，TULRCA 176条を改正する結果，新しい4D項と4E項により174条に行われた改正に沿って，174条と176条の間の整合性が保たれることになる。

3　174条の改正の意義

ASLEF事件判決は，当然のことであるが，この事件の事実関係に制約されたので，ASLEFは，それの元の組合員により提起された事件の事実に関してイギリス法に反対する主張を提出することができただけであった。その結果，政党資格を理由とする排除または除名以外の174条のまたは争議行為中の組合員の統制処分を制限するTULRCA 64条ないし67条その他の問題についてASLEFが陳述する機会はなかった。しかしながら，同判決では，「組合規約に従って，組合の加入許可と除名に関する問題を組合は自由に決定することが継続されなければならない」と指摘された。他方，TULRCA 64条ないし67条と174条ないし178条は，これまで幾度となく国際人権機関による批判を受けてきた。ILOと欧州評議会の欧州社会憲章双方の監督機関は，これらの条文は，それぞれILO 87号条約と欧州社会憲章5条に違反すると認定してきた[4]。174条を改正する提案に関する協議の間，欧州人権条約11条の下の結社の自由の不必要かつ違法な干渉として同条は廃止されるべきであると組合側は強力に主張した。それでもなお政府は，政党員資格を理由とする除名と排除の問題に同判決へのそれの対応を限定することを選択した。ASLEF事件判決のいっそう一般的な適用は，政府と国会により無視された。

改正の1つの問題は，組合の目的条文において排除または除名の正当性が現れなければならないという要件におそらく相応しない「目的」の用語が使用さ

れたことである。注釈において，BNP に言及が行われたにもかかわらず，19 条は，名称により政党を特定することはせず，いかなるまたはすべての政党が含まれることができる。しかしながら，19 条は，組合の規約または目的に反する「その政党の党員資格」の用語を使用するので，法と衝突することを回避するために組合規約に政党が指名されることを要求するものとこれは解釈されることになる。これらの点は，議論の余地を多く残している。

　政党，とくに極端な政党は，定期的に分裂し名称を変更する傾向を持つので，組合規約がそれらをすべて指名することは極めて困難になる。1 つの選択肢は，同様な人種主義的およびファシズム的傾向を持つ多くの政党を指名することと「同様な価値持つその他の政党」に言及することになる。

　次に問題なのは，禁止される党の党員が組合の規約，またはいっそう正しくは，それの目的について持つ知識に関係する。組合が組合の目的において言及される政党の党員資格に依拠する場合，政党の党員または元党員であるといわれる個人は，「その目的が同じ職業，産業または専門職で働いている者により認識されることは合理的に実行可能」ではなかったと主張して，排除は違法であると主張することが依然として可能である。この規定は，労働組合の資金と時間を浪費するテストケースの訴訟を声高に求める意味において扱いにくいのみならず，「人種主義と闘う」または「人種，性別，性的傾向，障害の理由による偏見に反対する」などのような組合の目的を一部の職業または産業の労働者が理解することができないことを意味するように見えるように不愉快な俗物根性の点まで恩着せがましいように見えるとの批判を受けた[5]。

　次に問題であるのは，組合からの排除または除名を違法とする 4G 項の 3 つの条件の 1 つである「組合員資格の喪失が個人に生計を失わせることまたはその他の例外的な支障を被ることを引き起こすことになること」である。この条件は，雇用法案の審議段階で貴族院において修正された部分である。貴族院議員（とくに自由民主党の人権専門家 Anthony Lester QC 卿と元の TUC 事務局長 Bill Morris 卿）は，ASLEF 事件判決により示された集団的権利に関する明確な声明に代えて個々の組合員の権利とそれらが組合により侵害される恐れに焦点を当てることを選んだ。議員らは同判決の 43 項に注目した。すなわち，「たとえば，労働組合からの排除または除名が組合の規約に従わなかった場合または規約がまったく不合理もしくは恣意的である場合あるいは排除または除名

の結果が例外的な支障を結果する場合に，そのような侵害が起きる。」

　この貴族院での修正については，ASLEF 事件判決のいっそう一般的な適用とイギリス法のその他の側面が欧州人権条約 11 条に従っていないことの公然と明白ではないにしても強い指摘を無視するものであり，同判決は例外的な支障に関する事件を実際には判断しなかった事実を議員らは知るべきであるとの批判がある[6]。さらに，議員らは労働組合に対するその他の統制（「まったく不合理または恣意的な」規約に関するコモンローの適用と組合規約に対する労働組合認証官の権限）を考慮せず，クローズド・ショップが 20 年前に廃止された事実を無視しているとも批判された[7]。議員らはさらに，その他の団体や会社には適用されない追加の制限を労働組合にすでに課していた事実を無視していると批判された[8]。すなわち，一部の使用者は，BNP の党員を雇用することを禁止するまたは彼らの解雇を規制する政策を運用するが，使用者には 19 条に匹敵するものは適用されない。これが支障の原因となることを理由に BNP の党員を解雇することを使用者は禁止されない。

4　174 条の改正の評価

　174 条は，特定の理由を除いて，労働組合からの除名と排除を違法とする。例外の 1 つは，個人の「行為」であり，2008 年雇用法以前は，その例外の例外は，行為が政党員であることから構成されることができないことであった。2008 年雇用法は，「例外の例外の例外」を創設することにより組合に追加の障害を提供する。法 19 条は，特定の要件が遵守される場合，「政党員であるまたはあった個人からなる行為は行為ではない」と定める。

　19 条の影響の検討は，組合員が相容れないと認める意見を持つ者を扱うことを継続するために彼らの民主的プロセスを通して方針と規約を作成する彼らの能力を忘却して行うことはできないと指摘される[9]。BNP の党員または同様な信条を持つその他の者が彼らの活動の結果として組合の規約の下に適法に統制処分，除名または排除を受けることは，依然として改正前と同様に適法である。2008 年雇用法は，「党員であること」を扱うが，活動に関する TULRCA の立場を変更しなかった。同法での「行為」，「保護される行為」そして「行為ではない……行為」への言及は解釈が複雑になっているので，労働組合は，活動または党員であることのみを排除または除名の理由にすることが推奨される。

政党の党員資格は，党費の支払いのような行動を含むが，デモ，行進や大会に参加する，公職に立候補する，彼らの考えの「価値」を信奉することにより同僚労働者を攻撃するおよびBNPの党員であることのように，小冊子を運ぶことは，活動，すなわち単に党員であることを超える行為を構成するのに十分であると考えられる。これに関して，「党員であること」と「活動」を別々に扱うことを検討することが組合にとっては依然として必要である。法の落とし穴を避けるためにそれぞれに関して手続が定められるべきである。

　最後に，組合員が組合により禁止される政党の党員であることを理由に2008年雇用法の下で組合員を除名または排除することを組合が選ぶ場合，同法を回避するために，特定の政党の党員であることをまたはあったことではなく，組合員としての彼らの活動を理由に彼らは除名または排除されたとの訴えを個人が雇用審判所に提出する余地がある。この問題は，Leeの除名に関する雇用審判所での審理においても存在した。この分野において法は非常に不満足なままであり，欧州人権条約11条を含む国際条約の下のイギリス政府の義務は遵守されていないと考えられる。19条により改正されたTURCAの規定は，労働組合がそれらをすべて利用することを試みることが非常に賢明ではないことになる潜在的な訴訟の危険に満ちているとの指摘もある[10]。したがって，人種主義とBNPのような政党に反対することを希望する組合は，そうすることができる前に，純粋に党員資格よりもむしろ彼らの目的に違反する活動を依然として証明しなければならないことになる。

---

1 ）　[2007] ECHR 184.
2 ）　174条の関係する部分は，当初，以下のとおり規定した。
　「1項　排除または除名が本条により認められない限り個人は労働組合から排除または除名されないものとする。
　2項　次の場合（そして次の場合のみ）労働組合からの個人の排除または除名は認められる……
　d号　排除または除名が個人の行為に完全に帰することができる。……
　3項　2項d号の目的のために個人に関して「行為」は次を含まない。
　a号　個人が次であるまたは次であることを止めること，もしくは次であったことまたは次であることを止めたこと……
　(ⅲ)政党の党員，または……」
　その後，ASLEF事件の2番目の雇用審判所の裁決の後，174条は，以下のとおり改正された（2004年12月31日施行）。
　「1項　排除または除名が本条により認められない限り個人は労働組合から排除または除名されないものとする。

2項　次の場合（そして次の場合のみ）労働組合からの個人の排除または除名は認められる
……
d号　排除または除名が（排除された行為以外の）個人の行為に完全に帰することができ，排除または除名を全体にまたは主として帰することができる行為が保護される行為ではない。……
3項　2項d号の目的のために個人に関して「排除される行為」は，次を意味する。
a号　個人が別の労働組合の組合員であるまたは組合員であることを止める，もしくは組合員であったまたは組合員であることを止めたことからなる行為
b号　個人が特定の使用者によりまたは特定の場所で雇用されているまたは雇用されることを止める，もしくは雇用されていたまたは雇用されることを止めたことからなる行為
c号　65条（使用者が組合により規律されることができない行為）の目的に関係する同条での労働組合への言及が，いかなる労働組合への言及である場合に，同条が適用されるまたは適用されるであろう行為
4A項　2項d号の目的のために「保護される行為」は，個人が政党員であることまたは政党員であることを止めること，もしくは政党員であったことまたは政党員であることを止めたことからなる行為である。
4B項　政党員として個人により行われる活動を構成する行為は，4A項に該当する行為ではない……」

3）　EATは，11条に依拠する必要なしに174条を解釈することができると考えた。EATは，Cheall v the United Kingdom（no.10550/83, Comm. Dec.13.5.85, D.R.42, p.178）判決への申立人の依拠を含む当事者の陳述に注目して，以下のとおり判断した。「我々が指摘したように［申立人の弁護士は］一方で両立できないことの宣言を与える立場に我々がないことを承認する……しかし11条の下の競合する訴えの存在そのものが，そのような競合する権利に言及しないでその法律の解釈を解決することを我々が求めることをいっそう適切にすることは，我々に明らかである（もっとも，生計への侵害の主張がない本件において，組合と組合員に対する［申立人の］消極的な結社の権利は，［Lee］の主張された結社の権利を凌駕する見込みがあるように見えると，先例上我々には思える）。［申立人の弁護士は］彼の立場を留保する一方で，その方向に異議を唱えず，「Leeの弁護士は］彼は理解すると述べ，実際に，彼が主張するように，少なくとも11条の権利があるということができると［彼の好みで］推定されることができることを承認した。」

4）　ILO, the Report of 1989 on the Application of Conventions and Recommendations, Report Ⅲ, Part 4A, pp.236-7 and the 1991 Report Ⅲ, Part 4a, pp.219-220. 1961年欧州社会憲章5条は，以下の「団結権」を規定する。「自己の経済的並びに社会的利益の保護のために地方，全国または国際的組織を結成するそしてそのような組織に加入する労働者と使用者の自由を保障または促進する目的で，国内法は，この自由を損なうようなものではなく，国内法はこの自由を損なうように適用されるものではないことを締約国は約束する。本条において規定される保障が警察に適用される程度は，国内の法または規則により決定されるものとする。これらの保障の軍隊の構成員に対する適用を統括する原則と保障がこのカテゴリーの者に適用される程度は，等しく国内の法または規則により決定されるものとする。」

欧州評議会社会権欧州委員会（1961年欧州社会憲章の監督機関である従前の「独立専門家委員会」）は，幾度もTULRCA174条ないし177条に検討を与えた。独自の規約を定め，自身の組合員を選択する労働組合の権利への174条による干渉に対する懸念が委員会により表明された。「1992年法174条は，人が労働組合に加入を拒否されるまたは除名される理由を労働組合が組合員資格のための条件を決定する権利に対する過度の制限を構成し，労働組合に加入する個人の権利を保障するために要求されるものを超えるような程度まで制限する

……上記の1992年労働組合・労働関係（統合）法の規定（15，65，174および226A条）に照らして，イギリスの状態は，憲章5条を遵守していない，と委員会は結論する。」
　結論XVII-1（2004年）において，174条が組合員資格の条件を決定する労働組合の権利に対する過度の制限を構成するので，イギリスは憲章5条を遵守していない，と同委員会は再び結論した。
5)　Georgina Hirsch, John Usher and Shubha Banerjee, The Employment Act 2008: an IER critique and guide, IER, 2009, p.55.
6)　Op.cit., p.50.
7)　Ibid.
8)　Op.cit., p.51.
9)　Op.cit., p.57.
10)　Op.cit., p.58.

おわりに

　2008年雇用法の制定は，2010年5月の政権交代前に行われた労働党政権による最後の主要な労使関係法改革であったと位置づけることができる。その内容は，部分的には労働者ならびに労働組合の権利保障を前進させるものと評価することができる。しかしながら，国際労働基準，とくにEUないし欧州評議会の定める欧州基準と比較してみると，その水準は依然として低いままであるといわざるを得ない。その意味において，前労働党政権による労使関係法改革は未完のままで終わったと評価することができる。その後の保守党・自由民主党の連立政権並びに保守党政権下においても労使関係法改革が継続して展開されている。とりわけEU離脱により労使関係法改革がどのような影響を受けるのかは不透明である。これらの検討については今後の機会に委ねたいと思う。

参考文献

宇都宮深志編『サッチャー改革の理念と実践』（三嶺書房，1990年）第1章サッチャリズムと改革，3頁

梅川正美『サッチャーと英国政治1 新保守主義と戦後体制』（成文堂，1997年）第二部戦後体制，165頁

樫原朗『イギリス社会保障の史的研究Ⅴ』（法律文化社，2005年）第七章就労促進政策と社会保障，437頁

栗田健編著『現代イギリスの経済と労働Ⅱ』（御茶ノ水書房，1985年）「労使関係政策の展開」栗田健，65頁

――「現代イギリス労使関係における労働組合」日本労働協会雑誌325号（1986年），3頁

小林丈児『現代イギリス政治研究―福祉国家と新保守主義―』（中央大学出版部，1989年）第八章戦後イギリス政治とサッチャーリズム，323頁

社会保障研究所編『イギリスの社会保障』（東京大学出版会，1987年），80-81頁

鈴木隆「イギリスにおけるクローズドショップと団結の自由」東京都立大学法学会雑誌25巻2号（1984年），181頁

――「団結権の保障と団結選択の自由―イギリスの事例―」島大法学33巻4号（1990年），33頁

――「イギリスにおける労働組合の統制処分と組合員の救済（2）・（完）」島大法学33巻2号（1989年），130頁

――「海外労働事情⑭イギリス，賃上げと引き換えの団交権放棄に違法判決」労働法律旬報1543・1544号（2003年），88-91頁

高島道枝「イギリスにおける最低賃金制（賃金審議会制度）改革の意義―1986年賃金法の成立―」経済学論纂（中央大学）第29巻大3・4合併号（1988年），77頁

中村和夫「イギリスにおけるクローズド・ショップの軌跡と現状」横井芳弘編『現代労使関係と法の変容』（勁草書房，1988年），311頁

二宮元『福祉国家と新自由主義――イギリス現代国家の構造とその再編』（旬報社，2014年）第一章福祉国家をめぐる戦後コンセンサス政治の形成，17頁

早川征一郎「イギリス労働組合運動の転換局面と諸問題―炭鉱争議後の新たな動向と問題点」『社会政策叢書』編集委員会編・社会政策叢書第13集『転換期に立つ労働運動』（啓文社，1989年），87頁

林田和博『選挙法』法律学全集5（有斐閣，1958年），51頁

藤川久昭「イギリスにおける労働組合の法的取扱い——「自主性」「承認」を中心にして」財団法人労働問題リサーチセンター・国際労働法フォーラム（財団法人日本 ILO 協会）『現代イギリスの労使関係法制』（1994 年）所収
古川陽二「サッチャー政権と組合民主主義」労働法律旬報 1075 号，14 頁
　——「『労働組合における民主主義』〈イギリス・緑書〉」労働法律旬報 1075 号（1983 年），24 頁
　——「イギリス炭鉱ストの一断面」日本労働法学会誌 69 号（1987 年），136 頁
　——「翻訳と解説：英緑書『労働組合と組合員』」沖縄法学 16 号（1988 年），201 頁以下。
　——「英緑書『1990 年代の労使関係』」(1)，(2・完) 沖縄法学 22 号（1993 年）124 頁以下，同 23 号（1994 年），81 頁
　——「組合承認制度の復活と従業員代表委員会制度の改革」労働法律旬報 1427 号（1998 年），23 頁，28 頁
前田充康・EU 拡大と労働問題（日本労働研究機構，1998 年）
安枝英伸「イギリスにおける労働組合の政治基金制度」同志社法学 31 巻 3 号（1979 年），84 頁
　——「イギリスにおける就業時間中の組合活動」下井隆史・浜田冨士郎編『久保敬治教授還暦記念論文集・労働組合の理論課題』（世界思想社，1980 年），324 頁
山下幸司「企業内団交促進政策と組合承認問題」蓼沼謙一編『企業レベルの労使関係と法』（頸草書房，1986 年），79 頁

アンソニー・ギデンズ，佐和隆光訳・第三の道（日本経済新聞社，1999 年）第二章 五つのジレンマ，114 頁
A・グリン／J・ハリスン，平井規之訳・イギリス病（新評論，1982 年）第四章労働党一九七四 – 七九年，139 頁
「1984 年法労働組合法（仮訳）」海外労働情勢月報 35 巻 3 号（1985 年），1 頁

ACAS, Annual Reports 1987-90, HMSO.
ACAS, Annual Report 1991, HMSO, p.45.
ACAS, Annual Report 1992, HMSO, p.28.
ACAS, Code of Practice 1: Disciplinary Practice and Procedures in Employment, 1977, para. 10(g).
ACAS, The Letter to Mr Ian McCartney, MP, Minister of State for Trade and Industry, 29th July 1998, p.2.
ACAS, Code of Practice 1, Disciplinary and Grievance Procedures, 2009.

ACAS, Discipline and grievances at work: the Acas guide, 2009.

Atkinson, J. and J. Hillage, Employers' Policies and Attitudes Towards Check-off, 1994, Institute of Manpower Studies.

Beaumont, Phil B., Strikes and the Public Sector, Employee Relations, Vol.4, No.2, 1982, p.23.

Bowers, John, Damian Brown and Stephen Gibbons, Trade Union Reform and Employment Rights Act 1993: A Practical Guide, Longman, 1993, pp.54-55.

Brown, W. and S. Wadhwani, The Economic Effects of Industrial Relations Legislation Since 1979, National Institute Economic Review, February 1990, p.62.

The Hon. Mr. Justice Browne-Wilkinson, The Role of the E. A. T. in the 1980s, Industrial Law Journal, Vol.11, No.2, June 1982, p.69.

Cave, Katherine E., Zero Hours Contracts: A Report into the Incidence and Implications of Such Contracts, University of Huddersfield, 1997.

Certitification Office for Trade Unions and Employers' Associations, Annual Report of the Certification Officer 1991, pp21-22.

Annual Report of the Certification Officer 1993, p.14.

Annual Report of the Certification Officer 1994, p.17.

Coates, Ken and Tony Topham, Trade Unions and Politics, Basil Blackwell, 1986, p.128 Table 4, 3 and p.130 Table 4. 5.

Coates, Ken and Tony Topham, Trade Unions in Britain, Fontana Press, 1980, pp.302ff.

CBI, Indutrial Relations in the 1990s: CBI Response to the Green Paper 1991, 1991, para.12.

CBI, The Confederation of British Industry Response to Fairness at Work The Government White Paper, 1998, p.21.

Davies, Paul and Mark Freedland, Labour Legislation and Public Policy: A Contemporary History, Clarendon Press, 1993.

De Smith, Stanley A., Judicial Review of Administrative Action (4th ed.), Stevens & Sons, 1980, p.82.

Drake, Charles D., The Trade Union Acts with Commentary, Sweet & Maxwell, 1985, pp.156-157.

EEF, Department of Employment Green Paper-Industrial Relations in the 1990s. The EEF's response, 1991, para.26.

Elgar, Jane and Bob Simpson, The TUC's Bridlington Principles and Inter-Union Competition 1974-1991, Centre for Economic Performance Discussion Paper

No.160, 1993, London School of Economics.

Elias, Patric and Keith Ewing, Trade Union Democracy, Members' Rights and the Law, Mansell, 1987, Chapt.2 pp.23-61.

England, Joe, Shop Stewards in Transport House: A Comment upon the Incorporation of the Rank and File, Industrial Relations Journal, Vol.12, Iss.5, Octover 1981, p.16.

Evans, S., The Use of Injunctions in Industrial Disputes: May 1984-April 1987, British Journal of Industrial Relations, Vol.25, Iss.1, March 1987, p.419.

Ewing, Keith D., Trade Unions, the Labour Party and the Law, 1982, Edinburgh University Press, pp.197-198.

Ewing, K. D. and W. M. Rees, Democracy in Trade Unions-I: The Political Levy, New Law Journal, February 4, 1983, p.100; ibd.,-II: Secret Ballots, New Law Journal, March 18, 1983, p.259.

Ewing, K.D., Trade Union Political Funds: The 1913 Act Revised, Industrial Law Journal, Vol. 13, No.4, December 1984, p.227, p.239.

Ewing, K. D., Trade Unions and Politics in R. Lewis ed., Labour Law in Britain, Basil Blackwell, 1986, p.319 Table 11.1.

Ewing, K. D., Swimming with the Tide: Employment Protection and the Implementation of European Labour Law, Industrial Law Journal, Vol.22, No.3, September 1993, pp.165-180.

Fairbrother, Peter, All Those in Favour: The Politics of Union Democracy, Pluto Press, 1984, pp. 83-95.

Freedland, Mark R., Legality of Check-off Agreements, Industrial Law Journal, Vol. 4, No.4, December, 1975, p.424.

Gall, Gregor and Sonia McKay, Research Note: Injunctions as a Legal Weapon in Industrial Disputes, British Journal of Industrial Relations, Vol.34, Iss.4, December 1996, pp.567-82.

Gennard, J. et al., Throwing the Book-Trade Union Rules on Admission, Discpline and Expulsion, DE Gazette, Vol.88, 1980, p.17.

Gibbons, Michael, Better Dispute Resolution, March 2007, http://www.berr.gov.uk/files/file38516.pdf, para.3.20.

Grunfeld, Cyril, Modern Trade Union Law, Sweet & Maxwell, 1966, pp.154-157.

Hadley et al., Union elections and the L. M. R. D. A.; thirteen years of use and abuse, Yale Law Journal, Vol.81, No.3, January 1972, p.407.

Hanson, C.G. and G.Mather, Striking Out Strikes, Changing Employment Relations in the British Labour Market, 1988, Hobart Paper 110, Institute of Economic Affairs, p.77.

Hirsch, Georgina, John Usher and Shubha Banerjee, The Employment Act 2008: an IER critique and guide, 2009, The Institute of Employment Rights, p.22.

Honeyball, Simon, A Guide to the Employment Act 1988, Butterworths, 1988, pp.52-3.

Hutton, J. Solving the Strike Problem: Part II of the Trade Union Act 1984 Industrial Law Journal, Vol.13, No.4, December 1984, p.212, p.218.

Hutton, J., Recent Cases, Industrial Law Journal, Vol.14, No.4, December 1985, p.255.

Institute of Personnel Management, Comments on the Department of Employment's Green Paper on Industrial Relations in the 1990s, 1991, p.2.

ILO, the Report of 1989 on the Application of Conventions and Recommendations, Report III, Part 4A, pp236-7 and the 1991 Report III,

Kessler, Sid and Fred Bayliss, Contemporary British Industrial Relations, MaCmillan, 1992, pp.142-6.

Kidner, Richard, Trade Union Law, 2nd ed., Stevens, 1983, p.58.

Kidner, R., Trade Union Democracy: Election of Trade Union Officers, Industrial Law Journal. Vol. 13, No.4, December 1984, p.193, p.198.

Labour Party, Building Prosperity-Flexibility, Efficiency and Fairness at Work, 1996, p.5.

Labour Research Department, Rise in Legal Actions Against Unions, Labour Research, October 1985, pp.259-61

Labour Research Department, Bosses Resort to Try Union Laws, Labour Research, October 1987, pp.17-20

Labour Research Department, Tightening the Legal Grip around the Unions Neck, Labour Research, September, 1988, pp.7-8

Labour Research Department, Judges Move Nearer Strike Ban, Labour Research, October 1989, pp.12-3.

Martin, Roderick, Paul Smith, Patricia Fosh, Huw Morris and Roger Undy, The Decollectivisation of Trade Unions? Ballots and Collective Bargaining in the 1980s, Industrial Relations Journal, Vol22, Iss.3, September 1991, p. 197.

Martin, R., P.Smith, P.Fosh,H.Morris and R.Undy, The Legislative Reform of Union Government 1979-94, Industrial Relations Journal, Vol.26, Iss.2, June 1995, p.146, p.149.

Millward, Neil and Mark Stevens, British Workplace Industrial Relations 1980-1984,

Gower, 1986, p.107.

Millward, Neil, Mark Stevens, David Smart and W R Hawes, Workplace Industrial Relations in Transition, Dartmouth, 1992, p.99, pp.124-7.

Morris, Gillian S., Industrial Action: Public and Private Interests, Industrial Law Journal, Vol.22, No.3, September 1993, pp.194-210.

Newman, Darren, New Acas code of practice on disciplinary and grievance procedures, IRS Employment Review No.913, 12/01/2009.

Schwartz, Stanley J., The National Labor Relations Board and the Duty of Fair Representation Labor Law Journal, Vol. 34, 1983, p.781.

Schwartz, Stanley J., The Limits upon a Labor Union's "Duty" to Control Wildcat Strikes West Virginia Law Review, Vol. 84, 1982, p.933.

Simpson, Bob, Individualism versus Collectivism: an Evaluation of Section 14 of the Trade Union Reform and Employment Rights Act 1993, Industrial Law Journal, Vol.22, No.3, September 1993, pp.181-193.

Simpson, Bob, A Milestone in the Legal Regulation of Pay: The National Minimun Wage Act 1998, Industrial Law Journal, Vol.28, No.1, March 1999, p.6.

Smith, Pual, P. Fosh, R. Martin, H. Morris and R. Undy, Ballots and Union Government in the 1980s, British Journal of Industrial Relations, Vol.31, Iss. 3, September 1993, p.365.

Thomas, Gareth, The Trade Union Acts 1992 and 1993: Text and Commentary, Sweet & Maxwell, 1994, paras.19-39

TUC, Annual Report 1985, para.22.

TUC, Annual Report 1993, p.13, p.493.

TUC, TUC response Fairness at Work White Paper, 1998, para 7.

Undy, Roger, The Electoral Influence of the Opposition Party in the A. U. E. W. Engineering Section 1960-75, British Journal of Industrial Relations, Vol.17, Iss.1, March 1979, p.19.

Undy, R., Vaughan Ellis, William E. J. McCarthy and A. M. Halmos, Change in Trade Unions, Hutchinson, 1981, p.53.

R. Undy and R. Martin, Ballots and Trade Union Democracy, Basil Blackwell, 1984, p.14, pp.108-109.

Waite, Sir John, Lawyers and Laymen as Judges in Industry, Industrial Law Journal, Vol. 15, No.1, March 1986, p.32.

Wedderburn, Lord, The New Policies in Industrial Relations Law, in Patricia Fosh and Craig R. Littler ed., Indsutrial Relations and the Law in the 1980s: Issues and

Future Trends, 1985, Gower, pp.22ff

Agreement on Political Levy, Industrial Relations Legal Information Bulletin, 252, 6 MARCH 1984.
Trade Union Bill: House of Lords Committee, Industrial Relations Legal Information Bulletin 260, 10 JULY 1984.
Trade Union Bill in the Lords, Industrial Relations Legal Information Bulletin 262, 7 AUGUST 1984.
Chronicle, British Journal of Industrial Relations, Vol.23, Iss.2 July 1985, p.309; Vol.24, Iss.1, March 1986, p.451; British Journal of Industrial Relations,Vol.24, Iss.2, July 1986 p.300; Industrial Relations Review and Report 359, 7 JANUARY 1986, p.16.
Trade Union Membership Contributions and the Check-off, European Industrial Relations Review 232, May 1993, pp.22-3.
Guidance Note, Trade Union Reform and Employment Rights Act 1: Trade Unions and Industrial Action, Industrial Relations Law Bulletin 479, August 1993, pp.2-8.
Guidance Note, Trade Union Reform and Employment Rights Act 2: Employment Rights, Industrial Relations Law Bulletin 480, September 1993, pp.2-10.
Casenotes, Transfer Directive may apply to"contracting-out", Industrial Relations Law Bulletin 464, January 1993, pp.12-4;
Guidance Note, Trade Union Reform and Employment Rights Act 3: Industrial Tribunals and Other Matters, Industrial Relations Law Bulletin 481, September 1993, pp. 2-6
The"Check-off"Challenge, IRS Employment Trends 545, Industrial Relations Review and Report, October 1993, pp.12-6.

Royal Commission on Trade Unions and Employers' Associations 1965-1968 Report, Cmnd. 3623, 1968, para.368.
In Place of Strife, Cmnd. 3888, HMSO, 1969.
Closed Shop. Department of Employment Working Paper, 1979, paras.13-5.
Democracy in Trade Unions, Cmnd. 8778, HMSO, 1983.
Trade Unions and Their Members, Cm 95, HMSO, 1987.
Removing Barriers to Employment, Cm 655, HMSO, 1989.
Unofficial Action and The Law, Cm 821, HMSO, 1989.
Department of Employment, Code of Practice: Trade Union Ballots on Industrial Action, 1990,s 20.

Industrial Relations in the 1990s, Cm 1602, HMSO, 1991.

The Citizen's Charter, Cm 1599, HMSO, 1991.

Code of Practice:Industrial Action Ballots and Notice to Employers, 1995.

Fairness at Work, Cm 3968, SO, 1998.

The Trade Union Reform and Employment Rights Act 1993: a section by section guide, Employment Gazette, August 1993, p.35, pp.345-356

Industrial and employment appeal tribunal statistics 1991-92 and 1992-93, Employment Gazette, November 1993, pp.527-31.

Department of Trade and Industry Employment Relations Directorate, Employees' Information and Consultation Rights on Transfers of Undretakings and Collective Redundancies:Public Consultation(URN 97/988), 1998

Department of Trade and Industry, Review of the Employment Relations Act 1999, para.1.2, www.dti.gov.uk/er/erreview.htm

Government submissions to the Low Pay Commission on the uprating of the minimum wage in 2004, Department of Trade and Industry URN 04/538, para.7.

Consultation on National Minimum Wage and Employment Agency Standards Enforcement, Department of Trade and Industry, May 2007.

Government evidence the Low Pay Commission on the economic effects of the National Minimum Wage, BIS, January 2010, p.27.

Explanatory Notes to Employment Relations Act 2004, QPAP.

Explanatory Notes to Employment Act 2008, QPAP, para. 29, para.39.

索　引

〔法　律〕

13 年法（1913 年労働組合法）　82, 89
80 年雇用法（1980 年雇用法）20, 83, 107
84 年法（1984 年労働組合法）　21, 22, 24, 33, 34, 37-42, 47, 50, 56-68, 73-75, 78, 79, 82, 83, 88-90, 94, 99, 102, 105-107
88 年法（1988 雇用法）　24, 33, 34, 39-42, 45, 47, 48, 50
93 年法（1993 年労働組合改革・雇用権利法）　29, 53
1831 年トラック法（Truck Act 1831）　211, 217, 218
1913 年労働組合法（Trade Union Act 1913，13 年法）　82, 89
1948 年農業賃金法（Agricultural Wages Act 1948）　357
1967 年会社法（Companies Act 1967）　106
1970 年同一賃金法（Equal Pay Act 1970）　149
1971 年労使関係法（Industrial Relations Act 1971）　181
1973 年職業紹介法（Employment Agencies Act 1973, EAA）　366
1974 年労働安全衛生法（Health and Safety at Work etc Act 1974）　139, 143
1974 年労働組合・労働関係法（Trade Union and Labour Relations Act 1974）　73, 182
1975 年雇用保護法（Employment Protection Act 1975）　174
1975 年性差別禁止法（Sex Discrimination Act 1975, SDA）　149
1976 年人種関係法（Race Relations Act 1976, RRA）　165
1978 年雇用保護統合法（Employment Protection (Consolidation) Act 1978, EPCA）　66, 133, 223
1980 年，82 年，88 年，89 年および 90 年の雇用法（Employment Act）　109
1980 年および 82 年雇用法（Employment Acts 1980 and 1982）　55, 184
1980 年雇用法（Employment Act 1980）　19, 64, 193
1981 年企業譲渡（雇用保護）規則（Transfer of Undertakings (Protection of Employment) Regulations 1981, TUPE）　151
1981 年最高裁判所法（Supreme Court Act 1981）　172
1984 年警察・刑事証拠法（Poloce and Criminal Evidence Act 1984）　361
1984 年労働組合法（Trade Union Act 1984）　20, 55, 109
1986 年性差別禁止法　150
1986 年賃金法（Wages Act 1986）　124, 160, 217, 220
1988 年雇用法（Employment Act 1988）　23, 184, 220
1989 年警察・刑事証拠（北アイルランド）命令 Poloce and Criminal Evidence (Northern Ireland) Order 1989）　361
1990 年雇用法（Employment Act 1990）　25, 184
1992 年性的犯罪（修正）法（Sexual Offences (Amendment) Act 1992）　172
1992 年社会保障拠出および給付法（Social Security Contributions and Benefits Act 1992）　133
1992 年法労働安全衛生管理規則（Management of Health and Safety at

Work Regulations 1992）133, 143, 145
1992 年労働組合・労働関係（統合）法（Trade Union and Labour Relations（Consolidation）Act 1992, TULRCA）
　　111, 187, 211, 284, 341, 373
1993 年労働組合改革・雇用権利法（Trade Union Reform and Employment Rights Act 1993, TURERA）　26, 109, 182, 211
1994 年雇用審判所管轄権拡張（イングランド・ウェールズ）命令（Employment Tribunals Extension of Jurisdiction（England and Wales）Order 1994）
　　354
1995 年障害者差別禁止法（Disability Discrimination Act 1995）　271
1996 雇用権利法（Employment Rights Act 1996, ERA）　335, 344
1996 年雇用審判所法（Employment Tribunals Act 1996）　333, 352
1998年公益開示法（Public Interst Disclosure Act 1998）　239
1998 年雇用権利（紛争解決）法（Employment Rights（Dispute Resolution）Act 1998）　239
1998 年全国最低賃金法（National Minimum Wage Act 1998, NMWA）
　　239, 341, 356
1998 年労働時間規則（Working Time Regulations 1998）　242
1999 年雇用関係法（Employment Relations Act 1999, ERA 99）　283, 333, 349
2000 年金融業・市場法（Financial Services and Markets Act 2000）　368
2002 年雇用法（Employment Act 2002）
　　341
2003 年職業紹介業・労働者派遣業の行為規則（Conduct of Employment Agencies and Employment Businesses

（Amendment）Regulations 2003）
　　366
2004 年雇用関係法（Employment Relations Act 2004）　283
2007 年財政法（Finance Act 2007）　361
2007 年職業紹介業・労働者派遣業の行為（改正）規則（Conduct of Employment Agencies and Employment Businesses（Amendment）Regulations 2007）　366
2008 年雇用法（Employment Act 2008）
　　341, 383, 384, 387

〔欧　文〕

【B】

Better Dispute Resolution: A Review of Employment Dispute Resolution in Great Britain（DTI March 2007 URN 07/755）　343

【C】

contract-in　20, 90
contract-out　20, 90

【E】

Employment Protection（Continuity of Employment）Regulations 1993　176

【S】

Success at Work: Resolving Disputes in the Workplace（DTI March 2007 URN 07/734）　344

〔和文〕

【あ】

ILO 87号条約　381
「安全衛生の枠組み」に関するEC指令　145

【い】

EC社会憲章（The Community Charter of Fundamental Social Rights of Workers）　237
EC親休暇指令　256
ECパートタイム労働指令（EC Part-time Work Directive No.98/23/EC）　255
ETA（雇用控訴審判所）　162, 172-173, 332, 375
EPCA（1978年雇用保護統合法）　66, 133-142, 143-148
EU指令　14
EU法　14
イギリス国民党（BNP）　374
違法争議行為に対する保護のためのコミッショナー（Commissioner for Protection Against Unlawful Industrial Action）　131, 252

【え】

ACAS（助言・調停・仲裁局）　165, 166, 174, 175, 246-248, 273, 308
NMWA（1998年全国最低賃金法）　239, 341, 356
NUM（全国鉱山労働組合）　21, 226

【お】

欧州社会憲章5条　381
欧州労使協議会指令（European Works Council Directive No.94/45/EC）　244

【か】

完全郵便投票　21, 22, 28, 29, 33

【き】

「均等待遇」に関するECの指令　149

【く】

組合の統制処分　23
組合費控除協定（subscription deduction arrangements）　222
組合民主主義　29
組合役員選挙　13, 21
クローズド・ショップ　19, 23, 24, 28, 55, 121, 130, 182, 373, 383
クローズド・ショップ協定　378

【さ】

裁判所侮辱罪　44, 45
差止命令　13, 22
サッチャー　13, 17
サッチャリズム　13, 109, 181

【し】

CAC（中央仲裁委員会）　246-250, 266-268, 284-291, 292-307
CBI（イギリス産業連盟）　231, 260-269, 274-278
CPSA（公務員・公共企業体被用者組合）　21, 34, 39
支部ブロック投票システム　37, 38
情報提供と協議に関するEC指令（Directive 2002/14/EC of the European Parliament and of the Council of 11 March 2002 establishing a general framework fro informing and consulting employees in the European Community）　337
職域年金の国家所得比例年金制度（state earnings-related pension scheme）

職業紹介業（employment agency, EA）	143
	369
職場投票	20, 21
ショップ・スチュワード	36, 44, 49, 75, 225
新欧州連合（EU）条約（アムステルダム条約）	237, 259

【す】

スチュワード	50
ストライキ	13
ストライキに至らない争議行為	24
ストライキ前の秘密投票	20

【せ】

政治基金	20, 21, 28
政治基金決議	84
政治基金投票	21
政治決議	20
ゼロ時間契約	242, 263
全国労働関係局（NLRB）	78

【そ】

争議行為	13, 20
争議行為前投票	13, 22-24, 33, 34
争議行為前投票に関する行為準則	24

【た】

単記委譲式比例代表法（single transferable vote）	65
炭鉱ストライキ	21

【ち】

チェック・オフ	50, 82, 88, 90, 124, 125, 213, 215, 220-234, 312, 315
チェック・オフ協定	123-125, 189, 218, 224, 226-231
チェック・オフ制度	66, 85, 88, 222, 227
中間差止命令	68

直接借り方記入（direct debit）	225
直接秘密投票	13, 20, 22, 23, 28

【て】

TURERA（1993年労働組合改革・雇用権利法）	26, 109, 182, 211
TULRCA（1992年労働組合・労働関係（統合）法）	111, 187, 211, 284, 341, 373
TGWU（運輸一般労働者組合）	21, 34
TUC（労働組合会議）	19, 65, 102, 103, 107, 260-265, 275, 278-280

【と】

統制処分	23
篤志労働者（voluntary workers）	362
独立した開票立会人	22, 23
独立労働組合	21

【に】

二次的争議行為	25, 98, 99
二次的ピケッティング	98
入職前加入クローズド・ショップ	24, 28
ニューレイバー	13

【の】

農業賃金委員会（Agricultural Wages Board）	160

【は】

白書 People, Jobs and Opportunities	109
白書 The Citizen's Charter	130
白書「職場における公正」（Fairness at Work, Cm 3968）	235, 286

【ひ】

PEC（組合の主たる執行委員会）	20, 32, 47

索　引　399

非公認争議行為	25
秘密投票	20, 22

【ふ】

不公正解雇	23, 25
不法行為の免責	20
ブリッドリントン原則（Bridlington Principles）	121, 185, 188, 189, 192-194, 196-198, 200
ブレア	13
ブロック投票	36
ブロック投票制度	64, 65

【ほ】

ボランタリズム	53

【み】

民事免責	13

【め】

メージャー	13

【ゆ】

郵便投票	19, 20

【ら】

ランドラム・グリフィン法	63

【り】

緑書「Democracy in Trade Unions」	19
緑書「Removing Barriers to Employment」	24
緑書「Trade Unions and Their Members」	21
緑書「Unofficial Action and The Law」	24
緑書「1990年代の労使関係」（Industrial Relations in the 1990s）	25, 109, 185, 220

【ろ】

労働組合員の権利のためのコミッショナー（Commissioner for the Rights of Trade Union Members）	24, 116, 131, 252
労働者派遣業（employment business, EB）	368

著者紹介
鈴木　隆（すずき　たかし）

1954年12月	東京に生まれる
1978年3月	東京都立大学法学部法律学科卒業
1978年4月	東京都立大学大学院社会科学研究科基礎法学専攻入学
1981年3月	同上修了
1981年4月	東京都立大学大学院社会科学研究科基礎法学専攻博士課程入学
1987年3月	東京都立大学大学院社会科学研究科基礎法学専攻博士課程単位取得退学
1987年4月	島根大学法文学部講師
1988年10月	島根大学法文学部助教授
1995年10月	島根大学法文学部教授
2004年4月	島根大学大学院法務研究科教授　　現在に至る

イギリス労使関係法改革の軌跡と展望
サッチャリズムからニューレイバーへ

2017年9月10日　初版第1刷発行

著　者　鈴木　隆
デザイン　佐藤篤司
発行者　木内洋育
発行所　株式会社　旬報社
　　　　〒162-0041　東京都新宿区早稲田鶴巻町544　中川ビル4F
　　　　Tel03-5579-8973　Fax03-5579-8975
　　　　ホームページ　http://www.junposha.com/
印　刷　シナノ印刷

©Takashi Suzuki 2017, Printed in Japan
ISBN 978-4-8451-1512-9